U0722203

中华传世藏书 【图文珍藏版】

国学智慧全书

马肇基⊙主编

线装书局

目　录

國學智慧全書

目录

1

第二篇　《百家姓》智慧通解

國學智慧全書

目录

國學智慧全書

目录

9

國學智慧全書

目录

第四篇 《弟子规》智慧通解

养生智慧

第一篇 《黄帝内经》养生智慧

第二篇 《本草纲目》养生智慧

國學智慧全書

目录

国学智慧全书

蒙学智慧

马肇基◎主编

导　语

　　"蒙学"又称"蒙馆",是中国封建时代对儿童进行启蒙教育的学校,是人生开启智慧的第一步。一个人一生的路是否走得正直走得顺畅,第一步非常关键。可以说,传统蒙学犹如一把启智的钥匙,它既可教你识字,又可教你做人。

　　蒙学所使用的教材一般为《蒙求》《千字文》《百家姓》《三字经》《四书》以及《仓颉篇》《千家诗》《幼学琼林》《格诗联璧》《龙文鞭影》《弟子规》《女儿经》《增广贤文》等等。这些蒙学读物经过上百年乃至千余年的时间检验,有些已消亡,有些则流传至今,并深受人们喜爱,用今天的眼光来重新审视这些读物,其中不乏封建落后的一面,但大部分内容则积极向上,劝人行善积德,蕴藏着前人丰富的智慧,值得我们借鉴和吸取。

　　本篇是传统文化教育中蒙学的精华选本。书中对《三字经》《百家姓》《千字文》《弟子规》这四部经典蒙学读本进行了细致而又恰当的注释和点评。其文辞平仄有致,朗朗上口。在今天,它们仍然具有其他传统文化教育所不可替代的重要作用。

　　中国国学传统中的儿童蒙学读本,已经流传了上千年。不仅对少年儿童有重要的教育意义,其实就是对我们成年人来说,由于我们从小所接受的教育远离了古典教育的精华,而蒙学集识字、学知、明理三大功能为一体,因此,成年人重读蒙学,也有重要的启示意义。

第一篇　《三字经》智慧通解

导读

> 《三字经》一般认为是宋代学者王应麟所撰。王应麟，字伯厚，号深宁居士，南宋淳祐年进士，曾任礼部尚书。现在通行的版本经过后人多次增删。
>
> 《三字经》被学者称为"袖里通鉴纲目""千古一奇书""若能句句知诠解，子史经书一贯通"。全书虽只有一千多字，但却包含了极其丰富的内容，大致可以分为以下六个部分：
>
> 　一，讲教与学的重要性；二，讲礼仪规范；三，介绍天象、四时、五谷、六畜等基本名物；四，介绍《小学》《四书》《五子》《六经》等学问常识；五，介绍中国历史。短短三百多字便概括了中华五千年历史的变迁；六，最后介绍历史上发奋读书、终成大器的人物故事。
>
> 　如何教子女，如何齐家，从《三字经》中能得到很好的启示。

第一章 学做父母

★人与人的不同不是天生的

——乞丐命和状元命

人之初,性本善,性相近,习相远。

——《三字经》

人生下来的时候,本性都是善良的,彼此的性情都很接近,只是由于后天的学习和生活的环境不一样,导致了彼此之间的差异越来越大。

从前,有一家兄弟两个,父母去世后,由于两兄弟感情好,因此他们没有分家,还是在一起生活,他们同时娶了妻子,又各自有了一个儿子,哥哥的孩子比弟弟的孩子大一天。

刚出生的两个小兄弟虽然不在一间屋子里,但是却好像是互相商量好了一样,这个尿了,那个肯定也尿了;这个哭了,那边肯定也会传来哭声。他们的爸爸妈妈看在眼里,喜在心上,哥哥还说,这两个孩子真像是一母所生的,以后肯定也像我们兄弟一样感情好。

两个孩子满月的时候,兄弟俩一起给孩子办满月酒,请了许多的亲朋好友来庆祝。酒过三巡之后,有人提议要请周老先生给两位小少爷看看相,算上一卦。

这个周老先生是两兄弟的父亲生前的好友,由于平时喜欢研究一些相术,因此也喜欢卖弄。兄弟两个想,今天是个好日子,不妨让老先生算上一卦,讨个吉利。于是就让奶妈把两个孩子抱到了周老先生面前。

这周老先生眯着眼,问清了两个孩子的生辰八字,又闭上眼,掐着手指头,嘴里叨咕了半天,然后又睁开眼,拿着两个孩子的小手翻过来倒过去地看,又瞅着孩子端详了半天,然后点了点头,又摇了摇头,最后拉着哥哥的儿子的手说:"这个大的孩子的命好,这个孩子是文曲星下凡,将来必将高中状元,是个状元命啊! 不过,这个小的嘛,唉,这孩子,将来必定穷困潦倒,他,是个乞丐命啊!"

就因为周老先生的这两句话,这两个小孩子的命运可就开始改变了。

从这以后,兄弟两个开始不和睦了,弟弟的儿子成了乞丐命,哥哥两口子就犯了嘀咕了,这挺好的一个家,怎么出了这么个孩子,真是给祖宗丢人! 这孩子这命这么不好,将来这家产还不得让他败没了?

弟弟因为这件事情,觉得自己没脸再在家里待下去了,于是就离开家走了,再也没有回来。他这一走,他的媳妇和孩子可就遭殃了。

哥哥一家都非常的痛恨弟弟的媳妇,认为全都是因为她生了一个乞丐孩子才把一家人弄成这样的,于是他们让弟媳母子两个住到荒弃的小院里,并且一个仆人都不给他们派,什么事情都是弟媳自己干。

大人们知道的这些事情,小孩子们可是不知道。两个孩子偶尔碰面的时候,都高兴得张着小手互相往一起用力,想要到一起玩儿。可是每当这个时候,小哥哥都会被赶快地领回去,因为家里面已经规定了,不许两个孩子在一起玩儿。

后来,两个孩子渐渐地长大一些了,会走了,再偶尔遇到的时候,就会挣脱大人的手,跑到一起,又抱又亲,然后,就又会被大人强行分开。

在两个孩子三岁的时候,有一天,弟媳坐在井边洗衣服,孩子就在旁边的草地上玩儿,这个时候,哥哥家的奶妈带着孩子也路过这里,小哥哥看到弟弟,用力地挣脱了奶妈的手,使劲地往弟弟这里跑,一边跑一边喊:"弟弟,弟弟。"眼看着快要跑到井边了,奶妈冲过来,一把抱起了他。

没能和弟弟一起玩儿的小哥哥被强行抱回了家,一路上大哭不止。他的妈妈知道了这件事情,特意跑过来把弟媳娘俩骂了一顿,并警告说以后不准再让两个孩子到一起,别把自己的儿给害死。

小哥哥也被妈妈训了一顿,小孩子不服气呀,就对妈妈喊:"为什么不让我跟弟弟玩儿,妈妈为什么骂婶婶? 妈妈坏!"这时,他的妈妈说:"以后不准和他玩儿,他是个乞丐,你以后要当状元的,不能和乞丐在一块儿,他会害死你的!"

在两个孩子六岁的时候,因为弟弟始终没有回家,哥哥和嫂嫂就在院外给弟媳娘俩找了一间破旧的房子,一分钱都没有给她们,就不管她们了。

哥哥的儿子因为被算出了状元命,因此从小受到了状元教育,当然,他的父母不是教育孩子学习状元应该掌握的知识,而是教育孩子怎么享受状元的待遇。他们给孩子吃最好的,穿最好的,弄好几个仆人伺候着,孩子都好几岁了都不会自己吃饭,要什么给什么,

三字经

稍不如意，连爸妈都敢打上几巴掌，可是爸妈还不还手，他们觉得，孩子将来可是要当状元的，现在还手了，将来他当了状元，可就了不得了。

最早的时候，小哥哥对于弟弟所受的待遇还有些不满，还很想让弟弟和他一起享受这些好处，可是弟弟走了之后，家里就剩下他一个孩子了，他也逐渐地把这些享受当作了理所当然的事情。该读书的时候，爸爸妈妈也不让他读书。状元命嘛，总知命中注定是状元的，还读什么书啊！

弟媳这么多年来受了许多苦，可她就是想不通，好好的一个孩子，怎么就成了一个乞丐命呢？她偏偏不信这个邪，于是她苦心教育自己的孩子，教他读书、写字，她拼命地干活儿换钱，又去求学堂的先生让孩子念书。孩子也争气，读起书来非常用功，破旧的房子里，常常传出孩子朗朗的读书声。

再后来孩子们长大了，哥哥的孩子长得五大三粗，每天吃喝玩乐，就知道花钱享受，好好的一大份家产，被他挥霍一空，哥哥两口子没能见着儿子当状元，反倒挨了孩子不少的打，没多久，相继地死了。这个孩子终于把房子和地卖了个精光，最后分文没有了，只好穿着破衣烂衫，成了乞丐。

弟弟的孩子呢？因为他用功学习，先生和同学们帮他凑了一些钱，又带上母亲多年积攒的一些薄资，进京赶了考，竟然高中状元，披红挂彩，骑着高头大马，回乡来接他的母亲了。

在路上，一个乞丐冲撞了他的队伍，被差人一脚踢到了一边，状元连忙制止了，这个乞丐无意间一抬眼，看到了骑在马上的状元，状元正好也看到了乞丐，状元看着看着，突然跳下马来，一把扶住乞丐，"哥哥，你怎么成了这副样子？"乞丐听到状元喊他"哥哥"，他也认出了自己的弟弟，羞愧得差点把头钻到地缝里去。

这两个兄弟，本来是出生在同一个家庭的两个同样可爱的孩子，他们互相想念，也想互相照顾，可是偏偏因为一句"状元命"和"乞丐命"，使这两个好兄弟被从小分隔开了。他们一个被泡进了蜜罐里，一个被扔进了寒窑里，结果到了最后，本来以为是状元的那个孩子成了乞丐，本来以为是乞丐的孩子却成了状元。

其实，根本没有命中注定的事情，人与人之间的不同，不是与生俱来的。因为孩子从小都是一样的，都是非常善良的好孩子。只不过是在他们长大的过程中，由于他们受到了不同的教育，才使他们有了不一样的人生。

★树大不能自然直

——恶儿恨母、小儿学棋

苟不教,性乃迁,教之道,贵以专。

——《三字经》

如果不进行教育,人的善良本性就会随环境的影响而改变。而教育孩子的方法,最重要的就是要持之以恒地教育孩子专心做事。

古时候有一对老夫妇,他们一直到晚年才有了一个宝贝儿子,所以把儿子看得非常的珍贵。他们的儿子从小就聪明伶俐,老两口是含在嘴里怕化了,捧在手里怕吓着,都不知道怎么疼他好了,对于孩子的要求,他们没有一样不满足他的,孩子犯了错误,他们也舍不得骂,更舍不得打,一切全由着孩子的性子来,他们相信"树大自直",觉得孩子长大了就自然会懂道理了,根本用不着特意教育他。

有一天,孩子在邻居家玩儿,回来的时候从邻居家拿回一根针来,交给了妈妈,他的妈妈也没有问问孩子从哪里来的这根针,只是高兴地说:"我儿真是聪明,知道把东西给妈妈呢!"孩子看到妈妈这么高兴,于是常常从外面拿点小东西回来,只告诉妈妈说是捡的,妈妈每次都很高兴,于是儿子也很高兴,以后更加乐此不疲了。

后来儿子长成了大人,有一天,儿子从外面牵回了一头牛,他的爸爸妈妈竟然也没有问孩子这头牛是哪里来的,还以为是儿子有本事赚了钱买回来的呢!谁知道没过几天,一个邻居发现自己的牛被偷了,便到处找,找到这对老夫妇家的时候终于发现了自家的牛,于是就要去到官府告状,老夫妇的儿子一听人家要告他,扬起手就打人家,结果一失手,把这个丢牛的邻居给打死了。这下事情可闹大了,当地的人把儿子扭送到了官府,县官当场判决,秋后杀头。

儿子临上刑场的时候,县官问他有什么要求,他说想见见妈妈。

他的老妈妈拎着儿子爱吃的饭菜来给儿子送行,儿子跪到母亲面前哭着说:"儿子受母养育之恩,在临死之前只想再吃一口母亲的奶,儿子就是死了也安心了。"没想到老妈妈刚刚解开衣服,儿子便一头冲过去,一口咬下了妈妈的乳头,然后咬牙切齿地说:"我今天受的惩罚,这都是你的错,都是因为我小的时候你不教育我所造成的。"

老妈妈听到儿子的话,大叫了一声,晕了过去。

这个故事里的儿子"幼时偷针",看上去是一件很小的事情,可是他的爸爸妈妈没有问清东西的来源,反而对孩子进行表扬,结果孩子养成了偷东西的习惯,最后因为偷东西被人发现,把人打死了,自己也被处死,后果变得不可收拾。所以说,受不到约束的孩子很容易学到不好的习惯,如果爸爸妈妈放松了对孩子的教育,孩子就有可能向着不好的方向成长。

爸爸妈妈教孩子学习知识,学习道理,首先要教会孩子专心致志的学习态度。

古时候有一个棋艺高手,因为技术高超,很多人都想向他学习棋艺。于是,他从许多前来拜他为师的孩子中,选了两个做自己的学生。

有一天,他正在为两个学生授课,忽然,他发现有一个学生抬头望了望天,他注意到,天边,刚刚飞过一群大雁。另一个学生却根本没有抬头。

在接下来的授课过程中,那个没有抬头的学生继续聚精会神地听他讲解下棋的技巧,而另一个学生,眼望天空,一只手放在身后,思想早就飞出很远,根本注意不到他的授课。

课讲完了,他叫两个学生对下一盘棋,说以此来巩固讲课的效果。可是,刚刚开局不久,胜负便已见分晓了。那个认真听讲的学生下棋的技巧比那个不认真听讲的学生高明许多,转眼之间便取了胜。

这件事传到了学生父母的耳朵里,那个输了棋的学生的家长不高兴了,领着自家的孩子便找上了门来,用埋怨的语气对他说:"您也是远近闻名的高人了,怎么教授学生还有偏向啊,我的孩子也不比别人家的孩子笨,我们也没有对您不恭敬,为什么您为别的孩子单独授课,却对我的孩子那么保守? 难道您也是吝啬的人吗? 还是您觉得我们亏待了您呢?"

他淡然一笑,叫过那个赢了棋的孩子,说:"你说一下,为什么你会赢了这盘棋呢?"那孩子说:"上课的时候,先生讲授什么,我就认真听什么,一个字也不敢漏下,就是发生了天大的事情,也不敢分心,下棋的时候,我把先生教授的棋艺用上,果真有效。"

那家长还不放过,追问道:"先生没给你单独上课?"那个孩子说:"我们每天一起上学,一起放学,多一分钟都没有在先生家里啊!"

听了这个孩子的话,那个输棋的孩子低下了头,他悄悄地用手拉家长的衣襟,见家长还在和先生理论,便使劲把家长拉回了家。

第二天,先生吩咐两个学生把家长请来同听一天课。两个家长于是领着孩子一起来到先生家。这一回先生在讲课的时候,那个不太用心的孩子也不敢不听课了,等先生讲完了,再让两个孩子对下一盘的,开始的时候两个孩子比得不分胜负,可是最后,那个孩

子还是输了。

先生对那个赢了棋的孩子说："你说一下,你今天赢在哪里呢?"那孩子说："就是上次比赛的那天先生讲的技巧。"

回到家以后,输棋的孩子家长问自己的孩子:"上次比赛的那天,先生讲的技巧是什么?"孩子支吾着说不出话来。家长一看便明白了,他问孩子:"上次先生讲课,你是不是没有认真听讲?"孩子低下头说:"是。"

"那你在想什么?"

"天边飞来了一群大雁,我在想,要是大雁再飞过来,我就抽出箭来射它。"

听了孩子的话,他的家长终于明白了原因。于是第二天,他亲自来到了先生家,给先生道了歉,并对孩子说:"不认真听讲,不专心学习,先生讲的技艺当然学不会了,你一定得克服不专心的毛病,否则,跟棋艺再高的先生学习,你也学不到真正的本领。"

一样的老师,一样的授课方法,之所以教出的学生各有不同,都是因为没有专心学习的缘故。可见,"专心"的学习态度对于学生来讲是十分重要的。

所以说,父母对孩子不教育不行,教育不对路也不行。每一棵参天大树的长成,都要有足够的阳光和水分的滋养,还要经过不停地修剪才行,如果任由孩子自行发展,或者在教育孩子的过程中不懂得重点,都不可能教育出一个成功的孩子来。

★给孩子创造好的学习环境

——孟母三迁、断机劝子

昔孟母,择邻处,子不学,断机杼。

——《三字经》

战国时,孟子的母亲为了使孟子有个好的学习环境,曾经搬了三次家。一次孟子逃学,孟母就割断织机的布来教育他。

孟子是古代著名的思想家。他的父亲去世得早,家里面只有他和母亲。孟子小的时候非常的调皮,他的母亲为了让他受到良好的教育,费了好多的心思。

孟子的家最早的时候是在一个小村庄里,村庄的旁边有一片坟地,那里经常会举行送葬出殡的仪式,孟子和邻居的小孩子们没事的时候,就喜欢学着玩儿这些出殡的游戏,

又是跪拜又是打幡，还要号哭祭拜。孟子的母亲看到孩子的这些举动，非常的担忧。她想："小孩子从小就只能接触这些事情，长大以后还能学得出什么呢？不行！不能让我的孩子在这里长大！"于是，他的母亲就决定从这里搬走，让孟子离开这个环境。

孟子跟随母亲把家迁到了一个大市集的旁边。孟母想："这里比原来的地方人要多，孩子也能长些见识，开阔眼界，对他的求学有好处。"可是让孟母没想到的是，这个地方十天赶两个集场，非常的热闹，孟子的注意力又被这些事吸引了，没事的时候，他就和邻居家的小朋友玩做生意的游戏，要么弄两块石头玩儿卖菜，要么弄个棍子学屠户杀猪，还学着鞠躬迎客，相互讨价还价。孟子的母亲这下又担忧了起来。她想："看来，这里并不能让我的孩子长到有益的见识，孩子每天接触这些事情，是没有办法认真求学的，我们还是不能住在这里。"于是，她带着孟子又搬走了。

这一次，孟母带着孟子搬到了一个学堂的旁边，周围住的全都是些读书人。孟子每天见到的都是知书达理的人，于是，他也学着人家读书演礼，慢慢地，孟子变成了一个喜欢读书的、懂礼貌的孩子。孟子的母亲看到孩子的变化，觉得非常欣慰，认为这一次终于找到了适合孩子居住的地方。

孟子

这就是历史上著名的"孟母三迁"的故事。《三字经》中"昔孟母，择邻处"这句话，就是由这个故事而来的。孟子的家境贫寒，搬家对于他们来说不是一件简单的事情，但是他的母亲为了让他在一个能够学习圣贤的环境中长大，不惜搬了三次家。真是不愧为一位贤母。

关于孟子的母亲，历史上还流传着一个"孟母断机杼"的故事。说的是孟母把家搬到了学堂旁边以后发生的一件事。

孟子的母亲把孟子送进了学堂去读书。孟子是一个非常聪明的孩子，接受能力非常的强，先生讲的知识一听就会，于是渐渐地，他就有些厌烦了，他想："这么简单的东西，先生每天不停地讲，学习这么枯燥，多没意思啊，还不如出去玩儿呢。可是如果不去上学的话，母亲也不同意呀！这怎么办呢？"

孟子想出了一个好办法。他每天早上按时出门，告诉母亲自己去上学了，然后他就

國學智慧全書

蒙学智慧

跑到小林子里去玩儿，等到太阳快下山了，他就准时地回家，一连三天，母亲都没有发现。孟子很高兴，认为自己找到了一个好主意。

但是孟子三天没去学堂，老师担心他出了什么事，就派了一个学生到他家里面去看看，这个学生一去不要紧，孟子逃学的事情露了馅。

下午孟子回来的时候，母亲问他："为什么逃学？"孟子支支吾吾地说："学习这么简单还这么枯燥，一点儿意思都没有。"孟子的母亲听他说了这话，转身把织布机上的布剪断，并把织布机的梭子弄断扔在了地上。孟子一看害怕了。

孟子的家里很穷，全靠母亲纺线织布为生，织布机是他们维持生计的唯一的一件东西，现在母亲把织布机的梭子弄断了，可见母亲生了很大的气。孟子吓得扑通一下跪倒在地上，拉着母亲的手说："孩儿逃学不对，已经知道错了，母亲不要这么生气。"

孟子的母亲对他说："我不是生气，我是想让你知道，纺线织布，必须积丝成寸，积寸成尺，积尺成匹，这样才能织成可以做衣的布匹。你学习也是一样，要日积月累，由易到难，不断地丰富自己的学识，这样才能成就大事。现在我把这匹布从中间剪断了，这匹布就成了一块无用的废布，我的昼夜劳苦便没有了意义，即使是把这千丝万线都接上了，继续把它织成布匹，满是疙瘩的布有谁会要呢？就像你现在学习半途而废，以前所学的东西和以前所用的功就全都白费了，这是自己放弃自己呀！我把织布机的梭子弄断了，以后想织布都不行了，我们就连生计都维持不了了，跟你现在贪玩逃学，不珍惜学业，荒废时光一样，将来成了一个无用的人，给祖宗脸上抹黑，后悔都晚了。这里面的道理全都是一样的啊！"

孟子听了母亲的话，感到非常的羞愧，于是痛下决心，不分昼夜刻苦学习，再也不贪玩儿了。后来，孟子终于成了一个道德高尚、学识渊博的思想家，他的著作和他的学说一直到几千年后的今天都能给我们很大的启迪。这便是《三字经》中"子不学，断机杼"这句话的由来。孟子的母亲为了让孟子认识到学习的重要性，不惜毁掉了家里面谋生的工具，用来劝孩子读书，真是一位伟大的母亲。

人在小的时候，学习能力非常强，因而模仿能力就非常的高，接触什么样的人和事，就容易学习什么样的人和事。所以说，为了让孩子成为一个有知识的、受人尊敬的人，父母从孩子小的时候就要尽量地让孩子多接触生活中那些讲学识和礼貌的人和事物，不仅如此，在学习知识的过程中，父母也要教会孩子"做事不能半途而废"的道理，一心二用、三心二意地学习是不可能体会到学习乐趣的，也不可能让知识在我们的头脑中积少成多。"书到用时方恨少"，到了"恨"的时候再知道学习的重要性，可就虚度了太多的时光了。

让孩子在好的气氛中读书，让孩子在父母的正确引导下读书，孩子才算是真正地有

了一个好的学习环境,这个道理,爸爸妈妈是应该铭记在心的。

★严谨的家规有助于孩子的成材

——五子登科

窦燕山,有义方,教五子,名俱扬。

——《三字经》

國學智慧全書

蒙学智慧

燕山人窦禹钧教育儿子很有方法,他教育的五个儿子都很有成就,同时科举成名。

五代后晋时期,有一个名字叫窦禹钧的燕国人,他出生在有钱的人家,年轻的时候靠做生意为生,但是他不学好,常常欺行霸市,缺斤短两,赚昧心钱,有的贫苦人家找他家借粮食的时候,他用小斗量自己的米,可是人家还粮食的时候,他却用大斗称人家的米,大家都说他缺德。

窦禹钧虽然靠着做缺德事赚了不少钱,但是他还是非常的不开心,因为他已经三十岁了,还没有一个自己的孩子,他着急得不得了。

有一天夜里,他梦到了自己的父亲,父亲对他说:"孩子啊,你不学无术,恶名远扬,做了无数的昧心事,你这一辈子肯定是没有孩子的了,而且你也活不了多少年了。如果你不想这样,就赶快学好吧,多做好事,多积些好的德行,也许还能把不好的命运改变过来。否则,你就彻底完了。"说完就不见了。

窦禹钧被这个梦惊醒了,醒来后发现衣服已经被冷汗浸湿了。他仔细地想了梦中的事情,又回忆了自己这些年的所作所为,感到特别的羞愧。于是他痛下决心,一定要改邪归正,再也不做恶事了。

从那以后,窦禹钧真的变了,他再也不做缺德事了,处处注意帮助别人。对于因为贫困而没有办法生活的人,他借钱给他们去做生意。对于家里死了亲人却没有钱买棺木的人,他出钱帮着办理丧事。对于因为家里贫寒,没有钱为女儿置办嫁妆的人,他主动替人家买嫁妆嫁女儿。对于因为没有钱娶媳妇的男子,他慷慨解囊帮助人家娶亲。各地的穷苦人,由于得到了他的帮助而维持生活的数都数不过来。

有一次,他拾到了一个包裹,里面装了不少的金银,他想,这一定是有人丢失的,这么一大笔钱,失主不定有多着急呢! 于是他就守在原地等了整整的一天,最后终于等来了

一个找包裹的人。原来,这个人的父亲因为犯了罪,将要被发配到很远的地方去,他好不容易才凑了这一包金银,想要去为父亲赎罪,没想到却丢了,要是没有了这些钱,他这一辈子就有可能见不到父亲了。窦禹钧听说了这个人的事情以后,不但把钱还给了他,还另外又赠给他许多的财物,让他去救父亲。

窦禹钧家有一个仆人,因为偷了他的钱,怕被他发现后受到惩罚,可是自己又没有钱还给他,于是就连夜逃走了。临走前,这个仆人把自己的女儿留在他的家里,并给他留了一张字条,字条上说明了自己偷钱的事情,并说把这个孩子给他了,就算是还债了。

窦禹钧知道了这件事情以后,不但没有怪罪这个仆人,反而非常的可怜这个小女孩,于是他把这个孩子收留下来,并当做自己的孩子一样抚养成人,这个孩子长大以后,该出嫁了,他又为她选择了一位非常贤德的丈夫。

当年逃走的仆人听说了这件事,非常的感动,于是赶了回来,哭着给他认罪,并向他忏悔。窦禹钧没有追究过去的事情,还反过来安慰他。仆人非常的感动,他找人画了一张窦禹钧的像挂在了家里,早晚上香供奉,以表感谢之情。

窦禹钧不但常常帮助别人,还在自己的家里办理了学堂。他建了四十间书院,购买了几千卷的书籍,请来了一些品学兼优的老师。他把附近没钱读书的孩子全接到私塾里来,一分钱不收,让他们免费学习。他的书院在当时培养了许多有知识又品德高尚的人才,使当时的许多孩子有了很好的前途,为国家做出了很大的贡献。

窦禹钧对待别人从来不吝啬金钱,但是自己的生活却过得十分节俭,他把赚来的钱,只留下了够家里支出的一部分,其他的都用来接济穷苦之人。

几年之后的一个夜里,他又做了一个梦,又梦见了他的父亲,这回父亲对他说:"这些年你诚心改过,做了许多好事,积累了许多的德行,你的命运从此可以改变了,日后你不但可以长寿,还会有五个孩子,希望你好好地教育他们,将来他们都会有出息的。也希望你以后继续做善事,否则的话,一切不好的事情还是会发生的。"

从此以后,窦禹钧更加尽心尽力地做善事,帮助别人。果然,没过多久,窦禹钧的妻子就为他生了一个儿子,接下去的几年,窦禹钧一共有了五个儿子。

为了让五个孩子将来都有出息,他制定了严格的家规,在他的家规上有这样的规定:"家庭之礼,俨如君臣;内外之礼,俨如宫禁。男不乱入,女不乱出;男务耕读,女勤织纺。和睦雍熙,孝顺满门。"

当时,国家正处在混乱时期,老百姓的生活十分穷苦,根本没有心思去考虑更多的事情,可是窦禹钧教育他的孩子说:"国家动荡不安,但你们不能松懈了学习,只有现在刻苦学习知识和做人的道理,将来才能成为对国家有用的人,为国家社稷做贡献。"

由于家教严格,窦禹钧又注意以身作则,用自己的行动来影响孩子,他的五个孩子都

非常的知书答理，孝顺父母。后来，五个孩子都先后在科举考试中金榜题名，成了朝廷的栋梁之材。他的大儿子窦仪官至尚书，二儿子窦俨做了翰林学士，三儿子窦偁任参知政事，四儿窦侃任起居郎，五儿子窦僖做了左补阙。窦禹钧教育五个儿子成材的这段经历，成就了流传后世的"五子登科"的美谈。

当时有一位侍郎冯道曾为他写了一首诗：

燕山窦十郎，

教子有义方，

灵椿一株老，

丹桂五枝芳。

窦禹钧由于多做善事，自己也做到了谏议大夫的官职。再后来，窦禹钧又有了八个孙子，长大以后也都成了有用的人才。窦禹钧最后活了八十二岁才去世，即使在今天，也算是长寿的人了。

由于窦禹钧的家属于燕山一带，因此后世之人都称他为"窦燕山"，这个故事，就是《三字经》中"窦燕山，有义方。教五子，名俱扬"二句的由来。

每个人的命运都掌握在自己的手中，多做好事，才能受到别人的拥戴，才能有幸福的人生。而作为孩子的父母，如果想让自己的孩子学习到正确的做人的道理，长大以后成为有用的人才，就必须为孩子创造一个有规矩的家庭风气，创造一个良好的成长环境，用自己的行为为孩子做出最好的榜样。

★父母和老师是引导孩子成功的人

——养子不教、为师不勤

养不教，父之过，教不严，师之惰。

——《三字经》

仅仅是供养儿女吃穿，而不好好教育，是父母的过错。只是教育，但不严格要求就是做老师的懒惰了。

公孙贺是西汉人，由于他勤奋谨慎、老实本分，又参加了许多次作战，立有许多军功，因此在公元前103年被汉武帝任命为丞相。

他的儿子叫公孙敬声，由于父亲是当朝的丞相，母亲又是皇后的姐姐，所以他的姨夫汉武帝封公孙敬声做了太仆，也就是自己车队的队长，这也是一个不小的官职呢！这样，公孙贺父子两个人都成了高官。

公孙贺从儿子小的时候起就对他非常的溺爱，平日里娇生惯养，做了什么错事也不进行管束，结果公孙敬声长大后成了一个不学无术的人，虽然做了官，还是经常和一些江洋大盗混在一起，做一些目无法纪的事情。对于这些，公孙贺虽然心知肚明，但是他总认为儿子犯的都是一些小错，出不了大问题，因此始终对这些事不闻不问，听之任之。

后来，这个公孙敬声终于犯了大错，他贪污了许多的军费以后，和一帮狐朋狗友一块吃喝玩乐给挥霍了。这件事情败露以后，汉武帝一怒之下把他抓进了大牢。

公孙贺眼见着自己的儿子马上就要没命了，急得不得了。正好当时朝廷正在追捕一个叫朱世安的人，于是他请求汉武帝让他去抓这个人，为儿子赎死罪，汉武帝念在亲戚的面子上，同意了他的请求。

没想到，当公孙贺利用一切方法，历尽了千辛万苦把朱世安抓回来后，却又发生了更可怕的事情。

原来这个朱世安也是以前常和公孙敬声一起鬼混的人，他知道公孙敬声做的许多坏事，如今一看是公孙敬声的父亲亲手把他捉进了大牢，气得牙根直痒，他在牢里给汉武帝写了一封信，把公孙敬声干的坏事全都抖了出来，其中也包括公孙敬声在汉武帝专用的御道上埋了个木人以诅咒他的事情，结果汉武帝看了以后暴怒，不但没放公孙敬声，把公孙贺也抓了起来。

由于公孙敬声的罪不可恕，公元前91年，公孙贺父子两个连同整个家族都被汉武帝处死了。

公孙贺做了十多年的丞相，一直勤勤恳恳，小心谨慎，对待汉武帝也忠心耿耿，但就是由于他的溺爱，导致孩子从小就没有受到正确的引导，最终成了一个恶人，酿成了灭族的惨祸，不但连累了自己，还连累了整个家族的无辜亲人，因此这件事情上最大的罪人，恰恰是作为父亲的公孙贺，而不是惹了事的公孙敬声。这就是养子不教所造成的恶果。所以说在孩子小的时候，父母对孩子的教育一丝一毫也不能放松，这是为人父母的责任。

爸爸妈妈虽然是孩子最早的老师，但是孩子到了求学的年纪，都得到学校去读书，从这个时候开始，孩子们就开始从老师那里学习文化知识，学习做人处世的道理了。

有这样一位老师，他在给学生上课的时候，常说这样一句话："我该向你们传授的知识，我一字不落地全会讲给你们，但是听不听在你们自己，我讲课的时候你们喜欢听就听，不喜欢听就不听，想干什么就干什么，你们自己看着办吧。"于是，在他的课堂上，一些懒惰的学生就堂而皇之地不听课，有的玩儿玩具，有的钻到桌子底下做小动作，还有的窃窃私语,那位老师呢? 根本不管学生们都在干什么,只顾着自己旁若无人的讲课,就像对牛弹琴一样。

开始的时候,孩子们都非常喜欢这位老师,因为他们觉得不用再害怕老师教训,可以为所欲为了。可是后来,这些孩子们的学习成绩引起了家长们的注意,在问明情况以后,家长们纷纷向校长抗议,把这位老师赶走了。

古人有这样一句话:"一日为师,终身为父。"老师对待学生,应该像对待自己的孩子一样严格要求,这样孩子们才能成为一个有知识懂礼数的人,如果对学生不进行纪律上的约束,实际上便是误人子弟,会耽误很多孩子的前途。

作为一个学生,也不应该认为这样的"好好"老师就真的是好老师,因为这种懒惰的老师不会教学生学到真正的知识和道理,根本就不是一个合格的老师。

★不要错过对孩子的教育

——少壮不努力,老大徒伤悲

子不学,非所宜,幼不学,老何为?

——《三字经》

小孩子不肯好好学习,是很不应该的。一个人倘若小的时候不好好学习,到老的时候既不懂做人的道理,又无知识,能有什么用呢?

从前有一个老汉,他没有自己的孩子,也没有自己的田地,全靠每天到山上拾柴换些钱生活。

他小的时候,他的爸爸妈妈非常希望他做一个有学问的人,于是就把他送到当地最有名气的一位先生家里学习。

先生有一把长长的戒尺,对于不专心听讲的学生,先生就用那把戒尺打手心,学生们都害怕先生的戒尺,所以每天都乖乖地读书,不敢偷懒。

老汉小的时候非常的淘气,突然被送进了严厉的先生家里,很是不习惯,因为常常悄悄地背着先生溜出去玩儿,所以他的小手经常被先生打得肿起来,于是他就跑回了家。

他的爸爸妈妈看到他的小手,非常的心疼,但还是忍着对他说:"先生打你,是因为你没有认真读书,不认真读书的话,你又怎么能学到真正的学问呢?"于是第二天,爸爸妈妈

又一起拉着他的手,把他送了回去。

他在先生那里规规矩矩地学了几天,就又挺不住了,一天趁先生不注意,他又溜了出去,跑到外面玩儿了个够,等他回来的时候,先生又打了他的手,并且对他说:"你这样不用功,怎么对得起你的父母呢?"

听了先生的话,他又乖了几天,可是他还是坚持不住,他想,"每天就这么坐在这里学习,哪有外面轻松?"于是,他又跑回了家。

这一回,任凭父母磨破了嘴,他坚决不再去先生家里了。

没办法,父母一想,孩子不愿意读书,以后还能有什么前途呢?不然,就让他去学习一门手艺吧。于是,便又把他送到了当地最有名的木匠家里,让他跟着木匠师傅学习做木工的手艺。

可是没过几天,他又回来了,说是木匠师傅比先生管得还严,学木匠活儿一点儿都不好。这回他的父亲生气了,把他狠狠地教训了一顿,一定要他继续回去学手艺。

拗不过父亲,他又去了木匠师傅家里。为了不再回来,他更加不认真,还常常故意惹师傅生气,最后,师傅把他的父母叫来,告诉他的父母说自己教不了这个孩子,让父母把他领回去了。

后来,父母又送他去学过很多的手艺,可是他没有一次能学下去,每次都是到了中途便放弃了。到了十几岁,当年和他一起学习的孩子都已经快学成了,他还是什么也不会。父母很着急,愁得头发都白了,可他却不以为然,他觉得,学东西太辛苦,还不如自由自在地好些。

又过了些年,父母相继去世了,以前还可以靠父母养活,可是现在不行了。父母原本就是做小买卖为生的,为了送他学本事,又求先生又交学费,日子本来就过得不富裕,根本没有给他留下什么钱财。所以父母去世不久,他的生活就没有着落了,而这个时候,曾经和他一起学习的伙伴,都已经能凭自己的手艺养家糊口了,有的都已经小有名气了,甚至还有的已经学业有成。

怎么办呢?没有知识,又没有手艺,他什么也做不了,没有办法,只好出去卖力气。趁着年轻,他做过很多的苦力活儿,虽然受了很多的累,却没赚到几个钱,日子过得捉襟见肘,连个媳妇都没娶到。

一年又一年,因为小时候的同伴一个比一个的有出息,而他却连出头之日都看不到,使他觉得非常难堪,于是他变卖了家里的房子,背井离乡到了别的地方谋生。可是无论他走到哪里,他都只能靠做苦力吃饭,卖房子的钱早早地就用完了,他一天不做工,就一天没有饭吃。

几十年过后,他老了,没有办法做苦力赚钱了,为了能有一口饭吃,他不得不到山上去捡柴,捡一点就到集市上去卖,然后买上一点吃的,就算是过了一天。连他自己都不知道,自己捡柴还能捡多久。

当他在集市上卖柴的时候,看到那些拿着书本去读书的小孩子,他就想起自己小的时候,父母怎样苦口婆心地劝自己不要贪玩儿,要努力地学些知识,学些本事,可是自己总是不听,现在老了,受了一辈子的苦,终于明白了这里面的道理,却一切都晚了,想到这些,总是禁不住伤心。

一个人在小的时候因为贪玩儿而不爱学习,是非常不应该的;年少的时候是人一生中学习的黄金时刻,在这个时候如果认真学习,是最能掌握丰富的知识的,如果在年少的时候不用功,把大好的时间都用在了玩儿上,那么等到长大了,就会连自己的生活都保证不了,更别提有所作为了。到那个时候,肯定是会后悔的,但是到那个时候再后悔,可就来不及了。所以小孩子必须要趁着年幼努力读书。而孩子的父母也应该认识到这件事的重要性,无论如何不能让孩子错过学习的最佳年龄,如果在这个时候错过了对孩子的教育,那么将会给孩子留下终生的遗憾。

★严爱才是爱

——和氏献璧、岳飞教子

玉不琢,不成器,人不学,不知义。

——《三字经》

一块玉石,如果不去雕琢,就不能成为有用的器具;人也是一样,如果不透过学习,就无法明白做人处事的道理,不知道那些事合不合乎义理,应不应该做。

从前,有一个叫卞和的楚国人,有一天,他在山里找到了一块玉璞,非常的高兴,于是便拿着这块玉璞去献给楚厉王,告诉厉王说这里面有宝玉。

楚厉王不懂得玉璞中含有宝玉的道理,于是就把这里的玉匠叫来进行鉴定,结果那玉匠看到了卞和献来的宝玉后,对楚厉王说:"这不是玉,这只是块石头。"

听了玉匠的话,楚厉王勃然大怒,于是斥责道:"大胆的卞和,竟然敢用石头冒充宝玉来骗我! 推出去,把他的左脚砍了,看他还敢不敢无礼!"

就这样,卞和被砍了左脚,拖着残缺的身体回了家。

后来，厉王死了，武王继了位，卞和又拿着这块璞玉来献给武王，武王也不懂得这里面是否有宝玉，于是也叫了一位宫中的玉匠来鉴定，结果这个工匠看过之后，也说了一句：“这不是宝玉，这只是一块石头。”武王听了，恼羞成怒，大喝道：“大胆的卞和，你先是骗了先王，现在又来骗我，你难道不怕死吗？推出去，把他的右脚也砍了，看他悔不悔改！”

这一回，卞和又失去了他的右脚，连走路都不行了。

再后来，武王也死了，文王继了位。卞和带着那块玉璞，来到了楚山脚下，痛哭了三天三夜，把眼泪都哭干了，他还继续哭，最后眼睛里哭得出了血。附近的人和过路的行人见到了，都感到十分的凄惨，于是一传十，十传百，传得尽人皆知，连文王都听说了这件事情。

于是，文王派了一个差官到楚山去看个究竟，那差官到了楚山后，果真见到了卞和抱着块石头坐在那里哭，于是他走上前问他：“普天之下，有那么多受了砍脚之刑的人，怎么只有你悲伤了这么长时间呢？”

卞和回答说：“你以为我是因为脚被砍断才这么伤心的吗？不是的。我伤心的是，这么好的一块宝玉，为什么就没有人认识它，为什么就会被人说成是一块普通的石头呢？我是一个诚实的人，我忠于我们的大王，我发现了宝物，诚心诚意地想把它奉献给大王，可是我竟然被人说成是一个可耻的骗子，我怎么能不伤心呢？”

差官回官后向文王汇报了卞和的话，文王觉得非常的诧异，他觉得，应该验证一下卞和所说的话的真假，于是便把卞和叫来，命令宫中的玉匠把玉璞拿去仔细地琢磨，玉匠把玉璞的表层小心地敲掉以后，这块被称为石头的玉璞里果真露出了一块稀世美玉。

文王非常高兴，于是给这块宝玉起了个名字，叫作和氏璧，还给了卞和丰厚的赏赐，用来表彰他的忠诚。

许多许多年以后，秦始皇得到了这块和氏璧，命工匠把它雕刻成了一块传国的玉玺，给这块宝玉赋予了更重要的意义。

这就是著名的“和氏璧”的故事。在这个故事中，我们可以看出，一块宝玉，如果不经过工匠的精心打造，在别人的眼中，它就只能是一块石头，是不可能显现出它的实际价值的。

对于孩子的教育也是这样的道理。只有让孩子受到了良好的教育，他们才会懂得做人处世的道理，知道什么事情是应该做的，什么事情是不应该做的，也会知道做一个人最重要的意义在哪里。

在我国历史上有一位著名民族英雄，他就是宋朝的抗金将领名岳飞。岳飞严格律子的故事，已成为千古美谈。

岳飞的一生共有五个儿子，他对五个儿子的要求都非常严格。以岳飞的身份，孩子们本应理所当然地享受好的吃穿，但是岳飞却要求孩子们只许穿麻布衣，不许穿丝绸的衣服；只能吃普通的饭菜，不许吃酒肉。不仅如此，他还让孩子们都到军营里面去接受训练，掌握实际的本领，教育孩子大丈夫要报效国家，将来要为国尽忠。

岳母刺字

他的大儿子岳云在十二岁的时候就被编入了部将张宪的队伍里，成为一名小军士，同大人一样，披重铠，跨战马。有一次，岳云在练习骑马下坡的时候，没注意坡度，结果连人带马都翻了过去，岳飞见了，非常生气，坚决将岳云打了一百军棍，目的是让岳云记住，即使是在练习的时候，也要当作是在真的战场上，一丝一毫也不能松懈。在岳飞的严格要求下，岳云没有辜负父亲的期望，苦练本领，成为一名武功高强的小将。在岳家军的一次北伐中，十六岁的岳云参加了战斗，挥舞着八十斤重的铁锤，勇冠三军，率先登城。

又有一次，岳家军被金兵围困，岳云奉父命突围，临出发前，岳飞严厉地对岳云说："不取得胜利，就先斩了你。"岳云不负父望，果真以少胜多，取得胜利。由于岳云作战勇敢，手下士兵士气高涨，所向披靡，令金兵闻风丧胆。

岳飞作为一名将军，历来对部下赏罚分明，但是对于自己的儿子，他却有功不赏，有过必罚，他深深地知道，作为父亲，他只有严格地教育自己的孩子，才会使孩子将来有所成就，能够为国出力。他用这种严厉的方法，表达着他对孩子的爱。

父母对孩子的爱,有大爱和小爱之分。所谓小爱,就是让孩子吃饱,穿暖,不受教训,心情舒畅,为所欲为,满足孩子的一切要求,但是这种小爱是无法换来一个懂义理的孩子;相反,在这种小爱下长大的孩子会变得骄横无理,不懂礼数,一事无成。而所谓大爱,就是要对孩子进行严格的教育,不注重眼前孩子的安乐,为孩子的长远打算,精心地培养他,让他懂得做人处世的道理,懂得与人融洽地相处,懂得感恩与报恩,也会懂得学习,懂得认真地对待他所该做的每一件事,这样长大的孩子,将来才会有远大的前程,才会为他人,为国家做出贡献。这种用"大爱"来爱孩子的父母,才是可敬的。

★ 近朱者赤,近墨者黑

——小子学礼、割席断交

为人子,方少时,亲师友,习礼仪。

——《三字经》

做人子弟的,从小时候就要亲近良师益友,并从他们那里学习到待人处事的礼节和知识。

从前,有一个非常不懂礼貌的孩子,他的父母让他拜一位德高望重的先生为师,跟随先生学习知识和礼数。

有一次,有位客人来拜望先生,他见有人来了,马上跟着进了正厅,不管不顾地坐到了椅子上。先生与客人寒暄,刚刚问了一句"从哪里来",他就抢先说:"肯定是去过乡下了,鞋子上全是泥,把地都弄脏了。"客人听了,脸色非常不好。先生看了他一眼,没有说话。

先生与客人闲谈了一会儿,便开始说正事了,可是他用手托着下巴,歪着身子坐在椅子上,始终不肯离开。先生又看了看他,对他说:"你去吩咐为客人准备一下午饭。"他这才恋恋不舍地离开。

该到吃饭的时候了,饭菜全都摆好了,他一溜小跑来到正厅,扔下一句:"先生吃饭了。"然后扭头就跑到了饭桌旁,拿起碗就开始吃饭。

先生生气地对他说:"怎么这么没有礼貌,客人还没有落座,你怎么能先吃饭呢?现在你去隔壁把李老先生请过来,和我们一同吃饭。一定要注意恭敬,不得无礼,否则我不轻饶你。"

客人见先生派他去请李老先生，非常诧异地说："这个弟子面生得很，是新收的吧？不怕您生气，我看您这个学生啊，实在是没有礼貌。您的学生也不止这一个，李老先生是讲礼数的人，您为什么不派一个懂礼貌的学生去请李老先生呢？"

先生笑了笑，回答说："就是因为他不懂得礼貌，我才安排他去请李老先生，多与懂礼数的人接触，对他有好处。这是我新收的一个学生，我会慢慢教导于他，今天他对几位不恭敬，看在我的面子上，多原谅他吧。"客人们听了，笑着说："您不用客气，小孩子学礼数学得快，有您这样一位老师，他一定会有出息的。"说罢，几个人笑了起来。

后来，先生对这个孩子用心地教导，时常安排他与一些讲礼仪的人接触，并把平时招待客人的任务规定由他来做，而先生的客人多是德才兼备之人，所以他逐渐地被影响得谦虚有礼了，他的父母见到了孩子的巨大转变，感到非常的欣慰。

孩子学习知识和礼数，离不开老师的教导，关在家里是没有办法学到人生所需的全部知识和礼仪的，只有走出家门，多亲近品学俱佳的人，才能学到知识和为人处世的道理。

小孩子在成长的过程中，父母不但要为孩子选择有修养的师长，还要教会孩子结交品德高尚的朋友。

管宁和华歆从小就是非常要好的朋友，他们俩每天形影不离，同吃同住，一起学习。但是后来，管宁还是离开了华歆，这是为什么呢？

原来，管宁从小就非常以学修身，不爱名利，可是他通过一些小事发现，华歆的志向与自己不一样，所以才做出了这样的决定。

有一次，两个人一起在菜地里锄草。管宁一锄下去，碰到了一个硬东西，挖出来一看，竟然是一块金子，他自言自语，"我当是什么呢，原来是块金子。"接着，他把金子扔到了一边，继续锄草。可是不远处的华歆听到了这句话，赶忙奔了过来，把金子捡到了手中。

管宁见了，一边干活一边责备华歆说："一个有道德的人是不可以贪图不劳而获的财物的，钱财应该是靠自己的辛勤劳动去获得。"

华歆听了，口里说："我知道。"手里却还捧着金子舍不得放下，管宁就一直盯着他，后来华歆被管宁盯得实在不自在了，这才极不情愿地丢下金子回去干活了。但他心里还在惦记着这块金子，所以干起活来也不卖力。管宁见到他的样子，心里头很不高兴。

又有一次，他们两人坐在一张席子上读书。正看得入神，忽然外面传来一片鼓乐之声，于是两个人就走到窗前去，看看到底发生了什么事。

原来，有一位大官正乘车从街上经过，一大队人马，威风凛凛。而他的车子更是豪

华:车身雕刻着精巧美丽的图案,车上蒙着的车帘是用五彩绸缎制成,四周装饰着金线,车顶还镶了一大块翡翠,显得富贵逼人。

管宁看了看,又回到原处捧起书专心致志地读起来,对外面的喧闹完全充耳不闻。华歆却不是这样,他完全被这种张扬的声势和豪华的排场吸引住了。他嫌在屋里看不清楚,还特意放下书跑到了街上,尾随着车队走出了很远。

管宁看到了华歆的行为,非常的生气,也非常的失望。等华歆回来后,他当着华歆的面把两个人刚刚坐过的席子用刀割成两半,然后对华歆说:"我们两个人的志向不一样,是不能做朋友的,从今天开始,咱们不再是朋友了。"

后来,管宁决定到另外一个地方去读书,虽然他已经和华歆断交,但是在临走之前,他还是前去劝华歆,让他不要太重视那些金钱和名利,但是华歆不听。

最后,华歆终于做了官,却因为做了赃官而被杀了,而管宁在辽东地区住下来,用他所学到的知识和仁德,使得当地的百姓和睦相处,受到了百姓的爱戴。这就是"割席断交"的故事。

人要和与自己有同样志向的人交朋友,两个人互相地学习对方的优点,并且用自己所懂得的礼仪去影响对方,这样才可以共同进步。

所以说,孩子们在小的时候起,就要学会亲近好的老师和好的朋友,并从他们身上学到能使自己终身受益的知识和经验,不断地取人之长补己之短,这样才能不断地丰富自己的头脑,提高自己的道德素质,成为一个德才兼备的人,而父母,更是应该在这方面,对孩子做出好的榜样与引导。

★懂得什么是真正的孝

——黄香温衾、汉帝尝汤

香九龄,能温席,孝于亲,所当执。

——《三字经》

小黄香九岁就知道为父亲温席,这是侍奉父母所应该做的。

在中国古代的《二十四孝》中,收录了黄香"扇枕温衾"的事迹。

黄香是东汉时期的江夏人,他的母亲在他九岁的时候就去世了,只靠父亲一个人养

育他。

　　黄香非常思念母亲,也体谅父亲的辛苦,母亲去世后,他对父亲愈加的孝顺。为了不让父亲太过劳累,他把家里所有的家务活儿都承担下来,父亲一回到家里,黄香就请父亲去休息,而他则为父亲洗衣做饭,尽心尽力地侍奉父亲。

　　夏天的时候,天气炎热,为了让劳累一天的父亲能够睡一个又凉快又舒适的好觉,每到晚上,黄香便请父亲到院子里乘凉,而他则拿一把大扇子站到父亲的床边不停地扇,直到把父亲睡觉的席子扇凉了,才请父亲上床睡觉。

　　冬天的时候,天气寒冷,为了让父亲能够暖暖和和地入睡。每次睡觉前,他都先脱光了,钻进冰冷的被窝里,用体温把被窝暖热之后,再请父亲躺下睡觉。

　　就这样年复一年,黄香始终如一地对待父亲。后来,黄香的孝行传遍了整个县城,大家都夸黄香是个孝顺的孩子,对他非常的钦佩。

黄香九岁扇枕罩

　　在黄香十二岁的时候,江夏太守刘户知道了他的事迹,便把他召到署门之下,称赞他是"至孝"。刘户还上书给皇帝请求褒奖他的孝行,在书中称他为"门下孝子"。皇帝看到了刘户的上书,也非常的赏识黄香,特意颁旨嘉奖了他。

　　由于投入了太守的门下,他得以用功地读书,后来成了一个非常有学问的少年。长大后,他成了一个品学兼优的人,当时的人们称赞他"天下无双,江夏黄香"。

　　由于皇帝赏识他,封他做了官,还特许他到皇宫里去读书,因此,他读到了许多许多常人难以读到的珍贵的书籍,更加深了自己的学识。

　　他品德高尚,对待百姓也非常的仁慈,当他所管理的区域发生了水灾的时候,他把自己全部积蓄,连同皇上的赏赐都捐给了灾民,当地的有钱人都纷纷效仿,因此百姓非常的爱戴他,为了称赞他的美德,人们还特意为他写了一首诗:"冬月温衾暖,炎天扇枕凉。儿童知子职,千古一黄香。"

黄香之所以成为一名孝子,是因为他能处处替父亲着想,能够用心对待父亲,能够去思考父亲需要什么样的照顾,能够体贴父亲,他的行为非常值得小孩子学习。

在《二十四史》中,还记录了汉文帝"亲尝药汤"的故事。

汉文帝刘恒是汉高祖的第三个儿子,他的母亲薄太后年老以后,患病三年,在这三年间,身为皇帝的汉文帝经常亲自来精心地侍奉母亲,他随时观察母亲的状况,甚至到了眼睛都不眨一下的地步,他常常整夜都不脱衣服地守护在母亲的床边。

在我国古时候,为了保证皇帝的安全,避免有人下毒药来毒害皇帝,每次皇帝吃喝入口之前,都要由别人先尝过才行。可是对于母亲所服的汤药,他却一连三年,坚持亲口尝过之后才放心地让母亲服用,这在当时的风气之下,是非常难得的。由于他的孝行,使得他以仁孝皇帝的名声闻名于天下。

汉文帝

国学智慧全书

三字经

他在位的二十四年间,非常重视以德治国,尊崇礼仪,注意发展农业,使西汉社会稳定,人丁兴旺,经济得到恢复和发展,他与汉景帝的统治时期被誉为"文景之治"。

汉文帝的孝行也是出于为母亲着想,感恩于母亲而为的。他与黄香的经历告诉我们,无论是皇帝还是平民百姓,只要是一个真心实意孝顺父母的人,都会受到他人的拥戴。

中国有句古话,叫作"百善孝为先",孝敬父母是中国人的传统美德,更是做人的准则。爸爸妈妈在对孩子进行中国传统美德教育时,除了以身作则以外,最好的办法就是经常地给孩子讲这样一些古代孝子的故事,让孩子从古人的故事中明白孝敬父母的道理,明白儿女侍奉父母所应尽的本分。让孩子知道,爸爸妈妈将孩子带到世界上来,为了让孩子健康幸福地长大,为了让孩子受到良好的教育,花费了许多的心血,却从来都不想要孩子回报。也要让孩子知道,自己应该体谅父母的辛苦,凡事多替父母着想,不但在家里面要孝顺父母,在外面无论是说话还是做事,都不能有违背父母的教导,给父母脸上抹黑,这才是真正的孝敬。

用真实的故事感染孩子,用真实的故事教育孩子,才能让孩子形象而生动地体会孝敬父母的重要性和其意义所在。

★手足同胞之间要讲亲情

——孔融让梨、兄弟争死

融四岁,能让梨,弟于长,宜先知。

——《三字经》

东汉末年的孔融,才四岁的时候,就晓得礼让兄长,将大的梨子让兄长吃,自己选择较小的。这种尊敬兄长、友爱兄弟的美德,应当及早教育培养。

被列为"建安七子"之一的孔融是东汉末年的文学家,他从小就是一个有才气的孩子。

在他十三岁的时候,曾经跟随父亲到京城拜访朋友。当时的河南尹李膺是一个很有架子的人,除了当世的名人以外,什么人都不接待。对于这个人,孔融感到非常的好奇,他一心想看看这个只见名人的李膺究竟长得什么模样,于是就一个人来到了李膺家门前,对看门的人说:"请您禀报李大人,我是李大人的通家弟子,有重要的事情要求见他!"

看门人一听,不敢怠慢,赶忙回去禀告了李膺。这位李大人想了半天,也想不起来这个通家弟子是哪一位老友的后人,于是就派人请孔融进府面谈。

李大人见了孔融后问他:"请问您的祖父与我有旧交情吗?"孔融回答说:"是的,我的先祖孔子与您的先祖老子互为师友,所以说我孔融和您李老先生算起来,当然是世交了!"老子的名字叫李聃,孔融用了两位古人的姓氏来做比喻,利用孔子和老子的师友关系,巧妙地把他和李老先生这两个毫无交往的人比喻成了世交,听了他的话,在座的宾客都深表叹服。

这时,太中大夫陈炜走了进来,他听了孔融的这番话,不疼不痒地说:"哼,小时候聪明,长大了未必就能成气候。"孔融不动声色地说:"这么说,您这位老先生小的时候一定是非常聪明的了。"在座的宾客都听出来了,这是孔融在反驳陈炜的轻视,用陈炜自己的话来讽刺他。

只见名人的李膺听了孔融的话,哈哈大笑了起来,他说:"这个孩子这么聪明,反应灵敏,将来肯定会成大气候的!"后来,孔融果然做了大官。

不过,孔融之所以千古留名,不仅仅是因为他的才学,还有他从小就显示出来的高尚

的品德,成为人们引以为豪的佳话。

　　孔融家里一共兄弟七人,他排行第六。在他四岁的时候,就已经懂得了谦让之礼。

　　有一天,邻居给他家送来了一筐梨,父亲把他们七个兄弟都叫来,让他们一人拿一个梨吃。听了父亲的话,孔融的一个哥哥立刻跑过去,挑了一个最大的梨子拿到了手里,父亲严厉地看了他一眼,吓得他一缩手,大梨子掉到了地上。

　　这时,父亲对孔融说:"你来给兄弟们分配一下吧。"只见孔融从地上捡起那个大梨子放回筐里,然后从里面选了一个最小的给自己,然后又把其他的大梨子分给了哥哥和弟弟。父亲见了很高兴,问他:"为什么你自己留了一个小的,把大的分给别人呢?"孔融说:"因为我的年纪小,哥哥们都比我大,当然我吃小的,哥哥们吃大的了。"父亲又问:"弟弟也比你小,为什么也吃大的呢?"孔融又说:"我比弟弟大,我是哥哥啊,我应该疼爱自己的弟弟,把大的给弟弟吃,也是应该的。"

　　孔融的这种前后有礼的回答让父亲很是欣慰,他的那些哥哥们也羞愧地低下了头。

　　这就是孔融让梨的故事。在历史上,还流传着另外一个孔融友爱兄长的故事,那就是"兄弟争死"的故事。

　　在孔融十五岁的时候,朝廷里有一个叫张俭的官员,因为揭发了一些官员的罪恶,受到了陷害,官府要抓他治罪,于是,他便逃到了孔融家。

　　孔融的哥哥孔褒是张俭的好友,所以孔融对张俭一直很尊敬。张俭来到他家的时候,孔褒正好不在家,孔融见张俭神色紧张,就说:"我哥哥虽然不在家,但您是他的好友,就像我的兄长一样,您有什么难处,就请告诉我吧。"张俭这才把事情说了出来,孔融于是自己做主,收留了张俭,哥哥回来之后,两兄弟又找了个机会,帮张俭安全地逃走了。

孔融

　　后来,有人知道了这件事情,就向官府告发了这件事。官府本来就为抓不到张俭而头疼,一听说张俭是从孔家逃走的,立刻把孔融和他的哥哥孔褒抓了起来。

　　审问他们的官员对他们说:"你们难道不知道放走了朝廷的要犯是要杀头的吗?说,你们两个究竟是谁把张俭放走的?"

听了这些话,孔融想,哥哥和张俭是好朋友,一定会受到这件事情的牵连的,那样一定会没命的。于是他对审官说:"是我收留的张俭,我哥哥当时不在家,你要治罪就治我的罪吧。"

听到弟弟把罪责都承担了下来,孔褒急了,忙喊道:"不,不是这样的,张俭是来投奔我的,是我把他放的,不关我弟弟的事,他还是个孩子,哪懂那么多事。要杀,你们就杀了我吧!"

结果,孔融和孔褒在堂上争了起来,争得面红耳赤,互不相让,都说是自己放了张俭,自己应该被治罪。

审官看看这个,又看看那个,不由得呆坐在那里,没有了主见。他想,从来都是互相推卸罪名,怎么今天这兄弟两个互相抢上罪名了呢?这可怎么办呢?

没办法,只好层层上报,让上司去拿主意。最后,一直报到了皇帝那里。后来,皇帝定了孔褒的罪,处死了孔褒,把孔融放回了家。

孔融虽然没能救得了自己的哥哥,但是他冒死友爱兄长的事迹,却一直流传到了今天。

孔融在四岁的时候,就懂得礼让,恭敬兄长,爱护弟弟,能与兄弟和睦相处,一团和气,是非常难得的。他在十几岁的时候,敢于伸张正义,兄弟俩为了保护对方,甚至敢于相互争死,给后世的许多人做出了榜样。

家长在教育孩子懂得兄弟和睦、手足团结的时候,应该充分注意到榜样的力量,用这些值得敬佩的古代孩子作为榜样,教育自己的孩子向他们学习,手足之间应该相互谦让,一团和气,不能计较个人的得失,让孩子明白,这种手足同胞的亲情是每个人都必须具备的。

第二章　识物学礼

★学礼第一,读书第二

首孝悌,次见闻,知某数,识某文。

——《三字经》

做人第一重要的是孝顺父母,友爱兄弟,其次才是增长见闻,通过学习数字的变化,研究古人的文章来修养自己。

我国古代有一个叫王祥的人,他的亲生母亲在他很小的时候就去世了,而他的继母又对他非常的不好,可是他对继母朱氏却非常的孝顺。

有一年冬天,他的继母想要为难他,于是对他提出要吃活鱼。当时天气非常的冷,河面上都结了冰,根本打不到活鱼,可是为了满足母亲,王祥就跑到河边,脱下衣服,光着身子躺到了冰面上,想用体温把冰焐化,为母亲打鱼。这个时候,冰块忽然自己裂开了,从里面跃出两条活蹦乱跳的鲤鱼来,王祥一见,赶忙把鱼抓住,高兴地带回了家,做好了给母亲吃。当时的人们都说,谁也没见过能在大冬天能有人凿开这么厚的冰河捕活鱼的,这是因为王祥的孝心感动了天上的神仙啊!于是,在民间,便留下了"卧冰求鱼"的美谈,王祥的孝行也被收进了《二十四孝》之中。

继母朱氏不但经常刁难王祥,还经常在他的父亲面前说他的坏话,导致父亲也开始不喜欢他,和继母一起把他当奴仆使唤,可是王祥出于对父母的孝心,从不叫苦叫累,对待父母从来都是恭恭敬敬的,如果父母生了病,他还整天衣不解带地左右伺候,汤药熬好了,他必定先亲口尝一尝温度,然后才服侍父母吃药。

三字经

29

王祥的弟弟王览是继母朱氏亲生的儿子，由于哥哥的影响，他从小便很懂事，每次母亲打哥哥的时候，他就抱着哥哥哭，不让母亲打哥哥。等他长大些了，他就对母亲说哥哥的种种好处，让母亲对哥哥好些。可是，继母却依然对王祥不好。为了让哥哥少受点委屈，母亲再刁难哥哥的时候，王览就和哥哥一起干这干那。兄弟俩娶了妻后，朱氏又常常虐待王祥的妻子，于是王览又告诉自己的妻子，不论母亲让嫂子干什么活儿，她都必须得跟着嫂子一起干。朱氏见王览夫妇和王祥的夫妇总是同甘共苦，自己为难了王祥夫妇，自己的亲儿子和媳妇就会跟着受罪，所以才有所收敛了。

后来，他们的父亲去世了。而王祥由于品德和学识都高于弟弟，所以在社会上越来越有名气，朱氏怀恨在心，于是决定把王祥害死。有一次，她悄悄地在酒中下了毒，然后把酒拿给王祥喝。王览见母亲对哥哥突然变好了，知道酒里肯定有问题，于是便去抢，王祥一看弟弟去抢，也知道酒肯定有问题，于是也去抢。后来，朱氏一把抢过了酒壶，这件事才算了结。从此以后，朱氏再给王祥吃的，王览就先拿过来尝过了再给哥哥，朱氏怕毒死自己的亲儿子，就不敢下毒了。

但是朱氏还是想杀死王祥，有一次，她见王祥一个人睡在书房的床上，就半夜拿了一把刀摸到了王祥的床边，向着床上狠狠地砍了几刀，没想到王祥正好出去上厕所，回来后，看到被砍破的被褥，知道是继母做的事，于是他就跑到朱氏面前跪下，对朱氏说："母亲，如果您真的厌恶孩儿，痛恨孩儿的话，就把孩儿处死吧。"听到王祥甚至为了自己错误的想法愿意去死，朱氏这才醒悟了过来，从此以后，她就像对亲生儿子一样对待王祥，一家人的日子这才变得和睦了起来。王祥一直都尽心尽力地赡养继母，直到继母去世了，他才出去做官，后来他受到了皇帝的赏识，官做得很大。

孝敬父母，尊敬兄长，是我们中华民族几千年来的传统美德，也是做人的最基本的原则，如果连这种品德都不具备，即使掌握了再多的知识，也没有办法成为一个真正德才兼备的人，这一点，王祥和他的弟弟王览都做到了。

做人的第二件重要的事情，就是要学习知识，下面，我们就来讲一个有关于学习的故事。

古时候有一个地主的儿子，他小的时候，父亲请来了一位先生教他识字，先生教他写"一"，他马上学会了，又教他写"二"，他也马上学会了，等到他学会了写"三"以后，他就说："原来写字这么简单，这根本不用先生教，我自己就会写。"于是他扔了笔，跑去对父亲说："我不要先生教了，先生会的我也会，没有什么了不起的。"

他的父亲说："真的吗?"他说："那当然，不然，你考考我。"父亲说："好吧，那么，你给我写三个字?"他问："是什么?"父亲说："千、百、万。"他扑哧一下笑了，说："这有什么难的，你等着。"然后就一溜烟地跑进了书房。

他拿起笔，一道一道地在纸上画，由于他连数都不会数，也根本不知道这"千、百、万"得划多少道才行，于是就叫来一个仆人帮他数着，他画呀画呀，一边画，一边不时地问仆人："够了吗?"仆人不停地说："不够不够。"

画了整整三天之后，他还是没有画完"千、百、万"，于是他一气之下跑到父亲面前，指责道："父亲真是狠心，考什么字不好，偏要考个'千、百、万'，写得我手都不会动了，也没有写完!"

学习知识，必须要从识数、识字开始，这样才能逐渐地懂得深奥的事理，读懂天下的文章，如果刚刚学了个开始就觉得学会了整个的世界，是根本不可能成为一个有学问的人的。

★简单的数字里有复杂的道理

——空中楼阁、仓颉造字

一而十，十而百，百而千，千而万。

——《三字经》

一是数字的开始，十个十是一百，十个百是一千，十个千是一万。

在数字和文字没有被发明以前，人们记录事情全靠在绳子上打结来完成。每天晚上，当家中所饲养的马、牛、鸡、鸭回圈的时候，人们就拿着一根绳子站在门边，每一只回圈，就在绳子上打一个结，全部结束之后，就拿着这根绳子去和昨天的那根绳上的结对比，以此来知道多少。后来，人们又开始用绳结的不同来代表不同的事情，这就是最原始的"结绳记事"。

再后来，人们逐渐地发明了由一到十，再到百、千、万的数字，并根据人有十个手指，发明了以十进位的算术，这样，才逐渐地发展到有了今天广奥的算术领域。

从前，有一个愚蠢的富翁，有一次他到另外一个富翁的家里去做客，看见这个富翁家里有一座三层的楼房，富丽堂皇，宽敞明亮，非常的羡慕，尤其是那第三层，高高在上，越发的显得有气派，他就想，我也是一个有钱人，我为什么就不能住在那高高的房子里呢?

于是他找来了一个木匠，对他说："你能建造楼房吗?"木匠说："当然了，那位富翁的楼房就是我建的。"听了木匠的话，他说："太好了，你现在就为我建造同样的一座楼吧。"

第二天，木匠就来到了他家，开始量地基，垒砖了。这位富翁见了，制止了他，说："你在干嘛呢？"木匠说："建楼啊。"他又问："那你垒砖干嘛？"木匠说："打地基，开始建第一层啊。"富翁说："啊呀，不用这么麻烦，我不要下面的两层，我就喜欢最上面的那层，你就给我建最上面的那层就行了。"

木匠说："哪有这样的事。不造第一层，哪有第二层，没有下面的两层，哪有第三层呢？"

富翁不听，坚持要木匠给他只建第三层楼。木匠说："这样的楼我没法建。"于是扔下砖，走了。

后来，木匠把这件事传了出去，人们都笑话这位富翁。有一首诗这样讽刺他："无基不为楼，事无侥幸成。欲证如来果，当把根本修。"

对于现在的小孩子来说，数数谁都会，都觉得算数是一件简单的事情，但是这简单的事情，却不仅仅是数字的递增那么简单的，这里面所蕴含的道理是十分丰富的。

数字像宇宙一样博大，小到无限小，大到无穷尽，但是没有小就没有大，正是因为有了无穷无尽的小，才会积累出无穷无尽的大。任何事物也像数字一样，都是由简到繁，都是从基础而起，一步一步积累而成的。像故事中的这种"空中楼阁"的事情，是根本不存在的，违背了这个规律，是难以成功的，这就是数字告诉我们的意义。

在黄帝的时候有一个叫仓颉的史官，他负责管理国家的各种需要记数的事物。他工作得非常认真，开始的时候，他靠在绳子上打结来记数，后来，他又在绳子上打圈，然后在圈里挂上不同的东西来记事。但是需要记录的太多了，所有的办法都难以满足他的需要，于是，他决心创造一种符号，以此来记录这些事情。

传说有一次，仓颉到南方打猎，在水边，他看到了一只大龟，龟背上有许多的花纹，他觉得非常的稀奇，于是就仔细地研究，后来，他发现这些花纹竟然是有意义的，于是他就想，如果发明一种有规律的符号，不就能用来记录各种事情了吗？

于是他开始细心地研究天上的星宿分布、地上的山川河流的去向，鸟兽鱼虫的斑纹，以及各种器具的形状，还有人类和动物活动的姿态，反复地揣摩，最后，他终于创造出了各种各样不同的符号，并且给每个符号都定了意义。他还把各种符号互相拼凑，形成新的符号。当他把这些符号拿给人看，并向人们解说其中的规律，人们竟然能看得明明白白，于是，最早的文字便产生了。

黄帝听说后，很高兴，命他到各个部落去传授这种方法，没多久，文字就普及开来了。

可是，随着他的名气越来越大，仓颉开始变得骄傲起来了，造字也变得马虎了。于是，黄帝便派一位长者去教育他。

这位长者对仓颉说："仓颉啊，你造的字现在大家都认同了，可是我年纪大了，有几个

字不明白,你能不能单独教教我啊?"

仓颉一看这么大年纪的人还这么尊敬他,高兴极了,就说:"好啊!"

老人问:"你造的字,都是和实际的东西长得挺像的,可是你造的'牛'和'鱼'字,我就不太懂。牛有四条腿,可是你造的'牛'字却只有一条腿;鱼只有一条尾巴,可是你造的'鱼'字却有四条腿,这是为什么呢?还有'重'字,是千和里合在一起,走出千里之远,应该念'出'啊,怎么念重呢?还有你造的'出'字,两座大山堆在一起,这是何等的分量啊,这才应该念重啊,这里边难道有别的说法吗?我想了很久也想不通,所以向你来请教。"

仓颉

仓颉一听,连忙跪倒,痛哭流涕地说:"您能看出我造字的初衷,真是让我感动,可是我因为骄傲,在教大家学字的时候马虎大意,把字教反了,已经铸成了大错,现在我知道错了啊,以后再也不会这样了。"

从此以后,仓颉又恢复了谨慎的态度,再也不粗心了,每造一个字,都广泛地征求别人的意见才肯向大家传达。

做事情本来就应该一丝不苟,认真谨慎。这也是数字带给我们的另一个意义。也就是说,任何事物都像数字一样,一就是一,二就是二,无论什么都改变不了这个根本,所以我们无论是学习,还是做事,认真谨慎的态度是必不可少的。

★认识天、地与人的由来

——盘古开天、女娲造人

三才者,天地人。三光者,日月星。

——《三字经》

三才指的是天、地、人。三光指的就是太阳、月亮、星星。

传说在很久很久以前,天和地是合在一起的,混混沌沌的一团,没有光亮,也没有声音,就像一个大蛋,盘古就睡在这个大蛋里边。

有一天,盘古睡醒了,看着周围一团混沌,感到非常的憋闷,便顺手拿一把大斧向这团混沌劈去,于是这个大蛋的壳被劈开了。清的气上升,变成了天;浊的气下降,变成了地。盘古为了不让天和地变成原来的样子,就站在天地之间,用手撑天,用脚踩地,于是天每长一丈,地也就增厚一丈,盘古的身体也跟着长高一丈。

就这样过了两万年,天变得很高很高,地变得很厚很厚,而可怜的盘古却累得筋疲力尽,倒下,死了。他死后,他的眼睛变成了星星和月亮,他最后的声音变成了雷和闪电,他最后的呼吸变成了风,他的汗水变成了雨雾,他的血液变成了江河,他的四肢变成了山脉,头发和胡子变成了花草树木,他的牙齿和骨骼变成了丰富的地下宝藏。从此,便有了日月星辰和世间万物。

盘古开天辟地后,有一位人身龙尾的女神便开始在天地之间到处游历,她被天地之间这种种美好的事物所感动,天地间的生灵让她感到亲切和友善,这位女神就是女娲娘娘。

可是,女娲娘娘总觉得盘古用生命所开辟的天地间总是缺少点什么,后来她终于明白了,这美丽的天地之间,还缺一个主宰者,于是,她决定创造一种超越天地万物的生灵。可是,这种生灵究竟应该创造成什么样子呢?

一万八千年后的一天,女娲娘娘沿着黄河前行,一低头,看到水中映出了自己美丽的身影,她不禁灵机一动,然后兴奋起来。

她下降到了黄河道上,用河床上的泥按照自己的样貌捏起泥人来,为了和自己区分开来,她没有给这些泥人捏上和自己

盘古开天地

一样的龙尾巴,而是给他们捏了能走路的双腿。

女娲娘娘心灵手巧,不一会儿,便捏了许多泥人,她朝这些小泥人吹了一口气,这些小泥人便被灌注了力,变成了一群能直立行走的、会说话的聪明的小东西。于是女娲娘娘便给他们取了个名字,叫"人类"。

后来,女娲娘娘又认为,这些人长得全都是一个样子,根本没有一点区别,就又给一

些人身上注入了一些好斗的阳气，又给另外一些人身上注入了柔顺的阴气，于是他们便变成了男人和女人，这些男人和女人给大地带来了勃勃的生机。

女娲娘娘本想让人类遍布整个大地，可是她做得太累了，也做得越来越慢了，离她的目标相差得还很远很远。最后，女娲娘娘干脆不再捏泥人了，她顺手拿起一根草绳，放进河底的淤泥里转动，等到草绳上沾满了泥浆之后，她便拿起草绳向地面上一甩，然后又向着降落的泥点吹了一口气，那些泥点就变成了一个个的小人，很快，人类便遍布了整个的大地。

这就是传说中的"盘古开天地"和"女娲造人"的故事。

当然，这不过是些美妙的传说。实际上，宇宙是在150亿年前的一次大爆炸后形成的。那时候，宇宙内的所有的物质和能量都聚集到一起，并浓缩成了很小的一团，由于温度越来越高，而这些物质和能量却越抱越紧，就发生了大爆炸。这次的大爆炸使这些物质和能量迅速分散，宇宙的空间不断地扩大，温度也便降了下来。今天宇宙中的所有事物，包括生命，都逐渐地在这种过程中形成。而我们人类，真正的起源并不是女娲娘娘捏的小泥人或者是她甩出的小泥点，是从古猿类不断地进化而成今天的样子的，今天我们常在动物园里和电视上看到的黑猩猩、猩猩、大猩猩和长臂猿等动物，和我们人类一样，都是由古猿类进化来的，我们的祖先是一样的。

总知，天和地是世间万物生存的环境，包括日月星辰、昼夜变化、黑暗与光明。还有寒暑阴雨的气候变化、四季的交替以及动物、植物等各种生灵和丰富的物产资源。我们人类是生活在天地之间的最有灵性的生物，我们具备着其他生物所没有的能力，就是我们可以用我们所学的知识去改变世界。

天、地和人构成了宇宙间的根本，这三种要素相互配合，才有了生生不息的世间文明。而日、月、星辰则是宇宙构成的一分子，它们普照万物，给大地带来光明，使万物在光明中，自由而快乐地生存。这些自然和地理知识，也是孩子们从小就要知道的事物。孩子们只有从小就努力地学习知识，掌握本领，将来才能用自己的能力去改变整个世界，使它变得越来越好。

★认知做人的准则

——楚将报恩、夫妻教子

三纲者,君臣义。父子亲,夫妇顺。

——《三字经》

三纲就是君王与臣子的言行要合乎义理,父母子女之间相亲相爱,夫妻之间和顺相处。

春秋时期,楚国在一场战争中获胜,为了庆祝胜利,楚庄王和王妃请大臣们喝酒,刚刚喝到一半,烛火突然熄灭了,黑暗中,只听王妃大叫了一声,吓了大家一跳。楚庄王忙问王妃发生了什么事,王妃告诉楚庄王,有人竟然胆敢趁着黑暗拉了她一下,慌忙中,她扯下了那个人帽上的红缨。

大臣们为了证明自己的清白,忙说:"这个人身为臣子,竟然敢对王妃无礼,请求大王命人点亮烛火,立刻查找那个帽上没有红缨的人,并严厉地惩罚他。"

可是楚庄王却说:"哎,这都是我的过错啊,如果我不请大家喝酒,又怎么会发生这种事情呢?这个人肯定是喝多了才无意之间触到了王妃,我怎么能因为别人无意间的过错就惩罚他呢?现在,大家都把帽上的红缨解下来吧,来人,把烛火点上,我们继续喝酒。"

烛火重新点亮了,在座的每个大臣,没有一个人的帽子上有红缨的,王妃虽然满腹的委屈,可是也无从查起了,只好作罢。

几年之后,楚国与郑国展开了一场大战,楚国的将军唐狡冲锋在前,勇猛无比,立下了许多战功。

战胜后,楚庄王立刻召见唐狡,要赏赐给他厚礼,以表扬他的勇敢,可是唐狡却说:"臣受大王的赏赐已经足够丰厚了,今天我所做的一切,不过是为了报答大王的恩德,怎么还敢再领赏赐呢?"

楚庄王惊讶地说:"寡人从来没有记得赏赐过你呀!"

唐狡含泪回答说:"多年之前,大王宴请群臣,烛火突然灭了,那个在黑暗中拉扯王妃,并被王妃拉下帽上红缨的人,就是我啊。多亏大王贤德,不但没有治我的罪,将我杀头,反而命群臣都把红缨解下,保全了我的名声,这种大恩大德,怎能不令我舍命报答

呢?"

楚庄王不禁感慨地说:"都过去了,我并不怪你,如今我们君臣情深,才是最可贵的啊!"

这是我国古代非常有名的"绝缨会"的故事,他们这种君臣之义,确实让人由衷钦佩。在这个故事中,君臣间的宽容和尊重,给了后代做皇帝和臣子的人很大的启迪。

祖国是个大家庭,我们和父母所组成的家庭是个小家庭,在这个小家庭里,同样需要彼此之间相互尊敬,和睦相处。

从前有一对知书达理的夫妻,感情非常的融洽,由于两个人都喜欢自然,不喜欢市集之中的嘈杂,就把家搬到了山里,两个人自己种地,自己收获,每天早晨一起出去劳动,晚上一起回家做饭,日子过得虽然不富裕,但是很快乐。

后来,他们的儿子出生了,两个人非常的高兴。从孩子小的时候起,他们就教孩子读书识字,还带着孩子一起下地干活儿,让孩子体会劳动的辛苦。孩子犯了错,父母总是轻声慢语地教导他,家里面从来都没有人高声地喊叫过。

有一次,有一位父亲的好友来看父亲,临离开前,对孩子的父亲说,你们两个在这里隐居就算了,可是现在有了孩子,你们得领着孩子到外面去看看啊,不然他长大了,怎么到外面去闯荡呢?

这位好友走后,父亲想了很久,对妻子说:"朋友说得对,孩子长大了,不一定会做和我们一样的选择,我们也得领孩子去看看外面的世界啊。"

于是,两个人带着孩子,又回到了以前生活的地方,靠卖字画为生,赚钱供全家的生活,供孩子读书,日子仍然不富裕,但是两个人还是每天早晨一起去集上,晚上一起回家,还是很快乐。

孩子聪明伶俐,对待父母百般孝顺,小小的年纪,就知道礼让父母,令父母感到十分的欣慰。进了学堂以后,先生非常的喜欢他,尤其让先生感觉难得的是,这个从山里来的孩子竟然懂得许多别的孩子不懂的知识,而且对老师特别的有礼貌。先生问他:"你在山里面的时候,跟哪位老师学习这些知识和礼节呢?"孩子说:"是我爹娘教我的。爹娘说,要懂得尊敬长辈,要努力读书,长大才能有所作为。"先生听了感慨地对其他的孩子说:"你们得多多学习啊!"

慢慢地,孩子长大了,成了远近闻名的才子,一家人仍然其乐融融地过着清贫的日子。后来,孩子对父母说,自己想要求取功名,进朝做官,为百姓做好事。夫妻两个同意了孩子的决定,并送孩子进京赶考。孩子果然考中了,做了官,接了父母上任去了。

在这个孩子为官的半生中,他始终爱民如子,体恤百姓疾苦,从来没有在百姓身上搜刮过一点银子,这使得他管辖的百姓过了好多年平安的日子。百姓感激他,把他称为"清

官"，百姓说他是个清明的官，也是个清贫的官。他的父母和睦相处，并用实际行动影响、教育出了一位爱民如子的好官的故事，成了许多家庭学习的榜样。

在讲究"男尊女卑"，讲究"棍棒底下出孝子"的古代社会，能有这么开明的夫妻，能够相互扶持，能够用自己的和睦影响孩子，并且为孩子着想，不用自己的想法决定孩子的人生，不但成就了家庭的美满，还成就了一个为国尽忠的贤臣，是非常难得的。对于今天的父母和孩子来讲，这也是一个值得学习的榜样。

不仅仅是在君臣之间或者是家庭成员之间，在与任何人接触的时候，都要懂得尊重别人，懂得理解别人，这样才能受到别人的尊重。

★认识四季

——灿烂女神、四季风光

日春夏，曰秋冬，此四时，运不穷。

——《三字经》

一年有春、夏、秋、冬四个季节。这四个季节不断变化，循环往复，永不停止。

在希腊的神话中有这样一个故事。在很久很久以前，天地间并没有季节的变化，每一天都温暖如春，天空蔚蓝，大地翠绿，花朵鲜艳，人们的生活幸福、安康。

人间的谷物之神有一个美丽的独生女儿，她就是春天的灿烂女神瑟芬妮，她所走过的地方，都会开出鲜艳的花朵，她每天在花丛中快乐地嬉戏。

有一天，她正和同伴们在山谷中采花，一朵美丽的花吸引了它，她惊呼了一声跑了过去，伸出手刚要摘那朵花儿，突然，地裂开了一个大洞，两辆黑马拉着一辆马车冲出地面。原来，是管理地府的冥王哈迪。

哈迪早就喜欢上了这个漂亮的女孩，他想要这个女孩和他生活在一起，于是特意变成一朵美丽的花把她吸引了过来。还没等瑟芬妮回过神来，哈迪一把把她拉上了马车，返回了地府。

瑟芬妮大声地呼救，她的声音传遍了整个山谷和海洋，传到了母亲的耳中。谷物女神非常的悲伤，她扔下了谷物，飞奔过去寻找女儿。

可是，哈迪不同意把女儿还给她。没有办法，她只好去求众神之王宙斯帮她救回女儿。

人间没有了谷物之母,种子不再发芽,土地颗粒无收,人类马上就要饿死了,众神之王宙斯于是召见了哈迪,命他把瑟芬妮还给她的母亲。哈迪没有办法,只好照办。

可是,瑟芬妮在地府已经吃过了哈迪给她的食物,她已经不能完全地回到阳间了。宙斯也没有办法,只能规定让瑟芬妮每年有一半的时间回到阳间和母亲在一起,另一半的时间去地府和哈迪在一起。

从此以后,天地间出现了春、夏、秋、冬的四季变化。每当万物生长,春暖花开,百花争艳的时候,人们就知道,这是瑟芬妮又回到了母亲身边;而每当万物凋零,大地冰冻,寸草不生的时候,人们就知道,春天的灿烂女神的悲伤遍布了大地,因为不得不去地府和哈迪在一起。

这是一个令人悲伤的传说,事实上,真正的四季并不是由此而来的。科学家们经过研究发现,地球除了围绕着太阳运转之外,自身也在运转,当它围着太阳运转时,有时面向太阳,有时背向太阳,有时斜向太阳,因此才产生了地球上的温度差异,从而出现了春、夏、秋、冬的四季变化。

春天是万物复苏的季节,花草树木慢慢地开始发芽、开花。蜜蜂、蝴蝶也不知道从哪里钻了出来,在花草间飞来飞去。这个时候,鸟儿开始鸣叫,山里的牧童也开始坐在牛背上,吹起了短笛。细细密密的小雨洗亮了石板路,大地万物都仿佛从沉睡中醒过来了。春天还是播种的季节,在这个季节,农民伯伯把种子洒到土里,到了秋天,就可以有沉甸甸的收获了。这个时候,小朋友们就逐渐地不用再穿着厚重的棉衣外出了,换上春装,可以随意地到户外玩耍。

夏天的时候,稻田金黄,树叶油绿,蝉鸣声声。清晨,气候清爽,草上含着晶莹的露珠,农民伯伯拿着锄头到地里去,开始了一整天的劳作。午后,气候炎热,花儿都被晒得垂下了头,到了傍晚,热气慢慢消散,人们常常坐在户外纳凉,孩子们来回地嬉戏。有的时候天昏地暗,憋了许久,一阵大雨倾盆而下,非常的畅快。

秋天是收获的季节,这个时候,谷穗沉得低了头,累累的硕果已经成熟,农民们忙着收割、采摘,到处是一番忙碌的景象。慢慢地,树叶落了,草儿黄了,一场一场的秋雨使得气候一天比一天凉,冬天就要来了。

冬天到了,候鸟南飞,小熊和蛇都准备好了过冬的粮食,然后躲进洞里,开始睡觉了。北方的冬天,人们也会忙着贮存过冬的蔬菜呢!树上光秃秃的,已经没有了树叶,河面的水也冻成了冰,潺潺的流水声听不到了。孩子们身上的衣服越来越厚,小脸被冻得越来越红。一觉醒来,满世界的洁白,原来是下雪了啊!孩子们穿着冬装冲出家门,在雪地里堆雪人、打雪仗,小手通红也顾不得了,直到玩儿得满头满身都是雪,才恋恋不舍地被爸

爸妈妈捉回了家。

春、夏、秋、冬四季各有特色，一年一年循环不息。勤劳的人们，也年复一年地重复着春耕、夏耘、秋收、冬藏的过程。就这样，日子便一年一年地过去了。这是自然发展的规律，小孩子从小也要明白这个道理。

★认识方向

——磁石指南、黄帝战车、南辕北辙

日南北，日西东，此四方，应乎中。

——《三字经》

说到东、南、西、北，这叫作"四方"，是指各个方向的位置。这四个方位，必须有个中央位置对应，才能把各个方位定出来。

早在两千多年前，有人在山上发现了一种长条形的、具有吸铁功能的神奇的石头，这种石头还有另外一个神奇的特性，那就是能指南北，人们给这种石头起了一个名字，叫磁石。

后来，有一些能工巧匠把这种能指方向的石头磨成一个勺子的形状，指南的一端磨成勺柄，指北的一端磨成勺口，他们又用青铜制作了一个光滑的底盘，在上面雕上代表方向的纹路，然后把磨好的勺子放到底盘的正中，这样，一件能指方向的器具便做成了。用手转动磁勺，当磁勺停止转动时，它的勺柄所指的方向，肯定是正南方，而勺口所指的方向，肯定是正北方。人们给这种器具起了个名字，叫作司南。

由于司南在指明方向上存在着一些不足之处，后来的许多代人不断地根据它的原理进行研究，终于在北宋时期发明了指南针。这项重大的发明被收进了我国的四大发明之中。

在我国的古代，还有一个有关于指南车的传说。

传说在黄帝时期，东方有一个部落，部落的首领叫蚩尤，他非常不愿意服从黄帝的指挥，使黄帝非常生气，于是决定率兵去攻打他。

蚩尤是一个非常勇敢善战的人，而且他的部落在武器上也比较先进，已经能用铜制造武器了。蚩尤知道了黄帝要来攻打他，就联合了他的八十一个弟弟，带着他们分别掌

國學智慧全書

蒙学智慧

管的八十一个部落,和他的部落一起与黄帝展开了大战。蚩尤和他的八十一个兄弟团结一心,共同使出自己最拿手的作战方法来对付黄帝。

面对着八十二个抱成一团的顽强的对手,黄帝感觉到了这一战的艰难,于是他绞尽脑汁,想尽各种办法来对付蚩尤和他的兄弟们,这个时候,他发明了好几种兵器,其中就包括弓箭。

由于北方的风沙大,刮起大风来的时候常常黄沙满天,稍远一点连人都分辨不清,更不用提辨别方向了,为了自己的兵士不至于迷失了方向,黄帝又想出了一个绝好的方法,发明了一种叫作"指南车"的指路工具。这辆指南车上有一个用铁做的小人,这个小人的手直伸着,不论车向哪个地方转,小人的手所指的方向肯定是南方。

在最后一次攻打蚩尤的时候,战场上没有刮风,但是却下起了大雾,整个战场很快便被浓雾包围了,这个时候,蚩尤的兵士们即使有再多的力气,但是分不清东南西北,根本没有办法作战。而黄帝的兵士们却因为有了指南车,能很快地辨明方向,所以很快就打败了南北不分的蚩尤,取得了战争的胜利。

方向也是人们从小就要具备的基本概念,如果没有方向感,连东南西北都辨不清,那么就连到街上走都困难了。

在我国的春秋时期,有一个人赶着马车在魏国的路上飞奔,有人问他:"你去哪儿啊?"他说:"我要到楚国去。"

问他的人惊诧地说:"楚国在南方,你为什么向北走呢?"他说:"不,向北走是可以到楚国的,我去过。不要紧的,我的马跑得很快。"问他的人说:"跑得快也不行啊,楚国就是在我们国家的南方啊,跑得越快离楚国越远啊。"他又说:"不要紧的,我带了足够的钱。"那人说:"那也不行啊,有再多的钱,也不能把你带到楚国去啊。"他又说:"不要紧的,我的车夫经验丰富,有他在,没有什么好担心的。多谢你了。"说完,他便抛下问他的人,赶着马车继续向北方飞奔而去了。

故事中的这个人说,他曾经向北走到过楚国,可是他没有考虑到他当时所处的位置和魏国处于楚国的位置是两个不同的方向,也就是说,那一次他所处的位置和这一次是不同的,那么,分辨方向的中心点也就不一样,如果他还按照上次所指的方向去走,那肯定是无法走到楚国的。

东南西北这四个方向,是四个最基本的方位,在地图上标明的方向规律通常是"上北下南左西右东"。但是,我们必须知道,东南西北这四个方向,肯定是针对着一个中心点所说的,中心点不同,它的东南西北方向所指的事物也会不同。

对于小孩子来说,不但要认清方位,还要知道方位之中所包含的道理。也就是说,人在年轻的时候就要为自己定下远大的目标,找准自己努力的方向,并在成长的过程中,向着这个目标不断地进取,这样才会有动力。如果心中没有这个奋斗的方向,人就会像迷了路一样,不知道自己该做什么。

★认知五行

——孙悟空被压五行山

曰水火,木金土,此五行,本乎数。

——《三字经》

说到"五行",那就是金、木、水、火、土。宇宙各种事物的抽象概念,是根据一、二、三、四、五这五个数字和组合变化而产生的。

在我国的古典名著《西游记》里,有一位勇保唐僧西天取经的功臣,他就是孙悟空。

据《西游记》中说,孙悟空本来是天地间的一块巨石崩裂后生出的石猴,因为他敢于探入水帘洞,于是被猴子们拥护为大王。

后来,他跟仙人学到了七十二般变化的本事,骄傲得不可一世,到龙宫里抢了定海神针做了自己的兵器,又到阎罗殿里把猴子的生死簿画了个乱七八糟,玉帝派太白金星召他上天,封他做了弼马温,他嫌官小,跑回了花果山,自己封自己做了个齐天大圣。

玉帝为了不让他闹事,又派太白金星把他请上天,还给他建了府第,并派他管理蟠桃园。可是他不好好地看着园子,却偷偷地把好不容易成熟的蟠桃给偷吃了许多。后来,他听说王母娘娘要开蟠桃宴,却没有请他,气得大闹蟠桃盛会,又反下了天去。

他犯下了这么大的过错,玉帝气得派天兵天将讨伐他,可是他武艺高强,善于变化,又有如意金箍棒做武器,天兵天将纷纷败下阵去,最后,观音菩萨向玉帝保举了二郎神,这才把孙悟空给捉住了。

玉帝派天兵把他押到斩妖台下,绑在降妖柱上,可是众天兵无论刀剁斧砍,就是伤不到孙悟空一根毫毛。后来,太上老君把他投入炼丹炉里,想把他烧化,可是孙悟空不但没被烧化,还被烧出了能辨妖魔鬼怪的火眼金睛。

跳出炼丹炉后,他一脚踢翻了炼丹炉,然后冲入天庭,大闹天宫,把玉皇大帝的宫殿砸了个稀巴烂。玉皇大帝见没有天兵天将能制服得了他,赶忙命天兵去请来了如来佛祖。

　　如来佛问孙悟空有什么要求,孙悟空说:"我想让玉皇大帝搬到别的地方去,我来做他的位子。"如来佛祖说:"我和你打个赌,你如果赢了,我就让玉帝搬走。"孙悟空觉得自己的本事大得不得了,根本不把如来佛祖放在眼里。他说:"好吧,你说吧。"如来佛祖伸出一只手,对他说:"听说你一个筋斗能翻十万八千里,我却不信,现在咱们来打一个赌,我赌你不能翻出我的手掌心,如果我输了,我就让玉帝搬家。"孙悟空一听,说了一句"好吧,我走了",然后一个筋斗就翻没了影。

　　孙悟空一个筋斗翻过来,看到眼前出现了五根柱子,他想,这莫不是到了天的尽头了?这五根柱子,该不会是擎天的柱子吧?我还是下去吧,可别翻到了天外去。于是他降落在柱子脚下,用手碰了一下柱子,他发现柱子是活动的,他想,我可得小心点,别把这柱子碰倒了,天塌下来,砸了我的头,我还是回去吧,告诉如来,我赢了。

　　他转身刚要走,忽然想到,我得在这留个记号呀,免得如来不相信我,于是他变了一支笔,在一根柱子上写了"孙悟空到此一游"几个字,临走,还在柱子脚下撒了一泡尿。

　　然后,他一个筋斗又翻回到了如来的面前。

　　他对如来说:"我已经到了天边了,我赢了。我还在天边做了记号呢!"如来笑着说:"你这爱撒尿的猴子,回头看看,那是什么。"孙悟空回头一看,如来佛祖的手指上写着"孙悟空到此一游"几个字,手指缝里还有一摊尿渍,心里边不由得犯了嘀咕。

　　这时,如来佛祖手掌一翻,孙悟空立刻坠落凡间,随之而下的巨石压在他的身上,堆积成了如来佛祖五指的形状的五座山峰。

　　孙悟空很不服气,他用力地向上挣扎,五指山马上就要被他掀翻了,这时,如来佛祖将一道写有六字真言的帖子压在了五指山上,孙悟空才算彻底被压住,再也挣扎不起来了。

　　孙悟空在这座五指山下被压了五百年,才受了观音菩萨的点化,被唐僧救出了五指山,并保着唐僧成功地到西天取回了真经,修成了正果。

　　据说当年如来佛祖离开天宫后,动了慈悲之心,于是他念动真言咒语,把构成万物的五行——"金、木、水、火、土"的意义赋予了五座山峰,然后把五位星君招到面前,命他们在这里看守孙悟空,饿了就给他铁丸子吃,渴了就给他溶化的铜汁喝,等他的灾祸期满了,自会有人来救他。这五指山,因此也被称为五行山。

　　《西游记》是一部神话故事,并不是真正的历史,但是故事中所提到的"金、木、水、火、土"这五行,却是构成天地间万事万物的基础。五行之间互相滋助,互相促进,也互相排斥,互相约束,这就是人们常说的"金生水,水生木,木生火,火生土,土生金;金克木,木克土,土克水,水克火,火克金",它们之间的这种相生相克的关系,维系着事物的正常生长和协调发展。

"五行"之中包含着十分复杂的哲学道理，小孩子从小只要知道一些就可以了。如果想知道其中所蕴含的更深奥的知识，就得靠长大以后，自己去进行研究了。

★认知五常

——千古一朋、最好的朋友

日仁义，礼智信，此五常，不容紊。

——《三字经》

说到仁、义、礼、智、信，这是做人处世的五种不变的法则，每个人都必须遵守，不可怠慢。

在我国的东汉时期，有一个叫朱晖的南阳人，由于他品德高尚，乐于助人，受到了大家的称赞。

朱晖与当时的一位叫张堪的大官是同乡。这位张大人是一位德高望重的前辈，他非常地器重朱晖的才学，可是朱晖认为自己只是一个太学生，与德高望重的张大人交往，会使人对张大人有意见，于是便刻意不与张堪交往过密。

有一天，张堪突然对朱晖说，你是一个懂得道理，懂得把握自己的人，是个值得依赖的人，我愿意把家小托付于你。由于不知道张大人因为什么事情说出了这番话，朱晖只好恭敬地拱手相应，没敢问明其中的道理。

后来，朱晖许久没有和张堪互通音信，有一天，竟然听说张堪去世了，他这才明白了张堪当时那番话的原意，便立刻奔往张堪家中。

张堪是一名清官，虽然官职不低，却没有给家人留下什么遗产，家人的日子过得非常的清贫。朱晖出于对张堪知遇之恩的感激，也为了履行当初在不知情的情况下所答应的张堪的托付，他常常千方百济地给他的家人接济钱粮，并照顾他的家人。

朱晖还有一个一起读书长大的朋友叫陈揖，他们两个志同道合，是名副其实的知己。可惜的是，陈揖的妻子刚刚怀孕不久，陈揖就生病死了。

陈揖的儿子陈友出生后，母亲一个人抚养他，生活非常的艰苦。朱晖把陈揖的儿子当作自己的亲生儿子对待，又接济钱粮，又教他读书学义，没过几年，陈友便才识过人，品学兼优。

多年以后，陈晖的好友南阳太守有意提拔朱晖的儿子到府中做官，朱晖没有派自己的儿子去投奔南阳太守，却向他推荐了德才俱佳的陈友。

南阳太守看到朱晖没有让自己的儿子来做官，却向自己推荐了另一位贤才，于是便召见了陈友，果然，陈友的学识和朱晖所说的一样，太守很高兴，马上给陈友安排了职务。陈友在工作中十分努力廉洁，太守非常赏识他。

陈晖的种种义举感动了世人，人们夸他是一个古往今来难得的好朋友，后人称他为"千古一朋"。为人处世的"礼、义、仁、智、信"的准则，陈晖样样俱占，可见后世之人的评价并不夸张。

五常中的"礼"是遵守礼仪和规范的意思，"义"的意思是道义，"仁"的意思是仁爱、仁德，"智"的意思是才识和道理，"信"指的是守信、遵守诺言。小孩子从小就要懂得这五项做人的基本准则，千万不能做一个无礼无智、不仁不义、不讲信用的人。

★认识六谷

——五谷起源、稻米传说

稻粱菽，麦黍稷，此六谷，人所食。

——《三字经》

稻米、高粱、黄豆、麦、小米、稷这六种谷物是供人类所食用的主食。

神农氏就是炎帝，他是我们国家农业的创始人。神农氏发明了许许多多的农业生产工具和生活用品。

在他生活的原始社会，人们靠狩猎为生，主要的食物就是野兽的肉，可是，随着人口的一天天增加和野兽的一天天减少，神农氏开始担心了：等到有一天没有野兽了，人们吃什么呢？所以他就开始努力地寻找能代替兽肉的食物。

在寻找的过程中，他发现了许多植物的种子是可以吃的，于是他就在土地上播种下这些种子，不停地试验，最后，他发现谷物年年可以种植，年年可以收获，于是，他就从中选出了粱、菽、麦、黍、稷这五种最容易成熟，味道也好的谷物，教给人们大面积地种植，后来，"五谷"就代替兽肉，成为人们的主要粮食。

五谷里面，不包括稻，关于稻谷的来历，在我国古代，有这样一个传说。

45

传说在很久很久以前，地面根本没有房屋，也没有农田，到处都是荒野和野兽。人类每天捉野生的动物吃肉，或者吃野果。可是，一场下了很长时间的大雨使地面上发生了水灾，所有可以捉住的动物都被淹死了，野果也被水泡烂了，人们和一些猛的野兽一起抢食物吃，可是根本抢不过它们，都快要饿死了。

天上的神仙看到人们可怜的样子，非常的同情，就聚到一起商量怎么样帮助人类。这时，神农氏说："教人类种稻谷吧，只要人类勤劳地种植，每年都能有收获，这样就不用跟野兽去抢食物了。"大家都很赞成他的想法。

这时伏羲说："那我们就再给人类派些助手去帮助他们的生活吧。"大家认为

神农氏

他的意见很好，于是就商定派马、牛、羊、鸡、狗、猪这六种动物到人间去。让牛和马帮人类耕田、拉车，让羊给人类奉献乳汁，让鸡每天高声叫提醒大家早起干活儿，让狗为人类看家，猪没有什么本事，就让它把肉奉献给人类食用。

可是大家遇到了一个难题，从天神所在的地方到人间去，需要经过一片汪洋大海，而稻米是密密麻麻地长在一根稻秆上的，成熟以后的稻谷一不小心就会从稻秆上脱落下来，如果想把稻谷带到人间去，只能是把稻谷从稻秆上剥落以后，粘在谁的身上送过去，可是，如果粘在身上，又怎么越过大海呢？天神们想不出更好的办法，就问那六种动物，谁愿意做这项艰苦的工作。

牛说："我个子大，只会用力气，这小心的活儿我可干不了，还是让马来吧。"

马一听赶紧说："我这身上滑，根本粘不住稻谷，还是鸡的毛多，让他来吧。"

鸡听了很不高兴地说："我可不行，我这么小，能带几粒米？再说，我的毛爱掉，不是连稻米也要掉了吗？"

听了它们三个的话，猪和羊都找了个理由，说自己做不了这件事。

轮到狗说话了，狗本来也不想做，可是一想到人类的痛苦，它的心就软了下来，"那就我来吧，人类太需要帮助了。"

天神们很高兴，于是赶快着手，把狗的身上沾满了稻谷，临送动物们出发前，天神们

严肃地对狗说:"你一定要小心,尽量不要让稻谷落下去,因为你身上剩下多少稻谷,以后人类种出的稻秆上就会结多少谷子,一定要尽量保住这些稻谷。"

动物们出发了,它们冲进了大海,努力地向人间游。狗本来是游泳高手,可是它得小心着身上的稻谷,所以根本没有办法全心全力地游泳,即使这样,它还是被忙得团团转,这时,一个大浪打来,把狗身上的稻谷冲走了大半,狗急得大叫了一声。

由于记着天神说的话,在剩下的路程里,狗更加小心了,它把身体高高地拱起来,慢慢地向前游。海浪一个比一个大,很快就将它身上的稻谷全都冲走了,只有它高高翘起的尾巴上的稻谷还没有被冲走。狗想:"为了人类,我一定得保住这最后的稻谷。"于是它一边游,一边把尾巴伸得又高又直,不让海浪打到,狗被累得伸出红红的舌头,上气不接下气。可是,即使再累,它还是坚持着。

狗终于游到了岸边,这时,其他的同伴已经等了它很久了,累得头昏眼花的狗用尽了力气上了岸,把尾巴顶端仅剩的谷粒交给了人类。

由于只有狗尾巴尖上的一点稻谷送达了人间,所以人类种出的稻谷便只长在稻秆顶端。人们有了稻谷,就有了米饭吃,不用在外面和野兽打斗了。

狗的行为,使它成了人类最忠实的朋友,人们常常喂他吃稻米饭,而其他的动物,可就吃不上了。

这是一个有关稻谷和家畜到达人间的传说。在中国,真正的开始稻谷种植是在唐朝,那个时候,有人从南方古城国引进了水稻,并在唐朝大地上种植成功,稻米也成为了人们的主食,与神农时代发现的五谷一起,被人们称为"六谷"。

这就是"六谷"的来历。一直到今天,我们所吃的主要食物还是这六谷。

六谷成了我们的主要食物来源,它们是农民伯伯用辛勤的汗水换来的。唐朝的诗人李绅写过一首诗:

> 锄禾日当午,
> 汗滴禾下土,
> 谁知盘中餐,
> 粒粒皆辛苦。

这首诗的意思是说,在中午的时候,火辣辣的太阳挂在天上,农民仍旧顶着烈日在田里挥动着锄头干活儿,汗水流下来也顾不得擦,一滴一滴地落在地上,我们每天所吃的粮食,每一粒都是农民们用辛苦的劳动换来的。

夏天的中午,天气就像下了火一样的热,我们都躲在屋子里乘凉,或者睡午觉,根本不愿意到屋子外面去,可是农民伯伯却在一点遮挡都没有的田里辛苦地劳动,他们的汗水像雨一样往下流,皮肤都被太阳晒得黑黑的。如果他们在这个时候也像我们躲在屋子

47

里,没有人在太阳底下锄庄稼的话,那么我们的粮食从哪里来呢?

农民伯伯种植粮食,从种到收要用一年的时间,等到收割之后,还要经过加工,加工出来的干净的米面才会出现在商店里,这是许多许多人共同的劳动换来的。如果我们不知道珍惜他们的劳动成果,就是对他们的不尊敬。

我们现在有许多小朋友,不懂得珍惜粮食,吃饭吃不了就扔掉,白白的馒头和米饭都被浪费掉了。所以说小孩子都应该学会《悯农》这首诗,知道粮食是怎么来的,知道尊重农民的劳动,做一个节约粮食的好孩子。

★认识六畜

—— 六畜起源、义犬救主、老马识途

马牛羊,鸡犬豕,此六畜,人所饲。

——《三字经》

马、牛、羊、鸡、狗、猪,这六种动物是人类所畜养的。

原始社会时期,人们都是靠捕杀动物为生的,可是有的时候天气不好,野兽都躲起来了,人们就没有办法去捕捉它们,只能饿肚子了。

这时,部落首领伏羲想出了一个好办法,他让人们在好天气的时候,多捕些动物,把活的留下来,养在部落里,等到天气不好的时候,再杀了吃肉。

慢慢地,人们发现,马和牛非常的有力气,能干活儿,还能驮着人到处走;而猪和羊的肉味很好,羊还能挤奶给人们喝;而狗非常的忠实,可以看家;公鸡能报晓,母鸡能下蛋。有了这些动物,不但多了许多吃的,还能帮助人们做不少的事情。于是,饲养六畜的习惯就一直延续到了今天。

动物也是有生命、有灵性的,在人们饲养家畜的过程中,和动物建立了深厚的感情。

三国时期有一个叫李信纯的人,他养了一只狗,名字叫"黑龙"。李信纯非常喜爱这只狗,每天和它形影不离,每次吃东西的时候,都要分给黑龙吃。

有一天,李信纯带着黑龙进城会朋友,和朋友在一起喝了酒,喝醉了才回家。

在回家的路上,李信纯因为酒醉走不动路,躺倒在草地上,睡着了。

襄阳太守郑瑕出门打猎,正好来到这片草地旁,由于杂草丛生,根本看不清哪里有猎

物，郑瑕一时兴起，命人点火烧荒，要把这片草地烧掉。

郑瑕并不知道，这时候草地里还躺着一个醉了酒的李信纯，当时的风很大，火借着风势越烧越大，没有多大一会儿就蔓延到了李信纯的身边，而李信纯正在昏睡之中，根本不知道。

这时候，黑龙急了，它赶忙在李信纯身边又叫又咬，可是李信纯就是不醒，黑龙又叼着他的衣服使劲地把他往外拖，可是黑龙毕竟只是一条狗，根本拖不动李信纯。

黑龙见救不走主人，急得团团转。这时候，它发现不远处有一条小溪，于是便飞奔过去，把身体整个浸入水里，然后再跑到主人身边，用力地抖动身体，将身上的水抖在主人的衣服和身旁的草地上，抖完了，就再跑到小溪里去往身上浸水，然后再跑回来。

也不知道黑龙到底跑了多少趟，熟睡中的李信纯终于被水淋醒了，而黑龙却因为劳累过度，倒在了李信纯身边，死了。

李信纯看到自己满身是水和身边燃烧的大火，再看了看倒在身边的黑龙，终于明白了是怎么回事，他抱着黑龙，大哭起来。

李信纯的哭声惊动了狩猎的太守，他这才知道，草地上原来还有人，于是赶忙派人来救李信纯。

知道了黑龙救主人的经过后，太守非常的感动，于是下令为黑龙准备了棺木和衣被，厚葬了它。太守为黑龙建的坟高十几丈，人们都将这座坟称为"义犬冢"。

动物助人的故事有很多，下面，我们再来讲一个"老马识途"的故事。

战国时期，齐桓公和丞相管仲去讨伐另外一个国家，打了胜仗返回的时候，却找不到回国的路了。原来，齐国的军队是春天的时候出发的，现在已经到了冬天，草木光秃秃的，和来时有了很大不同。后来，军队走到了一个山谷里，却无论如何也出不了山谷。

管仲派了许多人出去探路，但是这些人全都无功而返，这时，齐桓公和管仲都着了急，如果再不找到出去的路，大军被困在山谷里的时间长了，粮食吃光了，整个军队的兵马就会全被饿死，这可怎么办？

管仲皱着眉头绞尽脑汁地思索，忽然，他的脑海中产生了一个想法。于是，他对齐桓公说："大王，我知道狗即使离家很远也能找到回家的路，那么马应该也具备这种能力。我觉得，年龄比较大的老马识路的能力应该更强，我们不妨挑几匹老马，解开缰绳，任由它们在前面走，我们就在它们的后面跟着，这样，我们不就能走出山谷了吗？"

齐桓公听了，觉得也没有别的办法，试一试也好。于是就派人挑了几匹马放开，结果令人奇怪的事情发生了。那些没了束缚的老马全都向着一个方向走了。齐桓公马上派管仲命令军队紧紧地跟在老马后面，结果，这些老马真的把齐国的军队引出了山谷，并且引到了通向齐国的路上。从此，便有了"老马识途"这个成语。

古往今来，动物就这样和人们生活在一起，为我们人类做出了许多的贡献。马、牛、羊、鸡、狗、猪这六畜，是人们日常所饲养的最基本的几种动物，它们不但帮了我们许多忙，他们的精神也非常的值得我们学习。比如马又勤劳又有上进心；牛能忍辱负重；羊羔跪乳所表现的孝心；还有狗的忠诚；鸡不但不吃独食，还能每天按时报晓，面对强敌的时候也很勇敢；猪虽然没有什么本事，但是现在，医生们发现了猪对我们还有一个很大的用处，那就是它的器官能够为人类移植，能挽救许多人的生命呢！

对于现在城里的孩子来说，除了在电视上，很难见得到这些家畜可爱的模样，所以爸爸妈妈如果方便的话，应该带孩子们到乡下去，亲眼看看这些家畜，仔细地观察、了解一下这些在许久以前就与我们生活在一起的动物们，不要让孩子们成为六谷、六畜不分的一代人。

★认知人的情绪

——曹操败走华容道

日喜怒，日哀惧，爱恶欲，七情具。

——《三字经》

高兴叫作喜，生气叫作哀，害怕叫作惧，心里喜欢叫爱，讨厌叫恶，内心很贪恋叫作欲，合起来叫七情。

在我国古代四大名著之一的《三国演义》中，有一个"曹操败走华容道"的故事。

曹操在赤壁之战中，上了诸葛亮和周瑜的当，打了败仗，于是自己烧了剩余的战船，带着剩下的兵士向华容道狂奔。

当他逃到乌林的时候，发现这儿的地形非常复杂，忽然哈哈大笑起来，手下的将士们很纳闷，心里都想，已经失败到这步田地了，还有什么好笑的呢？

这时，曹操说："我笑诸葛亮，他还是不聪明，这么复杂的地方，要是他能事先埋伏一支人马，那他才算厉害呢！"

他哪想到，他哈哈笑的嘴还没有闭上，忽然从树丛中杀出了一支兵马，领头的就是赵云。赵云说："谁说没有，丞相早就派我在这里等你了！"

曹操吓得魂飞魄散，差点从马上掉下来。他赶忙派手下的徐晃和张合挡住赵云，自

己带着人落荒而逃。

曹操带着人逃到了葫芦口的时候，将士们实在是跑不动了，肚子饿得发慌，连马都走不动了。曹操一看，得让将士们歇息一下了，于是就令人埋锅做饭。

安排完了，曹操四处一看，又哈哈地大笑起来。将士们想，这又是笑什么呢？

曹操边笑边说："我笑那诸葛亮和周瑜啊，那么聪明，怎么不知道在这里也埋伏一队人马呢？要是那样的话，我们还能逃得了？"

他这一笑不要紧，只听耳旁一声大吼，张飞带着一队人马不知从哪儿杀了过来。

这一回，又把曹操吓了个半死。曹操的将士们本来就害怕张飞。这回一看张飞来了，一个个吓得胆战心惊。

曹操

为了保护曹操，许褚、张辽、徐晃三个人一起来打张飞，曹操赶忙又带人逃走了。

曹操带人跑着跑着，前面出现了一个十字路口，探路的就来问曹操向哪边走好，曹操想，小路道路崎岖，不好藏人，这里肯定不能埋伏着诸葛亮和周瑜的人。于是就传令说："走小路。"

沿着小路跑了半天，眼前的路渐渐地平坦起来了，这时，曹操又哈哈地笑了起来。众将士一听，知道他又在嘲笑诸葛亮和周瑜了，心里都想，您可别笑了，一会儿再让您笑出一个人来可怎么办！

果然，曹操笑声刚落，只听一声炮响，关羽带着人马拦住了他们的去路。

这一回曹兵害怕也没有用了，因为大家实在是太累了，别说打仗了，连走都要走不动了。眼看着没有人能出战了，曹操的谋士程昱给曹操提了一个建议，让曹操亲自去向关羽求个情，没准会同意曹操的请求，放曹军过去。

没办法，曹操这回笑不起来了，硬着头皮去求关羽。关羽一看曹军剩下的这些人，一个个丢盔卸甲，浑身是泥，又想起曹操过去对自己有恩，实在下不了手去打曹操，于是叹了一口气，转过身子，让他们走了。

曹军刚刚过去，关羽忽然想起来，自己是在军师那里立了军令状的，要是放走了曹操，自己是要被杀头的，于是又向着曹军大喝一声："你们站住，哪里走！"

曹军一听关羽反悔了，知道大事不好，吓得一个个滚下马来，跪在地上求关羽放他们

一条生路,关羽狠了好几次心,到底还是念及曹操的恩情,不忍杀他们,把他们放走了。

等到曹操带人走出华容道,与家中赶来的救兵相遇的时候,身边只剩下狼狈不堪的二十七个人了。这时,曹操忽然哇的一声哭了起来。

将士们感到非常纳闷,逃跑的时候总是哈哈大笑,现在安全了,怎么还哭了起来呢?曹操说:"我是想念我的谋士郭嘉啊,如果他不是那么早地病死,一定会为我想出好的计策来对付周瑜和诸葛亮,那样的话,我怎么会打这么大的一场败仗啊!"曹操手下的谋士一听,知道这是曹操在怪他们计谋不高,都臊了一个大红脸。

关羽放了曹操,诸葛亮当然不会饶他,命人把他推出去斩首,最后,蜀王刘备亲自找诸葛亮求情,说了关羽许多的好处,请诸葛亮念在关羽过去所立的大功的份上,饶他一次,诸葛亮这才放了他。

曹操在逃跑的过程中,几次大笑,又几次受惊,最后还大哭了一场。高兴、害怕和悲伤这几种情绪,在不同的情况下,出现了好几次。

高兴、生气、悲伤、害怕、喜欢、厌恶、贪恋这七种情绪是人生下来就有的七种感情,人在不同的心情之下,这几种情绪就会相应地表现出来,这是人的本性所在。

★认识音乐

——滥竽充数、高山流水遇知音

匏土革,木石金,与丝竹,乃八音。

——《三字经》

匏瓜、黏土、皮革、木块、石头、金属、丝线与竹子是制造乐器的材料,称为"八音"。

战国时候,齐国的国王齐宣王非常喜欢音乐,尤其喜欢听吹竽。齐宣王是一个非常喜欢热闹的人,于是他从全国聚集了三百多个吹竽的高手,组织成了一个乐队。一有时间,他就让这三百人一起给他吹竽解闷。

有一个南郭先生,什么也不会,又不热爱劳动,却总是想着坐享其成,盼着什么也不干就能赚钱。他听说了齐宣王的这个爱好之后,就跑到齐宣王面前对他说:"大王啊,我是一个有名的乐师,尤其擅长吹竽,我吹竽的声音非常的优美,连花草都爱听我的竽声。您是一个热爱音乐的人,能够使全国这么多高手为您演奏,可以知道您是一位仁德的大

王，我希望您能把我收下，让我把我的绝技奉献给您。"齐宣王听了南郭先生的恭维，高兴得心花怒放，也没考察一下，就把南郭先生收下了，编入了他的竽乐队。

从此以后，南郭先生就混进了这三百个乐师之间。其实，他根本不会吹竽，每次演奏的时候，他就学着别人的样子，捧着竽假装鼓着腮帮子吹，别人摆头他也摆头，别人摇晃身体他也摇晃身体，脸上还装出自我陶醉的表情。就这样，他每天和别人一样，吃好的，喝好的，穿好的，用好的，每个月还拿很多的钱，一混就是好几年，心里得意极了。

可是几年以后，齐宣王死了，他的儿子齐湣王继了位。巧的是，这位齐湣王也喜欢音乐，也爱听吹竽，可是听乐队吹了几天，齐湣王就受不了了。

原来，齐湣王和他父亲有个不同的地方，他喜欢听独奏，不喜欢听合奏，在他看来，三百个人一块儿吹，实在是太吵了。于是，他就发布了一个命令，要这些乐师好好准备，然后一个一个地轮流吹竽给他听。

这些乐师本来都是高手，自从进了宫之后，和大家一起吹了好几年，谁的水平也显露不出来，本来就有些着急，这次看到大王的旨意，高兴极了，都没日没夜地加紧练习，准备在大王面前好好显露一下自己的水平。

可是南郭先生却傻眼了，他根本不会吹竽，怎么能给大王去吹竽呢？要是被发现了，是会被处死的。南郭先生急得像热锅上的蚂蚁一样转来转去。

后来他想，这回想混也混不下去了，为了保住脑袋，还是快跑吧。于是，他在一个夜里，收拾了自己的东西，摸着黑逃走了。

这个故事的名字叫"滥竽充数"，这个故事的原意是告诉我们，做人要凭本事做事，不能用虚假的方式混日子，靠骗人生活。在这个故事中，乐师们所用的乐器叫作"竽"。竽，就是用八音之一的匏瓜制成的。

我国人民从古时候起就喜欢音乐，人们用匏瓜、黏土、皮革、木块、石头、金属、丝线与竹子这八种原料来制作乐器，并把这八种材料称为"八音"。古代的时候，人们在不同的场合都要演奏不同的乐曲，大家按着音乐来行礼，一切都显得很有规矩。一直到今天，我们所使用的绝大多数乐器，还是用这"八音"制作而成的。

春秋时期，有一个叫俞伯牙的人，他是当时著名的音乐家，琴艺高超。他年轻时曾经跟一位名师学琴，虽然水平一天比一天高，但他总觉得不满足，总是认为自己的琴声中缺少对各种事物的感觉。于是，他的老师便带他来到了东海的蓬莱仙岛，让他在大自然中感受声音和景物的妙趣。

俞伯牙在蓬莱岛上，听着海浪的声音和虫鸟的鸣叫，看着飞溅的浪花和茂密的丛林，感觉自己像处于仙境之中，于是终于悟出了音乐的真谛，情不自禁地抚动了琴弦，把美丽的大自然都融进了琴声之中。老师听了他的琴声，不由得说："你终于找到了你想要的东

西!"

有一天晚上,俞伯牙坐在船上,看着身边平静的风景,心中涌起了很多的思绪,于是又弹起琴来,就在俞伯牙沉浸在琴声之中的时候,突然,琴弦断了。俞伯牙抬起头来,只见一个樵夫模样的人站在岸边,正定睛看着他,见他抬眼望到了自己,便对着他拍手叫绝,这个人,就是钟子期。

俞伯牙知道自己遇到了知音,于是把钟子期请到船上,接好琴弦,为他演奏了起来。

当俞伯牙弹到自己创作的《高山》时,钟子期说:"我好像看到了

俞伯牙

雄伟的泰山,高耸入云。"当俞伯牙弹到自己创作的《流水》时,钟子期说:"啊!就像是看到了无边的大海,浩浩荡荡,奔流不息。"就这样,无论俞伯牙弹到哪一首乐曲,钟子期都能准确地说出音乐中的意境,俞伯牙由衷地说:"你真是我的知音啊!"

两个人依依不舍,相见恨晚,拉着手,说了很久的话。后来,两个人便结拜为兄弟。

没过多久,俞伯牙要离开这个地方了,于是便和钟子期约定,明年的今天还到这里来相见,一起研究乐理。

可是,当第二年俞伯牙故地重游时,却听说钟子期已经病逝了。俞伯牙万分悲痛,来到钟子期的坟前,大声地哭道:"你走了,从此我弹琴给谁听呢?这个世界上,再也没有像你一样的知音,再也没有值得我抚琴的人了!"说完,俞伯牙用力地把琴扔在了地上,琴摔成了两截。从此以后,俞伯牙一直到死,也没有碰过琴弦。

这个故事,就是从我国古代流传至今的"高山流水遇知音"。

好的音乐可以调节人的情绪,减轻人们体力上和精神上的劳累,还能催人奋进、表达人的各种不同的心情,喜欢音乐的人往往容易沉浸其中。可是,也有一些音乐,让人听上去无精打采,什么心情都没有,或者让人听上去,头脑昏昏沉沉。小孩子正是长知识,求进取的时候,一定要听一些积极健康的音乐,不要去听这些让人没有进取心的音乐。

★认知人伦

—— 李密尽孝、九代同堂

高曾祖,父而身,身而子,子而孙。

——《三字经》

由高祖父生曾祖父,曾祖父生父亲,父亲生我本身,我生儿子,儿子再生孙子。

古时候有一个叫李密的人,在他只有六个月大的时候,父亲就去世了,除了祖母和母亲,他已经没有别的亲人了。

在李密四岁的时候,母亲离开了家,嫁到了很远的地方去,从此,就只有祖母一个人带着他艰难的生活。

李密的祖母身体很不好,但是为了把李密抚养长大,她每天都拖着有病的身体,上山砍柴,下田耕耘,她最大的希望,就是盼着李密快点长大。

李密从小就体弱多病,到了九岁还不会走路。但是李密是个聪明的孩子,读书过目不忘,而且非常体谅祖母的辛苦,对于祖母非常的孝顺。长大以后,李密白天劳动,晚上读书,什么活儿也不让祖母做。祖母年纪大了,身体越来越不好,于是李密就愈加周到地服侍祖母,他每天晚上连衣服都不脱地睡在祖母身边,随时准备在祖母需要的时候起来照顾祖母。给祖母喂药,喂饭,喝水,他都先尝尝凉热,温度适口以后才喂祖母,他的孝心,远近的人们都听说了,都对他交口称赞。

李密

在李密四十四岁的时候,他的祖母已经九十六岁的高龄了。当时的皇帝听说李密才

55

高八斗，又因为孝顺而闻名于世，便下旨召他进京做官。可是，由于祖母年世已高，身体又不好，如果他走了，将无人奉养祖母。于是，他给皇上写了一封《陈情表》，说明了自己的困难，拒绝了皇帝。

他在《陈情表》中说："我如果没有祖母，不可能活到今天；如果祖母没有了我，就没有人侍奉她度过晚年。我们祖孙两个相依为命，感情深厚，我无论如何也没有办法抛开她，到遥远的地方去做官。我为您尽忠的日子还长得很，可是我的祖母已经九十六岁了，我只求您能让我为她养老送终。"

皇帝看了他的《陈情表》，被他的孝心感动了，于是同意暂时不让他进京去做官。李密的孝心不仅感动了世人，更感动了皇帝，他能够放弃自己的前途留在家里照顾祖母，对于当时想靠做官一步登天的人来说，是很难得做到的。

祖母，也就是我们今天所称呼的"奶奶"，就是祖父的妻子。祖父就是我们的爷爷，也是我们爸爸的父亲。祖父的爸爸是我们的曾祖父，曾祖父的爸爸，我们要称呼高祖父。我们是爸爸的儿女，等到我们长大了有了孩子，就是我们的儿女，我们的孩子长大了再有了孩子，就是我们的孙子或者孙女。这些亲属关系，小孩子从小就要知道。我们人类，就是这样一代接着一代地繁衍，永无休止地延续生命，才一代一代地走到了今天，而且还会一直延续下去。

据说在唐朝的时候，有一个九世同堂的大家族，九代人生活在一起，大家相处得十分融洽，唐高宗李治听说后，非常的惊奇，便亲自去了他家看望他们，果然，一家人过得其乐融融，做事井然有序，唐高宗不由得连连称赞。要知道，皇帝家里一向都是明争暗斗，勾心斗角，兄弟们都互相残害，争权夺势，一代人都相处不好，哪见过九代人这样和睦相处的呢？

在闲谈的时候，唐高宗向他们家族中辈分最高的长者请教大家庭融洽相处的秘诀，这位名叫张公艺的老人露出了慈祥的笑容，他兴致盎然地挥笔写下了一百个"忍"字，并给唐高宗具体地讲述了百忍的内容，他说："不忍小事变大事，不忍善事终成恨；父子不忍失慈孝，兄弟不忍失爱敬；朋友不忍失义气，夫妇不忍多争竞……"

唐高宗听了，终于明白这九世同堂的秘诀就在于相互之间宽容忍让，相亲相爱。他非常的感动，当场就为张公艺和他的长子封了官职，还下令修了百忍义门，唐高宗李治亲笔写下了"百忍义门"四个大字。

后来，张公艺老人去世了，后人为了纪念这位以"忍"治家的贤德的老者，特意为他修建了一座"百忍堂"。

从我们自己向上到我们的高祖父，是五代人，我们下面的第四代人，就到了我们的孙子的孙子那一代，这样才算是九代人，唐代的张公艺老人能九代人一同生活确实令人称奇，而他们的九代人能够在一起和睦地相处，更令我们称奇。所以说，我们也要学着这个和睦的大家庭的样子，和我们的家人相互地宽容，不要为一点小事就没完没了地抱怨，一定要相互地谦让，这样才能生活得幸福。

國學智慧全書

蒙学智慧

★认知义理

——善应孝母、赵孝争死

父子恩,夫妇从,兄则友,弟则恭。

——《三字经》

父亲与儿子之间要注重相互的恩情,夫妻之间的感情要和顺,哥哥对弟弟要友爱,弟弟对哥哥要尊敬。

赵善应是南宋时期的名人,他做过大官,还为我们留下了许多的诗词作品。他不但有很高的才学,而且还是一个非常孝顺的人。

有一天,他的母亲突然患了重病,赵善应赶忙去请医生。医生看了老人的病状后,留下两包草药就走了。

可是,母亲服了药以后,病情不但不好转,反而一天一天地加重了。赵善应非常着急,又去请那位医生,医生却说:"你母亲的病,我看不明白,你还是找别人去看吧。"

赵善应听了心情非常难过,他哭着央求医生再给看一看,可是医生说什么也不肯再去为他母亲看病。

于是,赵善应就到处打听名医,名医请了十多个,母亲的病情还是不见好转。赵善应一时没了主意。

后来,有人提醒他说:"还是想办法请御医来看一看吧。"赵善应如梦方醒。

赵善应是宋太祖的第七代孙,是皇室宗族,跟皇帝有亲戚关系,请御医为母亲看病不是一件难事。

御医为母亲诊视以后,开了个方子交给赵善应说:"你照这个方子服用,三服药以后,病情就会好转,但是这服药和别的药不一样,必须用人血和药,才能有效。"

赵善应接过方子,二话没说,马上买了三服药,然后取刀刺破了自己的手臂,用自己的鲜血和药,给母亲服用了。看到赵善应用自己的血给母亲和药,弟弟看不过去了,说什么也不让赵善应再用刀刺自己的手臂取血了,坚决要求自己刺臂取血,可是赵善应无论如何也不答应。说也奇怪,赵善应的母亲服用了几服鲜血和药以后,病就好了。赵善应见了,非常高兴。

但是,母亲的病虽然好了,却落下个心悸的病根,一听打雷或什么响动就害怕,心就跳成一团。

有一天夜里,阴云密布,一道闪电过后,响起一个大炸雷,母亲突然惊叫一声,晕了过去。

正在熟睡的赵善应被母亲的惊叫声惊醒了,赶忙跑过去叫醒母亲,然后陪在母亲床边,一直到天亮。从此以后,每到有雷雨的天气,赵善应都整夜地在母亲的房间里陪伴母亲。

有一次,赵善应有事要出远门,在临走前他特意嘱咐妻子,一定要好好照看婆婆,遇到雷雨天一定要陪婆婆一起睡觉。他的妻子非常的贤德,听到丈夫的吩咐,高兴地答应了,赵善应这才放心地走了。

赵善应从远处回来的时候,已经是冬天了,天气寒冷,又正好是晚上。和他同行的人一看到家了,非常高兴,上前就要敲门,可是赵善应连忙制止说:"不要敲门,不要敲门,我的母亲年纪大了,别惊吓了她。"

同行的人赶紧把伸出去的手缩回来,问他:"现在深更半夜的,天气又这么冷,不敲门,我们上哪儿去住呀?"赵善应说:"没有地方住,也不能敲门。我们就坐在房檐下挨冷受冻,也不能让我母亲受到惊吓。"同行的人听了,很受感动,就和赵善应一起在大门外忍着寒冷坐了一宿。

天亮以后,赵善应家的仆人打开大门,发现门口坐着两个冻得浑身发抖的人,仔细一看,才知道是自家的"老爷"回来了。

身教胜于言教,在赵善应的带动下,全家都十分友孝,相处和睦。

赵善应的儿子是南宋有名的大臣赵汝愚,也是一个大孝子。赵汝愚是南宋皇室宗族中唯一一个做了宰相的人,宋代人在评价他们父子的时候说,正是由于赵善应的高尚品质影响了他的儿子,所以赵汝愚才能因为品德高尚而闻名于世。就连皇帝都说他的品德是他的父亲身教的结果。

从赵善应一家人的身上,我们可以看到中国家庭所有的传统美德,比如说尽心尽力地孝敬老人,兄弟之间相互关心,夫妻之间相互帮助,孩子子承父德也同样地孝敬长辈,这些都是他们一家人和睦相处的根本。

由于我国的古人非常重视对后代的礼、义教育,所以出现了许多尽忠尽孝、兄弟友爱的人。

在汉朝的时候,有一对兄弟,哥哥叫赵孝,弟弟叫赵礼。他们两兄弟相处得十分友爱。

有一年,全国的庄稼收成都不好,饥荒很严重,社会治安也很乱。更可怕的是,许多人做了强盗,抢不到粮食,他们就把人杀了吃掉。

一天,一伙强盗来到了兄弟俩所住的村子,村民们都藏了起来。强盗们翻遍了整个村子,也没找到一点值钱的东西,更没找到一口吃的。这时,他们恰好发现了赵孝的弟弟赵礼,于是就把他给捉走了。

他们把赵礼绑在树上,然后就架了一口锅,开始烧水,想要把赵礼煮了吃掉。

赵孝找不到弟弟,心急如焚,有人告诉他,赵礼被强盗捉走了,就要被放进锅里煮掉了。赵礼急了,他想:"要是弟弟死了,我怎么对得起父母呢? 弟弟是我的同胞骨肉啊,就是我死,也不能让弟弟死啊!"

想到这里,赵孝便顺着强盗走的方向追了过去,很快就赶到了强盗那里。赵礼见哥

哥来了,又惊又喜,可是他又马上哭了起来。他说:"哥哥快走啊,不要过来送死!"

这时赵孝顾不上弟弟了,他冲到强盗面前,跪在地上哀求道:"我弟弟有病,还那么瘦,他的肉根本不好吃,你们放了他吧!"

强盗生气了,瞪着眼喝道:"放了他,我们吃什么?不能放!"

赵孝赶紧说:"我知道,现在年景不好,大家都很饿。这样好不好,你们如果要吃的话,就吃我吧,我的身体好,也比他胖。"

旁边的赵礼听了,大哭起来,"不行,不能吃我哥哥,我哥哥又没有什么罪,你们捉的是我,不要吃我哥哥!"

赵孝一下子扑到弟弟面前,抱住了弟弟,两兄弟抱头痛哭,都要自己送死。

强盗们看着他们兄弟两个,都哭了,他们没想到,在这个世界上,还有这么友爱的兄弟,为了救对方的命,竟然争着送死。他们又想想自己,竟然为了填饱肚子,连这么恶毒的事情都做得出来,这哪里是人做的事啊!

于是,强盗们谁也没有杀,把他们兄弟两个都放走了。

后来,皇帝知道了这件事情,也非常感动。皇帝想,这么仁义的兄弟两个,对待百姓肯定也会非常仁义,于是给他们兄弟两个都封了官职,还把他们的事情昭示天下,让全国的百姓都学习他们的品德。

兄弟都是父母的骨肉,就像手和脚一样,都是父母身体的一部分,任何一个受到了伤害,都是身体受了伤,所以说必须互相保护,互相依靠。

我们中国人向来就讲究亲情,讲究父子亲情、夫妻亲情和手足兄弟之间的亲情,小孩子从小的时候起,就要知道只有家人之间以礼相待、互相关心、和睦相处,才能家庭幸福的道理。也要知道,只有家庭幸福了,我们的国家才会安定富强。这种父子亲情、夫妻亲情和兄弟亲情是做人应该懂得的义理。

第三章　读书之道

★孩子要接受正规的启蒙教育

—— 白字先生、书生断句

凡训蒙，须讲究。详训诂，明句读。

——《三字经》

凡是对学生进行启蒙教育的老师，必须把每个字都讲清楚，每句话都要解释明白，并且使学生读书时懂得断句。

从前有一个教书先生，因为识字不多，总读白字，所以只敢教一个字还没有学过的小孩子，但即使这样，他还是总被东家辞退。

有一次，他又到了一户人家教小孩子读书，东家怕他不用心，于是和他商定，每年给他三石谷子，四千钱的工钱，但是如果教一个白字，就罚一石谷子，如果教一句白字，就罚两千钱。先生听了暗暗叫苦，硬着头皮答应下来。

有一天，他和东家一起在街上闲走，见到有一块石头上刻着"泰山石敢当"几个字，便随口念道："秦川右取当。"东家一听，生气地说："全是白字，罚谷一石。"

先生一路垂头丧气地跟在东家后面，恨不得扇自己几记耳光。回到书馆后，他暗暗提醒自己："一定要小心，一定要小心。"

这一天的课是教东家的儿子读《论语》，结果他把"曾子曰"读成了"曹子日"，又把"卿大夫"读成了"乡大夫"。东家正好听到了，于是说："又是两个白字，再罚两石谷。三石谷全没了。"先生听了，心疼得差点晕过去。

第二天,他又教东家的儿子读书,东家特意来陪读,先生拼命地提醒自己:"别读白字,别读白字。"可是,他还是把"季康子"读成了"李麻子",把"王日叟"读成了"王四嫂",这回,东家说:"这回读了两句白字,全年的伙食四千钱,全都扣除。"先生痛惜不已。东家又说:"像你这样教孩子读书,纯属误人子弟,你算得什么先生啊! 你还是走吧!"

先生无奈,只好叹了一口气,作诗一首:

> "三石粗谷苦教徒,
> 先被'秦川右'取乎。
> 一石输在'曹子日',
> 一石送与'乡大夫'。
> 四千伙食不为少,
> 可惜四季全扣了;
> 二千赠予'李麻子',
> 二千给予'王四嫂'。"

做完这首诗以后,先生无精打采地收拾了行李,离开了东家的家。

这个故事的名字叫"白字先生"。故事里的东家说得一点都不错,这样的教书先生只能是误人子弟。

刚刚开始读书识字的小孩子,正是为一生的学习打基础的时候,对每一个字都需要知道它的正确读音和它的正确的意思,一点儿也马虎不得。如果这点基本的条件都不具备,那么就不可能为以后的学习打下坚实的基础,所以说,在这个时候,尤其需要跟随一位认真负责的老师学习。而小孩子自己在学习的过程中,也一定要注意认真听老师的讲课,把老师讲课的内容参悟明白,千万不要一知半解,以后成为像"白字先生"这样的人。

我国古代的书籍都是不写标点符号的,所以文章的句与句之间没有间隔。古代的教书先生不但要教孩子们认字,还要教孩子们应该在哪里停顿,在哪里断句,并给孩子传授其中的规律。

明代曾发生过一个关于标点符号的趣事。有一天,江南才子徐文长外出时,正赶上梅雨天气,雨下起来没完没了,无法向前赶路,于是徐文长只好吃住在朋友家里,等雨停了再走。

谁知这一等就是好几天,雨一直都不停。徐文长每天在这里吃住,朋友有些不愿意了,可是又不好意思开口赶他走,于是就想了一个办法。

一天早上,徐文长和朋友一家吃饭的中途,朋友借故离开了,悄悄走进徐文长住的房间,写了一张字条放在桌上,希望徐文长看了以后,能知趣地离开。

徐文长吃过早饭回到房间之后,发现了这张字条,拿起来一看,只见上面写了一句

三字经

话：下雨天留客天留我不留。

徐文长知道，朋友的意思是：下雨天留客，天留，我不留。这是朋友想赶他走了。他心里很是生气，心想，这算是什么朋友啊，我有了困难，他竟然想赶我走！可是他气着气着，忽然从脑子里冒出一个好主意来。只见徐文长提起笔，刷刷地在那纸条上点了几下，然后就把它放回了原处。

第二天，朋友发现徐文长还没有要走的意思，于是又借故去了他的房间。朋友发现，他写的那张字条还摆在桌上，好像没被动过一样，展开字条一看，只见徐文长在他写的字条上加了几个标点符号，字条变成了：下雨天留客，留我不？留。

朋友叹了一口气说："唉，天意如此啊！"于是就打消了赶走徐文长的意思。

徐文长雕像

最后，徐文长一直在朋友家住到雨停了、天放晴了才离开。

徐文长巧妙地用了不同的断句方法，靠几个小小的标点符号，打消了朋友想赶他走的企图。看来，是标点符号帮了他的大忙啊。

断句方法的不同，标点符号所处的位置不同，同样的一句话所表达出来的意思是完全不一样的，所以标点符号是不能乱用的。

我们现在的小孩子学习起来非常的方便，可以通过学习汉语拼音来学习认字，我们的课文都分好了课次和段落，对于生字生词书上还有特别的解释。可是古时候的人就没有我们这么幸福了，他们所读的书没有段落，没有标点，没有注音，一切都要老师来教，都需要自己按照学习和理解去处理。所以我们应该从小就珍惜我们所拥有的便利条件，用更加认真的态度去对待我们的学习，为以后的学习和工作打下坚实的基础。

★先学会一本关于礼仪的书

为学者，必有初。小学终，至四书。

——《三字经》

凡是要研究学问的人，都要有一个好的开始。先要把《小学》的内容读熟了，才能读《论语》《孟子》《中庸》《大学》这四部书。

我们今天的好多爸爸妈妈，都已经知道了要让孩子多读书的道理，所以从孩子小的时候就非常重视教孩子学习。可是，他们教育孩子学习的内容，往往都是学写字，学背唐诗宋词，学美术，学音乐，每天带着孩子左一个学习班、右一个学习班地奔波。相反的，对于孩子的品德教育却没有这么大的劲头，孩子想要什么，就想方设法地给什么，孩子有了错误，也舍不得批评。实际上，在古代，重视教育孩子的人可不是这么做的。

有一天，孔子正站在庭院里，他的儿子孔鲤从他面前恭恭敬敬地走了过去，他把孔鲤叫住，问他："今天学诗了吗？"孔鲤回答说："没有。"孔子说："不学诗，你怎么能把话说明白呢？"孔鲤说："是。"然后从父亲面前恭恭敬敬地退回了自己的房间学诗去了。

又有一天，孔子又站在庭院里，孔鲤又恭恭敬敬地从他面前走了过去，他又把孔鲤叫住，问他："你学礼了吗？"孔鲤回答说："没有。"孔子说："不学礼，你怎么能学会做人呢？"孔鲤说："是。"然后，又从父亲面前恭恭敬敬地退回了自己的房间，学礼去了。

孔子有一个弟子对于孔子教育孩子的方法很好奇，于是就问孔鲤，"你父亲平时都私下里教你些什么呢？"孔鲤说："没有啊，父亲从来

孔子

63

没有单独教过我。"那个弟子不死心，又接着问："那你父亲平时都对你说过什么呢？"孔鲤想了想说："就是有一次他要我回去读诗，说如果不学诗，就不能把话说明白。还有一次，他要我回去读礼，他说如果不学礼，我将来就学不会做人。"那个弟子听了终于恍然大悟。

这就是论语中的"庭训"的故事，孔子的两次问话，被称为"过庭语"。

古人非常重视对孩子的教育，让孩子从小就知道学诗和学礼的重要性，让他们打好学习的基础，懂得做人的道理。

我国南宋有一位名叫朱熹的哲学家，由于他的名声很大，后来元朝的朱元璋都差一点认他做了自己的祖宗。他和他的弟子刘清之合编了一本书，书名叫《小学》，这本书后来成了小孩子启蒙教育的教材，古人认为，小孩子只有把《小学》这本书学透了，才能去读四书五经。

那么，《小学》是一本什么样的书呢？用朱熹的原话说："后生初学，且看《小学》书，那个是做人的样子。"这句话的意思是说，刚刚读书的小孩子，应该先学学《小学》，做人就应该按照这本书里所说的标准来做。

在这本书里，对于做人的标准进行了非常简单明了的介绍，甚至于连怎样洒水、扫地和什么时候要快走什么时候要慢走的道理都在里面，涉及的范围非常的广。

这本书的主要内容就是教小孩子要懂得父子之亲、君臣之义、夫妇之别、长幼之序、朋友之信，强调说如果不明白这些道理，就会把人与人之间的关系弄乱了；另外，还要从行为上和思想上提高自己的修养，不要说不好的话，不要做不好的事。

这本书里面还有一个很重要的内容，就是要让孩子们学习古今的历史，在历史的成败中总结做人的准则。

因为当时是处在封建社会，所以这本书也在向孩子们灌输当时的封建思想，但是这本书里面的要人讲气节、重品德、懂节制、要立志等等内容，一直到今天也是适用的。

古人教育自己的孩子，先要让他明白做人的道理，然后才会让他去学习读书识字。古人认为，一个人只有首先学会了做人的道理，才算是有了一个好的人生的开始。这个道理，我们直到今天都是赞同的，所以孩子的爸爸妈妈应该引起充分的重视。

当然，今天的孩子想要学到做人的道理并不一定非得要去看这部《小学》，但是无论如何，做一个正直的人，做一个能和别人、更能和家人和睦相处的人才是一个真正的人。在生活中处处可以学到这种学问，爸爸妈妈们一定要对孩子多多进行教育。

★跟着孔子学《论语》

——孔子与《论语》

论语者,二十篇,群弟子,记善言。

——《三字经》

《论语》这本书共有二十篇,是孔子的弟子们以及弟子的弟子们,记载的有关孔子言论的一部书。

孔子的名字叫孔丘,字仲尼,是春秋时期的鲁国人,他的故乡在我们今天的山东。孔子的父亲在他三岁的时候就去世了,只有他和母亲相依为命,家里面非常的贫穷。但是孔子从小就非常地喜欢读书,也非常地喜欢学习礼教。

孔子是我国古时候非常著名的教育家和思想家。他非常重视对人进行教育。在他生活的年代,除了有权势的人,普通的老百姓根本受不到教育,国家的君主也认识不到让百姓受教育的重要性。但是孔子却主张让每个人都有机会接受教育。孔子一生一共收了三千个学生,其中有七十二个人有了很大的成就,为文化的发展做出了非常大的贡献。

孔子曾经做过官,他非常重视教育百姓,他教人们学习礼仪,还用自己的仁慈影响百姓的想法,在他的带动下,鲁国的社会风气非常好,人人都懂礼貌,互相之间都知道忍让。在那个时候,如果有人丢了东西,不论过多久去找,都能找得到,根本没有人把它拿走。晚上,家家都不用关门,也没有小偷去偷东西,真正是"路不拾遗、夜不闭户"。

可是后来,鲁国的国王不务正业,不管理国家大事,孔子见了非常的生气,于是就辞了官,带着自己的学生周游列国去了。

孔子带着学生们去了卫国、晋国、宋国、陈国、楚国等好几个国家,每到一处,他都把自己的主张告诉那个国家的国君,告诉他们只有用仁德的心对待百姓,让百姓都有生活的保障,才能让百姓安居乐业,才能把国家治理好,并希望他们能够采纳自己的思想。

就这样,孔子在外面一直奔波了十几年,可是,这十几年来,他到过的所有家的国君都不能接受他用仁爱治国的主张。人们还讥笑他,说他是"明知道不能做还硬要做的孔丘"。后来孔子对于这些国君失望透了,他知道自己的主张根本不可能受到这些国君的重视,更不可能用来对待百姓,所以他停止了周游列国,又带着弟子们回到了鲁国。

回国后,孔子他再也不去想治理国家的事情了,静下心来,开始专心致志地做两件事:一件是培养自己的学生,另一件就是写书。他要把自己的想法全都写到书里去,《春秋》这部书就是孔子写的,他在里面详细地记录了以前的历史,并对国君的功过进行了记录,当时一些国家的国君,就是害怕孔子把他们写进历史,所以才不敢过于争斗。除了《春秋》之外,孔子还整理了《六经》,这都是我国从古代一直到现在非常有影响的书籍。

令孔子高兴的是,他的学生们都非常的争气,尤其是其中的七十二位有成就的学生,他们把孔子的思想向世人传播,终于独创一派,就是我们今天所说的儒家学派。自然,他们的老师孔子,就成了儒家学派的创始人。

由于孔子非常重视教育,平时对学生们所说的话,学生们都牢记在心,所以在孔子去世后,他的学生们把他平时对他们所说过的话编成了一部书,这就是"四书"之一的《论语》。论语里边有许多的故事和道理,都是教育人们如何做人,如何处世的良言。

虽然孔子活着的时候,没有一个国君欣赏他,他的思想一直没能再次地用于国家的治理,但是在他去世以后,慢慢地有许多人开始从他的著作和这部《论语》里面发现了他的思想的重要性。

《论语》这部书是古代的读书人从小的时候起就必须要读的一本书,因为它的语言简捷,内容丰富,所讲的道理很深刻,也很容易就能让人明白,比如孔子说:"学而时习之,不亦乐乎。有朋自远方来,不亦乐乎? 人不知,而不愠,不亦君子乎?"这句话的意思是说:"学习以后时常的练习,不是很快乐吗? 有志同道合的朋友从远方来,不是很高兴的事吗? 别人不懂我,我也不恨他,不也是一个有德的君子吗?"这些用比较浅的语言讲述的道理,也很适合小孩子阅读。如果有机会的话,小孩子也应该学习一下这部作品。

★向孟子学习仁义道德

—— 孟子与《孟子》

孟子者,七篇止,讲道德,说仁义。

—— 《三字经》

《孟子》这本书共分七篇。内容是有关品行修养、发扬道德仁义等优良德行的言论。

孟子的名字叫孟轲,是战国人,他是孔子的孙子子思的学生。他和孔子一样,都是我

们国家古代著名的思想家和教育家,也主张仁义道德。

孟子小的时候,他的母亲非常重视对他的教育,我们所知道的"孟母三迁"和"断机教子"的故事,就发生在孟子和他的母亲身上。

孟子读书非常的用功,他长大以后,被孔子的儒家思想深深地吸引了,于是他离开了故乡,到孔子的祖国鲁国去求学。他的老师就是孔子的孙子子思。通过向老师学习儒家思想,他越来越认为孔子是有史以来最伟大的一个人,于是就确定了自己的理想,那就是一定要把孔子的思想发扬光大。

后来,孟子终于有了很大的名气,他的祖国和孔子祖国的国君都经常向他请教如何治国。可是,这两个国家都很小,他的以仁德治国的思想很难实现。所以,他就带着弟子们去了当时最大的一个国家齐国。

齐国当时的国君是齐威王。孟子在齐国的时候,得不到齐威王的赏识,他很不高兴,于是带着弟子离开了。离开齐国以后,孟子还去过宋国,在宋国的时候又认识了滕国的太子,滕国的太子非常的

孟子

欣赏孟子的思想。由于在宋国也没有能够实现他的想法,他只好带着弟子回到了自己的祖国邹国。

滕国的太子做了皇帝以后,孟子来到了滕国,在滕国开始实行自己所主张的用仁德的方法治理国家的思想。但是滕国实在是太小了,随时都有可能被别的国家吞并,想要使他的治国思想传遍天下很难,于是他又离开了滕国。这个时候,孟子已经五十三岁了。

离开滕国以后,孟子又去了魏国,然后又去了梁国,孟子告诉梁惠王说:"有仁德的人,没有人能够胜得过他,用仁德治理国家,就会把国家治理得比任何一个国家都强大。"可是梁惠王不听。梁惠王死后,梁襄王继位,孟子对梁襄王的印象很坏,他觉得他不像个国君,不愿意辅佐他。所以他就又去了齐国。

这个时候,齐威王已经死了,齐宣王做了国君。齐宣王见了孟子以后问他:"商汤流放了夏桀,而周武王去攻打商纣王。桀和纣都是国君,而商汤和武王是臣子,臣子都杀了君主,他们这样做对吗?"孟子回答说:"破坏仁道和毁掉义道暴君是众叛亲离的人,人人都可以杀他,更何况圣明高尚的人呢?"齐宣王听了孟子的话,非常的尊敬他,于是拜他为

客卿。孟子终于受到了这个最大的国家的重视,非常的高兴,迫切地想要在齐国实行他的以仁德治国的思想,可是,齐宣王只是待他当作一位德高望重的学者来尊敬,对于他的以仁德治国的思想却不想实行。孟子的主张是要国君仁慈地对待百姓,让百姓都有田地耕种,生活平安,但当时每个国家都在忙着打仗,齐国也不例外。齐宣王认为,练兵比推广仁德重要。因为这个原因,孟子对齐国死了心,再一次离开了。

离开齐国以后,孟子又去了一次宋国,可是他还是觉得没有希望,只好带着弟子回到了孔子的祖国鲁国。鲁国的国君鲁平公听说孟子回来了,想要去拜访孟子,可是他的一个宠臣在他面前说了孟子的坏话,鲁平公于是打消了去拜访孟子的想法。后来,孟子的学生把这件事告诉了孟子,孟子对于这些国君彻底失望了,决定再也不出游了。他带着学生回了自己的祖国邹国,像孔子一样,回去教育学生和写书去了。这时,孟子已经六十多岁了。

像孔子一样,孟子也非常热爱教育。他觉得,天下最快乐的事情就是能教育一些有贤能的学生。孟子的学生也很多,其中万章、公孙丑、乐正子、公都子、屋庐子、孟仲子等弟子都非常的有成就。

《孟子》这本书一共有七篇,是孟子和他的学生万章、公孙丑等人所记载的他平时的言行,里面讲的也全是有关于仁义道德的事情。

孟子学说的中心思想就是"行善"这两个字。他曾经说过:"如果一个孩子快要跌到井里去,不管认识或不认识的人看了,都会有不忍之心,可见人性是善良的,人人都应该以善相待相行。在家里,要父慈子孝,兄友弟恭,敦亲睦邻;在政治上,执政者应爱护人民,即是'仁政'。"

孟子还有一个和孔子相似的地方,那就是他也是在去世以后才得到别人的重视的。我国古代直到宋代以后,人们才开始重视孟子,他的思想对宋代有着很大的影响。《孟子》这本书后来还成了考试时的一个必须要考的科目,后来又被称为儒家经典,成为"四书"之一。

孟子从小的时候起就在母亲的教导之下努力地读书,他求学认真,孝顺母亲,还是一个仁义的人。由于孟子在我国古代文化思想上的地位仅次于孔子,所以后世的人都尊称他为"亚圣"。

《孟子》这一部书也是古代的孩子从小就必学的功课之一,对于孩子们思想的成长是非常重要的。即使是在今天,这部书所宣扬的善良与忍让,都是我们做人所必须具备的品德,所以说也非常值得孩子们进行学习。

★不偏不倚才是中庸之道

——子思与《中庸》、李时珍与《本草纲目》

作中庸,子思笔,中不偏,庸不易。

——《三字经》

作《中庸》这本书的是孔伋,"中"是不偏的意思,"庸"是不变的意思。

子思就是孔伋,他是春秋战国时期著名的思想家。子思是孔子的孙子,他的父亲孔鲤在他出生以后不久就去世了。子思的老师是孔子的学生曾子。子思在曾子那里学到了祖父孔子的儒家思想,后来,他又把儒家思想的真谛传给了孟子。

由于子思的父亲去世得早,所以他并没有从父亲那里学到什么知识,关于他的父亲,在历史上也只记载了几件小事,其中最著名的就是他曾说过的两句话。据说子思的父亲曾经对自己的父亲孔子说:"你的儿子不如我的儿子。"他还对自己的儿子子思说:"你的父亲不如我的父亲。"这两句话都是在贬低他自己,可是在贬低他自己的时候,又显示出了他为了自己的父亲和儿子而自豪的那种喜悦。

子思小的时候,受到了祖父孔子的教诲,孔子对于自己唯一的孙子也非常喜欢。

有一次,子思看见祖父正一个人闷闷不乐,于是就问祖父,"您是在担心子孙们不好好做人,将来对不起祖宗呢? 还是在担心子孙们羡慕尧、舜这些有大成就的人,而又恨自己做不到呢?"孔子回答说:"你还是个小孩子,哪里能懂得我的想法呢。"子思说:"我曾经听过祖父的教导,现在正在不懈地努力呢!"孔子听到孙子的话,高兴极了。

子思曾经搬到卫国去居住。那时候,他的生活很穷困,穿着乱麻絮成的袍子,连罩衣

子思

也没有，还常常吃不饱饭，最惨的时候，二十天才吃了九顿饭。

卫国的田方子知道了这件事以后，派人给他送来了一件精美的白狐裘衣。在派去的人临走之前，田方子想，子思不喜欢接受别人的馈赠，肯定不会接受的，只有找一个借口，才会让他收下这件白狐裘衣。于是，田方子嘱咐派去的人告诉子思，他借给别人东西常常记不得，送给别人就像扔掉一样，也并不希望能再拿回来，所以就请子思收下，不用想着还给他。

可是没想到，子思听了这话以后，更加坚决地不肯接受，他说："我听说过，随便给人东西，还不如把它扔到山沟里去好些。我虽然穷，但是我也不希望自己变成山沟，总是收别人不想要的东西，所以我不能接受。"

后来，子思离开了卫国，搬到了宋国去居住，一直到了老年的时候，才回到自己的祖国——鲁国。

子思回鲁国以后，鲁国的国君鲁缪公去求见他很多次，还经常派使者去给他送许多礼物，一心想请他做相国，可是子思不喜欢做官，所以总是拒绝。

子思的一生都在授徒和写书，他写了许多的著作，还把儒家思想的核心——"中庸"思想总结起来，形成了自己的学说，写下了流传至今的《中庸》。由于子思一生都在写书著述，所以后世的人都非常的敬仰他。在元朝和明朝的时候，皇帝都追封他为"述圣"。

《中庸》这本书里所说的道理就是：天下的事情都不是偏于一方永不改变的。比如说我们做人，不能太谦虚，也不能不谦虚；不能没有自己的主见，也不能自以为是。

孔子有一次正在与人探讨学问，有一个弟子进来向他请教自己是不是应该去做一件事，孔子说："无论做什么事，都要与父母商量，不能自己做决定。"过了一会儿，又有一个弟子来问同样的

三体《中庸》书影

事情，孔子对他说："不要什么事情都让别人决定，按照自己的想法办吧。"后来，与孔子探讨学问的人问他："刚才您的两个弟子问的是同一个问题，您为什么却是两种回答呢？"孔子说："这两个弟子的性格不一样，先来的弟子性子很急、爱冲动，我让他凡事与父母商量，是为了让他多听听别人的意见，不要自以为是。后来的弟子性格比较软弱，不能相信自己，我让他按照自己的想法去做，是为了鼓励他，让他相信自己。"客人听了，点头称是。

太自大了不好，太不自信了也不好。太自大的人容易犯冲动的错误，而太不自信的人容易什么事情也不敢做。如果能头脑冷静地按照自己的能力去做事，才能做成大事业。两个方向都不过分，就叫作中庸。

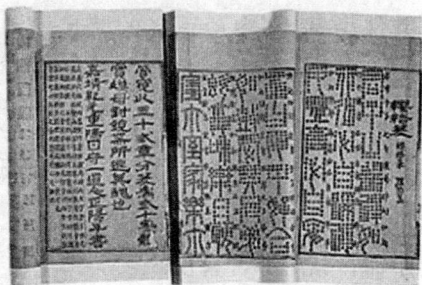

國學智慧全書

蒙学智慧

70

《中庸》这本书中的知识对于我们以后做人、做学问都有很大的帮助，是古人留给我们的一部意义非常深刻的作品。它告诉我们凡事都有不变的宗旨，因此不能太过，也不能不足的道理，只有不偏不易才是中庸之道。

★ 在《大学》里找到做人的标准

——曾子与《大学》、曾子杀猪、商鞅执法

作大学，乃曾子，自修齐，至平治。

——《三字经》

作《大学》这本书的是曾参，他提出了"修身齐家治国平天下"的主张。

曾子的名字叫曾参，是春秋末期的鲁国人，他的父亲曾点和他都是孔子的学生。

曾子的父亲非常的严厉，在曾子六七岁时，父亲就开始教他读书识字。等到曾子年龄稍长，曾点就把自己从孔子那里学来的知识传授给他。曾子学习非常的用功，每天除了父亲为他安排的功课以外，他还坚持多读有益的书籍，每天都学习到深夜。

在曾子十七岁时候，他的父亲把自己的所学已经几乎全都教给了儿子，所以他决定派儿子去向自己的老师孔子学习更深的道理。孔子刚刚见到曾子的时候，觉得曾子是一个非常质朴、憨厚的年轻人。曾子不是一个很聪明的人，但是学会提出自己的疑问，所以孔子非常的器重他，师兄弟们也非常的敬佩他。

孔子把自己在儒学方面的心法都传授给了曾子，希望他能够继承自己的事业。孔子评价他说："孝顺父母是道德的开始，敬爱兄长是道德的延续，信用是道德的深化，忠诚是道德的主旨。曾参是符合这四种道德要求的人啊！"

曾子也曾经出游，到各个国家去推行自己的学说，他最早去的是齐国，可是齐国并没有接纳他，所以他又回到了鲁国。

不久以后，曾子再次出游，这次他去了楚国。楚国的国君热情地接待了他，还封他做了很大的官。曾子原本想在楚国有所作为，没想到楚国的国君经常与他意见不合，于是他在楚国住了不到一年就辞了官，回到了鲁国。

在曾子三十七岁的时候，他又被费国国君请去，可是他在费国住了一段时间以后，发现费国也很难实现自己的主张，所以他就又回到了自己的祖国，从此专门授徒写书，再也

國學智慧全書

三字经

71

不出去做官了。

曾子教育学生非常讲究方法，他不但能和学生平等相处，还能和学生共同探讨一些道理，所以他的学生非常多。在曾子三十多岁的时候，就已经有了七十多名学生了。他的学生中有成就的人也非常多，比如子思、乐正子春、公明仪、吴起等人都是他的学生。

曾子的著作有很多，《大学》就是他和学生们一起编写的。《大学》这部书中全是教人如何做提高自己的道德修养、如何管理好自己的家庭、如何为国家做贡献的大道理。

曾子认为一个人如果想要有大的成就，就得先从自己本身做起，注意自己的道德素质。他曾经说过："我每天要反省自己很多次，回忆自己今天所做的事情，发现自己的缺点，改正自己的错误。"这就是我们都知道的"日三省吾身"的意思。

有一次，曾子的妻子要去集市上买菜，可是曾子的儿子非得要和母亲一起去，母亲不同意，他就哭哭啼啼地拦着母亲。

为了让儿子听话，曾子的妻子对儿子说："元儿，乖，你在家里玩儿吧，母亲去集市上买东西，回来给你杀猪吃猪肉怎么样？"

曾子雕像

在古时候，猪可是普通家庭里面很重要的一个财产，只有养到过年的时候才杀，想要吃肉，得盼上一年的时间。如今还没到过年，母亲竟然要杀猪给自己吃，儿子高兴极了，就同意了母亲的话，不再吵着和母亲到集市上去了。

曾子的妻子从集市上回来，看到曾子把猪已经捆上了手脚，正挽起衣袖，拿着一把刀要把猪杀掉，赶忙制止他问："你这是要干什么？我那是和孩子开个玩笑，哄着他玩儿的，你干嘛当真呀？现在不过年不过节的，哪能把猪杀掉呢？"

曾子非常严肃地说："我们做父母的，怎么能用撒谎来骗孩子呢？做人得守信用，父母的身教胜于言教，如今我们欺骗他，就说明我们就是不守信用的人，又怎么教育孩子将来成才呢？"

他的妻子听了，很是羞愧，于是同意曾子把猪杀掉，他们的儿子高高兴兴地吃上了猪肉。曾子的孩子长大以后，果真像父亲所希望的那样，继承了父亲的许多优秀的品格。

《大学》告诉了我们许多有关于治国平天下的道理，而治国平天下的人，首先得要能

國學智慧全書

蒙學智慧

够分清什么是善恶,坚持用正义去约束不好的行为。

战国时期的秦国在推行了商鞅变法之后,有一些人怕新的法令对自己不好,便说这个法令对国家不利,所以商鞅变法的效果始终发挥不出来。

有一次,太子违反了新法。商鞅作为法令的执行者,在怎么样处罚太子的事情上考虑了很多。他想,现在新法不能在全国实行,就是因为有很多人不支持,知法犯法。一定得让人们都看到犯法的人受惩罚才行,即使是太子也不能例外。可是,在古代,太子将来是要当国君的,如果惩罚了太子,对于国君的威严是不好的,所以他说:"太子没有做到国家的表率,是因为他的老师没有对他进行好的指导,是太子老师的过错。"

在我国古代,一个人如果犯了错,他的老师是逃脱不了关系的,所以商鞅狠狠地惩罚了太子的老师公孙贾。那些不支持新法令的人一看国家对于执行新法令这么严厉,连太子也不放过,从那以后,都不敢再违抗法令了。慢慢地,百姓也适应了新的法令,都能够按照新法令办事了。

过了些年,秦国的社会风气大好,人们的生活也安定下来了,国家也就强大了。后来,秦国终于吞并了当时共存的其他六个国家,统一了全天下。

我们现在的社会,已经不再像古代那样会有权位大的人享有不受惩罚的特权,让别人去当替罪羊了。现在,任何人不论官职有多大、成就有多高,只要触犯了法律,就一定会受到法律的惩罚,所以做一个遵纪守法的人,是非常重要的。

《大学》这部书中的道理能适合所有身份的人,不论是小孩子,还是大人,不论是做父母,还是做子女,不论是做官,还是做普通的百姓,都能从这部作品里找到相关的道德标准。所以说做父母的应该在孩子的少年时候,就引导孩子学一学这些古代的书籍,只要把其中不适合现代社会的部分向孩子解释清楚就可以了,无论到了什么时候,这部书所教我们的修身、治家、平天下的道理都是值得人们研究和学习的。

前面我们所知道的《论语》《孟子》《中庸》《大学》就是我们常说的"四书",是古代人在经受过启蒙教育以后,必须要学到的教材。

三字经

★《孝经》中的"百善孝为先"

——啮指痛心、文王孝亲、思母吐鱼

孝经通,四书熟,如六经,始可读。

——《三字经》

把四书读熟了,孝经的道理弄明白了,才可以去读六经这样深奥的书。

孔子曾经说过:"我们的身体,甚至我们的头发和皮肤都是父母给我们的,所以我们一定要保护好自己,不要轻易地让自己受到伤害,否则就是对父母的不孝敬。"他的这种思想对曾子的影响很大,《孝经》这部书就是由曾子根据孔子所传授给他的"孝道"编写而成的。曾子的思想里面,"孝道"占有很重要的位置。曾子主张人必须要讲究孝道,懂得孝敬父母,否则,是很难有大成就的。

曾子认为父母和孩子之间是有心灵感应的。据说有一次曾子去野外打柴,忽然有一个朋友来家里拜访他,曾子的母亲说:"我儿子去野外打柴了,您等候一会儿,我马上让他回来。"

曾子的朋友想,曾子在野外打柴,他的母亲年纪这么大了,还要到野外去找他,这太劳烦老人家了,于是就说:"不要紧,我改天再来。"

可是他的母亲说:"您来一次不容易,还是见见我儿再走吧。"说完,曾子的母亲把自己的食指放进嘴里,用牙齿咬破了。

没过多久,曾子推门而入,扑到母亲身边说:"母亲,儿在外打柴的时候,突然觉得心口疼得厉害。母亲,您没有事吧?"

母亲说:"我没事,是我故意咬破了手。你的朋友来看望我们,我想要你马上回来。"

曾子听了母亲的话,这才转过身来和朋友施礼交谈。曾子的朋友后来把这件事情传了出去,人们都感叹说:"真是母子连心。父母和孩子之间,确实是心意相通啊!"

《孝经》中讲述了不同身份的人应该如何孝敬父母,从国家元首到平民百姓,每个身份的人都要根据自己的实际情况尽孝道。

古代的圣贤帝王在这一点上为我们做出了榜样。周文王在当皇帝之前,每天早午晚向父母问候三次,对于父母的饮食与饭量的大小都事无巨细地进行关照;如果父母感觉

身体不适,他会非常的担忧,并且尽心尽力地服侍父母;如果父母的心情不好,他也会想方设法地帮父母分忧。做了皇帝以后,他以德治国,受到了全国百姓的拥戴,开创了周朝八百年的基业,所以人们都把他称为"圣人"。

古代的人对于父母亲的孝敬,不止是在父母在世的时候,即使是父母已经过世了,他们的心里也时刻都想着父母。

曾子很爱吃生鱼,有一次,他的妻子精心地做了两条生鱼,孩子们闻着香味高兴极了,赶忙喊父亲来吃。

曾子听到妻子做了鱼也很高兴,他坐到饭桌前,拿起筷子夹了一块鱼放进汤锅里涮了涮,然后蘸了作料放进了嘴里,可是,还没等下咽,他又把鱼吐了出来,眼里流出了泪水。

他的妻子吃惊地问:"是鱼做得不好吃吗?"

曾子说:"不是,鱼的味道好极了,可是就因为你做的鱼味道太好了,让我想起了母亲,她生前的时候从来没有吃到过这么好吃的生鱼,现在我却一个人品尝这种美味,我真是不孝啊!"

从这以后,曾子一辈子都没有再吃生鱼。

《孝经》这部书告诉了我们"百善孝为先"的道理,认为做一个人,首先要学会孝道,学会孝敬父母,听父母的教导,不让父母担心,不给父母脸上抹黑。只有学会了什么是"孝",才能去学其他的道理和知识,如果连"孝"都做不到,那么即使学到了再多的知识,也不可能成为一个有德行的人。正是因为曾子本身是这样的一个人,他心中时常想着父母,父母在世的时候孝敬父母,父母过世以后思念父母,所以他才会有许多以德行治国平天下的道理流传到今天。

古人讲究处世先学做人,学做人先要学会"孝",这个道理一直到今天都不过时,并且永远也不会过时。所以古人在对孩子进行启蒙教育的时候,都是让孩子在识字以后,先学习《孝经》,学完了《孝经》中的道理才去研究四书等更深一些的作品。

我们现在的一些小孩子,受到父母无微不至的照顾,却从来不体谅父母的辛苦,有的人还对父母态度蛮横,甚至更严重,这都是非常不孝的行为。有一些做父母的本身就没有孝敬自己的父母,给孩子做了一个坏榜样,这对于孩子以后的心理成长也是不利的,所以不论是孩子还是父母,都应该从《孝经》的思想中,学到其中的道理,知道自己该怎样去做。

★接触不同的书，选择喜欢的路

——学习"六经"

诗书易，礼春秋，号六经，当讲求。

——《三字经》

《诗》《书》《易》《礼》《春秋》，再加上《乐》称六经，这是中国古代儒家的重要经典，应当仔细阅读。

《诗经》《书经》《易经》《礼记》《乐经》《春秋》这六部作品被称为"六经"。

《诗经》是我国的第一部诗歌总集；《书经》就是《尚书》，是我国的第一部讲述古代政治的作品；《易经》是我国的第一部讲述天理和哲学的经典；《礼记》是我国的第一部讨论礼仪的文化资料；《乐经》是一部记录礼乐的作品，可惜现在已经失传了；《春秋》是我国的第一部编年体的史书。这六部作品涉及了文学、政治、哲学、礼仪、艺术和历史等各个方面的内容，和我们现在的生活都有着很大的关系。

古时候的人在学过了《孝经》和"四书"之后，都要开始研究这"六经"。了解这八个方面的内容，会增加人所掌握的知识量，使自己对国家的各个方面都有所了解，并且从中确定出自己最感兴趣的内容，为以后选择努力的方向打下基础。

《诗经》是我们国家第一部诗歌总集，里面一共收录了从西周到春秋大约五百多年的诗歌总计三百零五篇。有的诗歌是民间流传的，有的是批评或者歌颂社会现象的，有的是讽刺统治者的恶行的。它的诗写作手法对今天的文人们都有很多的影响。还有许多的故事融合在诗歌里，所以又给今天的人提供了许多的写作素材。学诗固然是好事，但是不能只学着咬文嚼字，写文章、写诗都要有自己的方法，古人的风格只能用做参考。

《书经》就是《尚书》，是我国历史上现存的最早的史书，它记录的内容从上古时期的尧舜到春秋时期的秦穆公，包括了夏、商、周三代的历史。对于我们今天研究古代的思想和政治起到了很大的作用。古人说"疏通知远，书教也"，也就是说，读《书经》，知历史，才会懂得什么是人生、什么是政治，知道了过去发生的事情，就能够使人了解世故人情，能够看到历史的意义和弊端，然后知道该如何去面向未来。但是，历史上有许多的东西，并不是当时的人记录下来的，后世的人记录历史的时候就难免有偏差，所以要研究历史，必

须要学会综合各类历史书籍,分辨其中的真伪。

《易经》被推为群经之首,它原是上古时期的一种占卜的学术,但是经过周文王的整理和注述,成了研究人与上天关系的一本著作,到了春秋时期,孔子又对这本书做了详细的注释,让这本书逐渐地被大多数的人所接受。古人说"洁静精微,易教也。"这句话是说易经里面有圣洁的哲学和宗教,也有精微的科学性和严密的逻辑性,是一门很深奥的学科。但是,有的人学了易经以后,就以为自己可以未卜先知,动不动就掐着指头卖弄,这是不应该的。

《礼经》就是《礼记》。中华民族是礼仪之邦,在历史上尤其讲究"礼数",《礼记》所记录的就是古人讨论礼数、礼节、典礼等内容的文章。古人说"恭俭庄敬,礼教也"。礼教是对培养人的修养、熏陶人的品格的重要条件。懂礼貌、讲礼节是做人非常重要的一种素质,但是也要区分场合、区分对象,礼节恰到好处才好,如果太过分了,就会把人和事变得太拘谨了。

《乐经》是记录礼乐的作品,可惜在秦始皇焚书坑儒以后就失传了。礼乐就是在举行重大仪式的时候,用音乐做背景,让人依着音乐来行礼,又自然,又不约束,还显得非常有规矩。古人说"广博易良,乐教也"。"易良"是由坏变好,也就是说,音乐能改变人的情绪,使不好的情绪变好,变得平和而善良。但是,选择音乐要用心,不要选择那些很不上进的音乐,那会使人的情绪越来越低落,对人的性格和精神没有任何好处。

《春秋》是我国最早的编年体的历史书。古人说"属辞比事,《春秋》教也"。"属辞"是研究历史资料,"比事"是对比现在的人和事。也就是说通过了解历史,并且和现在的一些事物进行对比,可以让我们得到许多做人、处世、治理国家、发展经济的经验。我们的中华文化有几千年的文明历史,荣辱成败尽在其中,有太多的经验可以借鉴。但是需要注意的是,我们在历史中学到的东西应该用来借鉴,吸取好的,抛弃不好的,不要只从历史里面学那些阴谋诡计,学那些不学无术的东西。

古人认为"经"都是圣人的作品,"经"中的每一个字都是千古不变的道理,是无所不知的圣人根据人情世故来写的,对任何人都有作用。因为人们认为这六部作品都是圣人而作的,所以把它们统称为"六经"。古人将"经"定义为"雅言",认为读"经"能让人举止、言辞变得高雅,使人的思想纯净。古人把除乐经外的五经都起了高雅的名字,比如把《诗经》叫葩经,《书经》叫壁经,《易经》叫羲经,《礼记》叫戴经,《春秋》叫麟经。

这六部作品,代表着文学、政治、哲学、礼仪、艺术和历史等六门学科,古时候要求每一个求学的人都要研读其中的意思,求学的人在学习这六经的时候,也会在其中发现自己最感兴趣的内容,这就找到了自己日后求学的方向。

我们现在的学校也开设了许多的课程,目的就是要让孩子们从小就受到比较全面的教育,孩子们在学习的过程中,对于这些课程一门也不能松懈,因为这些课程是要让我们知道每一个学科的基础知识,并且在学习的过程中,找到我们自己学习的方向。即使我们的选择只有一个,也不能用偏科的方法来对待其他的学科,因为对各种学科都是相通的,任何一个学科都会用到其他学科的知识,对所有的学科都有所了解,才会做到胸有成竹,将来才会成为一个学识渊博的人。

★《易经》是科学不是迷信

——袁天罡相面、《易经》的由来

有连山,有归藏,有周易,三易详。

——《三字经》

《连山》《归藏》《周易》,是我国古代的三部书,这三部书合称"三易","三易"是用"卦"的形式来说明宇宙间万事万物循环变化的道理的书籍。

《连山》《归藏》《周易》这三部易书,留传下来的只有《周易》,其他的两部书都已经失传了。

在我国古代,有一位星象预测大师,他的名字叫袁天罡。袁天罡对于易经的研究很深,并且善于在星象的变化中发现宇宙的奥秘,从而预测出即将发生的事情。他还能根据人的相貌,预测出人将会遇到的事情。

据说他在任隋朝的盐官令时,曾经给洛阳的杜淹、王珪、韦挺三个人相过面,他说杜淹将来会因为文采而天下闻名,王珪在十年之内会做五品官,韦挺会做武官,还说三个人将来都会被皇帝怪罪,然后被贬官职,到那个时候他们四个人还能再见面。

后来,杜淹果然入选了天策学士,王珪也当上了五品太子中允,韦挺做了左卫率。可是,就在三个人在各自的职位上发展的时候,突然宫廷发生了政变,三个人一起受到牵连,被皇帝贬到了隽州,并在这里又遇到了袁天罡。

这一次,袁天罡又给他们三个人相面,说他们三个人以后肯定都要做到三品官,不会走下坡路的,过了些年,三个人果然像他说的那样,做了三品官,并且结局都很理想。

唐太宗李世民听说袁天罡预测能力特别强,于是就召见了他,夸赞了他一番以后,唐太宗问:"古时候严君平的相术高明,但是也没有什么太大的成就,现在如果你来辅佐我,

國學智慧全書

蒙学智慧

会怎么样呢?"袁天罡说:"严君平生不逢时,我要比他强得多。"后来,唐太宗便让袁天罡给朝廷重臣们看相,袁天罡所说的事情最后都经过了证明。

据说袁天罡还给武则天看过相。武则天小的时候,袁天罡见到了武则天的母亲杨氏以后吃惊地说:"夫人的孩子将来不会是一般人啊。"夫人听了,便把两个儿子叫出来让他看,可是袁天罡看了,却失望地说:"最多只能做到三品官吧,不算大贵人。"夫人又派人把武则天抱了出来,武则天当时穿着男孩子的衣服,袁天罡一看又吃了一惊,他说:"可惜是个男孩子,如果是女孩子的话,肯定会当皇帝。"当时武则天的母亲还说:"女孩子怎么能当皇帝呢?"可是后来,武则天果真成了中国历史上的第一位女皇帝。袁天罡的预测又被证实了。

关于袁天罡的历史故事还有很多,民间流传的故事更多。有的人说袁天罡是神仙下凡,所以才能未卜先知,实际上这是不正确的。宇宙间的事物本来就是有规律的,袁天罡是通过对这些规律的观察和对前人留下的知识的研究,综合起来判断出的结果。

据说在五千前年,伏羲发现了许多宇宙的奥秘,他根据对大自然的想象,画出了先天八卦,后来,周文王又根据伏羲的坐标,创立了后天八卦,并推算出了六十四卦,还为每一卦都写了卦辞,这就是《周易》,也是最早的《易经》。

孔子在五十岁的时候开始学习《周易》,他觉得易经讲述的都是宇宙中的

(左)袁天罡　(右)李淳风

真理,所以就对其开始进行深入的研究,最后对《周易》进行了详细的解说,他的解说作品就是《易传》,也被称为《十翼》,一直流传到了今天。由于它的流传时间最长,所以被称为"群经之首"和"中华第一经"。

易经里面不仅解释了宇宙万物变化的规律,更包含着一门微妙的占筮学,它可以通过将八卦、五行、天干地支与自然现象及各类事物甚至灾害结合起来,预测将会发生的事情。

因为易经认为,万事都是永恒的,总有规律在里面。

我们现在也能看到一些人，说自己未卜先知，能知前世今生，其实，这些都是不能轻易相信的事情。真正像袁天罡那样的人太少了，不对古代的易经进行详细的钻研，不会观察世间的各种现象，是根本无法一夜之间拥有预测本领的。

所以家长们不能做一个迷信的人，去相信那些仙夫或者巫婆，一定要教育孩子靠自己的本领打拼自己的未来，因为不论是做出易经的人，还是袁天罡，都是经过对易经的刻苦学习，才在自己所有兴趣的领域里获得了成功，想要好的前程，不努力是不行的，一切都得靠自己。《易经》是我国的一部历史瑰宝，如果孩子们长大了对它产生兴趣的话，再去具体地研究也不晚。

★ 历史是真实发生过的事情

——《尚书》的经历

有典谟，有训诰，有誓命，书之奥。

——《三字经》

《书经》之中包含典、谟、训、诰、誓、命等六篇文书，这些都是书经中的奥妙之所在。

《书经》就是《尚书》，是我国的第一部历史典籍，记录了从尧舜时代一直到春秋时期的历史。

《尚书》这部书中收录的所有文章，一共分为六种文体，那就是：典、谟、训、诰、誓、命。其中的"典"是君王登基的证明书；"谟"是大臣们为君王献上的计策；"训"是大臣们为君王提的意见；"诰"是君王向天下百姓颁发的命令；"誓"是国家对一些决定的解释；"命"是君王对大臣们发布的命令。所以自古以来，这部书都被视为政治哲学的经典，帝王读了它会学会如何做皇帝，贵族子弟和大臣们读了它会学会如何规范自己的行为，其在历史上的影响非常大。

孔子对这部书进行过修删，他把其中的一些已经不能判断真伪的内容删掉了，把一些私人之间的诰命只留下了重要的部分，其他的也删掉了。他把重要的留下来，合成了百篇，并分成了虞书、夏书、商书、周书四个部分。孔子做学问非常的认真，对于尧舜以前的历史，他没有轻易下结论，因为上古时候留下的资料太少了，他不能确定资料中所说的事情到底是不是事实。孔子的这种做学问的态度，是非常值得我们学习的。

秦朝的时候，秦始皇为了控制百姓的思想，展开了大规模的焚书坑儒运动，作为儒家经典的《尚书》当然难逃厄运，全国的《尚书》都被收集起来烧掉了。到了汉朝的时候，汉文帝下诏令，要在全国范围内征集书籍，可是却无论如何也找不到一部《尚书》。这时候，有一位名叫伏生的九十多岁的老者说："我从小就读尚书，我能背得下整部的尚书。"于是汉文帝赶忙派人跟随老者，让这位老者把记忆中的《尚书》背诵下来，让跟随的人用笔记录，伏生老人总计背下了五十八篇《尚书》，所以当时汉文帝得到的便只有这样一本口授的《尚书》了。

到了汉景帝的时候，有一位鲁恭王想要扩建自己的宫殿，孔子老家的房子正好和他的宅院相邻，于是他便去拆毁孔子家的房子。没想到在拆毁墙壁的时候，竟然发现墙壁中藏了数十篇经文，其中有一部就是《尚书》。鲁恭王看后不禁对孔子肃然起敬，所以就没有再继续拆房子，而是把这些书还给了孔子的后人。

后来，有人把墙壁中的这部《尚书》和伏生老人口授的《尚书》拿来进行对比，竟然发现没有什么差别。父母和孩子们应该从伏生老人的这件事中看出，一个人在小的时候所学到的知识，是一生都不会忘记的。小孩子求学的阶段，是人的一生中记忆的黄金时期，一定不能荒废呀。

《尚书》作为一部政治书籍，曾经做过很多古代帝王决策的依据。古时候，晋国曾威胁魏国说，如果不给他所想要的土地，他就会进攻魏国。魏国的国君并不想给晋国土地，因为晋国的要求是非常可耻的。可是他想到《尚书》上说："要想打败他必须暂且辅助他；想要夺取他，必须暂时给予他。"于是他便思索了一番，他认为，如果自己单独和晋国对抗，肯定会因为势力弱被他给灭掉，如果自己把土地给他，他就会以为小国会怕他，就会向别的国家索要土地，这样的话，别的国家都会感到担心，也会感到很生气，如果到那个时候，我再去联合这些国家报仇，肯定会成功的。于是，他便把晋国想要的土地划给了他。

结果果真像他想的那样，晋国得到了魏国的土地以后，得寸进尺地又去向赵国要土地，赵国不给他，他就派兵去打赵国，这时候，魏国的国君走出来，联合了韩国，配合赵国一起把晋国给灭掉了，自己的国土又回来了。

如果当初魏国国君没有考虑到《尚书》中的"欲先取之，必先予之"的道理，恐怕魏国早就不存在了。

《尚书》的名气大，由于受到过彻底的销毁，所以后代存下来的只是一部分，因此引来了许多的人伪造它的原本，甚至连孔子的后人都曾经伪造过，但是不管怎样，真的就是真的，假的就是假的，总会被历史判定的。历史是真实发生过的事情，没有任何人能把他改变。

★法律是必须遵守的准则

——周公、《周礼》

我周公,作周礼,著六官,存治体。

——《三字经》

周公叔旦作了《周礼》,其中记载着当时六宫的官制以及国家的组成情况。

周公名叫叔旦,是周文王的第四个儿子,周武王的弟弟。他是西周的时候非常杰出的政治家和军事家,因为他的封地在周,所以历史上把他叫作周公。

周公是一个很孝顺的人,也是一个有仁爱之心的人。周武王讨伐商纣王的时候,他辅佐着哥哥成就了大业,并且在封侯的时候没有选择离哥哥很远的领地,而是留在了哥哥身边,帮助哥哥安定社会,制定制度。后来,武王去世了,武王的儿子成王才十三岁,不能独立治理朝政,于是周公只能暂时帮助自己的侄子治理国家。他平定了商朝旧族的叛乱,灭了五十国,稳定了周国的局势。

周公是一个求贤若渴的人,从来不怠慢一位贤士,即使是在洗头发的时候都频频地握住头发回头望,如果在吃饭的时候有贤士来访,他把饭咽都不咽,吃进嘴里的直接吐出来,赶忙去接待贤士。这就是"握发吐哺"这句成语的由来。

周公

有人曾经在他的侄子成王面前说他的坏话,诬陷他要取代成王,周公只好躲到了楚地。可是后来,成王在翻阅国家收藏的文书的时候,发现了在自己生病的时候周公的祷辞,所以感动得哭了,并把周公接了回来。原来,成王在年幼的时候曾经患过一次重病,周公焦急得不得了,他跑到河边,剪下自己的指甲扔到河里,面对大河祷告说:"成王还不懂事,如果有了什么不对的地方,都是我的不好,我没有教育好他,我也没有帮他治理好国家,如果上天一定要惩罚的话,就惩罚我吧,让我替他去死吧。"后来,成王的病果然奇迹般的好了,跟随周公的人把周公的祷辞记录了下来。成王从这篇祷辞中看到了叔叔的

真心,所以从此以后,再也没有怀疑过周公。

成王继位七年以后,已经是二十岁的成年人了,周公看到成王长大了,便把政权还给了他,自己还是做大臣。在他还政之前,他作了一篇《无逸》献给成王,要成王以殷商的灭亡为前车借鉴,不要贪图声色和安逸,要知道百姓的疾苦,这样才能做好皇帝。

周公退位以后,专心进行制礼作乐,继续完善各种典章法规。周公所制定的法典中,最有名的就是我们后来所知道的《周礼》。

在周公治理国家的时候,他为了让后代子孙有遵循的依据,周到地考虑了各种人情世故,完整地制定了国家的体制。

周公把国家的机构设为六部,并规定了他们的职责范围。这六部分别是天、地、春、夏、秋、冬。

天部就是吏部,相当于今天的组织部、人事部。天官的官名是大冢宰,他负责掌管朝廷官吏的人事档案和人员的升迁降调。

地部就是户部,相当于今天的财政部和户籍管理部门。地官的官名是大司徒,他负责掌管国家的财政和税收。

春部就是礼部,相当于今天的外交部、组织部和文化部。春官的官名是大宗伯,他负责掌握国家的礼制和学校的考试。

夏部就是兵部,相当于今天的国防部。夏官的官名叫大司马,他负责掌管军事、操练军队。

秋部就是刑部,相当于今天的司法部和公安部。秋官的官名叫大司寇,他负责掌管刑罚,负责对罪犯进行处理。

冬部就是工部,相当于今天的建设部、农业部、贸易部。冬官的官名叫大司空,他负责掌管各种技术,教百姓在农闲的时候多学一些手艺,或者从事一些其他的活动。

这六个部门各有分管的内容,六个部门的官员各司其职,在这六个部门的官员下面,还有其他的不同的官职,每一个职务都有具体的工作内容,每一层的领导都只需要指挥下属按照条令做事,君主便是做总领导,调遣这六个部门就可以了,根本不用事无巨细地全都亲自处理。这就奠定了中国最早的政治体制和行政体系。这六部的体系一直到今天,在我们现代的中国都在沿用。所以说周公的这部《周礼》,为后世做的贡献是非常长久的。当时的周国在周公的治理下,一切都井井有条,天下太平,人民礼让,为周朝八百多年的江山打下了良好的基础。

虽然周公被后人称为圣人,但是他的这部《周礼》却并没有被收入六经之中。这是因为《周礼》中有一句话——礼不下庶人,刑不上大夫。这句话的原意是:礼仪不排斥庶人,刑法不优待大夫。也就是说,平民百姓也要讲礼仪,朝廷的大官也要受法律的约束,而总

结六经时期的一些官员和诸侯,谁都有不遵守法律的行为,所以谁也不敢按照《周礼》来衡量自己的行为。于是《周礼》便没有被收入六经之中。而那些不遵守法律、不懂得约束自己的人,也没有得到什么好的下场。

不论是做平民百姓还是做官,人的行为必须要受到法律的约束,如果为所欲为,就会使人的行为失去控制,这个道理,孩子们也是要从小知道的。

★字字千金的《礼记》

——大小戴、礼尚往来

大小戴,注礼记,述圣言,礼乐备。

——《三字经》

戴德和戴圣整理并且注释了《礼记》,传述了圣贤的著作,让后代人知道了前代的典章制度和礼乐制度。

孔子曾经说过:"不学礼,无以立。"他的意思是说,人如果不学礼,就根本无法成为一个有着高尚人格的人。孔子还说:"君子博学于文,约之以礼。"也就是说一个人读书只能知道广博的知识,但是一个知识再广博的人,也必须要用礼来自我约束。

儒家关于礼学的典籍有"三礼"——《周礼》《仪礼》和《礼记》。《周礼》是研究古代政治制度的书籍;《仪礼》据说是孔子根据周代残留的资料汇编而成的,包括冠、婚、丧、祭、射、乡、朝聘等基本礼仪,为后代的帝王制定国家的礼法提供了依据;《礼记》是一部资料汇编性质的书,是孔子的学生们所记录的,所以书中大多是孔子关于礼制方面的言论。这本书是中国文化的精髓所在,我们知道的"四书"中的《中庸》和《大学》就是《礼记》里面的两篇文章。

汉文宣帝的时候,有一位叫后苍,他曾经在曲台殿讲礼记,他总结的礼记文章有近两百篇,叫作《曲台记》。

大戴是戴德,他是汉代的礼学家,是"大戴学"的开创者,并且是西汉的经学家后苍的弟子。他把老师的曲台记进行了删减,编成了《大戴礼记》。

小戴的名字叫戴圣,他是戴德的侄子,曾做过九江太守,他也是后苍的弟子,因为他的叔叔被称为"大戴",所以他被称为"小戴",他是"小戴学"的开创者。小戴热衷于研究

儒家经典,其中最有兴趣的就是礼学。他曾经与自己的老师和叔叔共同钻研礼学,三个人都各有成就,使得礼学兴盛一时。他把叔叔的《大戴礼记》又进行了一番删减,编成了《小戴礼记》,也就是后来被编入六经之中的《礼记》。

戴圣一生都致力于授徒和著述。他的徒弟们有成就的很多,比如桥仁、杨荣等,这些人也各有礼教方面的作品,也各自教授了不少的学生,为中华礼仪的发展做出了不少的贡献。小戴对礼学的传播立有大功,他的《小戴礼记》也被列为儒家经典,在唐朝的时候还曾经被称为"大经"。《礼记》里面全都是通过散文或者小故事来说明一些道理的。它传述了圣人的言论,并说明了礼的意义。此外,中国古代的各种礼乐制度也包含其中。

《礼记》中有一句话叫作"礼尚往来。往而不来,非礼也;来而不往,亦非礼也"。这句话的意思是说,礼节重在相互往来:有往无来,不符合礼节;有来无往,也不符合礼节。中国传统礼节中都讲究要礼尚往来。别人送你礼物,你也要回赠别人礼物,别人礼貌地待你,你也要礼貌地对待别人。这样和大家相处起来才会融洽。

从前有这样一个小孩子,他的父亲生病了,不能到集上去卖柴,于是便派他担着柴到集上去卖。小孩子第一次担任这么重要的任务,可是他从来也没有去过集上,虽然父亲已经告诉了他路线,可他还是转了好几个圈也没有找到,这时候,他看到前边的一位老大爷正在赶路,于是就赶忙喊:"嗨,老头,老头,我问你,到集上怎么走?"前面的老大爷像没有听见一样,头也不回,继续赶他的路。那孩子追过去,拦在老大爷面前问:"嘿,老头,我问你呢,上集上怎么走?"老大爷看了他一眼,冷冷地说:"不知道!"然后头也不回地就赶路了。

这孩子没有走到集上去,只好回了家,回家以后和父亲讲了这件事情的经过,父亲说:"你对人这么没有礼貌,怎么能让别人理你呢?"第二天,小孩子的父亲还是没有跟他一起去集上,这孩子一个人挑着担子又出门了。他临出门前,父亲告诉他:"路要靠自己走,通往集上的路并不难,你自己想办法吧。记着,和别人说话一定要有礼貌。"他在外面又转了好几圈,还是没有找到路,于是他便又想向别人打听路了。

他看到前面走着一位农民模样的人,于是快步赶到农民身边,对着农民深施一礼,问道:"伯伯,请问您,我想到集上去,该怎么走呢?"农夫见了,摸着他的头说:"呵呵,这个孩子可真是懂事,集市很好走,顺着这条胡同过去,就快要到了。"小孩子高兴地对着农夫鞠了个躬,对农夫说:"谢谢伯伯,那我走了。"

这个故事里的孩子开始的时候就没有弄清楚一个道理,那就是人不可能对无理的人表现出赞同,所以他对别人没有礼貌,别人自然不愿意理他。而这回对路人礼貌有加,所以那个人才会热心地为他指路。

所以说,我们平时在与朋友、家人,甚至陌生人相处的时候,都要懂得礼数的重要性,

因为一个人是不是懂得礼数,会在别人的心目中树立不同的形象,而相互之间的沟通是双方面的,有一方不满意,另一方也进行不下去。

只这一句话,便教会了我们做人要懂得的基本礼节。《礼记》中那么多的道理,真是字字千金啊。

★通过诗歌奠定语言基础

——《诗经》、诗歌

曰国风,曰雅颂,号四诗,当讽咏。

——《三字经》

《国风》《大雅》《小雅》《颂》,合称为四诗,它是一种内容丰富、感情深切的诗歌,实在是值得我们去朗诵的。

《诗经》是我国第一部诗歌总集。它的体裁有四种——国风、大雅、小雅、颂。这四种体裁被称为"四诗"。

国风是各诸侯国的民俗歌谣;大雅是诸侯国进见国君时的诗歌;小雅是君主宴请宾客时的诗歌;颂是祭祀时的乐歌。

孔子对《诗经》进行了删修,经过他删修的《诗经》,既通俗易懂,又包含着许多的哲理与义理,能让人生善心、弃恶念,还能让人说话有条理,善于打动人。所以诗歌还是改变人的气质的一种艺术。

《诗经》总计有三百零五篇,里面最著名的内容就是一些反映普通百姓生活状况和思想变化的诗歌。

比如有一首《硕鼠》是这样写的:

硕鼠硕鼠,无食我黍!

三岁贯女,莫我肯顾。

逝将去女,适彼乐土。

乐土乐土,爰得我所。

硕鼠硕鼠,无食我黍!

三岁贯女,莫我肯德。

逝将去女，适彼乐国。

乐国乐国，爰得我直。

硕鼠硕鼠，无食我苗！

三岁贯女，莫我肯劳。

逝将去女，适彼乐郊。

乐郊乐郊，谁之永号。

这首诗歌用今天的话说是这样的：

大老鼠呀大老鼠，不要吃我种的黍！

多年辛苦养活你，我的生活你不顾。

发誓从此离开你，到那理想新乐土。

新乐土呀新乐土，才是安居好去处！

大老鼠呀大老鼠，不要吃我大麦粒！

多年辛苦养活你，拼死拼活谁感激。

发誓从此离开你，到那理想新乐邑。

新乐邑呀新乐邑，劳动价值归自己！

大老鼠呀大老鼠，不要吃我种的苗！

多年辛苦养活你，流血流汗谁慰劳。

发誓从此离开你，到那理想新乐郊。

新乐郊呀新乐郊，有谁去过徒长叹！

这首诗歌反应的就是普通的百姓对统治者的不满。他们把统治者比做一只大老鼠，指责统治者不顾百姓死活，只知道搜刮百姓，甚至于让百姓产生了想要离开统治者的苛政，去寻找一个没有苛政的乐土的愿望。

还有一首诗歌名字叫《伐檀》，更是指责了一些朝廷官吏的恶行。原文是这样写的：

"坎坎伐檀兮，置之河之干兮，河水清且涟猗。不稼不穑，胡取禾三百廛兮？不狩不猎，胡瞻尔庭有县貆兮？彼君子兮，不素餐兮！

坎坎伐辐兮，置之河之侧兮，河水清且直猗。不稼不穑，胡取禾三百亿兮？不狩不猎，胡瞻尔庭有县特兮？彼君子兮，不素食兮！

坎坎伐轮兮，置之河之漘兮，河水清且沦猗。不稼不穑，胡取禾三百囷兮？不狩不猎，胡瞻尔庭有县鹑兮？彼君子兮，不素飧兮！"

这首诗用今天的话说是这样的：

"砍伐檀树响叮当，放在河边两岸上，河水清清起波浪。不种田又不拿镰，为啥粮仓三百间？不出狩又不打猎，为啥猎獾挂你院？那些大人老爷们，不是白白吃闲饭！

叮叮当当砍檀树,放在河边做车辐,河水清清波浪舒。不种田又不拿镰,为啥聚谷百亿万? 不出狩又不打猎,为啥大兽挂你院? 那些大人老爷们,不是白白吃闲饭!

砍伐檀树响声震,放在河边做车轮,河水清清起波纹。不种田又不拿镰,为啥粮仓间洞满? 不出狩又不打猎,为啥鹌鹑挂你院? 那些大人老爷们,不是白白吃闲饭!

这首诗的意思就更直接了,就是质问那些官老爷们:"你们每天什么活儿也不干,凭什么就能吃喝玩乐、白享清福呢?"

古时候不像现在一样,有公路、铁路,还有电视、报纸,不用出门便能知道国家大事。那个时候想要走遍全国很难,所以君主了解各地的风土人情和政治的兴衰,最好的途径就是采集各地的民歌,因为劳动人民常常用诗歌来抒发自己的感情。君主通过这些诗歌,才可以了解到当地的百姓思想上的变化,以此来判断当地的官员是否有好的政绩。像上面的这两首诗歌,肯定不是心情舒畅的百姓写出来的,所以这两首诗歌出现的时期,百姓肯定是过着受压榨的生活。

在"庭训"的故事中,孔子曾经问自己的儿子孔鲤:"今天有没有读诗?"孔鲤说:"还没有。"孔子说:"不学诗你怎么能把话说恰当呢?"可见古人对诗是非常重视的。古人认为,要提高人的学识,必须要先学诗,把诗学好了,读书的基本功才会练扎实。在诗的境界里,能抒发感情、记录事物、描绘景物、发表看法,能陶冶人的情操,还能使人的性格敦厚。

诗歌读起来朗朗上口,内容通俗易懂。到了唐代,更是进入了诗的兴盛时期,出现了很多著名的诗人。这些诗人通过对诗的学习增长了学识,抒发了感情,他们的诗作一直流传到今天,仍然让人百读不厌。所以小孩子小的时候首先要学些诗歌,多背些古诗,能奠定一生的语言基础,这对于以后的做人、求学、了解国家历史都是有好处的。

★《春秋》是历史的镜子

——孔子写《春秋》

诗既亡,春秋作,寓褒贬,别善恶。

——《三字经》

诗经在流传的过程中丢失了不少,作诗的风气也逐渐地衰退了,于是孔子写出了一本《春秋》,用来褒扬善行和好事,贬抑恶行和坏事。

东周时期，周平王迁都到了洛阳，当时君王的势力减弱，而各诸侯国的势力却逐渐加强，五霸、七雄各据一方，天下更显得混乱。东周时期的前两百四十二年，一共有三十六名君主被杀，五十二个诸侯国被灭，发生大小战事近五百起，诸侯的朝聘和盟会也达到了四百五十多次。

当时的东周皇帝已经没有了号令天下的能力，所以民间的诗歌采集活动就中止了，这样"国风"就渐渐没有了。由于已经没有诸侯国来进见国君，所以"大雅"也逐渐地没有了。这个时候，国君也根本不可能再宴请诸侯，所以"小雅"也渐渐地没有了。天子祭祀的时候，诸侯也不来助祭，也就没有必要再奏乐歌，所以"颂"也没有了。受国家形势的影响，四诗都没落了，君王的功业也便没有办法记录给后世了。

东周的时候，有一位大政治家孔子，为了弥补没有四诗的不足，编写了一部《春秋》。《春秋》是一部编年史，它记录了孔子编写之前的鲁国历史，内容涉及政治、经济、文化等许多方面，这本书的历史价值非常高，是儒家的经典之一。这本书之所以取名为《春秋》，是因为在中国的上古时期，春秋代表一年四季，而这本书恰恰就是写一年四季中发生的故事。

孔子为了编写《春秋》，曾经到各国收集过史料，孔子说过："有些人什么事情也不知道就敢写，我不能这么做，我要多听听多看看，选择最重要的写下来。"

孔子在编《春秋》的时候，由于资料不足，也曾经给他造成过很大的困难，为了能够把真正发生过的历史写出来，孔子曾经求教于老子。老子比他的年龄大，所以经验比他丰富，接触过的资料也比他多。孔子向老子请教了许多的问题，在老子那里也获得了许多宝贵的知识，并把这些知识用到了《春秋》之中。这就是历史上著名的"孔子修春秋问礼于老子"的故事。

孔子时期的东周已经处于了五霸并立时期，但是，由于害怕被孔子把恶行记入历史，所以一些想要把天下搞乱的势力不敢造次。这本书对于当时的国家局面起到了很大的控制作用。

《春秋》里面记载了这样一则故事。鲁定公带着孔子一起出使齐国的时候，齐国的国君为了得到他们的赞赏，为他们准备了一个非常盛大的欢迎宴会。为了显示国家的强大，齐王在宴会上命人为鲁定公和孔子表演兵器舞，哪知道孔子看了以后指责他说："在宴会上耍弄兵器，太不友善了。"齐王听后一愣，赶忙让表演的人停下，换上一群小丑来演出。结果孔子又说："弄这些粗俗无礼的小丑来戏弄我们吗？"齐王本来想弄个排场讨好孔子，没想到却碰了一鼻子灰，赶忙停止了表演。

《春秋》这部作品文字语言简练，逐年逐月地记录了历史上所发生的事件。由于孔子在这部书中记录的事件完全是以事实为依据，赏罚分明，所以当时的官员们都以在这部书中受到褒扬为荣,也都以在这部书中受到批评为耻辱,而这种荣辱观念的程度,甚至高于受到天子的赏赐或者惩罚。当时的国君们也怕孔子在《春秋》中给自己记下不好的评语,所以对孔子都是毕恭毕敬的。

可是有一年,有人捉住了一只麒麟,由于不知道是什么,便把它打死了。他觉得孔子见多识广,所以拿来给孔子看,孔子看到了以后哭着说:"这是,这是麒麟啊!麒麟是祥瑞之物,现在降到了乱世之中,又死在了乱世之中,看来,周朝的天下不保了。"当时孔子正在作《春秋》,可是当他看到了麒麟之后,便对周朝的未来感到了绝望,所以便不再记录历史,《春秋》便就此搁笔了。

由于孔子在《春秋》中记录了详尽的历史事件,所以东周的上半个时期,便被后人称为春秋时期。孔子绝笔以后,那些想要争夺天下的人都觉得已经没有什么可怕的了,于是各国便开始急剧地扩张势力,发动战争,经过了一系列的争斗之后,七个国家脱颖而出,并存于东周的土地上,这就是战国七雄——齐、楚、燕、韩、赵、魏、秦。《春秋》这部书被列为六经之一,对于后人详细地了解春秋时期的历史起到了不可磨灭的贡献。

孔子能用一支笔镇住一个国家,这确实是一个圣人才能做到的事情。但是为什么一个国家会被一支笔镇住呢?这是因为做了亏心事的人太多了,他们知道自己的行为是没有办法用历史的镜子来照的。所以说,小孩子们也要从这些事情中吸取教训,一定要从小就做一个问心无愧的人,不要去做那些伤害别人的事情,如果《春秋》是一面镜子,那么这面镜子也要放在我们的心里,时常提醒我们要做一个正直的人,不要成为一个被留在耻辱的史册上的人。

★ "三传"是《春秋》的辞典

—— 唇亡齿寒、"左传"

三传者,有公羊,有左氏,有谷梁。

——《三字经》

三传就是羊高所著的《公羊传》,左丘明所著的《左传》和谷梁赤所著的《谷梁传》,它们都是解释《春秋》的书。

春秋时期,晋国向虞国借道去攻打了虢国,结果占领了虢国的一座很大的城池。过

了三年,晋国又向虞国提出了从虞国穿过去攻打虢国的请求,还给虞国送来很多的珍宝。

虞国有一个叫宫之奇的大臣,在听说了晋国的请求后就去求见国君。他对虞公说:"绝不能再让晋国借用我们国家的道路去攻打虢国了,要不然,咱们虞国也要灭亡了。"虞公不以为然地说:"晋国国君和我都是周朝的后代,我们是一个家族的兄弟,他才不会消灭我的国家呢。"

宫之奇说:"这种事情在历史上见得多了,要小心啊。虢国的开国君主是您父王的弟弟,是周朝的开国功臣。但是一百多年前,周朝皇室的郑武公还是把虢国吞并了,当时的国君根本没为了这件事责备他,照样把郑武公当作忠臣,周朝兄弟相残的事情是有历史的啊。现在晋国的国君是一个暴君,为了一个妃子的谗言,把自己的太子逼得自杀了,还把另外两个儿子逼得离开了他,就是对自己兄弟的孩子,他也很残忍,就因为他怕侄子们将来对他不利,他把自己兄弟的孩子全杀光了。您想,他虽然和您一样是同一个家族的兄弟,但是还能比得过他和儿子亲近吗?能比得过他和他的亲兄弟的孩子亲近吗?一个连自己的儿子和侄子都杀的人,能念及只是同一个家族的您吗?我们不能相信他会信守诺言啊。"

宫之奇还说:"晋国去讨伐虢国,假意说是要报仇,实际上他是想吞并虢国,扩张领土。要是他真的灭了虢国,那么是不会放过我们的,因为我们的土地就隔在晋国和虢国中间,所以说在晋国面前,我们和虢国的命运是相连的,就像人的嘴唇和牙齿一样,如果在暴力打击下,一个人失去了嘴唇,那么他的牙齿还能不受伤害吗?这就叫作唇齿相依,唇亡齿寒啊。虢国的存亡关系到虞国的安危,我们不能帮助他啊。"

宫之奇又说:"一个人就是再渴也不会喝有毒的酒,因为人知道喝了酒会死掉。要是我们贪图他这点珍宝,最后使自己的国家灭亡了,那损失就太大了。"

可是,无论宫之奇怎么劝虞公,虞公就是不听,他就想着能讨好晋国,让晋国以为他很友好。他想,要是晋国把虢国灭了,怎么样也得分给自己些土地。所以他答应了晋国的请求,甚至一点都不进行提防。宫之奇一看实在挽回不了大局了,便带着族人到别的国家去了。

后来,晋军从虞国穿过,灭了虢国,在返回的途中再从虞国穿过的时候,果真顺手灭掉了虞国,虞国的国君做了俘虏,他恨透了自己。如果当时他能听宫之奇的话,又哪至于如此啊,他到这个时候才懂得了唇亡齿寒的道理。

上面是《左传》中所记载的一个故事,这个故事的名字叫"唇亡齿寒"。《左传》据说是和孔子生活在同一个时期的左丘明的著作,是为了给孔子的《春秋》做注解所做的。

左丘明是鲁国的太史官,他是一个非常贤能的人,孔子非常的赞赏他。孔子曾经说过:"左丘明觉得,只说别人喜欢的话,对人太过恭敬,是非常可耻的,我也这么觉得。左丘明认为，如果心里头不喜欢某个人，表面上还和这个人做朋友，也是非常可耻的，我也是这么认为的。"

孔子的《春秋》虽然语言简练，但是普通人却不容易看懂，而孔子还没有来得及给《春秋》做出详细的解释就去世了，所以后来出现了许多为《春秋》做注解的书。"三传"是其中比较优秀的注解，分别是鲁国公羊高写的《公羊传》、左丘明写的《左传》、汉人谷梁赤写的《谷梁传》，其中最令人称道的是左丘明所写的《左传》即《左氏春秋》。

传是解释"经"的书，因为孔子的《春秋》被称为"经"，所以解释《春秋》的书也便被称为"传"。"三传"对于《春秋》来说，就像是我们平时读书时所用的词典一样，《春秋》中所有令人难以理解的语言都在这三传中有着通俗易懂的解释，有了这些"传"做注解，研究起孔子的《春秋》来，便容易了很多。

我们平时读书的时候，如果遇到了不懂的字词，也要多多地查一查字典或者词典，弄懂其中的准确意思，不要用马虎的态度对待知识。

第二篇 《百家姓》智慧通解

导读

据南宋学者王明清考证,《百家姓》"似是两浙钱氏有国时小民所著"。所谓"有国"据史书记载。吴越在宋太祖开国后,还存在一段时间。至宋太宗兴国二年才率土归降。从中可知,《百家姓》一书是北宋初年问世的。相传,北宋初年钱塘(杭州)有一个书生编撰了一本蒙学读物,他将常见的姓氏编成四字一句的韵文,像一首四言诗,便于诵读和记忆,这便是《百家姓》。

《百家姓》采用四言体例,句句押韵,读来顺口,易学好记,与《三字经》《千字文》《弟子规》相配合,成为我国古代蒙学中的固定教材。

在本篇中,我们可以看到各个时期、各个不同人物的不同方面。从皇帝到平民,从名人到凡人,在他们的身上我们能够了解到朝代的更替、历史的变迁、文化的积淀。从而能够启迪我们的心灵,开发我们的智慧,使我们懂得应该珍惜什么、追求什么、把握什么。

赵

【姓氏来历】

赵姓最初源于嬴姓,形成于西周,祖先是伯益。伯益为颛顼帝裔孙,被舜赐姓为嬴。伯益的十三世孙造父,由于善于驾车,后来成为周穆王的车御。传说造父曾选了8匹千里马献给周穆王。

周穆王是个特别爱玩的君王,时常坐着造父驾驶的马车四处打猎、游玩。有一次,穆王西行至昆仑山,西王母在瑶池设宴招待他。这时在江淮一带的徐君偃乘机率众造反,穆王闻讯,坐着造父驾驶的由8匹千里马牵引的马车,一天一夜就从千里之外赶了回来,打乱了徐君偃的步骤,平息了叛乱。周穆王论功行赏,以造父有首功,就把赵城(今山西赵城县西南)封给造父做食邑(封地)。造父的后代即以封地为姓,就是赵氏,奉造父为赵姓始祖。

【姓氏分布】

战国时期赵姓主要在山西及河北等一些地区发展。秦朝后,逐渐发展到了甘肃、河南、陕西、山东等地区;汉以后,赵姓人向福建、四川、江苏、江西等地迁移;赵姓南迁始于三国之时,由涿郡赵匡胤建立的北宋,使赵姓人口得到了空前的发展;由赵构建立的南宋,使得赵氏在江南地区得到了大举发展繁衍;与此同时,北方的赵姓也在东北地区得到了播迁;到了清代,福建、广东地区的赵姓陆续有人迁居到台湾,后来有很多人移居到了欧美及东南亚一些国家和地区。

【姓氏名人】

赵武灵王:名雍,战国时赵国的第六位国君,改革赵军传统装束,实行"胡服骑射",这样大大提高了赵军战斗力,使赵国成为战国后期一度能与秦国抗衡的军事强国。

赵云:字子龙,三国时常山(今河北正定)人,三国时蜀名将,勇武果敢,刘备曾赞誉他一身是胆。封永昌亭侯,累迁镇军将军,卒谥顺平。

赵匡胤:宋朝第一位皇帝,即宋太祖。948年,他投后汉枢密使郭威幕下,屡立战功。951年郭威称帝,赵匡胤任禁军军官。郭威死后,周世宗即位,奉赵匡胤为殿前都点检。周世宗死后,周恭帝即位,这时赵匡胤发动了"陈桥兵变",到了960年称帝,建立了宋朝。

赵之谦:字益甫,号悲盒,会稽(今浙江绍兴)人,清代杰出书画家、篆刻家,其书、画、

篆刻对后世都产生了一定的影响,他与任伯年、吴昌硕并称为清末三大画家。著有《悲盦居士文集》《勇庐闲诘》《六朝别字记》等。

赵树理:原名赵树礼,山西省沁水县人,现代著名作家。著有《三里湾》《李有才板话》《小二黑结婚》等,其语言朴实生动,多反映当时新农村的生活。

钱

【姓氏来历】

钱姓主要以官名为姓氏,源于彭姓。据《史记·楚世家》记载,颛顼帝高阳氏的曾孙彭祖,自尧时举用,因经常吃桂芝,善引导之术,历经夏、商朝,活了800多岁,是传说中有名的大寿星。到西周时,彭祖有一个孙子叫彭孚,担任周王朝金库的主管,专门管理朝廷的钱币,称"钱府上士"。后来彭孚就以自己的官职为姓氏,为钱氏,其子孙奉其为钱姓始祖。这就是钱姓的由来,也说明了姓钱的人之所以姓钱,的确是跟"钱"有不解之缘。

【姓氏分布】

早期钱氏除部分分布于今山东、河南等省外,主要是在江南地区发展繁衍。唐初,光州固始人陈政、陈元光父子入闽开辟漳州,中原钱姓将佐随往,在福建安家落户;宋元时期,钱氏发展到今广东、四川、安徽、湖南等省;到了明清时期,在今上海、湖北、云南等省市也有很多钱氏的聚居点;从清代开始,居住在福建、广东及沿海城市的钱氏陆续有人迁至台湾地区及海外一些国家。

【姓氏名人】

钱乐之:我国古代律历学家,曾任南朝宋的太史令。元嘉中奉诏铸造原为东汉张衡创制的浑天仪,后又作"小浑天仪"。

钱一本:字国瑞,号启新,江苏省常州人,明朝学者。官至征御史,因触怒明神宗,被斥革为民。他研究河洛书、六经,尤精于"易",曾和顾宪成在东林学院讲学。

钱学森:世界著名火箭专家,有"导弹之父"之称,我国著名的科学家,是我国近代力学事业的奠基人之一。

钱其琛:上海嘉定人,原中华人民共和国国务院副总理、外交部长,是中华人民共和国开国以来最称职的外交部长之一。他通晓俄语、英语,略通法语。

钱钟书:字默存,号槐聚,江苏省无锡人,我国现代著名的作家、教授。著有《谈艺录》

《管锥编》《旧文四篇》《人兽鬼》《围城》《宋诗选注》等。

孙

【姓氏来历】

孙姓是一个历史悠久、姓源较多的姓氏,其中有两个最重要的来源。据《新唐书·宰相世系》记载,孙姓一支出自姬姓,是周文王姬昌的后代。西周初年,周文王之子康叔受封于卫,建立了卫国。春秋时,康叔的世孙姬和因为辅佐周朝讨伐西戎有功,被周平王赐为公爵,史称卫武公。卫武公有个儿子叫惠孙,惠孙有个孙子乙,字武仲,他以祖父的字命氏,就是孙氏。因此武仲又称孙仲,他的后代便以孙为姓。

另一支出于春秋时齐景公的大夫田桓子。田桓子本是陈厉公的后代,流入齐国任大夫之职,后来其子田书在征伐莒国的战争中立了大功,齐桓公就赐他姓孙,改叫孙田书,封在乐安(今山东省惠民县),后因乱,孙田书又到达吴国,他的孙子叫武,就是我国历史上著名的军事家孙武,孙田书就成为孙姓的另一支的始祖。

【姓氏分布】

出自姬姓的孙氏,世居吴郡。出自安乐的孙氏,至孙武时逃至吴国,并发展到了顶峰,其后裔一支留居太原,一支徙居清河和汝州郏城。在魏晋南北朝时,北方、中原和江南的孙氏都得到了迅速发展,出现一批孙氏名家大族;在唐宋时期孙氏曾先后世居河南陈留和江西宁郡;明末清初,又有很多人迁至台湾;据资料记载,迁居台湾的孙氏来自福建泉州。今日孙姓以山东、江苏、安徽、河南、河北、辽宁、黑龙江和吉林等省分布最多。

【姓氏名人】

孙武:字长卿,即孙子,齐国人,春秋末期著名的军事家。他运用五行相生相克的原理,编撰成《孙子兵法》,此书历来受到兵家的重视,据说拿破仑战败后还曾为没有早日得到此书而后悔。

孙膑:战国时期军事家,齐国阿(今山东阳谷)人,是孙武的后裔。曾受庞涓暗害,受膑刑,故称孙膑,著有《孙膑兵法》。

孙权:字仲谋,是三国时期吴国的建立者,具有雄才大略,骁勇无比,后人有"生子当如孙仲谋"之说。

孙思邈:京兆华原(今陕西耀县)人,唐初著名的医学家。著有《千金药方》《千金翼

方》，后人尊其为"药王"。

孙中山：广东香山人，号逸仙，人称中山，尊称中山先生。他是伟大的民主主义先行者，曾学医和行医，并留日。后组织同盟会，领导资产阶级民主革命，即辛亥革命，推翻清朝专制统治，建立中华民国。著有《孙中山全集》。

李

【姓氏来历】

据《姓纂》记载，李姓为颛顼帝高阳氏的直系后裔。颛顼生大业，大业生女华，到了女华之子皋陶之时，他做了尧帝专管司法的士师（相当于现在的法官）。据说他是中国刑律的创始人，是他制定了中国第一部刑律。其后子孙历三代世袭士师职务，士师后改称大理，所以人称理氏。

到商封王时，理氏后人理征因执法公正不阿，触怒了商封王，被封王处死。理征的妻子契和氏带着幼小的儿子利贞逃往古伊国避难。就在母子俩面临饿死的困境时，在一处山谷中发现了几棵李子树，理利贞母子俩便以李子充饥，才保住了性命。后来，理利贞在周朝为官时，为了感谢果树的救命之恩，又借"理"字的谐音，把这种果树命名为"李树"，并以此为姓，李利贞也成为李姓的始祖。

【姓氏分布】

李氏自商末至东周 200 年间一直居住在豫东。西汉时，李氏有一支迁往今山东境内；大约自东汉开始，有李氏族人陆续徙居西南，分布于川、滇一带；唐代李氏南迁主要有三次：第一次是在唐朝初期，李氏部分人南迁，其中河南的李氏有的于唐高宗时随陈政、陈元光父子入闽开辟漳州。第二次是"安史之乱"时，有不少李氏子孙迁往南方。第三次是五代时，因动乱，李氏有迁往福建、莆田、晋江等地定居的；明末清初，广东及福建李氏陆续有人移居台湾及海外地区。如今，李姓在全国形成了渤海湾、四川、东北三大块李姓高密度聚居区。

【姓氏名人】

李冰：战国时期的水利家，对天文地理也有研究，曾被后世奉为"川神"。他依法治水，修建了驰名中外的水利工程都江堰，为中国农业的生产、水利工程做出了很大的贡献。

李世民:唐朝的第二位皇帝,史称唐太宗,他是中国最有作为的皇帝之一,并开创了中国历史上经济最繁荣、国力最强大的大唐帝国。后人称他在贞观年间的统治为"贞观之治"。

李白:字太白,号青莲居士,陇西成纪(今甘肃省秦安县)人,唐代伟大的浪漫主义诗人,有"诗仙"之称。他在中国文学史上占着极其重要的地位。其代表作有《蜀道难》《梦游天姥吟留别》《静夜思》等。其诗想象丰富,构思奇特,气势雄浑瑰丽,风格豪迈潇洒。

李清照:南宋著名女词人。她所做的词,前期多写悠闲生活,后期多悲叹身世,情调忧伤,有的也流露出对中原的怀念。她的词强调音律,崇尚典雅、情致,提出词"别是一家"之说。

李白

李时珍:字东璧,号濒湖,湖北蕲州(今湖北省蕲春县蕲州镇)人,明代杰出医药学家。著有《本草纲目》,闻名于世。另著有《濒湖脉学》《奇经八脉考》等书。

李鸿章:字少荃,安徽合肥人,清代著名政治家。平定捻匪及太平天国有功,历任直隶、湖广、两广总督。尤善外交,曾多次代表清廷与外国签订条约。后因积劳呕血而死,晋封一等侯,卒谥文忠。

周

【姓氏来历】

相传周姓人的一支是由周朝来的,但周朝的天子姓姬,周天子的后代怎么又姓周了呢?原来这里面还有一段故事。传说周族人的女祖先姜嫄在一次外出游玩时踩到了熊的足印上,回来后便有了身孕,经过十月怀胎还生了个儿子。姜嫄觉得儿子来得古怪,便决定把他遗弃。说也奇怪,孩子被抛在草原上,牛羊都来保护他。姜嫄又把孩子丢到山林里,结果被打柴人救了起来。最后姜嫄把孩子丢到结了冰的河上,又有大鸟飞来保护他。

这时姜嫄发现孩子身上有某种神异之处,认为是上天有意让她养育的,这才把他抱回家。因为有过一再把他抛弃的经历,就给他起名"弃"。弃从小喜爱农业,后来成为周族的农神,被称为后稷,也是周族的一位重要祖先。后来,后稷的后代以"姬"为姓,因为长期居住在岐山下的周原,于是又以周为号。到了周武王时,周部落灭掉了商朝,建立了

國學智慧全書

蒙学智慧

一个新的王朝,名称也是周,这就是周朝的来源。东周末年,周王朝被秦国灭掉,王室的后代为了不忘故国,便改姬姓为周姓。

当然周姓还有其他来源。如有一支相传出自黄帝时的大将周昌,另一支出自商代太史周祗,还有几支出自北朝时期的少数民族。但根据一些专家的研究,在目前所知的周姓十大来源中,最为重要的四支都与姬姓和周朝有关,也就是说,出自姬姓和周朝王室之后的周姓人应是当今周姓人的主体。

【姓氏分布】

周姓早期主要在河南、陕西两地繁衍发展。据史料记载从东汉末年到晋代,都有中原周氏南迁;西汉时,有河南叶县周姓人迁往河南平舆县;魏晋南北朝时期,由于战乱频繁,大部分周姓人迁到了湖北、江西、江苏等地;唐初,随着陈政、陈元光父子俩入闽开辟福建漳州,周姓族人有加入者,此为周姓最初入闽者;宋元时期,大部分周姓人仍是南迁;明清时期,周姓发展到了福建、广东及台湾等地。如今,周姓主要分布在北京、河北、山东、江西、贵州、云南等省。

【姓氏名人】

周勃:江苏沛县人,西汉时开国武侯,被刘邦赐列侯的爵位,时称"绛侯"。

周瑜:字公瑾,庐江舒县(今安徽庐江西南)人,三国时吴国名将。曾联合刘备共同抵抗曹操数十万大军,火烧赤壁,大败曹军。

周璇:上海人,一代影后,有"金嗓子"雅号,曾拍摄过《喜盈门》《歌女之歌》《忆江南》等影片。

周树人:原名周樟寿,笔名鲁迅,字豫才,浙江绍兴人,中国现代小说家,中国现代文学的奠基人之一。他的作品思想深刻,具体反映了中国20世纪30年代的社会状况。小说集有《呐喊》《彷徨》《狂人日记》《阿Q正传》,散文集《朝花夕拾》。

周恩来:祖籍浙江绍兴,生于江苏省淮安,中国共产党早期党员,中国人民解放军的创建者之一,杰出的革命家、政治家、军事家、外交家,中华人民共和国第一任总理。他为了党和人民的事业,鞠躬尽瘁,无私地献出自己的一切,建立了丰功伟绩,赢得了中国人民和世界人民的爱戴和尊敬。

周勃

吴

【姓氏来历】

吴姓源出于姬姓,以国号为姓,是黄帝轩辕氏的直系后裔。商朝时,黄帝的十二世孙古公亶父(周太王)建立了周部落。古公亶父有3个儿子,老大叫太伯,老二叫仲雍,老三叫季历。季历有个儿子叫姬昌。

姬昌不但聪明有智,而且为人正直又有远见。所以太王很想让姬昌接位。太王的大儿子和二儿子知道了父王的意思是先传位给季历,再传位给姬昌,就决定自动引退,便一起南下到江南生活。当时的江南尚未开发,太伯和仲雍带来了中原先进的文化,被当地人推为君长,在今江苏苏州一带建立了吴国。

春秋后期,吴王阖闾任用伍子胥为相,孙武为将,使吴成为强大的国家。后来,吴王夫差骄傲了,不听伍子胥的忠言,结果被越王勾践打败,国灭身亡。夫差的子孙以国为氏,称为吴氏。

【姓氏分布】

吴氏发源于江南,成长于江南,历史上吴氏是我国一个比较典型的江南大姓。秦汉及魏晋隋唐时期,吴姓族人在南北方得到了巨大的发展;魏晋以后,由于北方常年战乱,吴氏族人在北方繁衍减缓,在南方繁衍发展迅速;明代以后,吴姓还有人移民南洋,迁至马来西亚、菲律宾、印尼、泰国、缅甸等国。如今,吴姓主要分布在安徽、山东等地。

【姓氏名人】

吴起:战国时卫国著名军事家。初为鲁将,继为魏将,后奔楚国,任令尹,主持变法,后被杀。

吴道子:唐代著名画家,被后世尊称为"画圣",被民间画工尊为祖师。其画线条遒劲雄放,变化丰富,一变古来沿袭的高古游丝描的细笔,发展了线描的艺术方法,故表现出来的物象富有运动感、节奏感,被人们称为"吴带当风"。

吴承恩:字汝忠,号射阳山人,淮安府山阳县(今江苏省淮安市楚州区)人,明代著名小说家,四大名著之一《西游记》便是其传世之作。

吴敬梓:字敏轩,一字文木,安徽省全椒人,清代著名小说家。受博学鸿词荐,不赴。从此不应科举。著有长篇小说《儒林外史》。

吴其浚:字瀹斋,号吉兰,别号雩娄农,河南省固始县城关镇人,清代著名政治家、科学家。著有被誉为"19世纪中国重要的植物学著作"《植物名实图考长编》22卷及《植物名实图考》38卷。

郑

【姓氏来历】

郑姓源出于姬姓,以国名为氏。据《通志》记载,周宣王姬静即位以后,把幼弟友封在郑地即郑桓公。郑桓公之后,其子郑武公迁都于新郑,为春秋时的郑国。公元前375年郑国被韩国灭掉之后,其遗族散居到淮阳及商丘一带,以原国名郑为姓,称郑氏,从此就开始有了郑姓。

【姓氏分布】

郑姓最早发源于今河南省的新郑县。战国时被韩灭后,便散迁到河南东部及山东、安徽等地;秦汉时期,郑姓已迁入邻近地区,主要分布在安徽、陕西、山东、山西等地;西晋永嘉年郑姓大部分南迁;唐初,河南郑氏又有随陈政、陈元光父子移居福建;唐末,又有河南故始郑氏随王潮、王审知入闽;明清之际郑氏播迁至台湾及海外一些地区。如今,郑姓在全国的分布主要集中于福建、河南、浙江三省。

【姓氏名人】

郑旦:春秋晚期吴越时的巾帼人物。郑旦即西施,经过训练,送到吴国做内应,越王勾践卧薪尝胆,得以"十年生聚,十年教训",终于灭吴。

郑道昭:字僖伯,荥阳开封(今属河南)人,北朝魏诗人、书法家。曾任国子祭酒,工文辞书法,其书法笔力雄健,兼有隶意,被后人推崇为"魏碑之宗"。

郑光祖:字德辉,平阳襄陵(今山西襄汾县)人,元朝著名剧作家,他和关汉卿、马致远、白朴被誉为"元曲四大家"。其主要代表作为《倩女幽魂》。

郑成功:字明俨,号大木,福建省南安市石井镇人,明清之际民族英雄。后来,唐王为其赐姓朱名成功,授总统使、诏讨大将军。时人称"国姓爷"。

郑板桥:字克柔,号板桥,江苏兴化人,清朝著名书画家。善画兰竹,其作品秀丽苍劲,此外他还善于书法,所创"板桥体"独具风格,是"扬州八怪"之一。

王

【姓氏来历】

王姓是中国各大姓中来源较为复杂的一个姓氏。《通志·氏族略》记载,周文王的第十五子毕公高的后代子孙因故散居京兆、河间一带,以本为王族之故,自称为王姓。又如商代的王子比干、周朝的王子晋、战国时魏国信陵君王子无忌,他们都有子孙称为王氏。后世沿袭未改,渐成大姓。还有战国末年西周桓公揭之后人,为纪念被秦灭后的原居住地王城,分别改姓王。

还有其他改姓为王氏的。汉代燕王丹的玄孙嘉,王莽时因献符命,被赐姓王;隋代有个王世充,本为西域胡支姓,入中原后也改为王姓;明朝都御史王一鹗原本姓杨、大理评事王大崇原本姓孙,他们都改王姓。

这些都说明了王姓的来源的确很复杂,后来还有一些外族,如契丹族、女真族、匈奴族等也有很多人改为王姓。这么一来,姓王的人想要从姓氏上去追溯自己的血统,真是难上加难了。

【姓氏分布】

王姓最初主要以今山西和山东、河南省境为其繁衍的地区。此后,王姓发展迅速,在西晋末年后逐渐迁往江南。唐朝时王姓主要迁往福建,也有迁往四川、安徽、江西的;北宋时期,中原人多次大规模南流,其中不少王氏族人迁往江苏、浙江一带;宋末元初,居住在福建的王姓迁往福建、广东等地;明末开始,王姓陆续有人迁往台湾。如今,王姓主要分布在湖南、四川、广西、江西等省。

【姓氏名人】

王莽:字巨君,魏郡元城(河北大名县东)人,汉元帝皇后侄,新朝的建立者。公元8年称帝,国号新,公元23年在绿林军攻入长安时被杀。

王羲之:字逸少,号澹斋,原籍琅琊临沂(今属山东)人,东晋著名的书法家,独创圆转流利的书法风格,被后人奉为“书圣”。代表作品有行楷《兰亭序》、楷书《乐毅论》、草书《十七帖》、行书《姨母帖》等。

王昭君:名嫱,南郡秭归(今湖北省兴山县)人,与西施、貂蝉、杨玉环并称为中国古代四大美女。她为人正直贤惠,因不愿贿赂画工毛延寿,入宫数年不见帝,竟宁元年请嫁出

塞,与匈奴和亲。

王勃:字子安,绛州龙门(今山西河津)人,唐代诗人,为"初唐四杰"之一。其成就最高以一篇《滕王阁序》露绝世才华。

王安石:字介甫,晚号半山,江西抚州人,北宋著名政治家、思想家、文学家,"唐宋八大家"之一。他主张"变风俗,立法度"实行变法。其散文以雄健峭拔著称。

王实甫:名德信,元代著名戏剧家,其最杰出的作品《西厢记》在中国戏曲史上占有极其重要的地位。

冯

【姓氏来历】

冯姓在中国是一个大姓。冯姓最早曾在东周时期就已经出现。据《元和姓纂》记载,冯姓是周文王之后,他们的祖先可追溯到周文王的第十五子毕高公,他的后代封在魏地,其后子孙以邑为姓氏,称冯姓。

记载姓氏的最早典籍《世本·氏姓篇》说,春秋时郑国有一个大夫叫冯简子,因封地在冯城(今河南省荥阳市东部)而得氏。后来,冯简子的后人就以封地为姓。

【姓氏分布】

冯姓族人自得姓以来,历经繁衍发展而不断壮大。到先秦时代,冯氏已有徙居今山东者;三国以前,冯氏还有迁至今四川及湖北等地;东晋末,冯氏又有徙居和龙(今辽宁朝阳)等地;到了汉唐时期,冯氏从原来的发源地陕西,发展到了今天的河南、河北、山西、福建等地;宋代冯氏有的又南迁至广东;清初明末,广东、福建地区的冯氏有数支移居台湾及海外地区。如今,冯姓主要分布于广东、河南、河北、江苏、山东和云南等地。

【姓氏名人】

冯道:字可道,自号"长乐老",五代瀛洲景城(今河北交河东北)人,五代时历任四朝宰相,在位20多年。他在后唐任宰相期间,倡议由田敏等人在国子监校定《九经》文字,并组织刻工雕印,至后周完成,后世称"五代监本"。

冯子材:字南干,号萃亭,广东钦州(今属广西)人,清末著名的大将军。在年近70岁时,他曾在广西镇南关、谅山等地大败法国军队,取得镇南关大捷,其威名显赫。

冯嫽:中国第一位女政治家、女外交家。公元前101年,随汉朝解忧公主远嫁和亲到了乌孙国。她在协助公主加强汉朝同西域诸国之间的友好关系方面做出了很大贡献,深得西域各国的敬佩。

冯玉祥:原名基善,字焕章,安徽巢县(今巢湖市)人,近代爱国将领。任抗日同盟军总司令,多次击败日寇,收复许多失地。抗日战争胜利后,由苏俄回国时,在黑海上轮船发生火灾遇难。

陈

【姓氏来历】

据《通志·氏族略》记载,陈姓最早出自妫姓,其始祖为妫满,也是虞舜的后裔。周武王灭掉商朝以后,追封前代圣王的后人妫满于陈(今河南淮阳),妫满为陈侯,称胡公满。胡公满传至十世孙妫完,因陈国内乱,于是就逃到了齐国,改姓田氏。后来妫完的世孙田和建立了田氏齐国。战国末年,秦国灭掉了齐国。齐王的子孙纷纷改姓,三子田轸逃至河南颍川地方封为颍川侯,恢复陈姓。

陈姓还有一支是少数民族改姓,也出自河南。陈姓的大发展是在公元557年,陈霸先在江苏南京称帝,国号陈,此时,陈国封了许多陈姓王,使陈姓子孙遍及长江和珠江之间。

【姓氏分布】

陈姓的繁衍大体上分为两大时期,秦汉之际,主要集中于我国北方广大地区;魏晋南北朝之时,陈姓便开始大举向南推进;唐时,中原陈氏有两次南迁福建;南宋时期,陈氏迁到广东;明朝末期,福建同安人陈永华于明末随郑成功入台湾;明清以后,居住在福建、广东等沿海地区的陈氏,迁居到马来西亚、泰国、菲律宾、澳大利亚等国家。如今,陈姓主要分布在福建、广东、浙江、江西、云南等省。

【姓氏名人】

陈胜:字涉,阳城(今河南商水西南)人,秦末农民起义领袖。陈胜早年为人佣耕。秦二世元年七月,与吴广在大泽乡(今安徽宿县东南)发动戍卒起义,后自立为楚王,势力庞大,最终起义失败,为其部下庄贾所杀。

陈寿:字承祚,西晋巴西安汉(今四川南充)人,西晋著名史学家。著有《三国志》65卷。同时还著有《古国志》《益部耆旧传》,编辑整理了《蜀相诸葛亮集》等。

陈子昂：字伯玉，四川人，唐代文学家，初唐诗文革新人物之一。其文学理论对当时影响很大，著有《陈伯玉集》。

陈抟：字图南，号扶摇子，河南鹿邑县人，宋初著名道士。他是中国思想史上的重要人物，著有《无极图》《指玄篇》《钓潭集》《易龙图》等。

陈毅：字仲弘，四川乐至人。中国无产阶级革命家、军事家、政治家，中国人民解放军创建人和领导人之一，中华人民共和国元帅。

卫

【姓氏来历】

卫姓始祖是周文王的第九个儿子康叔。据《姓纂》的考证，上古时代康叔被封于卫，接管了上古时代的旧殷都朝歌。商朝已为周朝代替，原商朝的遗民，有七族归康叔管理，于是康叔建立了卫国（今河南省淇县），并在卫地繁衍了40余代。直到春秋战国末期，卫国被秦国兼并。周灭亡后，卫国公族子孙就以故国的名字为姓，子孙都姓卫，称为卫氏。卫姓不仅仅是康叔的后代，在中国古代少数民族鲜卑族也有姓卫的人出现。据《后燕录》载：昌黎（今河北省昌黎县）鲜卑为卫姓。

【姓氏分布】

卫姓主要发源地为河南，后来逐渐从河南向外地发展，有一支逐步迁移到望居河东郡（秦代初置，今天山西省黄河以东、夏县一带），发展成为一个很大的姓氏家族。另一支迁移到了陈留郡（秦始皇置陈留县，汉代改置陈留郡，在今天河南省开封地区）。

【姓氏名人】

卫青：字仲卿，另曰仲青，河东平阳（今山西省临汾市西南）人，西汉时期重臣、军事家。他曾先后七征匈奴，多次立战功，威震沙漠，封长平侯，是历史上出身最低，功劳最大，官位最高的代表人物。

卫夫人：名铄，字茂猗，河东安邑（今山西夏县）人，东晋女书法家，汝阴太守李矩之妻，世称卫夫人。其书法入妙，师从钟繇，擅隶书及正书。有《名姬帖》《卫氏和南帖》传世。

卫恒：字巨山，河东安邑（今山西夏县）人，西晋著名书法家。他出身于书法世家，祖父卫觊、父亲卫瓘都是书法名家，他擅长草书、章草、隶及散隶等书体。代表作品有《书断》《晋书本传》《梦英十八体书》等。

卫富益：自号耕读居士，崇德（今浙江余杭东北）人，南宋著名学者。代表作品有《易说》《四书考证》《性理集义》《读史纂要》《耕读怡情录》等。

蒋

【姓氏来历】

"天下无二蒋"，蒋姓来源比较单一和纯正。据《左传》记载，西周初期，周公姬旦的第三个儿子叫伯龄，因功被封在蒋为君，建立蒋国（今河南省固始县西北的蒋乡），那时的蒋国只是周朝的一个小国。春秋后期，蒋国被楚国灭掉，伯龄的后代子孙就以国名为姓，就是蒋氏。

【姓氏分布】

蒋姓最初主要在其发源地河南发展。秦汉之际，有蒋姓西迁陕西，东迁山东，其中在山东博兴、寿光的蒋姓繁衍最为旺盛；唐初，固始陈政、陈元光父子入闽开辟漳州，蒋姓将佐随从前往，在福建安家落户；五代辽宋夏金时期，由于乱世及宋室南迁，大部分在朝为官的蒋姓人迁到了江苏、浙江地区；元明时期，蒋姓人仍持续辉煌在江苏、浙江一带；清时，有广东、福建地区的蒋姓移居海外。如今，蒋姓已分布天下，尤以江苏、四川、浙江、湖南等省居多。

【姓氏名人】

蒋琬：字公琰，东汉末年零陵郡（今属湖南永州零陵）人，三国时蜀汉著名大将军。初随刘备入蜀，后为诸葛亮所重用，任丞相长史。曾代诸葛亮执政，任大将军、录尚书事等职。

蒋防：字子徵，一作子微，义兴（今江苏省宜兴）人，唐代文学家、翰林学士。其代表作有传奇小说《霍小玉传》。

蒋仁：别号吉罗居士、女状山民，浙江仁和（今浙江杭州）人，清代著名篆刻家、书法家。被誉为"西泠八篆"之一的蒋仁，其篆刻以丁敬为宗而能自出新意，别具情趣，因性情耿介，不轻易为人举刀，流传作品不多。

蒋介石：名中正，浙江省奉化县人，中国国民党当政时期的党、政、军主要领导人。早年入保定军校学习，后留学日本，加入同盟会。辛亥革命时，依附沪军都督陈其美。后在

國學智慧全書

蒙学智慧

上海经营交易所失败,投靠孙中山。后任大本营参谋长、黄埔军官学校校长。1928年被推为国民政府主席;1948年,被推选为总统;1949年败退台湾,后建设台湾;1975年在台北病逝。

蒋筑英:浙江省杭州人,我国著名光学科学家,全国劳动模范,毕业于北大物理系。他为"四化"建设鞠躬尽瘁,死而后已,被奉为新时期知识分子的楷模。

沈

【姓氏来历】

沈姓是由国名和封邑(领地)得来的姓氏。西周初期,周武王分封的姬姓诸侯国中,有一个沈国,称为沈子国。公元前506年,沈子国被当时的蔡国所灭,他们的后代就以原国名为姓氏,也就是沈氏。周朝时还有另一个沈国,其地在安徽省,春秋时被晋国灭掉,子孙以国名为姓氏,也姓沈。春秋末期,楚庄王之子公子贞被封在沈邑,其后人有的以封邑名为姓,称为沈氏。

【姓氏分布】

沈姓起源于今河南、安徽两省间地。春秋战国时期,沈氏主要是在今天河南南部和湖北北部发展繁衍;唐初,沈姓已散居今江苏、浙江、湖北、四川等地;宋初大部分人散居到了长汀、延平、上杭等地,其后又有人徙居广东的大埔、梅州等地;明末清初,福建漳州、泉州及广东沈氏,又有多支迁往台湾地区,进而移居到海外。沈姓历代也是一个比较典型的南方姓氏,如今主要分布在福建、广东、浙江、湖南等省。

【姓氏名人】

沈括:字存中,杭州钱塘(今浙江杭州)人,北宋著名科学家、政治家,仁宗嘉祐八年进士。他博学多才,兼通天文、律历、音乐、医药、算数等。著有《梦溪笔谈》《长兴集》等书。

沈仕:字懋学,又字子登,号青门山人,浙江省仁和人,明代著名散曲家、画家。一生爱好诗书,多蓄法帖名画。著有《明画录》《无声诗史》《图绘宝鉴续纂》《唾窗绒》等。

沈周:字启南,号石田,又号白石翁等,明长洲(今江苏省苏州)人,明代杰出画家。他博综典籍,诗文俱佳,尤工于画。其代表作品有《卒夷图》《仿董巨山水图》《烟江叠嶂图》《石田集》《石田诗钞》等。

沈雁冰:笔名茅盾,浙江桐乡人,我国著名革命文学家。他先后创作了《子夜》《蚀》

《虹》《春蚕》《林家铺子》《霜叶红似二月花》等杰出的文学作品。

沈从文：现代著名文学家，湖南湘西凤凰县人，是20世纪30年代京派小说的领衔者。其小说在艺术上的最大贡献是为我们提供了古朴、优美的湘西生活画卷。代表作品主要有《边城》以及散文集《湘行散记》等。

韩

【姓氏来历】

韩姓以封地为姓，与周王室同宗，源出于姬姓。据《风俗通》的记载，春秋时期，周文王后裔韩武子住在晋国，因多次立功被晋献公封于韩城（今陕西省韩城县南边），成为晋公族中的大族。战国初期，开国君主韩武子的后代韩虔，与当时的两个大族——魏族的魏斯和赵族的赵藉一起瓜分了晋国并成为战国七雄之一。直到战国末期，被秦始皇灭掉。共历11世，立国174年。韩国王族子弟失国后，即以国为姓，就是韩氏。

【姓氏分布】

韩姓最早活动在春秋时的晋国，随着韩虔建立韩国并建都平阳（今山西省临汾），又两次迁都到阳翟（今河南省禹州）和新郑（今河南省新郑市）。秦汉时期，韩氏播迁于今浙江、四川、北京及东北一些地方；东汉、西晋末年及南北朝时，中原人为避战乱，韩姓迁往西北、东北、西南、江南地区；唐时，河南固始韩氏随王潮、王审知入闽，在福建安家落户；南宋时，居于北方和中原的韩姓人迁到了江苏、浙江、广东等地；元明清时期，江浙一带的韩姓人大规模南迁到台湾、菲律宾、马来西亚等地。如今，韩姓主要分布在河北、山西、辽宁、安徽等省。

【姓氏名人】

韩信：字重言，江苏淮阴（今江苏省淮安市）人，中国历史上伟大军事家、战略家、统帅和军事理论家。他文武双全，治军严明，辅佐刘邦平定天下，屡建奇功，并著有《兵法》3篇。

韩非：也称韩非子，战国末期韩国人（今河南新郑），战国时韩国的诸公子之一。他为人口吃而不能流利地辩说，但文章出众。他的著作很多，主要收集在《韩非子》一书中。

韩愈：字退之，河南河阳（今河南省孟州市）人，郡望昌黎，世称韩昌黎。因官职为吏部侍郎，又称韩吏部。谥号"文"，又称韩文公。唐朝文学家，"唐宋八大家"之首，首开宋

明理学之先河。他还是古文运动的倡导者,被称为"百代文宗"。

韩湘子:唐朝韩愈的侄子。生性放荡不拘,不好读书,只好饮酒,世传其学道成仙,为八仙之一。在初冬季节令牡丹开花数色,又尝令聚盆覆土,顷刻开花。

韩世忠:字良臣,今陕西省绥德县砭上村人,南宋抗金名将,曾重创金兵于建康黄天荡,主战派之一。

杨

【姓氏来历】

杨姓也是一个古老的姓氏。不过,关于杨姓的来源,众说不一,有说是因官得姓的,也有说是以地命氏的,很难找到头绪。然而,有一个被公认的事实——杨姓也是出自姬姓。

据《元和姓纂》所记载,周武王之子姬叔虞,字子于。周灭唐(今山西翼城西)后,把唐封地给他,人们又称他为唐叔虞。唐叔虞的儿子燮继位后,因为唐地也有晋水,就改称晋侯。这样,叔虞就成了周代晋国的始祖。叔虞的后裔封于杨(在今山西洪洞、沁县一带),建立杨国,国君称为杨侯,后杨国被晋国所吞并,杨侯的子孙便以杨为姓。

【姓氏分布】

杨姓的发源地在今山西省境内。春秋战国时,已有杨姓南迁到今湖北潜江一带,后因楚国势力不断加强,迫使他们再向东南迁至江西;汉时,杨姓已广泛分布于我国北方大部分地区;晋、唐这一时期,是杨姓南北方繁衍的重要时期,尤其以南方的繁衍最为突出;到了宋代起,杨姓已广泛分布于江南地区;明清时期,杨姓仍由北方向南方播迁,海外则以东南亚为主。如今,杨姓在我国分布极为广泛,尤其四川、陕西、湖南、安徽、江苏等地区最多。

【姓氏名人】

杨震:字伯起,东汉弘农华阴人,是名声最大的古代杨姓名宦。杨震从少年起就特别聪明好学,他为了通晓今文经学的深刻含义,深钻细研《欧阳尚书》。后自费设塾授徒,讲学将近十年,弟子多达数千人,完全可以同孔子有三千弟子相媲美。所以,当时人们就称杨震为"关西孔子"。

杨炯:弘农华阴(今陕西华阴市)人,唐代著名诗人。杨炯幼年聪敏好学,10岁就被选为神童,待制弘文馆。27 岁应制举,补校书郎,官至崇文馆学士。与王勃、骆宾王、卢照邻齐名,称"初唐四杰"。其代表作有《出塞》《从军行》《战城南》等。

杨业:本名重贵,北宋抗辽英雄。其祖上世代为麟州(今陕西神木北)地方势力首领,居太原,曾赐姓刘,归宋后复姓称杨业。任知代州(今山西代县)兼三交驻泊兵马部署。曾因大败辽军,被称为"杨无敌"。太宗雍熙三年,第二次北伐时任西路军副统帅,东路军兵败后护送云、应等四州百姓内迁,孤军奋战,受伤被俘后绝食而亡。其事迹后被演为"杨家将"故事。

杨秀清:原名嗣龙,清朝广东嘉应州(今梅县)人,太平军著名的军事家。因与洪秀全结为兄弟,故改名秀清,后为韦昌辉所杀。

杨虎城:原名忠祥,号虎臣,后改为虎城,陕西蒲城人,国民党最著名的爱国将领。1911 年辛亥革命时率队加入陕西国民军,先后任营长、游击支队司令、国民联军第十路总司令等职务。曾与张学良一起发动"西安事变",对蒋介石"兵谏",促成了国内和平。1949 年 9 月 17 日被蒋介石杀害。

杨炯

朱

【姓氏来历】

朱姓的来源十分广泛,其中有一支是源于曹姓,为颛顼帝的后裔。传说上古时五帝之一颛顼帝的玄孙陆终,娶鬼方国君之女为妻,怀孕 11 年也没有生子,陆终就剖开她的左胁生下 3 个儿子,剖开右胁又生下 3 个儿子。这 6 个儿子后来发展演化出不少姓氏,其中第五子叫安,被大禹赐姓曹。

到了周王朝建立后,周武王分封诸侯,对前代圣贤或帝王之后也进行了封侯。其中就有曹安的后代曹挟,武王将他封于邾国(在今山东境内),人们便称叫邾子侠。春秋时,邾国被楚国灭掉,邾国的贵族便以国为姓,就是邾姓,这个邾字有右耳旁,后来将耳旁去

掉后,就形成了朱姓。

【姓氏分布】

朱姓主要发源于河南、安徽,以及江苏省境内。其中江苏省境的这一支朱姓,成了我国南方朱姓家族的主要来源。秦汉时期,朱姓得以较快发展,名人不断涌现,先后出现了朱氏三大家族,使朱姓得以巨大发展;魏晋南北朝时,朱姓已繁衍到北方河南、山东等地;隋唐五代时期,朱姓广布于安徽、广东、湖南等地区;宋元时期,居于朱姓繁衍于浙江、河南、河北、安徽等地;明清时期,朱姓成为皇姓,族大势盛,在各地均出现名门望族。今日,朱姓主要分布在江苏、浙江、广东、河南等省。

【姓氏名人】

朱熹:字元晦,号晦庵,别号紫阳,祖籍徽州婺源(今江西),南宋著名哲学家、诗人、文学评论家。其学识渊博,善诗词。据考证,为程朱学派的主要代表人物。哲学著作有《四书集注》《通书解》《易学启蒙》等;诗有《春日》和《观书有感》;词代表作有《菩萨蛮》《南乡子》等。

朱元璋:原名重八,后取名兴宗,字国瑞,濠州(今安徽凤阳县东)钟离太平乡人,为明朝开国皇帝。1368年,他率军攻克大都(北京),推翻元朝,建立明朝,号称明太祖。

朱自清:原名自华,号秋实,后改名自清,字佩弦,浙江省绍兴人。现代著名作家、散文家、诗人,其散文以语言精练,文笔秀丽著称。著有诗文集《踪迹》,散文集《背影》《欧游杂记》等。

朱德:字玉阶,四川仪陇人,我国杰出的无产阶级革命家、政治家和军事家,是中国共产党和中华人民共和国的主要领导人之一,中华人民共和国元帅,曾任中华人民共和国全国人民代表大会常务委员会委员长。

朱元璋

國學智慧全書

百家姓

秦

【姓氏来历】

据《广韵》记载,秦姓最早出自嬴姓,以国名为氏,是颛顼帝的后代。相传颛顼帝有个孙女叫女修,有一天,她到野外去玩捡到了一只燕子蛋。她毫不犹豫地把蛋吃了下去,她吃下去后就怀孕了,生下了儿子大业。后来大业之子大费(伯益)因辅佐大禹治水有功,舜帝赐他姓嬴。

伯益的后人有个叫大骆的,他的侍从非子因善于畜牧而出名。后来,周孝王命非子养育良种马,由于马群繁殖很快,所以非子很快就得到了周孝王的赏识,封他在秦谷(今甘肃省天水西南)为附庸国的君主,让他恢复嬴姓,称为秦嬴。战国时,秦国的国力富强,成为七雄之首。秦王政攻灭六国统一天下。秦火后,土族子孙以国名为姓氏,称为秦氏。

【姓氏分布】

秦姓发源于甘肃省天水、河南范县及山东曲阜一带。战国时期,秦姓族人北上发展到今天的河北省境内;先秦时期,秦姓已分布于河南、陕西、山东、河北等地;西汉初年,秦姓迁入甘肃、江苏、四川、北京等地;三国时期,秦姓迁入山西,后形成一大郡望,即太原郡;魏晋南北朝时,由于北方连年战乱,秦姓便再次南迁;宋元明时期,秦姓有迁至广西、贵州、福建等省。清至近现代,秦姓已遍布于全国各地,而且还有不少移居海外地区。

【姓氏名人】

秦越人:即扁鹊,原姓秦,渤海郑(今河北任丘)人,战国时著名的医学家。他在医学上的贡献首先是科学诊断,他把切脉、望色、听声、问病这四种诊断方式发展得相当完整。其次,扁鹊的治疗方法有砭法、针灸、按摩、手术等。可以说扁鹊是中国传统医学的鼻祖,对中医药学的发展有着特殊的贡献。

秦琼:字叔宝,齐州历城(今山东济南)人,唐朝名将。他骁勇善战,常为先锋,征战屡建奇功,经大小二百余阵,以旌战之功封翼国公,拜左武卫大将军。后被民间奉为"门神"之一。

秦观:字少游,号淮海居士,江苏高邮人,北宋著名文学家。他与黄庭坚、晁无咎、张耒并称"苏门四学士"。其代表作有《满庭芳》《淮海集》《劝善录》《淮海居士长短句》等。其所著的《蚕书》,是我国现存最早的一部蚕桑专著。

秦良玉：字贞素，四川忠州（今属重庆忠县）人，明朝末期巴渝战功卓著的女将军、女军事家。其夫石硅宣抚使马千乘死后，她继任丈夫之职代领其兵，所部号"白杆军"。因屡立战功，被封为"忠贞侯"。

许

【姓氏来历】

相传在上古唐尧时期，有一个名叫许由的高士，很有才能，但他为人淡泊名利。唐尧曾多次要把部落首领的位子禅让给他，可是都被他婉言谢绝了。唐尧又请许由出来担任九州岛长这个官职，许由还是不肯，宁愿过着隐居的生活。他甚至认为唐尧的话玷污了自己的圣洁，就跑到颍水河边去洗耳朵。后世成语"洗耳恭听"中的"洗耳"就是从这个故事中来的。后来他被奉为隐士的鼻祖。

唐尧见许由执意不肯出山，只好把大位传给了虞舜。后人为了纪念许由，就把他隐居的地方称为"许"，他的后代也以"许"为姓。

【姓氏分布】

许姓发源于今河南省许昌东。秦汉时期，许姓主要分布在河南、河北两省的绝大部分地区；三国两晋南北朝时期，由于北方连年战乱，许姓迁居到了今江苏、浙江、湖北、广东等地；隋唐时期，居于南北方的许姓，都得到了相当的发展，许姓人口日益增长；宋元明清之际，许姓主要特点为南迁及移居海外。如今，许姓以江苏、山东、云南、广东、河南、安徽、浙江等省居多。

【姓氏名人】

许慎：字叔重，汝南召陵（今河南郾城区）人，东汉著名经学家、文字学家、语言学家，中国文字学的开拓者。所著《说文解字》是中国第一部系统分析字形和考究字源的专著，不但过去对汉字研究发生了巨大的影响，对现在和将来的汉字研究仍有很大的影响。

许道宁：长安（今陕西西安）人，宋代著名画家。以擅写林木、平远、野水三景闻名。代表作品有《秋山萧寺图》《秋江渔艇图》《关山密雪图》等流传至今。

许衡：字仲平，怀州河内李封（今河南省焦作市中站区李封村）人，元朝思想家、教育家和天文历法学家。许衡是我国元代一位百科全书式的通儒和学术大师，"儒学君子"位居相位者，古今仅有许衡一人。著有《鲁斋集》《授时历经》《读易私言》等。

许自昌:字玄佑,明代吴县(今江苏省苏州)人,好奇文异书,传奇著作有《水浒记》《灵犀佩》《弄珠楼》等,另有《诗钞》《樗斋诗钞》《捧腹编》等书籍传于世。

何

【姓氏来历】

何姓是由韩姓转音而来,最初源于姬姓。据《广韵》记载,周武王之弟叔虞封于韩(今河北省固安县东南)。春秋后期,晋国公族中的韩氏成为晋国三大姓氏之一;到战国时与魏、赵氏分割晋国,成为战国七雄之一。秦始皇统一中国后,韩姓子孙分散到各地,其中有一支居江淮一带,当地语音"韩"与"何"相近,后来因音而转为何,子孙沿用下来,于是成为何姓,其祖叔虞便成为何姓的始祖。

【姓氏分布】

何姓发源应当在江淮流域的江苏、安徽两地,而这两个地方的邻省山东、河南境内的何姓人家也很多。两汉至魏晋南北朝时期,何姓由江淮迁入山东、河南、陕西、四川等地,从而形成以我国北方为主要繁衍地带的局面;隋唐时期,何姓尤以南方各地繁衍为盛;宋元时期,何姓由于身处南方且南方经济持续发展,从而成为当时更大的望族。明清至近代,何姓的发展自北向南大规模快速推进,从而遍布全国各地。

【姓氏名人】

何休:字邵公,为董仲舒四传弟子,任城樊(今山东滋阳)人,东汉著名的经学家。他为了编撰《春秋公羊传解诂》12卷,曾闭门不出,用功17年,后来此书成为现代经学家议政的主要依据。另著有《孝经》《春秋汉议》《谷梁废疾》等。

何逊:字仲言,东海郯(今山东郯城)人,南朝梁诗人。少时为天才,8岁时能写诗,20岁左右被举秀才,官至尚书水部郎。

何承天:东海郯人,南朝宋天文学家。承天博通经史,精天文律历,曾奏请改历,称元嘉历,对后世历法影响很大。著作有《报应问》《答颜光禄》等。

何应钦:字敬之,贵州兴义人,毕业于日本陆军士官学校,回国后历任贵州讲武学校校长、黄埔军校总教官、国民政府军政部;抗战时历任总参谋长、中国战区陆军总司令、国防部长、行政院长。

吕

【姓氏来历】

吕姓主要源于姜姓,以国名为姓。据《吕氏世系表》记载,上古部族首领神农氏炎帝,因居住在姜水流域,并以之为姓,称为姜姓。后来,炎帝的世孙伯夷因代替尧持撑四岳(指尧舜时的四方部族首领)有功,又因他是圣君大舜的重要臣子,所以被封为吕侯,建姜姓诸侯国吕国(今河南省南阳市)。春秋时,吕国被楚国灭掉,其后子孙就以国名为姓。

【姓氏分布】

吕姓发源地在今河南南阳西一带。秦时,吕姓迁播方向主要为陕西、甘肃一带;汉时,吕姓分布于河南、陕西、内蒙古、甘肃、安徽等地;唐代,出现了历史上少有的盛世,这一时期吕姓的郡望规模、人口数量也逐渐上升;明清之际,吕姓发展再度出现新特点,除全国大部分地区广布吕姓外,还有移民到新加坡、菲律宾、马来西亚、泰国、越南、美国、加拿大等海外一些国家。现在,吕姓主要居住山东、河南、浙江、福建、陕西、江西等省。

【姓氏名人】

吕不韦:原籍阳翟(今河南禹州),战国时秦丞相,被封为文信侯,称为"仲父"。居相位时,门下曾有三千宾客,并让他们编著《吕氏春秋》一书。

吕布:字奉先,五原郡九原(今内蒙古包头)人,东汉末年名将,武艺超群,有"飞将"之称,为一代枭雄。

吕蒙:字子明,汝南富陂(今安徽阜阳东南)人,三国时吴国著名军事家。吕蒙是个文武双全的人物,在东吴堪称战功赫赫,后被封南郡太守、孱陵侯。

张

【姓氏来历】

张姓是一个很古老的姓氏,约有五千年的历史。据《元和姓纂》所载,在人文初祖黄帝时代,黄帝的世孙挥(一说挥是黄帝的儿子)自幼聪明过人,爱动脑筋。有一次,他在晚上观看星空,后来他从星星的组合中得到启发,经过研究,发明了弓。弓的发明为那时的

百家姓

人类狩猎带来了很大的用处,于是黄帝封挥为专门制造弓的官叫"弓长",之后又将官名合二为一赐张姓。挥死后,他的后裔就以张作为自己的姓氏。

另据《通志·氏族略》记载,张姓出自黄帝姬姓的后代。春秋时,晋国有个大夫名解张,字张侯,其后裔就以字命氏,称张氏。又载,在三国时被蜀相诸葛亮赐南蛮酋长龙佑那姓张,其后裔便以张为氏。

【姓氏分布】

张姓最早发源于尹城国的青阳(今山西省太原市西南晋祠附近),其后望族也出于这一带。北宋末年,随着金兵占领黄河南北及蒙古军队的南下,为躲避战乱,张姓又一次大举南迁;宋至元明清时期张姓分布于大江南北各个区域,形成了一支支庞大的族系。今日张姓分布北方地区多于南方,主要是以山东、河南、四川、河北四省居多。

【姓氏名人】

张飞:字冀德,涿郡涿州市(今河北涿州)人,三国时名将。为蜀国五虎上将,战长坂名震于时。传与刘备、关羽结义于桃园,世称"桃园三结义"。公元221年被部将张达、范疆所刺杀。

张仲景:名机,史称医圣,南阳郡涅阳(今河南省邓州市)人,东汉著名医学家,为后人尊为"医圣"。勤求古训,博采众方,著有《伤寒杂病论》。

张择端:字正道,又字文友,东武(今山东省诸城)人,北宋著名画家。他擅长"界画",尤善画舟车、街道、桥梁。他的代表作有《烟雨风雪图》《金明池争标图》《清明上河图》《西湖争标图》等。其中存世《清明上河图》为我国古代的艺术珍品。

张大千:原名张正权,又名爰,字季爰,号大千,别号大千居士,四川省内江市人,当代中国画坛最为传奇的国画大师。他一生作画无数,遗作甚多,与齐白石并称"南张北齐"。1983年,85岁的张大千病逝于台北。

张飞

张学良:字汉卿,号毅庵,今辽宁海城人,为张作霖的长子,是中国伟大的爱国者,国民党军陆军一级上将,西安事变的组织者,为促进国共两党合作及民族解放事业做出了不朽贡献。

國學智慧全書

蒙学智慧

孔

【姓氏来历】

据《元和姓纂》所记载,周灭商后,因商纣王的哥哥微子为人正直贤明,周公旦封他到宋地,主持祭祀商族祖先。微子的后代中有一个名叫嘉的,史称孔父嘉,在宋国任大司马,因战乱被杀。当时孔父嘉的儿子木金父年纪很小,由家人带着逃到鲁国。木金父长大了就以父亲的字为姓,称为孔氏,从此定居鲁国。木金父的五世孙叔梁纥是鲁国有名的大力士。

有一次,叔梁纥随军攻打倡阳(今山东省枣庄市南),敌人先打开外城门放进部分鲁军,然后放下一道沉重的闸门,想把鲁军关在内外城门之间的夹道里。这时只见叔梁纥冲上前去托起闸门,把大家都救了出来。叔梁纥晚年娶颜氏女为妻,生下了大思想家、教育家孔子。

孔姓的另一重要来源出自子姓。据《广韵》记载,黄帝的孙子契是商族的始祖,为子姓,历经十四代,到了夏朝末期,商族的首领成汤,灭夏建立了商王朝,因为成汤名履,字天乙,其子孙中有一支以商族的子姓和汤天乙的乙字组合起来,即为孔字,这是孔姓另一支来源。

【姓氏分布】

孔姓最初的发源地应该在今天的河南商丘一带。三国两晋南北朝时,北方连年战乱,孔姓族人大规模南迁到浙江、安徽等地;唐时,孔姓逐渐分居于江苏、浙江、江西等江南各地;元、明两代,孔姓族人又广播于今湖北、江西、江苏、安徽等地;清初,孔姓又入迁福建、广东、贵州、云南一带。当今孔姓尤以山东、江苏、吉林居多。

【姓氏名人】

孔子:名丘,字仲尼,春秋后期鲁国人,我国著名的思想家、教育家,儒家思想的创始人。他一生从事教育,有3000多个弟子,身通六艺者72人,开创平民教育先河,后世尊为至圣先师,亦称为孔子。他的思想及学说对后世产生了极其深远的影响。

孔融:字文举,鲁国(今山东曲阜)人,孔子二十世孙。有俊才,为建安七子之一,汉献帝时为北海相,世称孔北海;立学校,表儒术,后拜大中大夫,在建安十三年被曹操所杀。

孔尚任:字聘之,又字季重,号东塘,别号岸堂,山东曲阜人,孔子六十四代孙,清代著

名诗人、戏曲作家。诗文集有《长留集》《湖海集》《岸堂文集》等,其著名昆曲作品《桃花扇》称著于世。

孔祥熙:字庸之,号子渊,山西太谷人,早年留学美国,曾历任国民政府实业部长、财政部长、行政院长、中央银行总裁等职。

曹

【姓氏来历】

曹姓出自黄帝姬姓后代,一支以封国命氏,另一支是由邾姓所改。

周文王有一个儿子名叔振铎,武王时封于曹邑,建立了曹国(今山东定陶西南),定都于陶丘。后来曹国被宋国所灭,原曹国君主族人便以国为姓。

另一支由邾姓所改,也是出自黄帝的后裔。黄帝的世孙颛顼的玄孙陆终有6个儿子,他的第四子名安,曾辅佐大禹治水有功劳,禹赐其姓曹,其后人在周武王时受封于邾,建立了邾国(今山东邹县一带)。后楚国灭掉了邾国,安的子孙散居各地,一部分改姓朱,一部分则改姓曹。

【姓氏分布】

曹氏发源于山东,长期在山东居住和繁衍。秦汉时期,曹姓已经广布于北方及安徽等地;魏晋南北朝之际,因北方连年战乱,曹姓开始南迁;隋唐时期,曹姓在规模、数量上又有大的发展,广东、福建等地始有曹姓人居;宋元至明清时期,曹姓已广布我国各地。今日曹姓以黄淮流域分布最为集中,尤以四川、河北、河南、湖北等地居多。

【姓氏名人】

曹参:字敬伯,沛(今江苏沛县)人,西汉名将大臣。汉朝建立后,他被封为平阳侯,曾任齐国宰相九年。曾协助高祖平定陈豨、英布等异姓诸侯王的叛乱。

曹操:字孟德,小名吉利、阿瞒,沛国谯县(今安徽亳州)人,三国时著名政治家、军事家、诗人。建安元年,曹操统一了中国北部。其子曹丕称帝,追尊曹操为武帝。文化方面,在曹操父子的推动下形成了以曹氏父子(曹操、曹丕、曹植)为代表的建安文学,史称建安风骨。

曹植:三国时曹操第三子,著名诗人。他以诗文著称于世,他的《七步诗》时至今日仍广为流传。

曹雪芹:名霑,字梦阮,号雪芹,又号芹溪、芹圃,祖籍辽宁辽阳,清代著名小说家。他所著的《红楼梦》为中华民族留下了一部宝贵的遗产。他不仅是后人推崇备至的曹姓名人,更是中华民族的骄傲。

严

【姓氏来历】

严姓最初是由庄姓而来。据《元和姓纂》记载,东汉初年,汉明帝姓刘名庄,按当时制度,皇帝的名字臣民是不能用的。因此一些本来姓庄的人,为了避讳天子的名字必须改为他姓。但放弃自己的祖姓,无疑是辱没祖先。

这时,有一个叫庄严的人,大胆上书皇帝,恳求汉明帝收回成命。可是却遭到了杀身之祸。后来,庄姓人为了纪念这位同族,就改为严姓。直到魏晋时期,严姓中的有一部分人恢复了原来的庄姓,而更多的人则以严姓传后,他们奉庄严为严姓的始祖。这样,就出现了庄、严两姓并存于世的情况。因此后来就有了"庄严本一宗,同姓不可婚"之说。

【姓氏分布】

严姓的发源地在今天的甘肃天水和陕西冯翊、华阴。东汉时,严姓多居山东、湖北、安徽、浙江、四川、云南、贵州一带;魏晋时,严姓多居于陕西、山西、河南、甘肃等北方地区,其中以陕西、甘肃严姓最旺;唐至元明清时期,严姓多居于安徽、江苏、浙江、福建沿海一线。今日严姓主要分布在湖北、浙江、江苏等省。

【姓氏名人】

严羽:字丹丘,一字仪卿,自号沧浪逋客,邵武(今属福建)人,宋代文学理论家。著有《沧浪集》2卷,现传世作品有《沧浪诗话》1卷。

严澄:号天池,字道澈,常熟(今属江苏)人,明代著名音乐家,其演奏风格清微淡远,所著的《松弦馆琴谱》一度被琴界奉为正宗,在琴界产生了很大的影响。

严可均:字铁桥,浙江乌程(今湖州)人,清代文字学家,嘉庆年间举人。撰有《说文声类》《铁桥漫稿》《说文校义》等。

严复:原名宗光,字又陵,后改名复,字几道,福建福州人,近代中国著名的启蒙思想家、翻译家,中国近代史上向西方国家寻找真理的"先进的中国人"之一。曾任北洋海军学堂教授、京师大学校长等职。翻译《群学肄言》《穆勒名学》《法意》《名学浅说》等书,译

著有《天演论》《中国教育议》及《严译名著丛刊》《侯官严氏丛刻》。

金

【姓氏来历】

金姓的来源很多,但最主要的有两支:一支源出少昊金天氏;另一支源出匈奴休屠王子金日磾。

少昊氏是上古五帝之一。相传少昊是黄帝和西陵嫘祖所生的儿子。据《史记·五帝本纪》记载:"黄帝居轩辕之丘,而娶于西陵之女,是为嫘祖。嫘祖为黄帝正妃,生二子,其后皆有天下:其一曰玄嚣。"玄嚣即少昊。按照古人的五行学说,西方属金,所以少昊有"金天氏"之称。在少昊后代中,有一支以金为姓,后人奉少昊为金姓始祖。

另一支金姓源出于匈奴,得姓则晚得多。这一支金姓出自匈奴休屠王太子金日磾之后。在汉武帝时,匈奴休屠王的儿子日磾,在汉朝为官,先是当马监,因其形貌奇伟,被汉武帝升为侍中,在武帝左右数十年而无过错,深为汉武帝喜爱,后又升为车骑将军。汉武帝晚年,莽何罗谋反,企图刺杀汉武帝,被日磾发觉并将其生擒,因功封为侯。汉武帝临死时,任命他为顾命大臣,因为他曾为汉武帝铸铜人像(又称金人)祭天,所以武帝赐他姓金,称金日磾,成为金姓的另一始祖。

【姓氏分布】

金姓姓源较多,发源地主要有山东和陕西及浙江、江苏等地。南北朝时,甘肃等地有金姓足迹;唐时金姓主要发展于今四川及山西两地;宋元之际,北方金姓有躲避兵祸而南迁者;明清开始,广东、浙江金姓陆续有人居住到台湾及海外地区。今日金姓分布以河南、浙江、江苏、湖北、四川和上海等地居多。

【姓氏名人】

金刚智:南印度人,唐朝佛教密宗僧徒。10岁出家,精通显、密教典,专修密法,因应南天竺国王之请,到中国传教,曾译《金刚顶经》《瑜伽念诵法》《观自在瑜伽法》等8部11卷。

金銮:字在衡,号白屿,陇西(今属甘肃省)人,明代著名的散曲家。通音律,工乐府,长于讽喻。著有《广陵夜泊》《余白屿集》《萧爽斋乐府》等。

金农:字寿门,号冬心,又号稽留山民、曲江外史等,原籍浙江仁和(今浙江杭州),清

朝著名书画家兼诗人。书法创扁笔书体,兼有楷、隶体势,时称"漆书"。其画造型奇古,为"扬州八怪"之一。其代表作品有《玉蝶清标图》《蜡梅初绽图》《琼姿俟赏图》等。传世书迹有《度量如海帖》,今已流入国外。

金德辉:字子石,江苏省苏州人,清代著名昆曲演员,其擅演《牡丹亭·寻梦》等剧。

魏

【姓氏来历】

魏姓出自姬姓,是周文王裔孙毕万的后代,以邑或国名为氏。据《史记·魏世家》记载,周文王有庶子毕公高,在西周初年受封于毕(今陕西西安西北),子孙以毕为姓。后来,毕国被西戎攻灭后,毕公高的孙子毕万,投奔到晋国,成为大夫。公元661年,他与赵夙一起率兵讨灭了霍、耿、魏三国。事后,献公便把魏(今山西芮城北)封给了他。此后,其子孙以邑为氏,称为魏氏。公元前445年毕万的后代魏斯建立魏国,到了公元前225年,魏国被秦所灭。魏国灭亡后,魏国公族大多以国名为姓氏,姓魏。此外,秦国穰侯魏冉本姓芈,南宋学者魏了翁本姓高,他们和后代也都改姓魏。

【姓氏分布】

魏姓最早发源于今河南省北部及山西省南部一带。秦汉时期,魏姓有部分迁至陕西、江苏、浙江、甘肃等地;三国两晋南北朝时期,军阀割据,社会动荡,加上西晋末年的"永嘉之乱",魏姓大举南迁至四川、江西、福建等地,在当地安居繁衍,发展壮大;唐时,魏姓有部分族人随陈政、陈元光父子入闽开辟漳州,于福建、广东等地安家;宋末,魏姓人已遍布江南广大地区,繁衍于全国各地,从而使魏姓成为我国一大姓氏;元明清时期至今,魏姓除分布我国大部分地区之外,已远播于台湾及海外地区。

【姓氏名人】

魏无忌:战国时期魏国著名的军事家。公元前276年,被封于信陵(今河南宁陵县),后世称为信陵君,有食客三千人,与齐之孟尝君、赵之平原君、楚之春申君并称"战国四公子"。

魏征:即魏郑公,字玄成,巨鹿(今河北巨鹿)人,唐朝著名政治家、史学家。著有《魏郑公文集》《魏郑公诗集》《全唐诗》等。

魏源:字文渊,江西建昌(今永修县)三溪桥人,近代著名思想家、文学家、史学家,与

龚自珍齐名,时称"龚魏"。他主张学习西方,提出"师夷长技以制夷",倡导变革。除著有《圣武记》《海国图志》等巨著外,还著有《古微堂诗集》《清夜斋诗稿》等。

陶

【姓氏来历】

陶姓出自尧的后裔,与职业技艺有很大的关系。据《辞源》记载,尧担任部落首领以前,曾居住在陶丘(今山东定陶区西北),以市面上做陶器为职业,其后尧的子孙以地名为姓。

另一支是以官名为姓,源于虞姓。据《风俗通义》记载,相传舜把部落首领君位禅让给禹后,他的儿子商均被禹封到了虞(今河南省虞城县)。商均的世孙虞阏当了管理制陶业的陶正(管理陶质器物制作的官职)。后来,他的子孙以他的官名命姓为陶氏。

【姓氏分布】

陶姓最初以山东定陶为发源地。春秋战国时期,陶姓逐渐南移到今河南兰考一带;两汉时期,陶姓人南迁于江苏、安徽一带;魏晋南北朝时,中原陶姓大举南迁到江苏、浙江、江西等地;宋代时,陶姓在北方得以发展;明初,陶姓作为明朝洪洞大槐树迁民姓氏之一,被分迁于江苏、安徽、山东、四川等地;清时,陶姓已广布全国,并有移居到台湾及海外地区。如今,陶姓分布以江苏、上海、浙江三省为多。

【姓氏名人】

陶弘景:字通明,晚年号华阳隐居,秣陵人(今江苏南京),南朝著名的齐、梁两朝道教思想家、科学家、医学家。著有《真灵位业图》《补阙肘后百一方》《陶氏效验方》等。

陶渊明:字元亮,名潜,世称靖节先生,自称五柳先生,浔阳柴桑(今江西九江西南)人,东晋著名诗人、文学家,是我国第一位田园诗人。著有诗歌《归园田居》《读山海经》《咏荆轲》,散文有著名的《桃花源记》,辞赋有《归去来辞》等。

陶渊明

陶澍:字子霖,号云汀,安化县人,清朝著名两江总督。陶澍为官期间,在兴办教育,培养人才上做出了很大的贡献。另著有《奏议》《印心石屋诗

抄》《陶文毅公全集》等。

陶行知:安徽歙县人,是中国历史上伟大的人民教育家。其代表作有《中国教育改造》《斋夫自由谈》《行知书信》《行知诗歌集》等。

姜

【姓氏来历】

姜姓是我国最古老的姓氏之一,源于远古的炎帝神农氏。神农氏是少典的儿子,少时名叫石年。据说其母因梦神龙入怀而生他于烈山的石室之中,生下后身似龙形,以火德王,所以即位后称为炎帝。炎帝神农氏出生的地方有条河叫姜河(即岐承,在今陕西岐山县西),他就以河名为姓,成为姜姓的始祖。商周时的申吕等国都是姜姓的封国,吕尚也就是姜子牙,是炎帝的后裔,伯夷之后,因掌四岳有功,封之于吕,子孙从其封姓。所以炎帝并非姜氏一姓的始祖。

【姓氏分布】

据史书记载,早在春秋时期,西戎也有以姜为姓的,故称姜戎,原在瓜州(今甘肃敦煌西);汉时,姜姓已有徙居到今江苏、四川者;唐宋时期,姜姓分布于今河北、河南、浙江、江西、山东等地;明清时期,姜姓有的居住到今山西、陕西、湖南、贵州、湖北等地。如今,姜姓在全国分布广泛,北方为其主要分布地,尤以山东省为多。

【姓氏名人】

姜尚:名望,吕氏,字子牙,号飞熊,商东海上(今临泉县姜寨)人,后封于吕。子孙从其封为氏,故又名吕尚。年届七十时与文王相遇,立为太师,辅佐周文王、武王灭商建立周朝。著有《六韬》一书。

姜维:字伯约,三国蜀汉天水冀县人。本为魏将,后归附蜀,为诸葛亮重用,任征西将军。诸葛亮死后,继领其军。在魏攻蜀,被迫投降,后欲谋复国时被乱军所杀。

姜夔:字尧章,饶州鄱阳(今属江西省)人,南宋词人、诗人。著有《白石道人歌曲》《琴瑟考古图》《诗说》《白石道人诗集》等。

姜彭:江苏省扬州人,清初著名书画家,他所画的翎毛当时盛称第一。

姜宸英:字西溟,号湛园,又号苇间,浙江慈溪人,清初书画家、文学家,为江南三布衣之一。著有《湛园文稿》《苇间诗集》等,后人辑有《姜先生全集》。

谢

【姓氏来历】

谢姓以国名为姓氏,最初源于任姓。据《世本》所载,黄帝之后任姓中有 10 个小国,其中谢国为诸侯国中之一。谢姓失国后,其子孙逃亡到四面八方,后来他们便以国名谢为姓,形成了此支谢氏。

另据《元和姓纂》所载,谢姓出自姜姓,为伯夷的后裔申侯(又称申伯)之后,以国名为氏。伯夷后裔申侯,被周宣王封于谢国,谢国灭亡后,其子孙也按照当时的习惯,以国为氏而统统姓了谢。

【姓氏分布】

谢姓主要发源于河南境内。两晋南北朝时期,谢姓人从北方渡江南下到江西、浙江、云南等地;宋至元明时,南方各省的谢姓人,发展势头远远超过北方;清时,谢姓人迁居到菲律宾等东南亚地区。如今,谢姓人在全国分布广泛,尤以四川、广东、湖南、江西等省居多。

【姓氏名人】

谢朓:陈郡夏阳人,南齐著名诗人,曾在朝廷任职,其诗多描写自然景色,为李白所推许,是永明体作家中成就最高的诗人。其代表作有《高斋视事》《高斋闲望》《后斋回望》。

谢赫:南齐著名画家,善于作风俗画及人物画,他所著有的《古画品录》是我国绘画史上第一部完整的绘画理论著作。

谢灵运:陈郡阳夏(今河南太康)人,南朝著名画家、文学家。其诗歌创作开创了新风,开创了文学史上的山水诗派,许多佳句为后人所传诵。

谢婉莹:笔名冰心,福建省长乐人,我国现代著名小说家、散文家、诗人。曾出版过小说集《超人》,诗集《春水》《繁星》等。她所发表的《寄小读者》,至今仍然声誉不衰。

邹

【姓氏来历】

邹姓主要有两个来源，一是源自春秋时代的邾娄国。据《说文解字》所载，上古时有个邾娄国为颛顼帝后裔曹挟所建，战国时鲁穆公改邾娄国为邹国（今山东省邹平县）。邹国后来被楚国所灭，颛顼的子孙散居各地，后来他们就以故国的名称为氏，就有了邹姓。

另一支来源于宋国，据《史记·殷本纪》的记载，是商纣王之兄微子的后代，纣王亡国之后，周武王把商的周围地区封给殷纣王庶兄微子，创建宋国，定都商丘，以供奉商汤的宗祀。后来宋愍公的后代正考父食采于邹邑（今山东曲阜），后传到世孙叔梁纥的时候，就以国为氏，是为邹姓。

【姓氏分布】

据有关资料记载，邹姓早期主要在其发源地即今山东境内发展繁衍。秦汉时期，他们中的一支迁至范阳，发展成为望族；东晋十六国时，由于战乱，中原邹姓大举南迁到江苏、浙江、安徽、江西的一些地方；唐宋时期邹姓发展繁衍于江西、广东、广西等地；现在台湾地区的邹姓人及侨居新加坡等国的邹姓华侨，主要是从广东、福建迁去的。

【姓氏名人】

邹忌：战国时期邹氏家族中很有名的人物，以鼓琴游说齐威王，被任为宰相。他曾劝说齐威王奖励群臣吏民进谏，主张革新政治，修订法律，选拔人才，奖励贤臣等，使齐国实力加强。

邹守益：字谦之，号东郭，安福人，明朝著名学者。主要著作有《东郭集》。

邹伯奇：字一鹗，又字特夫，广东南海人，中国清代科学家。他精通天文、历法、数学，善于将数学应用于实际。曾测绘广东省地图，制造过望远镜、显微镜、照相机、浑球仪和七政仪等仪器。著有《格术补》《赤道星图》《黄道星图》等。

邹一桂：字原褒，号小山，晚号二知老人，江苏省无锡人，清代大臣、画家，曾官至礼部尚书。善于花卉及山水画。著有《藤花芍药图》《古干梅花图》《小山画谱》等。

窦

窦姓源于姒姓,是上古时夏代康王的后裔。相传在 4000 多年前,大禹之子启的重孙相做了夏国的国王,相懦弱无能。当时有个叫后羿的诸侯,力大无比,善于强弓远射,神话中的"后羿射日"就是以他为原型的。他利用夏朝臣民对国君的不满,发动了政变,杀死了相。当时相有一个妃子正身怀六甲,她在混乱中从自"窦(洞穴)"里逃了出来,逃到娘家有仍氏部落避难。不久,她生下一男孩,这就是少康。少康长大后知道了自己的身世,就下决心复仇兴国。

后羿取得了政权后不久就被其部下寒浞杀害了。这样,寒浞取代了后羿。此时,在夏旧部支持下的少康,力量一天天强大起来。有一天,少康打败了寒浞,恢复了夏朝的政权,这就是历史上有名的"少康中兴"。当年,少康的母亲是从"窦"里逃生的,因此后人为了纪念这个事件,就把姓氏姒姓改为窦姓。

【姓氏分布】

窦姓最初起源于古老的夏朝。在汉朝时,窦姓在发展过程中,逐渐形成了扶风(今陕西省西安市长安区以西)、河南(今河南省洛阳市一带)两大郡望,在当地发展成为望族。如今,窦姓在全国分布较广,主要分布在河北省清河及山东省临清一带。

【姓氏名人】

窦太后:名漪,河北清河郡观津(今河北清河)人,黄老学派的最后一个代表人物。她信奉黄老之学,黄指黄帝,老指老子,主张无为而治,宽政待民。在她的影响下,汉景帝刘启以黄老治国,在以后的日子里黄老思想成为治世的主流思想直到窦太后逝世为止,历经文、景二朝。

窦汉卿:名默,广平肥乡人,金代医学家。他精针灸八脉穴法,著有《针经指南》《标幽赋》,因行文典雅,论理精湛,元明诸名家皆宗之。

窦汉卿

章

【姓氏来历】

章姓源于妊姓,为黄帝赐封的 12 个基本姓氏之一。据《左传》记载,黄帝二十五子,其中得姓十二,其中有妊,而谢、章、薛、舒、吕、终、泉、毕、过、祝这十姓,都出自最初的妊姓。可见,章姓推溯起来也是黄帝的后裔,也是一个具有悠久历史的古老姓氏。

《古今姓氏书辨证》对章姓的来源是这样介绍的:章姓源于姜姓。上古周朝的开国功臣姜子牙的后代被封在郭国(在今山东章丘市)。春秋初期,郭国被齐国所灭,其后人为纪念故国而去邑为章,成了今天的章姓。

【姓氏分布】

公元前 664 年,郭国被其同宗齐国消灭,章姓便散居齐地。秦汉之际,章姓搬迁到蒙古、陕西、广东等地;魏晋南北朝时期,姜太公的后裔,在南昌一带繁衍成为大族;隋唐之际,章姓人落籍到四川、江苏、浙江、安徽等地;两宋时,由于北方动荡,此际章姓迁徙以南方为主;明清之际,章姓分布更广,并有沿海之章姓迁居台湾以及东南亚和欧美等地。如今,章姓在全国分布较广,尤以湖北、浙江、江西等省居多。

【姓氏名人】

章邯:字少荣,秦朝将领,曾镇压过陈胜、项梁起义军,立战功显赫,后投降项羽,被封为雍王,建都废丘(今陕西省兴平南),后被韩信击败自杀。

章煦:钱塘(今浙江省杭州)人,乾隆年间进士,曾历任内阁中书、陕甘学政、湖北布政使、湖北巡抚、礼部尚书等职。

章学诚:字实斋,清会稽(今浙江省绍兴市)人,清代著名史学家、思想家、方志学家,乾隆进士。精于史学,编纂《续资治通鉴》等书。著有《文史通义》《校雠通义》《史籍考》《湖北通志》等。

章炳麟:初名学乘,字枚叔,号太炎,浙江省余杭人,近代民主革命家和著名学者。曾参加维新运动、二次革命和护法运动。对中国近代哲学、文学、历史学和语言学均有较高的建树。他的个人主要著作由后人编入《章氏丛书三编》《章氏丛书》《章氏丛书续编》等。

苏

【姓氏来历】

据《苏洵族谱·后录》所载,苏姓以封地命氏。颛帝子孙重黎是上古时期帝喾的火正(管火的官),重黎的子孙昆吾被封于苏,建立了苏国(今河南省温县西南)。后来,昆吾的子孙后代就以封地为姓,称为苏氏。

另据《元和姓纂》所载,苏氏以封国命氏。周武王时,有一个叫忿生的大臣受封于苏国,后迁于温(今河南温县西南),称为苏忿生。春秋时,苏国被狄族部落(北方少数民族的统称)所灭,其后子孙就以原来的国名为姓氏。

【姓氏分布】

苏姓发源于今河南省温县西南。先秦时期,苏姓移居今湖南、湖北境内;东晋十六国中原苏姓大举南迁;唐宋时期,苏姓迁居到广西、广东、云南及越南、老挝、泰国等地。如今,苏姓主要分布在上海、浙江、福建、广东、海南、广西、湖南、湖北、四川及重庆等一些地区。

【姓氏名人】

苏洵:字明允,眉州眉山人,北宋著名散文家。与其子苏轼、苏辙合称"三苏",均被列入"唐宋八大家"。他所著的《权书》《衡论》《几策》等文章深得世人喜爱。

苏颂:字子容,福建同安人,北宋天文学家、政治家、药学家。他撰写了《本草图经》21卷,记载药物780种,是世界药物史上的杰作之一。

苏轼:字子瞻,号东坡居士,眉州眉山人,北宋文学家,"唐宋八大家"之一。著有《东坡乐府》《东坡七集》《东坡书传》《东坡易传》等。

苏兆征:广东香山人(今广东中山),著名工人运动领袖之一、中国共产党杰出的无产阶级革命家。他为中华民族的解放和无产阶级的革命事业做出了重大贡献。曾任中央委员、中央政治局委员、中央政治局常务委员等职。

潘

【姓氏来历】

有关潘姓起源的说法很多,其中以郑樵在《通志·氏族略三》中"芈姓,楚之公族,以字为氏,潘崇之先"之说最为普遍。相传,颛顼后裔陆终生有 6 个儿子,第六子名季连,赐姓芈。周成王时,封其后裔熊绎在荆山建立荆国,公元前 740 年,荆国国君熊通自封为武王,他的儿子于公元前 689 年改国号为楚,称楚文王。据《史记·楚世家》记载,公族子弟潘崇氏助楚穆王继位有功,被封为太师,从此潘姓成为楚国的名门望族。《中国名人大辞典》将潘崇列为潘姓人物。由于《史记》载有潘崇事迹,因此现在的潘氏大多以潘崇为始祖。

【姓氏分布】

春秋战国时,潘姓主要在今湖北省境内发展,此后,有向山东、湖南迁徙的少数潘姓人。自东汉末至唐朝,潘姓发展繁衍于河南洛阳、内蒙古、陕西、甘肃等地;宋至元明清时,潘姓已分布于全国各地。如今,潘姓人主要分布在江苏、广东、安徽、内蒙古、河南、四川、湖北、浙江等省。

【姓氏名人】

潘岳:字安仁,荥阳中牟人(今河南中牟),西晋著名文学家、名臣。其《悼亡诗》为世人传诵,明人辑有《潘黄门集》。

潘季驯:字时良,号印川,浙江省乌程(今吴兴)人,明代著名水利家。嘉靖年间进士,曾四任总理河道,先后达 27 年,他习知地形险易,成绩显著。著有《河防一览》《两河管见》《宸断大工录》等。

潘之恒:字景升,一字庚生,歙县(今属安徽省)人,明代文学家。撰有《吴剧》《叙曲》等剧评,另著有诗集《涉江集》。

潘天寿:原名天授,字太颐,号寿者,浙江省宁海人,现代画家、美术教育家。他擅长写意花鸟及山水画,笔墨有金石味,朴厚劲挺、气势雄阔,融诗、书、画、印于一体。他的指画也可谓别具一格,成就极为突出。其代表作有《梅花芭蕉》《耕罢》《中国绘画史》《治印谈丛》等。

范

【姓氏来历】

范氏的始祖,可以追溯到4000多年以前的圣君唐尧。帝尧裔孙刘累之后,在周为唐杜氏。入周被改封于杜(今陕西西安东南),时称杜伯。入周不久,杜伯就被周宣王无辜杀害,他的儿子隰叔逃奔晋国担任士师(法官)。隰叔的曾孙士会,因战功升为晋国中军元帅,并封于范(今河南省范县),其后子孙遂以邑为氏,称范氏。

【姓氏分布】

范姓以河南范县为发源地。唐时,由于中原战乱,河南范县迁居到了浙江、江苏、福建等地;宋时,范姓除在闽南一带发展繁衍外,又分出广东海阳、梅州、陆丰、饶平等许多支派;从明末开始,福建、广东范姓陆续有人移居台湾,后来有的又迁至海外。如今,范姓在全国分布广泛,尤以江苏、河南、四川、山东、辽宁、黑龙江、湖南等省多此姓。

【姓氏名人】

范蠡:字少伯,楚国宛(今河南省南阳)人,春秋后期越国政治家、军事家和经济学家。曾献计于勾践,一举灭吴,越国立事后则急流勇退,于山东定陶经商,资产千万,称"陶朱公"。

范雎:字叔,战国时魏人,著名政治家、军事谋略家。他曾游说秦昭王,主张远交近攻,歼灭敌国力量,终使嬴政吞并六国而统一天下。

范仲淹:字希文,北宋名臣、政治家、文学家。他在其代表作《岳阳楼记》中所写的"先天下之忧而忧,后天下之乐而乐",成为千古名句。

范文澜:初字芸台,后改字仲澐,浙江省绍兴人,著名的马克思主义历史学家。曾担任中国科学院中国近代史研究所所长、中国史学会副会长、全国人大常委会委员等职务。

范仲淹

他精通文学、经学、史学,著有《正史考略》《文心雕龙讲疏》《唐代佛教》等,其中《中国通史简编》和《中国近代史》上册是他的两部重要著作。

彭

【姓氏来历】

彭姓以国名为氏,为颛顼帝玄孙陆终第三子铿之后。据《姓氏寻源》所载,颛顼帝有个玄孙名叫陆终,陆终第三子名铿,后来被封在彭地(今江苏省徐州),为商朝时的诸侯国之一,建立彭国。据说,彭铿是一位有名的老寿星,他经历了夏、商两代,活了800多岁,所以人们又尊称他为“彭祖”。由于受封于大彭,所以他的子孙就按照当时以国命姓习惯,称为彭姓。

【姓氏分布】

今天的江苏徐州铜山境内(殷商时诸侯国大彭)是彭姓的发源地,其后彭姓的繁衍播迁,均是出自此支。晋代,由于战乱及官职周迁等原因,彭姓又有播迁于今山东、陕西、甘肃、江西、四川、福建等省;唐玄宗时,为避安史之乱,彭姓迁居今江西一带;自清代开始,居住在广东及福建的彭姓有部分移居到了台湾地区以及东南亚和欧美等地。如今,彭姓分布最多的地区在湖北、湖南、四川等省。

【姓氏名人】

彭越:字仲,昌邑(今山东巨野县)人,西汉大将。曾先后在汉高祖刘邦收魏、定梁、灭楚的战事中建立奇功,后被封为梁王。当时他与韩信、英布被称为“三王”。

彭俞:宜春(今属江西)人,少年时隐于集云峰,学邃于易,官至终朝散郎。有《君子传》《循吏龟鉴》等传世。

彭真:原名傅懋恭,山西曲沃人,中国政治家。他曾是中国共产党、中华人民共和国的重要领导人。1997年4月26日因病在北京逝世,享年95岁。

彭德怀:原名彭德华,号石穿,湖南湘潭人,中国共产党著名军事家,中华人民共和国元帅之一。曾任前国务院副总理兼国防部长,中共第六至八届中央政治局委员,中共中央军事委员会副主席。1974年11月29日病逝于北京,享年76岁。

鲁

鲁姓源于姬姓,以国名为氏。据《姓谱》记载,西周初年,周武王的弟弟旦有封地在周,称为周公。周公当初被封在东方的鲁国,但是他要留在周都辅佐周王,就派儿子伯禽去了鲁国(今山东省济宁曲阜)。伯禽到鲁国后,继续征伐周围的淮夷、徐夷,使鲁国成为当时的东方大国。几年后,他兴致勃勃地回京城向周公汇报治理的结果时,周公却忧心忡忡地说:"你为政如此烦琐,这不是件好事,你花了几年才治理各国,而和你同时前往封国的太公(指姜子牙)只花了几个月,因为他凡事化简,看来将来鲁国要向齐国称臣了。"

后来事实证明,由于鲁国讲究那一套烦琐的礼节,国势日弱,而齐国却日渐强大,到齐桓公时,齐国终成春秋霸主。战国时,鲁国被楚国灭掉,其公族子弟迁到下邑(今江苏省杨山县东)。失国后的鲁国公族后代,以国名为姓,就是鲁氏。

【姓氏分布】

鲁姓发源于鲁国(山东省济宁曲阜市)。隋唐以前,鲁姓已广布江东一带;宋元之际,居江苏、江西、安徽、浙江一带的鲁姓为避兵祸南迁入福建及广东,西迁入湖北;明时,鲁姓作为山西洪洞大槐树迁民姓氏之一,被分迁于山东、河南、江苏、湖南等地;清初,山东鲁姓发展迅速,并随闯关东之风潮到东北谋生,还播迁到台湾及海外地区。如今,鲁姓在全国分布的地区比较广泛,尤以山东、安徽两省鲁姓最多。

【姓氏名人】

鲁班:春秋时鲁国人,本公输氏,名般,因"般"和"班"同音,古时通用,故人们常称他为鲁班。他是我国古代著名的建筑工匠、建筑家。他所做出的贡献,对后世影响很大。几千年来,一直被奉为木工、石工、泥瓦匠等工艺部门的共同祖师,称为"鲁班爷"。

鲁贞:字起元,号桐山老农,浙江开化人。元统年间举人,隐居不仕,其精通理学,胸怀平和旷达,著有《易注》《中庸解》《春秋按断》等。

鲁得之:字孔孙,号千岩,钱塘(今杭州)人,明代书画家。著有《竹史》《墨君题语》《细香居集》。

國學智慧全書

蒙学智慧

马

【姓氏来历】

据《元和姓纂》所载,马姓源于赵姓。春秋战国时期,赵氏新中国成立后,赵姓逐渐繁衍成了中华民族之大姓。赵姓中,由于采邑、封号、居地等原因,又分出了一些支裔姓氏。其中,马姓也在其中。

马姓始祖为赵奢,是帝颛顼裔孙伯益的后代。赵奢当时只是一个不知名的田税官。有一次,平原君的家里拒交租税,赵奢毫不犹豫地把平原君家有关的几个人杀了。平原君知道后大怒,要杀他。赵奢理直气壮地对平原君说:"你是赵国最有影响的人,又是国君的弟弟,连你家都不守法,法还有什么用? 国家没有法就要灭亡,国灭还有你平原君吗?"

平原君大悟,把他推荐给赵王当管理全国田赋的官。赵奢上任后严格管理,很快使国库充盈起来。后来秦军攻打韩国,韩王向赵国求救,赵国大将廉颇和名相蔺相如认为道路狭窄难以进兵,赵奢却认为道路狭窄对两军都不利,就像老鼠钻进洞里,谁勇敢谁就胜。赵王很欣赏他的话,就让他带兵救韩,他一面采取麻痹敌人的办法,一面又出奇兵袭击秦军,终于大获全胜。后来他又打了不少大胜仗,成为继廉颇之后赵国的又一名将,被赵惠文王封于马服(今河北邯郸),称为马服君。赵奢死后,其子孙后代,最初以"马服"两个字为姓氏,后来他们省去"服"字,改为单姓马。

【姓氏分布】

马姓最初发源于河北省邯郸市一带。两汉至南北朝时期,马姓分布于今河北、山东、四川、甘肃、浙江等地;唐朝末年,马姓在福建省发展成望族;宋元明以后,江西、广东地区马姓逐渐增多;至清代,马姓开始有些移居于台湾地区、东南亚和欧美等地。现今,马姓主要分布在我国北方的辽宁、西北地区的陕西、甘肃等省。马姓不仅是汉族大姓,在回族中也是一大姓氏。

【姓氏名人】

马融:字季长,右扶风茂陵(今陕西兴平东北)人,东汉儒家学者,著名经学家,尤长于古文经学。一生注群经外,兼注《离骚》《尚书》《论语》《老子》《淮南子》等。

马超:字孟起,三国扶风茂陵(今陕西兴平东北)人。东汉末随其父马腾起兵,后归刘

备。蜀汉建立时任骠骑大将军。

马瑞临：今江西省乐平人，宋元之际著名史学家。他一生博览群书，历经 20 年著成《文献通考》，为记述我国历代典章制度的重要著作。

马致远：元代著名杂剧和散曲作家，与关汉卿、白朴、郑光祖并称"元曲四大家"。其杂剧作品有《岳阳楼》《汉宫秋》《马丹阳三度任风子》《江州司马青衫泪》等。散曲有辑本《东篱乐府》。

马琬：字文璧，号鲁钝生，江宁（今江苏省南京市）人，元末明初画家，曾官至抚州巡抚。擅长山水画，兼工书法，能诗文。其代表作品有《春山清霁图》《乔岫幽居图》《雪岗渡关图》等传世，另著有《灌园集》。

方

【姓氏来历】

方姓源出有两支。一支是以封地为姓。据《世本》所载，相传上古黄帝神农氏之裔孙雷，因黄帝伐蚩尤时，帮助黄帝打败蚩尤立下了大功。后来，黄帝论功行赏，雷被封于方山（今陕西省陇县西南）。后人以封地为姓，称为方氏。

另一支是以祖辈名字皇上赐姓，源出于姬姓。周宣王时，南方有荆人不听从号令，周宣王便派大臣方叔领军征伐。方叔姓姬，名寰，字方叔，是周朝的元老大臣。他还曾领兵打退过北方民族猃狁的侵扰。这一次他率领 3000 乘战车进攻荆国，很快就迫使荆人投降，平息了南方的叛乱。因多次立功，周宣王赐他的子孙以方为姓，称为方氏。

【姓氏分布】

方姓以河南省为发源地，后来南方各地出现的方姓有些成为望族，均是河南方姓向南播迁的结果。隋唐以前，今山东、山西一带及北方的一些地区，也都有方姓居民；唐初，有河南方姓随陈政、陈元光父子入闽开漳并落籍漳州；明初，方姓作为明朝洪洞大槐树迁民姓氏之一，被分迁至河南、河北、安徽、陕西等地；清初，广东及福建地区的方姓人也有迁居到台湾及海外地区的。如今，方姓在全国分布广泛，辽宁、江苏、浙江、云南、福建多此姓。

【姓氏名人】

方信孺：字孚若，号好庵，莆田（今属福建）人，宋代优秀外交家。著有《观我轩集》

《方信孺词选》《南海百咏》等。

方岳:字巨山,号秋崖,祁门(今属安徽)人,南宋后期著名爱国诗人。著有《秋崖先生小稿》《方秋崖先生全集》83卷。

方世玉:广东肇庆人,清代武林高手。此人除精通拳脚外,擅使花刀;为人侠肝义胆,疾恶如仇,其英雄事迹在中国民间家喻户晓,被称为少年英雄,与兄弟方孝玉和方美玉同被称为"少林十虎"。

方东美:原名王旬,字东美,安徽桐城人,中国现代哲学家,被海内外誉为民国以来我国在哲学上真正学贯中西的第一人。著有《生命情调与情感》《人生哲学总论》《中国人生哲学精义》《方东美先生全集》等。

俞

【姓氏来历】

俞姓的来源只有一种说法。相传很早以前,中国的杏林之祖俞跗跟神农学尝百草,后来自己能熟知各种药草性能,因此被视为神医。有一次,黄帝的小儿子禺阳病了,而且很严重,黄帝请俞跗去治疗,可等他到了之后禺阳也快断气了。黄帝深爱此子,见状十分悲痛。跗就剖开禺阳的肚子,将其内脏清洗干净,最终使禺阳起死回生。

后来有人问他:"快死的人了,你剖开他肚子,万一救不活那不是要承担罪责吗?"俞跗却说:"医生的首要条件,就是忘掉自己,只有忘掉自己,才能把心放在患者身上。"由于他医术高超,治什么病都能痊愈,人们就叫他愈跗。"俞"与"愈"同音,后来又称他为俞跗,他的后人就以俞为姓,就是俞氏。

【姓氏分布】

俞姓发源于五千年以前的黄帝时代,后又有春秋时郑国、楚国公族加入俞姓。在隋唐之际或隋唐以前,俞姓曾长期生活在今山西、河南、河北、湖北等省;宋代以后,俞姓主要分布在今浙江、安徽、江西等地;明初,俞姓作为明朝洪洞大槐树迁民姓氏之一,被分迁于陕西、甘肃、河北、天津等地;到了清代,俞姓仍以华东之地为众。如今,俞姓在全国分布甚广,主要分布在安徽、浙江、江苏等省。

【姓氏名人】

俞桂:字晞郄,仁和(今浙江省杭州)人,宋代官吏、诗人。曾驻守海滨,平时也不忘吟

诗作赋。著有《渔溪诗稿》2 卷、《渔溪乙稿》1 卷。

俞琰：字玉吾，号全阳子，林屋山人、石涧道人，吴郡（今江苏省苏州）人，宋末元初著名思想家、文学家。以辞赋闻名，精通《周易》，著有《易外别传》《阴符经注》《周易集说》《易图纂要》《席上腐谈》《书斋夜话》《林屋山人集》等。

俞山：初名墓，字积之，号梅庄，秀水（今浙江嘉兴）人，明代大臣。工于诗，善大篆，亦精墨梅。作品有《梅庄集》。

俞樾：字荫甫，自号曲园居士，浙江德清人，清代著名学者。道光年间进士，历任翰林院编修、河南学政。罢职后，一意治经。著有《宾萌集》《诸子平议》《群经平议》《茶香室丛钞》《春在堂诗编》等。

俞宗礼：字人仪，号凡在，一作东凡，今江苏苏州人，清代著名画家。俞宗礼工于山水及写真，尤善白描人物，笔墨精细，有"龙眼复生"的美誉。

袁

【姓氏来历】

袁姓溯源主要是以祖辈名字为姓氏，是从陈姓中分化出来的分支，源于妫姓。周初，周武王仿效尧以二女嫁舜的做法，把大女儿嫁给舜的后人胡公妫满，并封为陈侯，就是陈姓。陈胡公的第九世孙名诸，字伯爰。伯爰的孙子爰涛涂被封在阳夏，他以祖父名字为姓，后代就是爰氏。古时爰、袁、援、辕等字同音，上古时同音通用，到了汉代，多以袁为姓，爰、辕反倒少见了。

【姓氏分布】

袁姓早期主要是在其发源地河南发展繁衍，其发展中心为陈郡，尤其是汝南。秦汉时期袁姓传播到江苏、山西、河北、陕西等部分地区；南宋以前，已有袁氏徙居福建；清代福建、广东地区的袁姓陆续有人移居台湾地区以及新加坡、印尼等国家。如今，袁姓在全国分布广泛，尤以河南、河北、四川、江苏、江西、浙江等省多此姓。

【姓氏名人】

袁山松：字桥孙，陈郡阳夏（今河南太康）人，西晋吴郡太守。他性情秀远，擅长音乐，其歌《行路难》，听者无不落泪，与羊昙之唱乐、桓伊之挽歌，并称"三绝"。著有《后汉书》百篇，今遗失。

袁江:字文涛。江都(今江苏扬州)人,清朝著名画家。工画山水、楼台,景物曲折有致,笔墨严整。代表作有《东园胜概图》《汉宫秋月图》等。

袁枚:字子才,号简斋,晚年自号苍山居士,钱塘(今浙江杭州)人,清代著名文学家。著有《随园诗话》《小仓山房集》《随园随笔》等书,散文代表作《祭妹文》,哀婉真挚,流传至今。

袁世凯:字慰庭,号容庵,是中国近代史上赫赫有名的北洋军阀鼻祖、中华民国大总统,风云一时,叱咤中国政坛。1915年12月袁世凯宣布恢复帝制,建立中华帝国,并改元洪宪。1916年6月6日,袁世凯因尿毒症不治,死于北京,时年57岁。同年8月24日正式归葬于河南安阳。

袁世凯

袁隆平:江西省九江市德安县人。我国杂交水稻研究创始人,被誉为"米神""杂交水稻之父""当代神农"等。

柳

【姓氏来历】

柳姓源于姬姓,为春秋时鲁国展禽之后,以邑名为氏。据《元和姓纂》所载,周公的裔孙鲁孝公的儿子叫展,展的孙子无骇以祖父的名字为姓,称为展氏,后传至无骇的儿子展禽这一代。

据说,有一年冬天,展禽路遇一位冻倒在地的女子,于是他便用自己的身体为其取暖,自己不动一点邪念。所以后人用"坐怀不乱"来形容正人君子。展禽死后,他的门人就给起个谥号"惠"。由于他封邑在柳下,史家称他为"柳下惠",他的后人便以柳为姓,奉他为柳姓始祖。

【姓氏分布】

柳姓最早的繁衍之地在今河南北部和山东西部一带。秦时,原居鲁国的柳氏后人迁居到河东,子孙世代绵延,终于成了河东的望族;唐时,柳姓已入居四川、广西、福建等地;宋元明时期,柳姓名人多出自江苏、安徽、浙江、福建等南方之地;到了清代,居住在广东

及福建之地的柳姓有的迁居到台湾及新加坡等地。今日柳姓尤以山东、四川、湖北、湖南等省居多。

【姓氏名人】

柳宗元：字子厚，唐代河东（今山西省永济市）人，著名的文学家和哲学家，为唐宋八大家之一。与韩愈共同倡导唐代古文运动，并称韩柳。尤擅长散文，峭拔矫健，寓意深刻。他一生留诗文作品达600余篇，其文的成就大于诗。传世有《柳河东集》，也称《唐柳先生集》。

柳宗元

柳永：原名三变，字景庄，后改名永，字耆卿，排行第七，又称柳七。崇安（今属福建）人，北宋词人，婉约派创始人。其词作流传极广，"凡有井水饮处，皆能歌柳词"。著有《乐章集》。

柳公权：字诚悬，唐朝京兆华原人，著名书法家。柳公权擅长楷书，结体劲媚，法度谨严。著有《送梨帖跋》《玄秘塔》《金刚经》《神策军碑》。

柳如是：字如是，号河东君，又号蘼芜君，吴江（今属江苏省）人，清初女诗人、画家。其善画，白描花卉，雅秀绝伦，山水石竹，淡墨淋漓。著有《戊寅草》《柳如是诗》等。

史

【姓氏来历】

据《唐书·宰相世系表》所载，史姓以官名（世职）为姓氏，出自周太史佚之后。

我国古代即有史官制度，史官在王左右，他的责任是记录帝王的言行和史实，管理宫中典籍。夏、商、周三代称为太史。西周初年，由于继位的成王年幼，因此由周初四圣辅政，即太公、周公、召公、尹佚。太史尹佚为人严正，他不但要完成史官的责任，还要把成王的言行和古代圣贤对照，使成王知道哪是对，哪是错。尹佚被史家称为史官的典范，由于他终身在周任太史，后称史佚。因此他的后人就以官名为姓，就是史氏。

【姓氏分布】

春秋战国时期，史氏相当广泛地分布于全国各地；汉时，史姓繁衍发展到山东、江苏、

甘肃、陕西、广西、四川等地;唐五代至宋时,今湖南、浙江、山西、江西、河北等省有史氏;到了明清时期,史氏还分布于今安徽、湖北、福建、广东、云南以及海外地区。如今,史姓尤以湖南、山东较多。

【姓氏名人】

史墨:春秋时期晋国大夫,长于天文,熟悉各诸侯国内政。他认为"社稷无常奉,君臣无常位,自古以然",还提出"物生有两"的辩证法。

史鱼:字子鱼,名佗,卫灵公时任祝史,故称祝佗,春秋时卫国史官,以正直著称。临死时,他还劝卫灵公进贤(蘧伯玉)去佞(弥子瑕),后人称为"尸谏"。他秉笔直书,堪称史家楷模。

史可法:字宪之,又字道邻,祥符(今河南开封)人,明末政治家、军事家、中国民族英雄。顺治二年兵困扬州时,他拒降固守,奋战到底,英勇就义。

史孟麟:字际明,号玉池,宜城人,明朝理学家。他主张以理学为"国本",以名节相砥砺,同时参与东林书院讲学。著有《望来台记》。

唐

【姓氏来历】

据《姓源》所载,唐姓是以国名为姓,是圣君帝尧的后代。传说上古时喾帝有 4 个孩子。元妃姜源生神农后稷,次妃庆都生圣帝尧,三妃简秋生商族始祖契,四妃常仪生挚。喾去世后挚继位,因其荒淫无度,九年后被各路诸侯废掉。诸侯共举年仅 18 岁的尧继位,据说他做了一百年天子,后来禅位给舜。尧死后,舜封他的儿子丹朱为唐侯。此后,这一侯国累世相传,经历夏商两代,直到西周初年才被周公灭掉。从此,唐侯的裔孙中开始有人以唐为姓。

【姓氏分布】

唐姓发源于陕西、山西、豫鲁(今河南、山东间地)、湖北。汉时,唐姓分布于江苏、安徽、甘肃、山西等地;南北朝时期唐姓已相当广泛地分布于大江南北的许多地方;唐朝时有河南固始唐姓移居福建;宋代有晋昌唐姓随宋室南渡,定居江西、广东、广西等地;到了清代,福建、广东的唐姓有移居至台湾及海外。如今,唐姓尤以四川、湖南、贵州、山东、安徽、广西等省区居多。

【姓氏名人】

唐举:战国时期梁国(今陕西韩城南)人,相术家,以善相术著名。相人之形状、颜色而知其吉凶、妖祥。

唐慎微:字审元,蜀州晋阳(今四川崇庆)人,宋代著名医药学家。编有《经史证类备急本草》,总结了宋以前的药物学成就,流传很广。

唐赛儿:蒲台县西关(今滨州市蒲城乡)人,明末山东农民起义军女首领。

唐英:字隽公、叔子,号蜗寄居士,奉天(今辽宁)人,清代戏曲作家、陶瓷家。擅作戏曲,能诗工书,善画山水人物。著有杂剧《转天心》《面缸笑》《十字坡》等17种,合为《古柏堂传奇》。

薛

【姓氏来历】

据《元和姓纂》记载,薛姓以国名为氏,源于任姓。任姓为我国较古老的姓氏。相传黄帝的小儿子禹阳封在任国,得任姓,他的十二世孙奚仲在夏禹时任车正,被封为薛侯,定都于薛(今山东滕县)。商汤时,奚仲的十二世孙薛侯仲虺在任左相。商末时,周伯季历娶薛侯女儿大任为妻,生下姬昌,就是周文王。后来薛被楚国吞并,失国的薛侯子孙便以国为姓。

【姓氏分布】

薛姓发源于今山东,后又迁至江苏邳州。战国时薛氏已播迁于今湖北、湖南、江苏、河南、河北省境内;三国时已有薛姓徙居今甘肃境内;西晋末年出现永嘉之乱,中原薛姓随晋室南渡,河东人薛推迁至江南及福建晋安;唐宋时期,福建薛姓又分衍出广东海阳、五华、兴宁、梅州等支派;到了清代,福建及广东的薛姓陆续有迁入台湾及海外地区。如今,薛姓分布以江苏、山西、河北、福建等省为多。

【姓氏名人】

薛道衡:字玄卿,河东汾阴(今山西万荣)人,隋代名臣、著名诗人。其诗辞藻华艳,多数边塞诗比较雄壮。《昔昔盐》中的"空梁落燕泥"句,为后人广为传诵。

薛仁贵:唐朝名将,善于骑射。唐太宗时,应募从军,多次立战功,后又率军大败突厥

于天山,军中有"将军三箭定天山"的赞歌。

薛稷:字嗣通,蒲州汾阴(今山西万荣)人,唐朝大臣、书法家。他善画人物、鸟兽。他与欧阳询、虞世南、褚遂良并称"唐初书法四大家"。

薛涛:字洪度,唐朝长安(今陕西省西安市)人,著名女诗人。因为从小家贫,沦为歌妓,善歌舞,工词诗。创制深红小笺写诗,人称"薛涛笺"。其代表作有《锦江集》,共5卷,诗500余首,但未有流传。

雷

【姓氏来历】

据史料记载,雷姓是以部落名为姓,源于上古黄帝时期。传说上古有个部落叫方雷氏,方雷氏首领的女儿便是黄帝的第二个妃子,后来生下儿子青阳氏。当时方雷氏的首领人称其为雷公。他是个名医,深通医道,是我国古代医学之祖。他的后人即以部落名为姓,就是雷氏。

另据《元和姓纂》所载,雷姓以国名为氏,源自炎帝神农氏的九世孙方雷之后。传说方雷氏因屡获战功被黄帝封于方山(今河南省中北部一带),后建立诸侯国。其后人就以国名为氏,为方雷氏。后又分为两支,一支姓方氏,一支姓雷氏。

【姓氏分布】

雷姓最初在中原繁衍发展。汉时,雷姓迁居于江西、湖北、四川等地;魏晋南北朝时期,雷姓在南北方都有新的发展;唐宋以后,雷姓分布更加广泛,如内蒙古、广东、陕西等省均有雷姓;明初,雷姓作为明朝洪洞大槐树迁民姓氏之一,被分迁于陕西、甘肃、河南、河北等地;到了清代,雷姓分布更为广泛,而且有部分人移居海外。如今,雷姓尤以四川、湖北、陕西等省居多。

【姓氏名人】

雷敩:南朝著名药物学家,以著《雷公炮炙论》而著称。其中有的制药法,至今仍被沿用。还著有《论合药分剂料理法则》等。

雷万春:唐朝张巡偏将。安禄山部将围攻雍丘时,他在城上面中六箭,坚守不动。后随张巡守睢阳(属今河南商丘),坚守不屈。城陷后,与张巡同时遇害。

雷锋:原名雷正兴,湖南省长沙人,伟大的共产主义战士。在辽宁抚顺服役时,荣立过二、三等功各一次。1962年8月15日因公殉职，年仅22岁。

倪

【姓氏来历】

倪姓以国名为姓，为黄帝后裔郳武公次子之后。据《通志》载，春秋时期，郳武公将次子肥封于郳（今山东省滕州境内），建立了郳国，为邾国附庸。子孙以国名为姓，称为郳氏。春秋战国时郳国被楚国所灭，亡国后子孙为避仇便改"郳"为"倪"。

【姓氏分布】

现在，山东省的滕州和枣庄两地都有叫作郳城的地方。根据考证，这两处地方是倪姓的最初发源地。战国时，有倪姓人在河南落籍；两汉时，倪姓繁衍于山东、安徽一带；隋唐之际，倪姓在北方的分布渐广，今河北、河南、山西等境均有倪姓；宋时，倪姓渐分衍于湖北、广东、广西等地；明初，倪姓作为明朝洪洞大槐树迁民姓氏之一，被分迁于今山东、河南、安徽等地；清代，广东、福建两地倪姓迁居到海外。如今，倪姓尤以江苏、湖北等省为多。

【姓氏名人】

倪良：战国时代的军事家，曾统领六国军队。幼年时家境贫寒，每次去田里劳动时，总是把《五经》挂在锄钩上，有空即读，后来"带经而锄"的故事广为流传。

倪思：字正甫，湖州归安（今浙江吴兴）人，宋朝学者。干道二年中进士，历任礼部侍郎、礼部尚书，以直谏著称。此人博学多才，著有《兼山集》《齐山甲乙稿》等。

倪瓒：初名"珽"，字泰宇，后字元镇，号云林，元代画家、诗人。他的诗文造语自然秀拔，清隽淡雅，不雕琢。著有《清閟阁集》15卷。

倪元璐：字玉汝，号鸿宝，浙江上虞人，是明代的忠臣。能诗文，工行草，善画山水竹石。为人正直廉明，不畏强权，官至户部尚书。李自成攻陷京城时，自缢而亡，谥文正，清代时追谥文贞。有《倪文贞集》传世。

倪稻孙：字米楼，仁和（今浙江杭州）人，清代书画家、词家。少年时工于填词，游吴公之门，名播吴越。精篆隶，善画兰，笔疏墨淡，饶有逸情。

汤

【姓氏来历】

商汤是殷商的开国之主成汤拥有天下之后的号。据《通志·氏族略》所载,成汤,帝喾之子契的十四世孙,姓子,名履,又名天乙。他是夏朝末年商族部落的首领,他本是夏朝的方伯(专管征伐之事的一职位)。

夏朝末期,帝桀为君,残暴无道,国内日趋动荡不安,履见其形势,便产生了代夏之心。后来他与另一强大部落有莘氏联合灭夏,把夏桀放逐到南巢(今安徽省巢县西南),这样,履就建立了中国历史上第二个奴隶制国家——商朝,定都于亳(今河南商丘)。之后,其后代子孙有一支为纪念这位开国君主,就以其谥号命氏,称为汤姓,奉成汤为汤姓得姓始祖。

【姓氏分布】

汤姓最早发源地是今河南省境内。秦汉时期,汤姓尤以河北一带繁衍发展较快;魏晋南北朝时,由于战乱,汤姓主要向东、南两个方向避乱;唐末五代时,中原汤姓再度南迁到湖南、江苏、浙江等地;宋代以后,汤姓分布于江苏、安徽、浙江、湖南等地;明代,汤姓作为大槐树移民姓氏之一,分迁于河北、山东、陕西、湖北等地;清代,广东汤姓陆续有人入居台湾及东南亚一带。今日汤姓主要分布在湖南、江苏、福建等地。

【姓氏名人】

汤正仲:字叔雅,号闲庵,黄岩(今浙江黄岩)人,宋代著名画家。善画梅、竹、松、石,清雅如傅粉之色。其作品别具新意,享誉画坛。其代表作品有《梅鹊图》《霜入千林图》等。

汤世树:江苏省武进人,清代诗书画家。书学米芾,题识精美,写生鲜丽,为江南赋色家一大宗,时称"三绝"。

汤天池:名鹏,江苏溧水人,清代铁画家。铁画是用铁铸成线条,再焊接而成的一种美术作品。主要是借鉴国画的水墨、章法、布局,线条简明有力,苍劲古朴。相传,他受邻居萧云从的影响比较大,是铁画的鼻祖。

罗

【姓氏来历】

罗姓其中最重要的一支出自妘姓，是颛顼帝之孙祝融氏之后裔。祝融是帝喾时期的火官（掌管民事），因他有功，能光融天下，帝喾便命他为祝融，被后人称为"火神"。祝融的后裔分为八姓，即己、董、彭、秃、妘、曹、斟、芈等，史称"祝融八姓"。周朝时，有子孙被封在宜城（今湖北省宜城市），称为罗国。后来，罗国被楚国所灭，祝融子孙逐渐向南迁移，为不忘亡国之恨，遂以原国名为姓，尊颛顼为罗姓始祖。

【姓氏分布】

罗姓最早起源于我国中原地区。唐时，罗姓迁居到江西、广东两省；元明时期，罗姓迁往到四川、贵州等地；隋唐时期，罗姓分布于今山西、河北、安徽、江苏等地；清代开始，居住在广东及福建等地的罗姓，迁居到台湾地区及印尼等国家。如今，罗姓主要分布地区在四川、广东、湖南、江西、贵州和湖北等省。

【姓氏名人】

罗贯中：名本，以字行，号湖海散人，元末太原人，是中国章回小说的鼻祖。《三国演义》为其代表作。

罗聘：字遁夫，号两峰，安徽歙县人，清代著名画家。其笔调奇创，超逸不群，别具一格，为"扬州八怪"之一。其子允绍、允缵，均善画梅，人称"罗家梅派"。

罗瑞卿：四川省南充人，是中国人民解放军早期著名领导人之一，多次参加并领导著名战役，战功卓著，建国后被授予"大将"军衔。

罗荣桓：原名慎镇，字雅怀，湖南衡山寒水乡南湾村（今湖南衡东）人，著名的军事家、政治家。他是中华人民共和国元帅之一，是中国人民解放军创建人和领导人之一。

罗贯中

毕

【姓氏来历】

毕姓的始祖是周文王 15 子毕公高。据《左传》所载,商朝末年,周文王 15 子名高,随周武王一起伐商,立了不少大功。西周建立后,他负责处理被商纣王关押的犯人。他采取了宽大政策,平反了不少冤案,表彰了因直谏而受害的忠臣,因而在百姓中享有很高的声誉,成为"周初四圣"之一。他被周武王封在陕西咸阳东北的毕国,人称毕公高。他的后人就以国为姓,称为毕姓,他们奉毕公高为毕姓始祖。

【姓氏分布】

毕姓的发源地在今陕西长安、咸阳两地之北,也就是渭水的南北两岸。战国时,毕姓已进入山东;先秦时期,毕姓主要繁衍于河南、山西等地;西汉时,毕姓扩展于河北及广西两地;魏晋南北朝时期,居于山东的毕姓繁衍日盛;唐宋时期,毕姓人迁居到湖南、江西、安徽等地;明初,山西毕姓人作为明朝洪洞大槐树迁民姓氏之一,被分迁于陕西、山东、河北等地;清代,河南、山东的毕姓人,入迁东北三省。如今,毕姓尤以山东、河南、黑龙江等省居多。

【姓氏名人】

毕宏:唐朝京光人,寓居于蜀。善画山水、古松、奇石。杜甫《戏韦偃为双松图歌》中有"天下几人画古松,毕宏已会韦偃少"的诗句。

毕昇:淮南路蕲州蕲水县(今湖北省英山县)人,北宋布衣,活字印刷术的发明者。他还研究过木活字版,活字可以多次使用,是世界上最早的活字印刷。

毕沅:字秋帆,又字梁蘅,自号灵岩山人,江苏省镇江(今太仓)人,清代大臣、学者。乾隆二十五年官至湖广总督。经史子学金石地理之学,无所不通。其代表作有《传经表》《经典辨正》《灵岩山人诗文集》等。

毕道远:字仲任,号东河,山东淄川(今淄博市)人。清代道光二十一年中进士,光绪八年授都御史,历官至礼部尚书。

安

安姓源于姬姓。传说远古黄帝有个儿子叫昌意,昌意次子叫安,后居住西方,成为西方众部落的首领,不久便建立安息国(今伊朗)。到了东汉时期,张骞出使西域,安息国与中原来往增多,到中原来经商,宣扬佛教,有些人就在中原定居,繁衍后代。

在这些人当中,有一个叫清的王太子也来中国传播佛教,此人博学多才,对佛经很有研究,又修习过禅定。他放弃了王位,出家修行,先在西域一带游化,以后又辗转中原,于公元148年到达河南洛阳。他很快就通晓华语,还取华语名为"世高",以国名为姓,称安世高。后来,安息人来中原不归者便像他一样也以安为姓,尊奉世高为安姓始祖。

【姓氏分布】

安息国的安姓自入居中原后,分居于河南、湖南、甘肃等地,其中尤以甘肃、湖南二省安姓繁衍迅速。三国两晋南北朝时,北方战乱频繁,中原安姓大举南迁;唐宋元时期,安姓迁居到安徽、江苏、浙江等地;明初,安姓作为大槐树迁民姓氏之一,被分迁于山东、安徽、浙江等地;清代有广东、福建沿海之地安姓迁居到台湾地区及海外国家。如今,安姓主要分布在河北、安徽、河南等地。

【姓氏名人】

安重荣:字铁胡,五代后晋朔州人,后唐时任振武巡边指挥使。后归附后晋石敬瑭,任成德军节度使。石敬瑭投降契丹后,安重荣起兵反之,次年战败被杀。他这种民族气节,得到了后人的景仰。

安维峻:字晓峰,号盘阿道人,甘肃秦安县人,清代著名的谏官。光绪年间进士,授编修。安维峻直言敢谏,曾被慈禧革职,后又重新启用,任京师大学堂总教习。著有《诗文集》《四书讲义》。

安文钦:陕西省绥德人,抗战时期积极与八路军合作。新中国建立后,历任陕西省人民政府委员,全国人民代表大会代表,被称为"陕西四老"之一。著有《满腹牢骚记》等。

國學智慧全書

蒙学智慧

常

【姓氏来历】

相传在远古黄帝时代,以常为姓的古人相当多。当时黄帝有两个大臣,是兄弟二人。一个叫常仪,黄帝命他占月。他根据日月星辰的变化制定了中国第一部历法,称为黄历,是我国历法始祖。另一个叫常先,黄帝命他为大司空,和风后一起主管猎牧。他们使我们的祖先由猎牧转为畜牧,是开创我国畜牧业的始祖。他们的后代就以他们的名字为姓,奉二人为常姓始祖。

另一来源认为,常姓是以封地为姓。《元和姓纂》记载,周武王灭商后,封其弟(文王幼子)于康邑,世称康叔封,亦称康叔。后来武王之弟周公又将原来商都周围地区和殷民七族封给康叔,建立了卫国(今河南、河北一带)。周初,周公大肆分封诸侯,诸侯又有封地之制,卫康叔有一子封于常(今山东滕县东南)。后来,秦国灭卫,其后裔有以国为氏姓卫,也有以封地为氏姓常的。

【姓氏分布】

常姓早期发源地是江苏、山东两地。魏晋南北朝时期,河南、甘肃常姓繁衍茂盛;隋唐时期,常姓分布陕西、福建两地;宋代,常姓迁徙于浙江、湖北等地;明代有山西常姓被迫迁周边省份之人烟稀疏之地;清代常姓迁居到台湾地区及新加坡等地。今日常姓以黑龙江、吉林、河南、河北、山西等省居多。

【姓氏名人】

常骞:三国江原人,以清尚知名。学识渊博,为人清尚,名噪一时。

常伦:字明卿,号楼居子,明代散曲家。曾官至大理寺评事。其代表作品有《写情集》《常评事集》等。

常志美:字蕴华,清朝时期杰出的伊斯兰教学者和经师。他精通波斯文,潜心研究宗教哲学。后来由他开创的学派发展成中国伊斯兰教寺院经堂教育中的山东学派,对后世的影响很大。

常任侠:乳名复生,原名家选,字季青,安徽颍上人,现代著名美术史家、作家。著有《汉画艺术研究》《中国古典艺术》《中国舞蹈史》《中国木偶皮影艺术史》等著作。

乐

【姓氏来历】

乐姓源于春秋时的宋国,是宋国王族的后裔,发源于河南商丘。当时的宋国,是由殷商纣王的长兄微子所建立,本来这个地方是封给武庚的,但是由于武庚叛变,后来被讨伐,周成王就把河南商丘封给了微子,并且封他为宋公。后来,宋戴公之子公子衎(字乐父)的后代,又以公子衎的字为氏,于是就出现了"乐"这个姓氏。公元前286年宋国被齐、魏、楚三国所灭,后人奉公子衎为乐姓的始祖。

【姓氏分布】

乐氏源于春秋时的宋国,跟后世以宋为姓的人,算起来是血脉相同的一家人。南北朝至隋唐五代十国时,乐姓始大批南迁到湖南、浙江、安徽、江西等地;明初,山西乐姓作为洪洞大槐树迁民姓氏之一,被分迁于陕西、甘肃、宁夏等地;到了清代,乐姓除进入西南外,还迁居到台湾及东南亚等地。如今,乐姓尤以浙江、河南两省居多。

【姓氏名人】

乐毅:战国时赵国灵寿人(今河北省灵寿县西北)人,战国后期杰出的军事家。公元前284年,他统帅燕国等五国联军攻打齐国,攻下70余城,创造了中国古代战争史上以弱胜强的著名战例。

乐进:字文谦,阳平卫国(今河南清丰)人,三国时魏国曹操名将。擅打仗,最早投奔曹操,为帐前吏。后跟随曹操讨吕布,攻张绣,战袁绍,多次立战功。后来曹操以乐进数有军功,迁右将军。

乐韶凤:字舜仪,明代全椒人。博学能文,谒太祖于和阳,从渡江,参军事。洪武三年授起居注,累迁至兵部尚书,与中书省、御史台、都督府定教练军士法。撰有《回銮乐歌》39章,《洪武正韵》16卷等。

于

【姓氏来历】

于姓有两个主要的来源,一支源自周文王的姬姓,为周武王姬发的后代,以国为氏。据《广韵》记载,周初,周武王大举分封诸侯,把自己的儿子姬衍叔封于衍国(今河南省沁阳市北部)。后来,衍叔的子孙就以国为氏,有的人姓了衍,有的人则去邑旁姓于,称为于姓。

另一支源于北魏时的万忸于氏。据《路史》所载,鲜卑族的万忸于氏原为山东于姓人,后随鲜卑改之,又复于姓。

【姓氏分布】

河南泌阳县北部一带原是古代衍国所在地,当然也是于姓的发源地。秦汉时期,于姓人开始以河南为中心缓慢播迁到山西、安徽、陕西等地;魏晋南北朝时期,长期的军阀纷争割据,于姓大举南迁于东南广大地区;隋唐时期,于姓相继在北方形成了望族;宋时,于姓开始由浙入闽,由闽入粤;到了清代,于姓主要分布在河南、河北、山东等地。如今,于姓尤以湖南、陕西、辽宁等省居多。

【姓氏名人】

于公:汉代东海郯(今山东省郯城北)人,曾官廷尉,为县狱吏。执法公允,凡犯法者,于公所决皆不恨。他所洗雪的"东海孝妇"一案,以善于决狱而成名,更是千古美谈。

于吉:一作干吉,琅琊人(今山东胶南),东汉末期的著名道士。所著的《太平清领书》传世。

于志宁:字仲谧,京兆高陵(今属陕西省)人,唐代官吏。贞观中为太子右庶子,高宗时拜太子太师,同中书门下三品,并封燕国公,以华州刺史致仕。

于谦:字廷益,钱塘人(今浙江杭州),明朝著名军事家、政治家。永乐十九年,于谦考中了进士。曾任御史、兵部右侍郎、兵部左侍郎等职。

傅

【姓氏来历】

傅姓是以地名为姓氏,源于傅说。传说自从盘庚把商都迁到殷墟以后,商朝只是兴旺了一个很短的时期。盘庚之后的两个商王都是庸人,商朝又衰落了。等到商高宗武丁即位的时候,国势衰微。武丁即位后他雄心勃勃决心治理好商朝。平时他很少说话,有一天晚上他做了一个梦,梦见了一位圣人,圣人说赐给他一个佐政贤臣叫说(音同越),让贤臣代他说话。这位圣人还介绍了那位贤臣的面貌特征。

梦醒来后,武丁请人画了说的图像,命令群臣四处寻访。大家找了许久,终于在傅岩(在山西平陆县东南)的地方找到这个叫说的人。臣子把说请到殷都,武丁一看,果真是梦中圣人所说的那个人。武丁同说关门长谈三天三夜,二人极为投机。后来武丁拜他为相,让他代自己管理天下。因这人是在傅岩找到的,后又代天子说话,所以人称他傅说。傅说执政以后,殷商又兴旺起来,武丁也成了"中兴明主",傅说成为古代有名的贤相,傅说的后代就以其傅为姓,奉傅说为傅姓始祖。

【姓氏分布】

虽然傅说出生地在今山西平陆县以东之地,但是其得姓则在商的都城殷,故我国傅姓最早的发源地应当是在今河南安阳小屯村。汉晋之际,傅姓人是以陕西、甘肃、宁夏等地为迁居地,之后便东迁移居河北、山东等地;魏晋南北朝之际,傅姓大举南迁;唐宋时期,傅姓迁入到福建、广东等地。如今,傅姓主要分布在山东、湖南等省。

【姓氏名人】

傅毅:字武仲,扶风茂陵(今陕西省兴平东北)人,东汉文学家。朝廷求贤不诚,士多隐居,著有《七激》《迪志》《舞赋》等作品。

傅山:字青主,别号有公它、公之它等,阳曲人,明清文学家。他不但博通经史诸子和佛道之学,并兼工诗文、书画、金石,又精医学。其著作有《霜红龛集》《荀子评注》等,医学上有《傅青主女科》和《傅青主男科》等书。

傅善祥:金陵(今南京市)人,太平天国三年女状元,仕至丞相。她是太平天国时期的女状元,也是中国历史上第一位女状元,为东王杨秀清政务上的得力助手。

皮

【姓氏来历】

皮姓是一个发源于我国北方的古老姓氏,他们是以祖辈名字为姓,源出于樊氏。据《风俗通义》记载,春秋时期,周宣王经过重重磨难才得以即位,他深知民间疾苦,即位后采取了一些有力措施,任用贤臣,使周王朝越来越繁荣,史称"宣王中兴"。他的贤臣中有个太宰仲山甫,封在樊国,爵位为侯,他的后代子孙,也按照当时的习俗,纷纷以国为氏。

那么,这位仲山甫既然是樊姓的始祖,又怎么会跟皮氏有关系呢?据《姓纂》记载,皮氏是周王室的大夫樊仲皮之后,这位樊仲皮正是建立樊国的仲山甫的后裔,樊仲皮是周王室的大夫,也是历史上有名的贤臣。樊仲皮在周代实施的分封制度之下,被封在皮氏邑(山西省的河津市一带)。后来,樊仲皮的子孙就以他的名皮为姓,奉樊仲皮为皮姓始祖。

【姓氏分布】

最初皮氏所居的皮氏邑,虽然是在今山西省境内,但是他们的最早发源地可以推溯到河南的济源地方。如今,皮氏主要分布在江苏邳县下邳故城、甘肃天水、陇西以东地区。

【姓氏名人】

皮日休:字袭美,自号鹿门子,又号醉士、酒民、醉吟先生,襄阳人(今湖北襄樊襄阳区),唐朝著名文学家。著有《桃花赋》《九讽》《农夫谣》《鹿门隐书》等。

皮锡瑞:字鹿门,一字麓云。湖南最著名的今文经学家之一,也是晚清经学大家之一。著有《师伏堂丛书》《师伏堂笔记》《师伏堂日记》等。

皮定钧:安徽金寨人。抗日战争爆发后,随八路军一二九师到山西前线,转战太行山区。建国后,曾任兰州军区司令员、福州军区司令员、中共中央军委委员等职。1976年在福建前线因公殉职。

皮宗敢:字君三,湖南长沙人,著名国民革命军陆军中将,台湾陆军参谋大学校长。1984年,72岁的皮宗敢病逝于台北。

康

康姓以国名为姓氏,源于康居国。据《梁书·康徇传》记载,汉朝时,西域归附后,建立了康居国(今新疆北部)。后来康居国中有的人留居在河西(河西走廊与湟水流域一带),其后人就以国名康为姓。这是康姓的一种由来。

另据《姓苑》记载,康姓以谥号为姓氏,源于姬姓。周初,周公旦平定武庚叛乱以后,封九弟叔为卫侯(在殷墟一带),让他管辖那里的商朝遗民七族。叔即位后,谨慎治国,将卫国治理得井井有条,对稳定西周政权起了很大的作用。于是周成王又任命他为王室的司寇。他死后,周王室给他谥号为"康",即"使民安乐"的意思,史称康叔。康叔的子孙,就以谥号为姓氏,称为康氏,奉康叔为康姓始祖。

【姓氏分布】

康姓最早发源于今河南东部、山东西部、河北西南部一带。秦时,康姓主要迁入陕西、山东两地;魏晋南北朝时期,甘肃康姓为避战乱,迁居到陕西省蓝田西灞河西岸;唐代,康姓主要迁居到江浙一带;宋元明时期,康姓分布于河南、山东、安徽、湖北等地;到了清代,广东及福建康姓陆续有人迁至台湾及海外地区。今日康姓尤以安徽、四川、山东等省居多。

【姓氏名人】

康昆仑:西域康国人(今中亚撒弥罕附近),唐代著名琵琶演奏家,有"长安第一手"之称。善弹《道调凉州》《羽调录要》等曲。

康与之:字伯可,一字叔闻,号退轩,滑州(今河南省滑县东)人,南宋著名学者。曾上书"中兴十策",表现出其渴望公平合理的乌托邦思想。著有《昨梦录》等。

康海:字德涵,号对山、浒西山人、沜东渔夫,陕西省武功人,明代文学家。所做杂剧、散曲、诗文集多种。作品主要有杂剧《中山狼》、散曲集《沜东乐府》、诗文集《对山集》等。

康有为:广东南海人,近代资产阶级改良派代表人物之一。著作有《新学伪经考》《孔子改制考》《春秋笔修大义微言考》《大同书》《中庸注》等,颇受近代学术界的重视。

齐

【姓氏来历】

齐姓来源于姜姓,以国名为氏。《通志·氏族略》记载,齐姓始祖姜子牙辅佐周武王推翻了商朝,建立了周朝。由于姜子牙的功劳最大,被周武王封在东方的齐国(今山东省淄博市临淄区),时人称姜子牙为齐太公。

春秋初期,齐国的齐桓公任用管仲进行改革,国力富强,称为霸主。公元前567年,齐灵公灭掉蔡国之后,齐国的领土扩展到山东东部,西到黄河,南到泰山,北到无棣水,东到大海,尽属齐国。到了春秋末年,齐国国势衰危,至此,齐国姜姓的江山被权臣田氏取代,史称"田氏代齐"。因"田氏代齐"属于一种和平演变,后来,原齐国王族仍以国为氏,称为齐氏。

【姓氏分布】

齐姓源起于周代的齐国。春秋后期,齐姓开始向河南、河北等地播迁;秦汉之际,齐姓在北方的分布之地更多;魏晋南北朝时期,由于战乱齐姓大举南迁;唐代,齐姓繁衍尤为昌盛;明初,山西齐姓作为洪洞大槐树迁民姓氏之一,被分迁于河北、北京、天津等地;到了清代,有少数齐姓迁居到海外。如今,齐姓尤以河北、河南、东北三省为多。

【姓氏名人】

齐唐:会稽郡(今浙江省绍兴)人,宋代官吏、学者。少贫苦学,殿试中头名状元,官至职方员外郎。著有《少微集》《学苑精英》等。

齐德之:元代著名的医学家。曾任医学博士,充御药院外科太医。结合自己多年外科疮肿诊治之临床经验,编著《外科精义》3卷,为后世医家所重视。

齐彦槐:字梦树,号梅麓,江西婺源人,清代官吏、学者。嘉庆进士,曾任江苏金匮知县。以诗文书法知名于世,精鉴赏。著有《梅麓联存》等。

齐白石:原名纯芝,字渭清,后改名璜,改字濒生,号白石,湖南湘潭人,20世纪中国画艺术大师、十大书法家之一。著有《白石诗草》《白石老人自传》《借山吟馆诗草》等。出版有《齐白石全集》等各种画集近百种。

伍

伍姓的姓源,可以追溯到五千年前的黄帝时代。据《姓氏考略》载,黄帝为部落首领时,其下有大臣名伍胥,他是后来成为楚国望族的伍姓的始祖。

公元前597年,楚庄王北上与晋国争霸。他先出兵讨伐郑国,晋国派荀林父为大将率兵救郑,晋军将到,郑国已被楚兵打败投降。在与晋军战与和的问题上,楚军的内部意见不一。楚令尹孙叔敖见晋军势力强大,主张撤军,楚庄王也同意。这时,庄王身边一个臣子叫参,却提出了不同看法。参是伍胥的后裔,他认为楚军可乘晋内部不和之机打败他。

孙叔敖很不高兴,生气地说:"如果战而不胜,就是吃你的肉也不足以抵罪。"参说:"如果打胜了,说明你无谋;如果打败了,我的肉将被晋军吃掉,哪还轮得到你吃?"参最终说服楚庄王出战,结果楚军大获全胜。参因功,楚庄王将伍邑封给他,人称伍参,又任命他为大夫。伍参的子孙就以封地为姓,就是伍氏,奉伍参为伍姓始祖。春秋名将伍子胥即为伍参的曾孙。

【姓氏分布】

伍氏家族自古以来最早的发源地在湖南常德。在湘西地区苗族也有姓伍的人。伍姓是当今较常见的姓氏,分布较广,尤以湖北、湖南、广东多此姓。

【姓氏名人】

伍子胥:名员,字子胥,因封于申地,又称申胥,春秋末期吴国大夫,著名的军事家、谋略家。

伍乔:唐末宋初安徽省庐江人,五代十国南唐保大年间状元,也是庐江县历史上唯一的一名状元。伍乔善诗文,诗多七律且多送别、寄游、题赠之作。《南唐书》《全唐诗》《十国春秋》《冬日道中》《补五代史艺文志》等诗文集均收有伍乔诗作。

伍子胥

伍庭芳:字文爵,号秩庸,广东省新会人。曾创建了中外新报,为中国有日报之始。他还到英国学习法律,开中国法律新纪元。

國學智慧全書

蒙學智慧

伍修权:曾用名吴寿泉,湖北武汉人,中国人民解放军高级指挥员、开国上将、中华人民共和国外交部副部长。著有《往事沧桑》《我的历程》《回忆与怀念》《在外交部八年的经历》等。

元

【姓氏来历】

据说,商朝末年,纣王的父亲帝乙在当太子时,他的妃子生了个儿子叫微子,名启。帝乙继位后,微子的母亲被立为王后,不久又生了个儿子,取名受辛。受辛长大后,既聪明口才又好,且力大无穷,仅凭双手就可以击死猛兽,因此深得帝乙的喜爱。帝乙想立他为太子,可想到他的大儿子微子在前,立之无名。

太史元铣知道后,就对帝乙说:"按古法,王后有子,就不能立妃之子。微子与受辛虽是一母所生,但微子生时,其母尚未立后,所以只能立受辛为太子。"帝乙大喜,就立受辛为太子。帝乙死后,受辛继位,就是商纣王。元铣因有迎立之功,成为商末重臣。其子孙就以他的名为姓,就是元氏,奉元铣为元姓始祖。

另外,北魏时,皇族本姓拓跋,为胡人,后入主中原建立北魏皇朝。传到孝文帝时,因古文中,元有开始、始祖之意,即改拓跋为元,意思是天下第一姓,成为另一支元氏。

【姓氏分布】

我国的元氏虽然来源众多,但仍可归划为两大主流:一支为汉族的周文王之后,一支则为后来融入汉族的鲜卑族拓跋氏之后,如纥骨氏、是云氏这两支鲜卑族人均改为元氏,后来繁衍的人数比较少,主要活动于我国北方。他们最初的活动地区,都是在黄河流域的河南和河北一带。如今,元姓主要分布在河南省洛阳市。

【姓氏名人】

元勰:本名拓跋勰,别名彦和,北魏著名诗人。太和九年封为始平王,后转中书令,改封彭城王。宣武永平元年被迫自杀,死后追赠使持节、侍中、都督中外诸军事太师领司徒公,谥号武宣王。

元稹:字微之,唐朝时河南洛阳人。元稹的创作,以诗成就最大。与白居易为好友,他们二人共同提倡新乐府,时称"元白"。著有《元氏长庆集》100卷,今存60卷。所著的《会真记》,记张生与崔莺莺爱情悲剧故事,为后来《西厢记》蓝本。

元好问:字裕之,号遗山,金代秀容(今山西省忻县)人,世称遗山先生。他是我国金朝最有成就的作家和历史学家,是宋金对峙时期北方文学的主要代表之一。著有《中州集》《遗山集》《遗山乐府》等。

顾

【姓氏来历】

顾姓是以邑为姓。传说上古五帝之一的颛顼帝的玄孙陆终,有6个儿子,其长子樊继父为帝。樊的子孙中有一支封于顾国(今河南范县东南),称顾伯。到了夏朝末期,顾国被商汤攻灭,散居到各地的顾伯子孙便以国为姓。

另据《元和姓纂》所载,顾姓以封地为姓,源于姒姓。战国末期,越王勾践的七世孙瑶因助刘邦灭项羽有功,西汉建立后,高祖刘邦封瑶继祖业为越王,瑶的儿子余被封于顾,人称顾余侯。汉武帝时,越国又被灭,顾余侯的子孙留居会稽(在今浙江省绍兴市),以顾为姓。

【姓氏分布】

顾姓分为两支,一为北顾,发源于河南省范县的顾伯后裔;另一为南顾,发源于浙江省绍兴的顾瑶后裔。春秋战国时期,两支顾姓发展缓慢;三国至唐代,顾姓一直是江东四大姓之一;明初,顾姓作为洪洞大槐树迁民姓氏之一,被分迁于河北、山东、安徽、江苏等地;到了清代,在福建及广东居住的顾姓有迁居到台湾及海外。如今,顾姓尤以江苏、浙江等省为多。

【姓氏名人】

顾恺之:字长康,晋陵(今江苏无锡)人,晋代著名画家。其工诗赋、书法,尤精绘画,著有《论画》《凫雁水鸟图》《列女仁智图》《魏晋胜流画赞》等,对中国画的发展有很大影响。

顾野王:字希冯,南朝陈吴(今江苏苏州市)人,当时著名的文字训诂学家、史学家。著有《通史要略》《南史》等。所著有的《玉篇》,为我国文字训诂学重要著作,也是我国现存最早的一部楷书字典。

顾磷:字华玉,号东桥,长洲(今江苏省吴县)人,

顾恺之

明朝著名官吏、文学家。少有才名，以诗风调胜，与同里陈沂、王韦号为"金陵三俊"。著有《浮湘集》《山中集》《息园诗文稿》等。另著有《顾尚书书目》，今已遗失。

顾炎武：明末清初人，他学识渊博，对音韵训诂颇有研究。著有《日知录》《音学五书》等，是我国历史上最受尊崇的学者之一。

顾贞观：字华峰，亦作华封，又字远平，号梁汾，初名华文，江苏无锡人，清朝著名词人。著有《弹指词》等。

孟

【姓氏来历】

中国的孟氏，发源于春秋的鲁国公族。鲁国的开国君主是周公旦的长子伯禽，周公旦是周武王之弟，那么孟氏应该是周文王的姬姓子孙。

春秋时，鲁庄公的弟弟公子庆父连续杀死两个鲁君，这激怒了鲁国臣民，庆父逃往莒国的汶水边。鲁庄公的同胞弟季友扶立僖公继位，这时，庆父派公子渔向季友请求宽恕，季友对公子渔说："如果庆父自杀，那么我可以让他的子孙继承他的禄位，否则就要把他全家都赶出鲁国。"公子渔一路哭着回来，庆父远远听到他的哭声，知道已无希望，就在树上吊死了。

季友遵守诺言，向僖公建议，封庆父长子公孙敖于成，号孟孙氏，与叔牙的后代叔孙氏、季友的后代季孙氏三足鼎立、并执鲁政，史称"三桓"。后来，孟孙氏的后代简称为孟氏，奉公孙敖为孟姓始祖。

【姓氏分布】

孟氏早期主要是在其发源地山东、河南及其近邻的河北发展和繁衍。三国时期，孟姓分布于湖北、云南、甘肃、湖北等地；五代后晋时期，孟姓分布于四川、福建等地。今日孟姓主要分布在山东，此外在河南、河北、辽宁、黑龙江、吉林等省亦多此姓。

【姓氏名人】

孟子：名轲，字子舆，邹县（今山东邹县东南）人，是战国时期的思想家、政治家和教育家，有"亚圣"的称号。他的学说对后来宋儒有很大影响。

孟浩然：本名浩，字浩然，襄州襄阳（今湖北襄樊）人，唐代诗人。其诗多写山水田园的幽清境界，却不时流露出一种失意情绪，所以诗虽冲淡而有壮逸之气，为当世诗坛所推崇。著有《孟浩然集》。

孟称舜：字子塞、子若、子适，号卧云子、花屿仙史，山阴（今绍兴）人，明末清初戏曲作家。他的诗文多已散佚，有杂剧和传奇 10 种，现存 8 种，其中成就较高的有杂剧《死里逃生》《桃花人面》《英雄成败》等。杂剧有《柳枝集》《酹江集》等。

黄

【姓氏来历】

据《说文解字》记载，汾水之黄的少昊为黄姓始祖。少昊称"白帝"，其母"女节"，又称"皇娥"。传说皇娥来到一个叫穷桑的小镇，遇到了太白星化身的俊美少年。两人一见钟情，后来皇娥怀有身孕，生下圣子少昊挚。少昊挚长大后，当上东夷部落联盟首领，迁都曲阜。

金天氏少昊的后裔台骀，在颛顼时受封于汾川，做了一个水官，后世尊为汾水之神。春秋时，台骀的后人曾建立沈、姒、蓐、黄诸国，春秋中期都被晋国灭掉。其中黄国公族子孙以国为姓，称为黄姓。

【姓氏分布】

黄姓最早发源于今河南省潢川县西部一带。秦汉之时，黄姓已兴盛于长江中游及河南、安徽等地；魏晋至隋唐时期的不断迁徙和繁衍，黄姓形成了河南、湖北、四川、广西等地望族；宋元时期，黄姓在福建、广东地区发展成为望族；明末清初，开始移居台湾，后来又有不少人播迁至海外。现今，黄姓分布尤以广西、四川、湖南和江苏等地居多。

【姓氏名人】

黄盖：字公覆，零陵泉陵（今湖南省零陵）人，南阳太守黄子廉之后，三国时期吴国著名将领、郡守、偏将军。

黄庭坚：字鲁直，号山谷道人，又号涪翁，宋代分宁（今江西修水县）人，北宋著名诗人、词人、书法家，为盛极一时的江西诗派开山之祖。著有《山谷内集》《外集》《别集》《山谷词》等。

黄道婆：为元朝时善于纺织技术的女工艺家。曾随崖州黎族学习纺织技术，学成后返乡从事纺织工作，促成棉纺织业的进步，使元明以后的松江细布闻名于四方。纺织业者遂立祠祭之，以感其功，亦称为黄婆。

黄慎:清朝著名画家。善画人物,兼工花鸟,山水,为"扬州八怪"之一。

萧

【姓氏来历】

萧姓是以国名为姓氏,源于子姓。据《元和姓纂》记载,春秋时期,宋国有一个十分勇猛的大将叫南宫长万,曾被鲁国俘虏过,宋闵公多次以俘虏的事取笑南宫长万。公元前682年秋的一天,宋闵公在后宫时再次嘲笑了南宫长万。恼羞成怒的南宫长万,一拳就把宋闵公打死了。接着他又杀死大夫仇牧和太宰华督,另立公子游为君。宋国公子纷纷逃往萧邑(今安徽萧县)。

萧邑大夫是宋国的公族弟子,名叫大心。大心率王族子弟,逐杀了南宫长万及其同党,平息了这次内乱。闵公的弟弟宋桓公即位后,就把大心封在萧为附庸国,称为萧叔。后来,萧国被楚国所灭,萧叔的子孙就以国为姓,奉萧叔为萧姓始祖。

【姓氏分布】

萧姓最早发源于今山东省。秦汉时期,萧姓进入第一个发展迁徙时期;三国魏晋时期,战乱频繁,萧姓大举南迁;唐宋时期,萧姓已广布于山东、河北、安徽、福建等地;元明清时期,萧姓徙居于四川、湖南、江西等地。今日萧姓在我国分布较广,尤以湖南、江西、湖北、四川、广东、山东等省多此姓。

【姓氏名人】

萧何:沛(今属江苏沛县)人,西汉初期政治家,汉初三杰之一。他是汉高祖刘邦的重要谋臣。

萧统:字德施,南兰陵人,南朝梁著名的文学家,梁武帝之子。少时遍读儒家经典,善辞赋,编辑成《文选》30卷,为我国现存最早的文章总集。

萧朝贵:武宣县河马乡人,太平天国将领,金田起义的核心领导人之一,后被封为西王。

萧良有:明代汉阳(今湖北省武汉)人,少时聪颖异常,被人称为"神童",万历中会试第一。著有《玉堂遗稿》。

萧太后:名绰,字燕燕,契丹人,历史上被称为"承天太后",辽史上著名的女政治家、军事家。

邵

【姓氏来历】

邵姓主要以封地为姓氏，出自姬姓。据《通志·氏族略》所载，周文王之子召公奭，封邑于召（今陕西省东岐山西南），称为召公，后又封于燕国（今河北北部）。他派长子去管理燕国，自己留在镐京（今陕西省西安市长安区）任太保。在整个周王朝时代，召公的子孙在周王室中地位一直十分显赫。公元前222年，秦国灭掉了燕国，于是召公的后裔就以原封地"召"为姓。汉代以后，召姓后裔又把"召"改成"邵"，从此诞生了邵姓。

【姓氏分布】

据有关史籍记载，燕国灭亡后，其王族子孙主要散居在中原地区，包括今河北南部、河南、安徽西部；三国魏晋时，邵姓主要聚居于河北安平及河南安阳、汝南一带；唐宋时期，浙江、安徽、福建多有邵姓居住；明初，邵姓作为洪洞大槐树迁民姓氏之一，被分迁于安徽、浙江、山东等地；清朝开始，有邵姓迁至台湾及海外地区。如今，邵姓主要分布在甘肃、江苏、安徽等省。

【姓氏名人】

邵雍：字尧夫，谥康节，范阳（今河北省涿州）人，北宋著名哲学家。精研周易，创立象数之学。著有《宋史》《皇极经世》《伊川击壤集》等。

邵光祖：字弘道，河南人，元朝著名学者。好儒学，非圣贤之书不读。吴中学者称其为"五经师"。

邵普涵：浙江余姚人，清代著名经学家、历史学家。他还擅长经学，撰有《尔雅正义》，成为训诂学的重要著作。他还曾参与纂修《继三通》《八旗通志》等书。今天的《四库全书》史部典籍，多出自他手。

邵飘萍：浙江金华人，近现代著名记者、报人。曾因反袁流亡日本，后加入中国共产党，1926年被奉系军阀杀害。著有《新闻学总论》《实际应用新闻学》等，是我国最早的一批新闻理论著作。

汪

【姓氏来历】

汪姓最早源于商代汪芒氏之后。传说上古时大禹治水成功后,舜就把皇位让给了大禹。有一次,大禹出巡时,见路上有一队囚犯。他下车询问,了解事情的经过后,自己流下了眼泪。左右人员问他:"罪人不守法,你为什么哭呢?"大禹说:"尧、舜是圣人,他们管理天下时,百姓都向他学习,所以天下没有犯人。现在到了我的手下,百姓却各人只管各人,所以犯法,我能不痛心吗?"

后来,他在会稽召集天下诸侯研究天下大势,各路诸侯都到了,唯独汪芒国国君防风氏没有来。这个部落是一个巨人部落,每个族人都身高三丈有余,且个个力大无穷,所以防风氏恃勇而骄,不把大禹的命令放在眼里。

最后防风氏才姗姗而来,并且口出狂言,大禹就把他处死了。后来他的子孙逃亡到湖州汪芒山里躲了起来,改称汪芒氏。战国时期,楚国灭越,汪芒氏也被攻破,他们的后代又逃到安徽南部的歙县一带,改称汪氏,至此就有了汪姓。

【姓氏分布】

汪姓发源地为山东、安徽歙县和浙江武康等地。唐代以后的江西、贵州、福建、广东、广西等地的汪姓,大多是从安徽迁徙过去的;两宋时,汪姓继往开来之昌盛,并已成为全国大姓之一;元末明初,汪姓作为洪洞大槐树的迁民姓氏之一,被分迁于湖北、河南、东北等地;到了清代,福建及广东地区的汪姓陆续有人移民台湾及海外。如今,汪姓分布很广,主要分布于安徽、湖北、江苏、浙江等省。

【姓氏名人】

汪伦:又名凤林,唐开元间任泾县令。卸任后,他搬到了泾县的桃花潭畔居住。大诗人李白游泾县桃花潭时,还为其提诗《赠汪伦》。

汪元量:字大有,号水云,晚号楚狂,钱塘(今浙江杭州)人,南宋著名诗人。著有《醉歌》《湖州歌》《越州歌》等。

汪中:字容甫,江都(今江苏扬州)人,清代学者、骈文家,对经学、方志学等均有著述,尤精于先秦诸子之学,著有《述学》《广陵通典》《容甫先生遗诗》等。

汪文升:长洲(今江苏苏州)人,清代诗人、书法家。康熙年间进士,工诗、古文,尤善

书法,与两兄一弟合称"吴门四汪",著述甚丰。

毛

【姓氏来历】

毛姓以国名为姓氏,源出于嬴姓。据《通志·氏族略》所载,周武王灭商以后,封八弟叔郑于毛国(今陕西扶风一带),人们便称叔郑为"毛伯"。毛伯在周成王时曾任司空,又称毛公。后来,毛伯的子孙就以国为姓,就是毛氏,奉毛伯为毛氏的始祖。

【姓氏分布】

毛姓早期主要是在北方发展繁衍。春秋时期,由于发生内乱,毛姓大举南迁;唐末五代以后,毛姓多居于河南、河北、山东、甘肃等地。如今,毛姓主要分布在我国南方的浙江、江苏、安徽、江西、湖南、广西、四川等地。

【姓氏名人】

毛遂:战国时赵公子平原君的门下食客。他曾自荐求助于楚国,后获得了"三寸之舌,强于百万之师"的美誉。

毛亨:鲁人(今山东曲阜),西汉时期著名学者,也是"毛诗学"的开创者,曾作《毛诗训诂传》,世称"毛诗",流传千古的典籍《诗经》就是由《毛诗》传下来的。

毛晋:原名凤苞,字子晋,常熟人,明朝著名学者。他博学多识,传刻古书,流布天下。著有《苏米志林》《明诗纪事》《毛诗陆疏广要》《海虞古今文苑》等。

毛庚:原名雕,字西堂,钱塘(今杭州)人,清朝著名书法家、篆刻家。

毛泽东:字润之,湖南湘潭韶山人,中国共产党、中国人民解放军和中华人民共和国的主要缔造者和领导者。1976年9月9日,83岁的毛泽东在北京逝世。

戴

【姓氏来历】

戴姓以谥号为姓氏。据《元和姓纂》记载,周王朝时,宋国的第十一位君主死后,奉谥号为戴公。其后他的子孙以其谥号为姓。

另据《左传》所载,戴姓源出于姬姓,以国号为姓。周初,周武王分封诸侯时,封有戴国(在河南民权县东)。春秋时戴国被楚国所灭,失国后的戴侯子孙以国为姓。这就是与周王室同宗的戴氏。

【姓氏分布】

早期戴姓主要发源于豫东一带。先秦时期,戴姓主要在其发源地豫东一带繁衍发展;三国两晋南北朝时期,戴姓不仅在江浙一带分布更为广泛,而且还有徙居今安徽、湖北的;盛唐之际,戴姓在陕西、湖南、江西等地均得以发展繁衍;宋元之际,由于战乱,戴姓人大举南迁;明朝时期,戴姓迁于陕西、安徽、河北等地;清代时有福建戴姓陆续迁往台湾及海外。如今,戴姓尤以江苏、浙江两省居多。

【姓氏名人】

戴复古:字式之,号石屏,台州黄岩(今属浙江省)人,南宋诗人。他的部分作品指责当时统治者苟且偷安,表达了收复中原的愿望。著有《石屏诗集》《石屏词》。

戴名世:字田有,一字褐夫,号南山,安徽桐城人,清朝著名史学家。因家居桐城南山,后世遂称"南山先生"。他曾任翰林院编修。他刊行有《南山集》,其中有很多明朝正史以外的史事,触怒了清王朝,遂以"大逆"罪被杀。

戴望舒:原名戴朝寀,笔名艾昂甫、江思等,浙江杭县(今余杭区)人,现代派诗歌的重要代表人。其主要诗集有《雨巷》《望舒草》《寻梦者》《灾难的岁月》等。

宋

【姓氏来历】

宋氏起源于周代。周武王灭商后,以仁德为怀,并没有对前朝王室"赶尽杀绝",反而为了奉祀商汤,把大片土地封给纣王的哥哥微子,从而建立了宋国。公元286年,宋国被齐所灭,其后宋国公族子孙有一支则以国为姓,即为宋氏,奉微子为宋姓始祖。

【姓氏分布】

宋姓的发源地在今天的河南商丘一带。秦汉时期主要繁衍于北方地区;隋代以前,宋姓分布于今河南、陕西、山东、浙江等省;唐初,有河南宋氏随陈政、陈元光父子入闽开漳,在福建安家落户;到了清代,广东及福建地区的宋姓陆续有人移居台湾,进而又有远播海外地区。如今,宋姓分布广泛,山东、四川、河北等省亦多此姓。

宋玉:又名子渊,战国时鄢(今襄樊宜城)人,因曾任阑台令,故又称为阑台公子。他善辞赋,作九辩、招魂,与屈原并称为"屈宋"。流传作品有《风赋》《九辩》《笛赋》《登徒子好色赋》等。

宋慈:字惠父,建阳(今属福建)人,我国古代杰出的法医学家。曾任广东、湖南等地提点刑狱官。他所编的《洗冤集录》是世界上第一部法医学专著,对法医学的发展起了重大贡献。

宋慈

宋教仁:近代著名民主革命家,是为宪法流血的第一人。1913年,进行国会选举时,他进行了多方游说,提出以多数党资格组织责任内阁,以制约袁世凯,后被袁世凯杀害。

宋庆龄:又名庆琳,原籍广东文昌(今属海南省),生于上海。1915年,她同孙中山结婚。历任中华人民共和国中央人民政府副主席、中华全国民主妇女联合会名誉主席、全国人民代表大会常务委员会副委员长、中华人民共和国副主席、名誉主席等。

纪

【姓氏来历】

纪姓以国为姓,出自姜姓。据《元和姓纂》记载,夏、商时期,中原有一个诸侯国纪国(今山东省寿光市纪台县),乃是炎帝神农后裔的封国。春秋时期,纪国被齐国所灭,纪国王族子孙就以国名为姓,世代相传姓纪。

【姓氏分布】

纪姓发源于今山东寿光一带。春秋时,纪姓在甘肃天水发展成望族,世称天水望;唐宋时,纪姓向沿海迁移;到了明清时期,纪姓更进一步向台湾迁移,逐渐发展成为大姓。如今,纪姓在全国分布较广,尤以北京、江苏、山东等省市多此姓。

【姓氏名人】

纪昀：字晓岚，一字春帆，晚号石云，直隶献县（今属河北）人，清朝名臣、目录学家、文学家。乾隆年间任《四库全书》总纂官，并主持写定《四库全书》总目提要及简明目录。另著有《阅微草堂笔记》《纪文达公遗集》。

纪信：字成，成纪（今甘肃天水市）人，是楚汉之争时保护刘邦有功的著名将领。在一次楚汉交锋中，为掩护刘邦逃跑，假扮刘邦，后来被项羽生擒斩首。

祝

【姓氏来历】

古代的人们很迷信，很多军国大事，事先都要进行占卜再决定是否行动，所以古代巫师的地位很高。巫师分为占卜、记录和致辞三种，分别叫巫、史、祝，合称巫史祝。其中负责致辞的祝，不但需要伶俐的口齿，而且还要有渊博的知识，因而担任祝的人，往往为世袭，久而久之，人们就以职称呼，逐渐变为祝氏，这是最早的祝氏。

另据《元和姓纂》记载，周初，周武王分封诸侯时，封有祝国（故城在今山东省长清东北祝阿故城），祝侯是黄帝的后裔，后来祝侯的后代子孙就以国为姓，这是祝姓的另一支来源。

【姓氏分布】

祝姓发源于今山东长清。唐时，特别是安史之乱和黄巢起义之后，祝姓由河南避居湖北，或由陕西越秦岭进入四川；两宋时期，祝姓在北方趋于沉寂，而南方之祝姓却日益兴盛起来；明初，山西祝姓作为洪洞大槐树迁民姓氏之一，被分迁于今山东、陕西、湖南等地；清初，两湖之祝姓伴随湖广填四川的风潮入迁四川。如今，祝姓在全国分布较广，尤以安徽、四川等省多此姓。

【姓氏名人】

祝允明：字希哲，号枝山，长洲（今江苏苏州）人，明朝文学家、书画家。与唐伯虎、徐真卿、文征明并称"吴中四才子"。著有《前闻记》《九朝野记》《祝氏集略》《怀星堂集》等。

祝世禄：字世功，江西德兴人，著名明朝学者。明万历年间进士，官至尚宝司卿。著

有《环碧斋》《祝子小言》《环碧斋小言》《环碧斋诗集》等。

祝嘉:字明甫,号西涧,浙江秀水人,清朝著名诗人、画家。善画梅,工诗。著有《西涧诗钞》。

祝大椿:字兰舫,江苏无锡人,清末著名民族资本家。曾开设源昌号,经营煤铁五金,兼营轮船运输,开办机器缫丝厂、源昌机器碾米厂、机器五金厂等,工业资本总额达上百万。

项

【姓氏来历】

项姓以国名为姓,源于姬姓。周初,周武王分封诸侯时,封有项国(今河南项城)。春秋时期,齐国将其吞并。失国后的项国子孙以国名为姓,即为项氏。

另一支是以封邑为姓。战国末年,楚国有一位大将叫公子燕,他的父亲随楚考烈王灭鲁国,因功被封在项(今河南省项城市),其后人以封邑为姓,即为项氏。

【姓氏分布】

项姓发源地在河南项城市境内,后来项姓辽西国郡发展成望族,世称辽西望。当今,项姓成了比较常见的姓氏,其分布很广泛,尤以湖南、湖北、贵州、浙江等省多此姓。

【姓氏名人】

项羽:名籍,字羽,秦末农民起义领袖,著名军事家、中国古代第一武将。秦二世元年,陈胜、吴广在大泽乡发动了大泽乡起义,项羽随叔父项梁在吴中刺杀太守殷通举兵响应。入关后,自立为西楚霸王,继与刘邦争天下。公元前202年,被刘邦困于垓下,后突围至乌江,自刎而死。

项元淇:字子瞻,秀水(今浙江嘉兴)人,明代著名文学家、书法家。工诗、古文辞。小楷严整,尤善草书。著有《少岳集》4卷,《四库总目》传于世。

项忠:字荩臣,号乔松,浙江嘉兴(今属江苏)人,明朝著名兵部尚书。明英宗正统七年进士,授刑部主事,进员外郎。

项元汴:字子京,号墨林山人、香岩居士,秀水人。明朝著名书画鉴赏收藏家。工墨竹、兰草、梅花,精于鉴赏,好收藏金石遗文、书法名画,所藏书画主要印记有《神品》《天籁阁》《世济美堂》等。著有《宣德鼎谱》《宣炉博论》等传世。

项英:原名德隆,后化名江俊、江钧,湖北省黄陂区人。抗日战争时期,任中共中央东南局书记,新四军副军长兼政治委员。"皖南事变"期间,被叛徒杀害。

董

【姓氏来历】

传说上古时期,有个名叫父的人,从小就喜欢龙,只要听到哪里养了龙,他就跑去,千方百计向人请教养龙的知识。就这样他学到一身养龙的本领。恰在这时,天上降下两条龙,圣帝舜很高兴,就向全国征养龙高手。父知道后自告奋勇前去应征,圣帝舜听他说得有道理,就让他饲养这两条龙。父不负众望,把两条龙驯得十分听话。每当诸侯向舜朝拜时,父就让这两条龙为大家起舞助兴,博得天下诸侯的称赞。舜很高兴,就赐父以董姓,人称董父,又叫豢龙氏,又封他为诸侯,后来董父就成了董姓的始祖。

另有一支是以世职为姓。春秋时周王朝有大夫辛有,他有两个儿子,都在晋国担任管理典籍史册的官员。古文字中,"董"有管理的意思,所以人们称他们为董史,世袭晋国史官。他们的后代,就以职业董为姓。

【姓氏分布】

据史料所载,董姓的发源地在山东定陶北部、山西西南部、山东平原县一带。秦汉时,董姓在今山西、甘肃、河北较为集中;魏晋南北朝时期,董姓迁往安徽、江苏、湖北等地;隋唐时期,福建、广东又有董姓迁居者;宋元时期,由于战乱,董姓大举南迁;明清之际,台湾地区、南洋群岛及欧美一些国家均有董姓居住。今日董姓以山东、云南、浙江、河北、辽宁等省最为集中。

【姓氏名人】

董解元:金朝戏曲家。他根据唐人元稹的《莺莺传》创作了《西厢记诸宫调》,为后来元曲作家王实甫创作《西厢记》奠定了基础。

董其昌:字思白,号玄宰,松江华亭人(今上海松江),明代著名画家、书法家、美术评论家。以他为代表的"华亭派"在山水画方面影响尤大。著书有《画旨》《画眼》《容台集》《容台别集》《画禅室随笔》等。

董存瑞:河北怀来人,中国人民解放军战斗英雄。1945 年参加八路军,曾多次立功受奖。1946 年加入中国共产党。1948 年 5 月 26 日,在解放热河隆化战斗中舍身炸碉堡壮

烈牺牲。朱德为他题词："舍身为国，永垂不朽。"

董必武：原名贤琮，字洁畲，号璧伍，学名用威，湖北黄安人。中国共产党和中华人民共和国的重要领导人之一，新中国法制工作的奠基人。

梁

【姓氏来历】

梁姓是以国名为姓，源出于嬴姓。传说伯益后代中有个叫非子的人，因养马有功，被周孝王封于秦地，后逐渐强大，建立了秦国。到了周宣王时，非子的曾孙秦仲因为在征伐西戎时不幸阵亡，他的5个儿子为报父仇，奋勇杀敌，打败了西戎，恢复了大片失地，因功均被封侯，次子康被封于夏阳梁山（今陕西省韩城南），人称梁康伯。到春秋末期，秦穆公派兵灭梁，收回了梁的地盘。后来，失国后的梁伯子孙，就以国为姓，奉梁康伯为始祖。

【姓氏分布】

据史料记载，梁姓最早发源地是今天的陕西一带。晋代以前，梁姓多集中于北方地区，以西北为主要分布点；秦汉时期，梁姓散居于山西；魏晋南北朝时期，战乱频繁，梁姓为避战祸大举南迁；隋唐时期，梁姓在南方又有了大的发展；宋元时期，由于战乱，致使梁姓又一次大举南迁，进一步推动了梁姓在南方的繁衍发展。明清至今，广东、福建、浙江为梁姓主要聚居地。

【姓氏名人】

梁红玉：楚州（今江苏淮安）人，南宋名将韩世忠之妻，宋朝著名抗金女英雄。在抗金斗争中，多次立功，被封为安国夫人、杨国夫人。

梁启超：字卓如，号任公，别号饮冰子、哀时客等，广东新会人，著名的资产阶级改良主义者、学者。与康有为一起"公车上书"，倡导维新变法。

梁实秋：笔名秋郎、子佳，北京人，现代文学家。著有《雅舍小品》《雅舍杂文》《雅舍谈吃》等作品。

梁红玉

杜

【姓氏来历】

杜姓有两支来源，一支以国名为姓。周宣王时，唐杜国君桓在朝中任大夫，人称杜伯。据说周宣王有个宠妃叫女鸠，她看上了英俊的杜伯，就想方设法引诱他。杜伯是个正直的人，拒绝了女鸠的勾引，结果女鸠恼羞成怒，在宣王面前诬告杜伯，对她施行强暴。周宣王听信了女鸠的话，就把杜伯杀了。杜伯的子孙被迫逃往外地，就以国名为姓，奉杜伯为杜姓始祖。

另一支以祖辈名为姓，源于杜康。传说大禹有一个手下叫杜康，能把黍米煮熟后酿成酒。后来大禹喝了这种酒后，感觉甘美异常，但他却因此而忧心忡忡："这实在不是个好东西，将来必定有人因它而亡国。"为此，他下令全国禁止造酒。杜康无奈，只好逃往外地。大禹死后，禁酒令无人理会，杜康再次造酒并不断改进方法，使其更具特色而迅速流传各地，因而被后世尊为"酒神"，其子孙以他的名为姓，就是杜氏，奉其为杜姓始祖。

【姓氏分布】

杜姓以陕西西安为发源地。先秦至汉之际杜姓主要繁衍于陕西，其播迁过程，从陕西至山东，再至河南，终又复归陕西；魏晋南北朝时，社会动荡，杜姓为避战乱大举南迁；明清之际，杜姓已遍布于东南亚、欧美等地。如今，杜姓分布广泛，尤其在河南、甘肃、河北、山东、四川、辽宁等省人口较多。

【姓氏名人】

杜甫：字子美，自号少陵野老，河南巩义人，唐代伟大的现实主义诗人，称为"诗圣"。一生写诗1400多首，代表作有《自京赴奉先县咏怀五百字》《北征》《羌村》等，有《杜工部集》传世。

杜牧：字牧之，号樊川，杜佑之孙，京兆万年人，唐代著名文学家、诗人。其诗风豪迈不羁，在晚唐时期成就颇高。其代表作品有《阿房宫赋》《泊秦淮》等。

杜荀鹤：字彦之，号九华山人，池州石埭（今安徽省太平）人，唐末著名诗人。其诗语言通俗，风格清新，后人称

杜甫

"杜荀鹤体"。著有《唐风集》《题所居村舍》《自江西归九华有感》等。

季

【姓氏来历】

季姓出自姬姓，为春秋时鲁桓公之子季友的后裔。春秋时，鲁庄公的弟弟季友平定了庆父之乱，又扶立鲁僖公继位。后来，鲁僖公把费邑封给他，史称季孙氏，在鲁国世代执政。季孙氏之孙行父以王父字为氏，后来简称季氏。季文子、季武子、季平子三代执掌国政。当时几代鲁君都昏庸无能，以致时人只知道有季氏，不晓得有鲁君。季友的后人中分为两支，一支以封地为姓，是为费氏，一支以名为姓，即季氏，奉季友为季姓始祖。

【姓氏分布】

季姓发源于春秋时期的鲁国。东汉到魏晋南北朝时，季姓曾经昌盛于今河北、山东、安徽一带；隋唐以前，社会激剧动荡，北方之季姓大举迁衍到江南；两宋时，江苏、浙江成为季姓人的主要聚居地；宋元时期，部分季姓迁衍于广东、福建、湖北等地；明清两代，江浙一带季姓繁衍日盛。如今，季姓在全国分布甚广，主要分布在江苏、浙江、湖南等省。

【姓氏名人】

季广琛：寿州人，唐代大臣。历瓜州刺史、荆州刺史，曾率兵赴河南，拜青徐等五州节度使。后因兵败贬温州刺史，不久升浙江西道节度使，官至右散骑常侍。

季开生：字天中，泰兴人，宋元明清书画家。其工于书画，亦工诗。作品有《图绘宝鉴续纂》《墨林韵语》《桐阴论画》《季沧苇书目》《静思堂诗集》等。

季羡林：山东临清人，当代学者、古文字学家、历史学家、作家。曾被聘为北京大学教授，创建东方语文系，当选为中国科学院哲学社会科学部委员，后任北京大学副校长。著有《季羡林文集》共 24 卷。

贾

【姓氏来历】

贾姓以采邑为姓，源于狐姓。据《姓氏考略》所载，春秋时，狐射姑的父祖都是晋国重

臣,他本人又追随文公在外逃难多年,晋襄公把贾邑封给狐射姑。狐射姑字季,所以后又称贾季。

秦晋淆谷大战后,晋襄公先是以贾季为中军元帅,让赵盾做他的副手。当时,晋国太傅阳处父是赵盾的父亲赵衰提拔起来的,阳处父对赵氏感恩戴德,所以到晋襄公面前说应该让赵盾做元帅。晋襄公就改任赵盾为元帅,贾季为副手,这引起了贾季的忌恨。

晋襄公去世后,在继位问题上赵盾和贾季发生矛盾。贾季派人去接公子东回国,半路上公子东被赵盾派人杀死,贾季就叫族人狐鞠居刺杀阳处父,赵盾查出真凶,处死了狐鞠居,贾季被迫逃往翟国。后来,他的后代就以封地为姓,就是贾氏,奉贾季为贾姓始祖。

【姓氏分布】

贾姓最初发源于今山西襄汾县西南,并以其为繁衍中心。先秦时期,贾姓迁至河南、山东两地;两汉时,已有贾姓迁居陕西;南北朝时,贾氏继续外迁;五代时贾氏有人迁居福建及四川;唐宋时期,江南的许多地方都已有贾姓居民;清代,贾姓部分移居海外。如今,贾姓仍以长江以北地区为其主要的分布地。

【姓氏名人】

贾谊:又称贾太傅、贾长沙,洛阳(今河南洛阳市东)人,西汉时期著名的政治家、文学家。18岁由河南郡守吴公推荐,被文帝召为博士,后又被破格提为太中大夫。其著作主要有散文和辞赋两类。散文有《过秦论》《陈政事疏》《论积贮疏》等;辞赋有《鹏鸟赋》《吊屈原赋》等。

贾思勰:今山东益都人,北魏农学家,曾任北魏高阳郡(治所在今山东淄博市临淄西北)太守。他曾以文献中搜集到的资料和访问老农及自己观察、实验的心得,写成《齐民要术》一书。

贾耽:沧州南皮(今属河北省)人,唐朝宰相、地理学家。撰有《海内华夷图》《古今郡国县道四夷述》等。

贾兰坡:字郁生,河北玉田人,近代著名考古学家。著有《中国猿人》《旧石器时代文化》以及《中国的旧石器时代》等论文或专著共300余篇。

江

【姓氏来历】

传说圣帝舜手下有个贤臣叫伯益,因助大禹治水有功,大禹继位后又协助大禹执掌

国政,是我国上古时著名的贤臣。据说,大禹临死时曾遗命伯益继位,伯益不愿,于是就跑到箕山躲了起来,大禹之子启趁机继位。到了周初,周武王分封诸侯时,伯益的后裔镇封为江侯(今河南省信阳)。春秋时,江国被楚国灭掉。江国灭亡后,江侯的子孙就以国为姓,就是江氏,奉伯益为江姓始祖。

【姓氏分布】

江姓发源于今河南省信阳,早期主要在河南发展繁衍。唐朝时,江姓已遍布北方地区;宋初,南方江姓人口发展壮大;明初,江姓作为明朝洪洞大槐树迁民姓氏之一,被分迁于江苏、浙江、河南等地;明清之际,又有江姓移居到台湾及海外地区。如今,江姓分布以江苏、安徽、四川、广东、福建等省为主。

【姓氏名人】

江智渊:济阳考城人,南朝宋骁骑将军、尚书吏部郎。著有《江智渊诗选》《江智渊传》。

江参:字贯道,江南人,南宋著名画家。擅长山水画,笔墨细润。存世作品有《千里江山图》《图绘宝鉴》等。

江藩:字子屏,号郑堂,晚号节甫,甘泉人(今江苏扬州),清朝著名经学家、目录学家、藏书家。著有《国朝汉学师承记》《汉学师承记》《隶经文》等。

郭

【姓氏来历】

相传在春秋时期,晋献公为了拓展自己的疆土,采纳了大夫旬息的建议,以垂棘所产的玉璧、屈地产的良马为贿赂,向虞国借路去攻打虢国。虞公因贪玉璧和良马,就答应了晋国的要求。虞国大夫宫之奇看出了晋国的企图,就以"唇齿相依"道理劝阻虞公,但虞公不听,不但应允借道,还自愿做攻虢先锋。结果晋国灭掉虢国后,班师回朝时又顺道把虞国也灭掉了。这就是历史上著名的"假途灭虢"的故事。虢国本是周王朝同宗,其始祖为周武王的三弟。西周初,周武王的三弟封于虢(今河南荥阳东北),建立了虢国。因虢与郭同音,所以又叫郭公。虢国灭后,郭公的后代就以郭为姓,就是郭氏。

【姓氏分布】

郭姓族人发源地在今天的河南、山西、陕西等地。先秦两汉时期,郭姓族人繁衍之地

仍以山西、陕西、河南为主；魏晋南北朝时期，为避战祸郭姓大批南下；隋唐时期，山西、山东以郭姓为第一大姓；明清至今，郭姓人已是散布全国各地，尤以河南、河北、山东、湖北、四川等省居多。

【姓氏名人】

郭玉：广汉郡人（今四川广汉北），东汉时期著名医学家，是继扁鹊之后又一个对医疗与心理有研究的医家。

郭子仪：华州郑县（今陕西华县）人，唐朝名将。在中唐平息安史之乱，德宗时被尊为尚父，亦称郭令公。郭子仪戎马一生，屡建奇功，以 84 岁的高龄告别沙场。

郭若虚：宋代太原（今属山西省）人，著名书画评论家，所著《图画见闻志》集中体现了他在绘画上的主张及见解。

郭沫若：原名郭开贞，号鼎堂，四川省乐山人，现代史上杰出的作家、诗人、历史学家、考古学家、革命活动家。著有《女神》《牧羊哀话》《中国古代社会研究》等许多著作。

郭子仪

林

【姓氏来历】

相传林姓是由商朝末年的名臣比干而来。少师比干被暴君纣王挖心而死，夫人陈氏为躲避官兵追杀，逃难于长林山（今河南卫辉、淇县一带），生子名坚，因生于林，后被周武王赐以林为姓，史称林坚，被后人尊为林姓始祖。

除上述一支外，林姓还有一支来源。相传东周时，周平王有庶子名开，字林，人称林开，他虽贵为王子但平易近人，淡泊名利，生前从不参与争位争利的纠纷。死后他的儿子以他的名为姓，奉其为林姓始祖。

【姓氏分布】

林姓最初发源于河南省境内。唐朝末年生活在北方的林姓人大举南迁，定居地福建各地,以后发展成林姓望族。如今,林姓是我国比较典型的南方姓氏,尤以福建、广东、台湾三省分布较多,而且还远播到港澳与国外。

【姓氏名人】

林良:字以善,广东南海人,明代著名画家,擅长花果翎毛。其代表作品有《双鹰图》《松鹤图》《灌木集禽图》等。

林则徐:字元抚,又字少穆,谥号文忠,福建侯官鼓东街(今福州市)人。他一生清正廉洁,忧国忧民,以"虎门销烟"的爱国之举而留名青史。

林语堂:原名和乐,后改玉堂,又改语堂,福建龙溪人,是20世纪享誉中外的著名学者及作家。著有《开明英文文法》《生活的艺术》《京华烟云》《中国与印度的智慧》《无所不谈合集》等。

林彪:湖北黄冈人,中国人民解放军十大元帅之一,著名军事家。

钟

【姓氏来历】

钟姓出自子姓,以邑为氏。相传商纣王的庶兄微子见商朝腐败暴虐,劝诫纣王未果,便离朝出走。周武王灭商后,微子投奔了周武王,后来被封为宋,称宋桓公。他的儿子敖在晋国任职,敖的孙子伯宗为晋国大夫之职,后因勇于直言遭人忌恨而被害。伯宗的儿子州犁逃到楚国,因其熟悉晋国的情况,楚晋之争中多次为楚王出谋划策,因功拜为太宰,食采钟离(在今安徽省凤阳市)。后来,伯宗的子孙就以地名为氏或称复姓钟离。

【姓氏分布】

无论是复姓的钟离还是单姓的钟,都发源于今安徽省境内。先秦时期,钟姓主要居住在今湖北、湖南一带;汉晋之际,则以河南为其繁衍中心;唐代,钟姓还分布于今四川、山西、广东、安徽一带;宋元明时期,福建、广东等地均有钟姓人的聚居点;到了清代,广东及福建地区的钟姓陆续有人迁至台湾,后又有人迁往海外。如今,钟姓尤以广西、湖南、浙江、四川等省居多。

【姓氏名人】

钟子期:春秋时期楚国(今湖北汉阳)人,精于音律。相传伯牙鼓琴,他能分辨是志在

國學智慧全書

蒙學智慧

高山还是志在流水,因而被伯牙称为知音。

钟嗣成:大梁(今河南省开封)人,元末戏曲家。著有《章台柳》《钱神论》等7种。又有《录鬼簿》2卷,全书记述元初以来元曲作家150多人的生平事迹及剧作目录,对元曲研究有重大贡献。

钟惺:字伯敬,号退谷,湖广竟陵(今湖北天门市)人,明末文学家。曾任工部主事,官至福建提学佥事。后辞官归家,晚年入寺院,研读史书。他与同里谭元春共选《唐诗归》和《古诗归》,在当时形成"竟陵派",世称"钟谭"。另著有《史怀》。

钟荣光:字惺可,广东中山人,著名教育家。清光绪二十二年加入兴中会,并创办宣传革命的报纸。1928年任岭南大学第一任校长,次年改任岭南大学荣誉校长。

徐

【姓氏来历】

传说上古时圣帝舜的贤臣伯益有个儿子叫若木,被封在徐国(今江苏省北部,安徽省东北部一带),夏、商、周世为诸侯。后来到了周穆王时,因穆王喜欢游玩,有时一出去几年不归,国政无人管理,所以诸侯意见很大。

此时徐国的国君徐君偃,仁慈爱民,得到百姓的拥护,江淮间有36个诸侯国也拥戴他,国力日渐强大。有一次他外出打猎,在山中得到一副红色弓箭,觉得这是上天赐给他打天下的吉物,于是起了造反之心。恰在这时,周穆王正在昆仑山西王母处做客,远在万里之外,徐君偃就发兵进攻周朝京城。

周穆王得知后,乘造父驾的车,一日千里赶到了京城,派出大军前去镇压。徐君偃不忍生灵涂炭,于是主动收兵,躲到彭城(今徐州)一带的深山之中。由于他很得人心,很多人都跟他一起进了山,这座山也因此叫徐山,附近的地名也因此叫徐州。穆王见他这么得人心,赦免他造反之罪,还让他的子孙继续管理徐国。公元512年,徐国被吴国灭掉。他的子孙就以国为姓,就是徐氏。

【姓氏分布】

徐姓人最早繁衍于今江苏徐州、安徽泗县,后扩至凤阳。秦汉时期,徐姓迁居到安徽、江西、浙江一带;南北朝时,北方徐姓避居江南;到隋唐时期,在我国南方又有了进一步的繁衍;宋时,有徐姓人由江南石城迁居福建长汀、连城两县;元时,有徐姓人从江西、福建迁居今广东部分地区。明清至今,徐姓已广布于我国的大江南北。

【姓氏名人】

徐光启：字子先，号玄扈，谥文定，上海徐家汇人，明代杰出科学家。研究范围广泛，以农学、天文学、数学较为突出。著有《诗经六帖》《农政全书》，译有《泰西水法》《几何原本》等。

徐霞客：名宏祖，字振之，霞客是他的号，南直隶江阴(今属江苏)人，明代杰出的旅行家、游记文作家，后人根据其日记整理成富有地理学价值和文学价值的《徐霞客游记》。

徐悲鸿：原名寿康，江苏宜兴人，中国现代美术事业的奠基者之一，杰出的画家和美术教育家。他创作的《九方皋》《巴人汲水》《愚公移山》《田横五百士》等系列画作对现代中国画、油画的发展有着巨大影响。

徐向前：山西省五台人，伟大的革命家、军事家，十大元帅之一。中国共产党、中华人民共和国和中国人民解放军的重要领导人，为中国革命的胜利和军队的建设立下了赫赫战功。

高

【姓氏来历】

高姓的来源有两支。传说上古时，黄帝有个大臣叫高元，他通过不断摸索和思考，终于想出了在地上架木为巢的方法，这就是最早的房屋。房屋的发明，可以说是人类文明的一大进步。后来高元被黄帝封为侯，他的后代以他的名为姓，这是最早的高氏。

另外一支出自姜子牙的八世孙高傒。高傒是齐国重臣，他的妹妹是齐襄公的夫人。后来，襄公的孙子由于无知谋杀了齐襄公篡权，高傒利用自己在宗室中的威望，联合诸大臣一齐平定内乱，迎立齐桓公继位。齐桓公论功行赏，高傒被封为上卿，并赐他以祖父公子高的名为姓，称为高氏。

【姓氏分布】

高姓虽然发源于今河南省境内，但春秋以后却以齐鲁之地高氏居多。秦汉三国时期，高姓人活动于黄河上、下游，淮河流域，长江上、下游地区；两晋南北朝时，战乱频繁，高姓人大举南迁；隋唐时，今河北省仍是继东汉以来高姓主要的聚居地；两宋时期，高姓人为避战乱由中原向江南迁徙；元明清时期，高姓人多集聚于东南地区。如今，高姓主要分布在江苏、福建、广东、江西、云南等地。

【姓氏名人】

高适:字达夫,居住在宋中(今河北省景县),唐朝著名诗人。代表作有《燕歌行》《塞下曲》《登百丈峰二首》《封丘作》等。

高崇文:渤海(今黑龙江宁安南)人,唐朝著名将领。贞元年间跟随韩全义镇守长武城,管理军队很有成绩。吐蕃侵犯宁州时,他率兵前往营救,大获全胜,被封为渤海郡王。剑南西川节度使谋反,高崇文被推荐为左神策行营节度使,领兵征讨,八战皆胜,刻石记功,封南平郡王。

高怀德:字藏用,五代时常山真定(今河北正定)人,宋初将领,以忠厚倜傥、威武勇敢而著称。

高克恭:字彦敬,号房山道人,大都(今北京)房山人,元朝画家。擅长画山水、墨竹,有非凡技艺,与赵孟𫖯齐名,时人有"南有赵魏北有高"之称。其代表作有《云横秀岭》《墨竹石坡》《春云晓霭图》等。

高翔:字凤岗,号西唐,又号樨堂,江苏扬州人,清代画家,为"扬州八怪"之一。擅长山水,画梅风格疏秀,兼能画像。著有《西唐诗抄》。

蔡

【姓氏来历】

蔡姓出自姬姓,为周文王后裔。周初,周武王伐商成功后,封商纣王之子为殷侯,又将胞弟管叔、蔡叔、霍叔分封在殷的周围以监视,史称"三监"。武王去世后,"三监"趁成王年幼,勾结纣王之子武庚发动叛乱。最后周公率兵东征,经三年苦战,终于平定了叛乱,武庚、管叔被杀,蔡叔被放逐于郭邻,霍叔降为庶人。蔡叔放逐后郁郁寡欢,不久就死去。蔡叔的儿子仲,认识到父亲的过错,并没有因父亲放逐而死有怨恨,他安分守己,学会了放牧驯马的技术。周公知道后,又建议成王,把仲封回蔡国(今河南省上蔡县西南)。战国后期,蔡国被楚国吞并,失国后的蔡侯子孙就以国为姓,就是蔡氏,奉仲为蔡姓始祖。

【姓氏分布】

蔡姓得姓之初,主要繁衍于现在的河南省境。秦汉时期,蔡姓人主要在中原地区发展,且以河南、山东等地为其繁衍中心;魏晋南北朝时,战乱频繁,迫使蔡姓族人大举南迁,辗转定居于江浙各地;唐宋时期,社会逐步安定,经济逐渐发展,蔡姓宗族逐渐发展成

望族;到了明清时期,蔡姓远播于海外地区。如今,蔡姓尤以广东、浙江、四川等地居多。

【姓氏名人】

蔡邕:字伯喈,陈留圉(今河南省杞县南)人,东汉时期著名文学家、书法家。他擅长散文辞赋,又工隶书,曾创"飞白"书,且善画,是东汉四大画家之一。

蔡伦:桂阳(今湖南省郴州)人,东汉宦官,改进了造纸术,他总结西汉以来用汀质纤维造纸的经验,创造用树皮、麻头、破布、渔网造纸之法,时称蔡侯纸。

蔡襄:字君谟,兴化(今福建仙游)人,北宋书法家。其正楷端重沉着,行书淳淡婉媚,草书参用飞白法,谓"散草""飞草",自成一体。与苏轼、黄庭坚、米芾并称"宋四家"。传世墨迹有《自书诗帖》《郊燔帖》《蒙惠帖》等,书法杰作有《茶录》。

蔡元培:浙江省绍兴人,早年参加民主革命运动,积极倡导科教育人,实行先进办学方针,提倡民主、科学。曾先后出任北京大学校长、中央研究院院长、司法部长等职。教育论著有《蔡元培教育文选》《蔡元培教育论著选》等。

田

【姓氏来历】

田姓是圣帝舜的后裔。周初,周武王封舜的后裔胡公妫满为陈侯。到陈桓公时,他的弟弟佗趁桓公病逝之机,借蔡侯之兵杀死太子免而篡位,自立为陈厉公。太子免的两个弟弟欲报杀兄之仇,就趁陈厉公去蔡国时把他杀了。兄弟二人相继为君,是为庄公和宣公。宣公在位时,怀疑太子御寇要谋反,就把他杀了。厉公的儿子陈完与御寇很要好,怕受牵连,就逃到齐国去了。于是齐桓公就把他封于田邑,人称田敬仲。他的子孙就以封地为姓,就是田氏,奉田敬仲为田姓始祖。

【姓氏分布】

田姓以今山东临淄为发源地。先秦时期,田姓已分布于今山西、河南、北京、湖北等地;三国两晋南北朝时,由于社会动荡,田姓避乱南迁;宋代,田姓主要在中国的北部和中部播迁;明清之际,田姓已波及大江南北广大区域。如今,田姓在全国分布广泛,以河南、四川、山东、河北等省为多。

【姓氏名人】

田文:号孟尝君,山东滕县人,战国时期齐国重臣、四公子之一。

田承嗣：平州卢龙（今属河北）人，唐末时军阀，为河北割据势力，也曾两度叛乱，死后由其侄田悦继位，曾一度自称魏王。

田锡田：襄城人，明朝著名书法家。喜欢收藏金石文字，著有《书学偶录》。

田汝成：浙江钱塘（今杭州）人，明代文学家。他博学、工文，尤善叙述，撰写有《辽记》《炎徼纪闻》《西湖游览者》《田叔禾集》等。

田汉：字寿昌，笔名陈瑜，湖南长沙人，现代著名文学家、剧作家、诗人。创作过电影剧本《风云儿女》《义勇军进行曲》。

胡

【姓氏来历】

周初，周武王将前代圣贤之后分别封为诸侯，其中圣帝舜的后裔妫满被封为陈侯，建立了陈国（今安徽省北部的阜阳、河南省中部的郾城等地）。妫满死后，谥号为陈胡公，所以史又称为胡公妫满。公元前478年，陈国被楚国所灭。其后，他的子孙分为两支，一支以国为姓，是为陈氏，一支以妫满谥号为氏，是胡氏，奉胡公妫满为始祖。

【姓氏分布】

胡姓的起源地是周初的封地陈国。汉时，胡姓迁入陕西、甘肃、山西等地；西晋末年，因"永嘉之乱"，胡姓大举南迁。当今胡姓分布很广，山东、四川、湖北、江西、安徽、浙江多此姓。

【姓氏名人】

胡安：汉朝初期著名教育家，司马相如便是他的得意门生之一。

胡瑗：字翼之，世称安定先生，江苏姜堰市人，北宋著名学者、教育家。曾官至太常博士。提倡"明体达用"之学，开宋代理学的先声。

胡瑰：契丹族，河北涿州市人，唐朝著名画家。尤善于画马，用笔清劲细密，而骨骼体状都生动有神。所传世作品《卓歇图》，是一幅难得的传世珍画，现藏故宫博物院。

胡适：字适之，安徽绩溪人，中国现代学者、思想家及新文化运动的著名人物。著有《中国古代哲学史》《章实斋年谱》《先秦名学史》《白话文学史》等。

万

【姓氏来历】

"周初四圣"之一的毕公高的后人中有个叫毕万的,在晋国当大夫,因功被封于魏。毕万的后代中,有一支以他的名为姓,是为万氏,奉毕万为万姓始祖。

另外,周初有个芮国(今山西省芮城县),是周王室同姓诸侯国。春秋时期,芮国有个国君叫芮伯万,因其好女色,宫中养了很多美女。他的母亲知道了这件事后很生气,就把他赶到魏城去了。后来他的后代就以他的名为姓,就是万氏,是另一支万氏。

【姓氏分布】

早期万姓发源于山西、陕西省境,这两省亦为后世万姓支系主要源头。魏晋南北朝时,北方战火四起,万姓有避居南方者,此次南迁,奠定了后世万姓盛于南方的基础;唐时,浙江、安徽万姓发展比较旺盛;宋元时期,北方时有战争,致使万姓再次南迁;明清时期,是历史上万姓最盛阶段,四川、江苏、广西亦有万姓足迹。如今,尤以江苏、江西、湖北等省多万姓。

【姓氏名人】

万修:字君游,东汉茂陵人。更始年间任信都令,迎光武帝,拜偏将军。平河北,因功封槐里侯,为"云台二十八将"之一。

万寿祺:明末书画家,万历年间举人。明朝灭亡后,仍以遗民自居,着儒士服,戴和尚帽,人称"万道人",与阎尔梅同称"徐州二遗民",著有《隰西堂集》。

万家宝:笔名曹禺,祖籍湖北潜江,生于天津,现代史上杰出的文艺家、戏剧作家。作品有《雷雨》《日出》《原野》《北京人》等。

管

【姓氏来历】

管姓以国名为姓,源出于姬姓。周武王灭商以后,封三弟叔虞于管国(今河南郑州),称管叔。武王死后,管叔与蔡叔、霍叔,一同勾结武庚发动叛乱。周公旦平息叛乱,管叔

被杀,其子孙就以国名为姓,即为管氏。

另据《通志·氏族略》所载,周穆王之后管仲在齐国做宰相,帮助齐桓公建立霸业。管仲执政40余年,实行了改革,使齐国不断富强,使齐桓公成为五霸之首。其后,管仲的后代也姓管,称为管氏。

【姓氏分布】

管姓主要发源于今天的河南省郑州市。春秋时,管姓主要繁衍于山东;魏晋南北朝时期,因社会动荡,管姓避乱有西去甘肃,湖南一带;五代后唐年间,管姓繁衍于福建、广东、江西等地;明初,管姓作为明朝山西洪洞大槐树迁民姓氏之一,被分迁于河南、山东、陕西、天津、江苏等地;明末至清,管姓迁居到江苏、江西、浙江等地。如今,管姓在全国分布甚广,尤以山东、江苏等省多此姓。

【姓氏名人】

管仲:名夷吾,又名敬仲,字仲,是春秋时期著名的政治家。他的著作多收入《国语·齐语》和《汉书·艺文志》。《管子》便是后人摘录管仲的言行及稷下学派言论并大量附以齐国法家著作汇编而成。其中《轻重》等篇,是古代典籍中不多见的经济文作。

管鉴:字明仲,龙泉(今属浙江省)人,宋代官吏、词人。官至广东提刑,权知广州经略安抚使。著有《养拙堂词》。

管师复:龙泉(今属浙江省)人,宋朝诗人。为人讲义气、勇敢,擅长于写诗。著作有《白云集》。

管珍:字阳复,号松崖,江苏武进人,清朝著名画家。工花鸟,尤善设色牡丹。著有《松崖集》。

卢

【姓氏来历】

卢姓出自姜姓,以邑为姓。据《元和姓纂》所载,春秋时期,齐国的公孙无知勾结他人杀了齐襄公而自立为王。齐襄公的两个儿子小白和纠逃往其他国家。公孙的这种行为引起齐国臣民的不满,只是群龙无首,难与之抗衡。最后群臣只好求助于老臣高傒,因为高傒世为齐国上卿,在大臣中有很高的威望。高傒接受了群臣的要求,设计杀了公孙无知等人。然后高傒迎立小白回来继位,就是后来成为春秋霸主的齐桓公。桓公继位后,把卢邑(今山东省长清区)封赏给了高傒。他的子孙以地为姓,就是卢氏,奉高傒为卢姓始祖。

【姓氏分布】

卢姓发源于今山东省长清的西南,后又沿着黄河,在河北、河南繁衍发展。汉魏南北朝隋唐时,卢敖裔孙卢绾随汉高祖起兵反秦,因功封燕王,封国在涿郡,后涿郡卢姓又称范阳卢姓,为五大望族之一;西晋末年的永嘉之乱,导致卢姓大举南迁;唐代时,卢姓在北方已称盛于黄河流域,其中以河南繁衍最为著名;元明清时,卢姓已遍及全国大江南北。如今卢姓尤以河北、广西、广东等省居多。

【姓氏名人】

卢植:字子干,涿郡(今河北涿县)人,东汉著名学者。著有《尚书章句》《三礼解诂》等。

卢思道:字子行,范阳(今河北涿州)人,隋朝著名大臣、文学家。著有《从军行》《听鸣蝉篇》。

卢照邻:字升之,号幽忧子,幽州范阳(今河北涿州市)人,唐朝著名诗人。著有《卢升之集》和《幽忧子集》。

卢文绍:字绍弓、檠斋,号弓父、矶渔,浙江余姚人,清朝古籍校勘学家。他校正《吕氏春秋》《白虎通》等古籍 38 种,纠正错误多处。著有《群书拾补》《钟山札记》《抱经堂集》等。

卢照邻

房

【姓氏来历】

房姓源自五帝之首的尧,传承相对单纯。相传尧有个儿子开始被封于丹水,人们称他为丹朱。后因丹朱没有治理天下的能力,尧就把帝位让给舜了。舜继位后,为感谢尧的恩德,把丹朱封于丹渊,国号唐,后来又把丹朱的儿子陵封到了房(今河南遂平县),为房侯,并创建了房国。其后,他们的子孙就以封地为姓,称房氏,奉房陵为房姓始祖。

【姓氏分布】

房姓虽不属大姓,但作为一个有着数千年传承历史的中华古姓,在中国历史发展中

自有其不可忽视的地位。房姓最初发源于今河南遂平县,当今房姓分布较广,但尤以山东、陕西、陕西、江苏等省居多。

【姓氏名人】

房元庆:南朝宋建微府司马,清河人。汉武帝时,历七郡太守,后为青州建微府司马。

房茂长:清河(今河北清河)人,唐朝画家。擅长画人物,著有《商山四皓图》。

房玄龄:名乔,字玄龄,齐州临淄(今山东淄博东北)人,唐朝司空。居相位15年。著有《晋书》。

丁

【姓氏来历】

丁姓以谥号为姓氏,源于姜姓。齐太公姜子牙有一子名伋,是周成王时的朝廷重臣,又是周康王的顾命大臣。姜子牙死后他继为齐侯,是齐国的第二代国君,对周王朝初期的政治生活起了重要作用,他死后谥号为丁公。其后,他的子孙就以他的谥号为姓,就是丁氏,并奉伋为丁姓始祖。

【姓氏分布】

丁姓的支源众多,但大致上,山东为其最早发源地。秦汉时期,丁姓聚居地主要在今山东、江苏、河南、河北、广东等地;三国两晋南北朝时期,北方战乱导致了丁姓频繁迁徙,可谓丁姓历史上播迁的昌盛时期;唐代,济阳丁姓有入居福建者;宋元时期,有江苏人丁谓后人分居于今广东省;清代,居于福建、广东一带的丁姓移居台湾地区、泰国、新加坡、美国等地。今日丁姓以福建、江苏、湖南、山东、贵州、吉林、辽宁等省较多。

【姓氏名人】

丁度:字公稚,祥符(今河南开封)人,北宋著名文字训诂学家。官至端明殿学士。曾与李淑等刊修《韵略》,又刊修《广韵》成《集韵》。奉诏与诸儒集体编撰《武经总要》40卷,是中国古代著名的军事著作之一。

丁汝昌:原名先达,字禹廷,号次章,北洋水师提督。甲午战争爆发后,在黄海海战中受伤后仍指挥作战,后退守威海卫;当日军海陆围攻威海卫时,他拒绝投降,自杀身亡。

丁日昌:字禹生,亦作雨生、持静,广东省丰顺人,清代大臣。历任江苏巡抚、福建巡抚、督船政、节度水师兼理各国事务大臣等职，曾参与洋务运动，著有《抚吴公牍》。

丁敬：字敬身，号钝丁，钱塘（今浙江杭州）人，清朝著名篆刻家。喜好金石文字，善鉴别，工于诗、书、画，尤精刻印，开创了"浙派"，被誉为"西泠八家"之首。著有《武林金石录》《砚林诗集》等传于世。

邓

【姓氏来历】

邓姓以国名为姓氏，源于曼姓。殷商后期，商王武丁封其叔父曼季于邓国曼城（今河南省邓州），同时封其为侯爵，后来曼季建立了邓国（今河南省孟州市西南），人称邓侯。邓国经西周、春秋共延续了 600 多年。西周时，邓国是周朝南方较为重要的诸侯国之一，后被楚国灭掉。其后，邓侯的子孙就以国为姓，这是最早的邓氏。

另外，北宋初年，南唐后主李煜第八子李从镒，曾被封为邓王。南唐被灭掉后，宋太宗赵光义下令缉拿南唐宗室，李从镒被捕，其子李天和逃脱。他为了躲避追捕，不敢姓李，就以父亲的封号为姓改为邓姓，这是另一支邓姓。

【姓氏分布】

邓姓发源于今河南省境，而后向紧邻的湖北、湖南一带迁徙。东晋十六国时，中原邓姓大举南迁，分布于江南、江西、江苏等地；唐代，南阳邓姓分衍出的支派更多，分别居于甘肃、山西、河南等一些地区；宋时，邓姓在南方已波及江西、湖北、福建、广西等地；明末，居住在广东及福建地区的邓姓又有一些人迁居到台湾。如今，邓姓人主要集中在湖南、江西、四川、江苏、福建、广东等地。

【姓氏名人】

邓石如：字行，号顽伯、完白山人、笈游道人等，怀宁（今属安徽）人，清朝杰出书法家、篆刻家，其书法以篆字成就最高。他的篆刻技艺突破陈规，自成一派，世称"邓派"和"皖派"。

邓世昌：原名永昌，字正卿，广东番禺人，海军名将。1894年中日甲午战争爆发后，在黄海海战中，虽弹尽舰伤，仍下令加快速度猛撞敌舰吉野，不幸被鱼雷击中，与全舰官兵 250 人

邓世昌

國學智慧全書 — 蒙學智慧

壮烈牺牲。

邓颖超:祖籍河南省光山,是无产阶级革命家、政治家,著名的社会活动家、中国妇女运动的先驱、中华人民共和国的重要领导人。

邓小平:四川省广安人,马克思主义者,无产阶级革命家、政治家、军事家,中国共产党、中国人民解放军和中华人民共和国的主要领导人之一。他为社会主义革命和社会主义建设事业做出了杰出的贡献。

左

【姓氏来历】

在古代,史官分为左史和右史,左史主要记录帝王诸侯大臣的言行,右史主要记录发生的大小事件。据考证,我国古代以左为尊,所以左史能到帝王身边记载其言行。这些左史,往往为世袭,慢慢地,人们就以左加名来称呼他们,逐渐演变成左姓。

【姓氏分布】

左姓发源于今湖南省。先秦时期,左姓已活动于今陕西、山东、山西一带;魏晋时期,左姓在今山东、河南间地繁衍迅速;南北朝至隋唐,左姓由于避乱,逐渐播迁于江东各地;宋元以后,左姓在江南分布更广;明初,山西左姓作为明朝洪洞大槐树迁民姓氏之一,被分迁于陕西、河南、东北三省等地;清初,两湖之左姓伴随湖广填四川的风潮入迁四川。如今,左姓主要分布在河北、山东、江苏、四川等省。

【姓氏名人】

左丘明:春秋时鲁国人,后人因其目盲,称之为盲左。相传他曾任鲁太史,为《春秋》作传,成《春秋左氏传》,简称《左传》。

左光斗:字遗直,号浮丘,明朝桐城人。曾任浙江道监察御史,后任左佥都御史,参与杨涟弹劾魏忠贤,又亲自弹劾魏忠贤32斩罪。后来他与杨涟被诬陷死于狱中,后追赠太子少保,谥号忠毅。

左思:字太冲,晋代临淄人。博学能文,官秘书郎。曾作《三都赋》,十年乃成。豪贵之家,竞相传写,洛阳为之纸贵。其妹左芬,亦能文,以德见称。

左宝贵:山东省费县人,回族,清末将领。甲午战争时,以总兵之职率军赴朝鲜平壤拒日。督军浴血奋战,亲手燃放大炮,后中炮阵亡。

左宗棠:字季高,一字朴存,号湘上农人,晚清军政重臣,湘军统帅之一,洋务派首领。1885 年病故于福州。

石

【姓氏来历】

石姓出自姬姓,为石碏之后裔。据《元和姓纂》所记载,春秋时康叔的六世孙卫靖伯有个孙子叫石碏,是卫国的贤臣。其子石厚曾帮助公子州吁杀掉卫桓公,州吁自立为君。州吁上台后,为了树立威信,向外频频用兵,搞得卫国上下怨声载道。

后来,石碏设计将州吁和石厚两人骗到陈国,并暗中给陈桓公写了一封密信,派人事先送给陈桓公,历数州吁、石厚的罪行,请陈侯把他们抓起来。等州吁和石厚两人到陈国后就被抓了起来。石碏将两人处死后,迎立桓公之弟公子晋为国君,即卫宣公。

石碏在此次变故中表现得大智大勇,大义灭亲,为世人所称道。石碏本是卫国的宗室,因封地在石邑,故人称石碏。他的后代,就以他的封地为姓,即为石氏,奉石碏为石姓始祖。

【姓氏分布】

石姓最早发源于当时的卫国之地(今天的河南北部一带)。秦汉以前,石姓主要在黄河中、下游地区繁衍,同时有部分人徙居江南;魏晋南北朝时,形成渤海、平原两大郡望;唐初,有石姓人自河南固始随陈政、陈元光父子入闽开漳并落籍;五代十国,石姓在福建形成闽南望族;宋元以后,石姓已遍及江南大部分地区;明初洪武年间,石姓作为洪洞大槐树迁民姓氏之一,被分迁于山东、河北、陕西、甘肃等地。如今,石姓分布以河南、山东、四川、辽宁等省为多。

【姓氏名人】

石申:战国时天文学家,他与甘德所测定的恒星记录有 800 多颗,是世界上最古老的恒星表,有《甘石星经》。

石守信:开封浚仪(今河南省开封)人,北宋名将。陈桥兵变,辅佐赵匡胤称帝,杯酒释兵权后,仅留虚职。

石玉昆:号问竹主人,清代说唱艺人。演唱时自弹三弦自唱,其唱调称为"石派书"。相传小说《三侠五义》《小五义》等均是别人根据他的唱本改写而成。

石达开：广西贵县人，太平天国的翼王。他有勇有谋，在太平天国前期的胜利进军和定都南京以及率军西征中屡败清军。同治二年夏天，进至越厅紫打地（今四川省石棉县安顺场南），为大渡河所阻，又遭清军及士兵围困，进退无路，陷于绝境。他意图"舍命以全三军"，投入清营，后不仅部属惨遭屠杀，自己也在成都遇害。

崔

【姓氏来历】

崔姓源于姜姓，相传是炎帝的后代。西周时，姜子牙因首功而封在齐国，其嫡孙季子不愿继位，把君位让给了弟弟叔乙，自己撤到崔邑（今山东省章丘市西北）住了下来，人称崔季。其子孙就以地为姓，即为崔氏，奉崔季为崔姓始祖。

【姓氏分布】

崔姓发源于山东境内。唐代，崔姓繁衍于山东、河北、河南、陕西、山西、甘肃等地；宋元时期，有较多崔姓南迁于江苏、安徽、浙江、江西等地；明朝初年，有山西大槐树崔姓移民于人迹稀疏之地；明末清初又有大批崔姓族人迁往辽东一带，多与朝鲜族杂居；清末又有入居东南亚国家者。今日崔姓主要居住在河南、山东、辽宁、黑龙江、江苏等省。

【姓氏名人】

崔鸿：字彦鸾，今山东平原人，北魏著名史学家。初仕魏中散大夫一职，后迁黄门侍郎，加散骑常侍、齐州大中正。撰有《十六国春秋》。

崔敦礼：南宋通州静海（今江苏南通）人，宋代文学家。有《宫教集》《刍言》《四库总目》等传于世。

崔述：字承武，号东壁，河北大名人，清代历史学家、考据学者。所著书以《考信录》为主，包括《三代考信录》《丰镐考信录》《洙泗考信录》等，近人汇印为《崔东壁遗书》。

程

【姓氏来历】

程姓以国名为姓氏，出自高阳氏。据《广韵》所载，相传上古时民间祭祀很乱，神鬼不分,氏巫混杂,社会秩序很不安定。后来帝颛顼派两个孙子分掌天地,哥哥重为南正,掌管祭祀天上神灵,弟弟黎为火正,掌管治理山川河流土地和民政事务。这样百姓就从杂乱无章的祭礼活动中解脱出来,天上地下各不相忧,人神分开,万物都有了秩序。百姓的生活也安定了。由于这些功劳,重和黎的子孙就世袭这个职务。商王朝时封其后裔为程侯(今河南洛阳市),程侯的子孙就以国名为姓,即为程氏。

【姓氏分布】

程姓在春秋时代已经分布于河北、河南、陕西一带。秦汉时期,程姓已在华北长城以南地区繁衍;魏晋南北朝时期,在今安徽、浙江两省交界处,程姓族人的分布日益稠密,逐渐扩散到江苏、江西、福建地区;南宋年间,洛阳程姓有些迁居桂林、贵州;明清时期,程姓便已分布于我国广大地区。如今,程姓主要分布在河南、安徽、四川、陕西、湖北、山东等省。

【姓氏名人】

程曾:字秀升,东汉豫章南昌(今属江西省)人。学习《严氏春秋》,后教授弟子数百人。著书百余篇,疏通《五经》的疑难,又作《孟子章句》。

程伟元:字小泉,江苏省苏州人,清代文学家、书画家。工诗善画,其作品已遗失。

程长庚:名椿,一名闻翰,字玉山,寓名四箴堂,安徽潜山人,清代戏剧家。代表剧目有《群英会》《战长沙》《文昭关》和昆曲《钗训大审》等。他与余三胜、张二奎并称“老生三杰”“三鼎甲”。

邢

【姓氏来历】

邢姓出自姬姓,以国名为姓氏,源于周公旦之后。据《左传》记载,周初,周公旦的第四个儿子被封为邢侯(今河北省邢台市西南)。春秋时期,邢国被卫国吞并,失国后的邢侯子孙就以国为姓,即为邢氏。

后来,卫国又被晋国吞并,晋就把邢邑(今河南省温县东)封给大夫韩宣子作为封地。后来韩宣子的后代就以地为姓,是另一支邢氏。

两支邢氏虽来源不同,但均源于周王室的姬姓。

【姓氏分布】

邢姓主要发源于今山西、河北、山东一带。魏晋南北朝之际,由于五胡乱华、军阀纷争等导致社会动荡,少数邢姓子孙避居江南;隋唐之际,邢姓播迁繁衍以北方邻近区域为主;北宋时,北方辽金等少数民族不断侵扰今冀、晋北部,邢姓因避乱徙居当时的首都开封及河南各地;元代金后,北方邢姓发展平稳,而南方邢姓因避乱散居江南各地;明初,山西邢姓作为明朝洪洞大槐树迁民姓氏之一,被分迁于河北、河南、陕西、东北等地。如今,邢姓主要分布在河北、河南等省。

【姓氏名人】

邢群:唐朝著名大臣。唐会昌年间在任户部员外郎处州刺史时,清正廉明,吏人畏之,百姓敬之,在其离任之日,百姓扶老携幼含泪送别。

邢侗:字子愿,临邑(今山东临邑)人,明朝著名书画家。善画能诗文,尤以书法著名。其字为海内所珍,与董其昌、朱万钟、张瑞图并称。著有《来禽馆集》。

邢契莘:浙江省嵊县(今峰州市)人,清宣统二年考取清华第一期官费留学美国,入麻省理工学院选修造船造机系。

陆

【姓氏来历】

春秋时,陈厉公因为与表妹私通被故太子的弟弟杀死。陈厉公之子陈完闻讯后逃往齐国,因功封在田,后为田氏,陈完也改名田敬仲。到了战国初期,敬仲的后裔田和赶走齐君而自立为君,成为田姓齐王。田氏齐宣王的小儿子叫通,被封在平原县的陆乡(今山东省平原县),田通的子孙就以封为姓,即为陆氏,奉田通为陆姓始祖。

另外,据《魏书·官氏志》所载,南北朝时,北魏有鲜卑步陆孤氏,进入中原后改为汉字单姓陆氏。

【姓氏分布】

陆姓最早发源地为山东,早期陆姓亦是以山东为中心向四周传播。魏晋南北朝时,南北方各地的陆姓阵容都得到了大规模的发展;盛唐时期,陆姓势力呈巩固加强发展之态;宋元至明清时期,陆姓已广布各地,进而延伸至台湾地区、新加坡等地。今日陆姓分

布以浙江、上海、江苏、广东、广西等为主。

【姓氏名人】

陆云：字士龙，晋吴郡华亭人，西晋著名文学家。官至清河内史，与陆机并称"二陆"，著有《陆士龙集》。

陆修静：字元德，南朝宋吴兴郡东迁人，为南朝著名道士，早期道教的重要建设者。与僧人慧远、慧永及陶潜等 18 人结社于庐山东林寺，同修静土之法，号曰"白莲社"。

陆游：字务官，号放翁，宋代越州山阴县人，南宋著名诗人。他才华横溢，尤长于诗，一生写诗近万首，为南宋大家。著有《渭南文集》《剑南氏稿》《放翁词》《南唐书》等。

陆心源：浙江吴兴人，清代藏书家，他收藏了两百本宋朝的珍善本书，因藏书扬名于天下。著有《潜园总集》。

陆游

翁

【姓氏来历】

翁姓出自周朝时期的姬姓，为西周昭王的后代。传说周初，周昭王有个儿子，生下来时两手紧握成拳，谁也掰不开，大声啼哭不止。宫人报告周昭王，周昭王不相信，跑去一看，正在啼哭的婴儿哭声顿时止住了，两只小手也张了开来。周昭王看其小手，不由得大奇。原来孩子两只小手的纹路与众不同，仔细一看，左手是个"公"字，右手是个"羽"字，于是昭王把两字合到一起即"翁"作为小儿子的名字。翁长大后，周昭王又把他封为侯，封地也取名翁（今浙江省定海县东），史称翁侯。后来，翁侯的子孙就以翁作为他们的姓氏。

【姓氏分布】

翁姓发源于广东省韶关市南部翁源县。秦时，翁姓主要繁衍于浙江的杭县。目前，我国北方的翁姓虽不多见，但在南方，特别是福建、广东、台湾一带却是名门大姓。

【姓氏名人】

翁肃：字彦恭，崇安人，著名宋朝大臣，官至朝散大夫。

翁方纲：字正三，号覃溪，直隶大兴（今北京）人，清代诗人、书法家。翁方纲尤善隶书，与刘墉、成亲王永瑆、铁保齐名，称"翁刘成铁"。著有《复初斋文集》35卷，《集外文》4卷、《复初斋诗集》42卷等。

翁大年：字叔均，江苏吴江人，清朝著名金石学家、书法家、篆刻家、考古学家。著有《官印志》《古兵符考》《陶斋金石考》《秦汉印型》等。

翁同爵：字玉甫，以父荫授官。在湖北巡抚兼署湖广总督任上去世，著有《皇朝兵制考略》。

段

【姓氏来历】

段姓出自姬姓，是春秋时郑武公的儿子共叔段的后代。

春秋初年，郑武公有两个儿子。大儿子是在其母姜氏睡梦中生下，所以取名寤生。姜氏以为怪，不大喜欢他；二儿子名段，长大后生得一表人才，面如敷粉且又多力，很讨姜氏的喜欢，就生偏心想立段为世子。但郑武公以长幼为序没有答应。

郑武公去世后，寤生即位，是为郑庄公。其母姜氏就逼庄公把京城（今河南省荥阳市）封给了段，人称京城太叔或太叔段。太叔段自恃母爱，公开招兵买马企图夺哥哥之位。群臣都为庄公担心，庄公却以母爱幼弟为由不予理会。其实他心中早已有数，故作糊涂，以促使太叔段的野心暴露，以便除之有名。

太叔段果然中计，在他即将行动时，早已有备的郑庄公采取先发制人的办法，突然袭击京城，太叔段只得逃入共国（今河南省辉县），所以又称共叔段。太叔段死后，他的子孙就以他的名为姓，即为段氏。

【姓氏分布】

早期段姓以陕西、甘肃一带繁衍最旺，以后段姓大致以此二地为主迁地，扩播四方。魏晋南北朝之际，段姓或因仕宦，或因避战乱而迁往各地；唐代段姓仍以北方人口居多；明代有山西大槐树籍段姓迁于山东、河南、河甘肃、陕西等地；到了清代，段姓无大规模迁徙之举，各地段姓繁衍平稳。今日段姓以四川、山西、河北、云南等省多此姓。

段干木:战国时魏国人,为魏国才士。他潜学守道,深受魏文侯敬重。据传文侯每过段干木家门,定站立伏于车前横木,以示尊敬。

段成式:字柯古,唐代临淄人,唐朝文学家。博学强记,多奇篇秘籍,其中他所著的《酉阳杂俎》,被后世誉为"小说之翘楚"。

段祺瑞:原名启瑞,字芝泉,晚号正道老人,安徽合肥人,近代皖系军阀首领。曾任提督、国务总理等职。1936 年病逝于上海。

侯

【姓氏来历】

侯姓源于黄帝轩辕氏姬姓的后代。周成王小弟唐叔虞的封国为晋,而侯氏正是出自晋国的公族。到了春秋末期,晋武公杀掉了晋国的国君晋哀侯和他的弟弟。后来他们的后代逃往他国,便以祖先的爵位为姓,是为侯姓。

侯氏中还有一支是少数民族姓氏所改。据《通志·氏族略》记载,随北魏孝文帝南迁洛阳的少数民族中,原为复姓侯莫陈氏,后来改为单姓侯氏。

【姓氏分布】

侯姓早期主要是在今河南、山西省境内,在其发展繁衍过程中,很快就播迁到河北等地。秦汉之际,在今河北省的中西部地区,侯姓成为当地的盛族;西晋至南北朝时期,侯姓迁居到四川、广东、内蒙古、辽宁等地;宋明时期,侯姓的聚居点已遍布今湖南、湖北、浙江、广西等地;从清初开始,福建、广东地区侯姓陆续有人迁至台湾地区。如今,尤以河南、湖南、安徽、辽宁等省多此姓。

【姓氏名人】

侯显:明朝著名的政治活动家、外交家。在促进中国和亚洲各国交流经济、文化方面及民族关系方面做出了积极的贡献。

侯恂:字大真,号若谷,河南商丘人,明代户部尚书。曾任兵部侍郎等职,后来朝廷中发生政变,被捕入狱。崇祯九年,李自成攻破北京后,他以按兵不救之罪遭到陷害。

侯芝:字香叶,号香叶阁主人、修月阁主人,江苏上元(今南京)人,清代著名女文学

国学智慧全书

蒙学智慧

家。她写的许多词流传于世,其中最为著名的就是《再生缘》。

武

【姓氏来历】

武姓是以祖辈名字为姓,源出于子姓。

据史料记载,殷商自盘庚东迁后得以中兴,后来太子武丁继位。武丁想进一步振兴殷室,却因得不到贤臣的辅佐而发愁。他想起年轻时认识的一个叫傅说的奴隶,他和开国第一贤相伊尹一样有才能。为了能让其得以任命,他借梦使其拜为相。

武丁对傅说十分信任,君臣合作,使殷商达到了鼎盛时期,史称"武丁中兴"。武丁死后,周王室认为武丁有很大的功劳,可与商开国帝王成汤相比,应有自己的姓,因此他的子孙就以他的名为姓,即为武姓,奉武丁为武姓始祖。

【姓氏分布】

最早的武姓发源地在今河南省,其后武姓在此地得到不断繁衍,并迅速向邻近的山东及江苏等省迁徙。汉时,山东武姓大举繁衍至今河南、安徽、山西等地;魏晋南北朝时期,武姓大举南迁成为江苏一大望族;唐代,武姓达到极为昌盛的时期,遍及全国。今日武姓主要分布在河南、黑龙江等省。

【姓氏名人】

武则天:并州文水(今山西文水东)人,唐高宗皇后,中国历史上第一位女皇帝。公元690年建周代唐,在位21年。执政期间,政绩卓著,善用人才,开创殿试,重视农业,加强边防等。公元705年,武则天被迫让位于唐中宗,中宗遂复唐。

武宗元:字总之,白坡人(今河南孟津),北宋著名画家。善画道释人物,曾为开封、洛阳、嵩山、许昌等地寺观绘制宗教壁画。传世作品有描绘道教内容的《朝元仙仗图》。

武元直:号广莫道人,字善夫,金代书画家。善画山水,能诗文。主要作品有《渔樵闲话图》《东坡游赤壁图》《莲峰小隐图》等。

武亿:字虚谷,一字小石,自号半石山人,河南偃师人,清代著名学者。曾创办范泉书院,精于金石文字考订。著有《经读考异》《金石三跋》《偃师金石记》等。

刘

【姓氏来历】

相传,刘姓人是帝尧的后代,居住在刘国(今河北唐县)。后来,有个叫刘累的人跟古代豢龙名师董父学过养龙。他的技术非常高,远近闻名。因夏王孔甲喜欢龙,于是就让刘累为自己养龙。可是养了没多久,死了一条雌龙,刘累就偷着把死龙做成肉羹呈给孔甲吃。孔甲吃后觉味道鲜美无比,就问他是什么肉。刘累谎称是野味,孔甲就命刘累捕这种野味,并且点名要吃这野味的幼仔。刘累没有办法,又担心事发后受到惩罚,就偷偷跑到鲁县(今河南鲁山县)隐居起来。刘累子孙后来便以刘为姓,成为我国刘姓的最早起源。

【姓氏分布】

刘姓发源地在今河北省唐县。汉末三国之际,中原的刘姓为避"董卓之乱"不断向四方迁徙,主要是向东南投奔孙吴和向西南进入四川投奔蜀汉;魏晋南北朝时期,刘姓大举南迁;唐宋时期,刘姓已遍布大江南北,盛于全中国。今日刘姓在中国分布主要集中在河南、河北、山东、四川、湖南、湖北、安徽、辽宁和黑龙江等地。

【姓氏名人】

刘邦:即汉高祖,江苏沛县人。于公元前211年建国称帝,国号汉,定都洛阳,后迁都长安,史称西汉。

刘备:字玄德,涿郡(今河北省涿州市)人,三国时蜀汉的建立者。得诸葛亮辅佐,采用联吴抗曹策略,于建安十三年大败曹操于赤壁。公元221年正式称帝,建都成都,国号汉。

刘渊:字元海,匈奴人,十六国时汉国建立者,西晋末年起兵反晋,称大单于,后改称汉王。永嘉二年称汉帝,建都平阳。

刘禹锡:字梦得,晚年自号庐山人,彭城(今江苏徐州)人,是匈奴人的后裔,唐代著名文学家、哲学家。所著《天论》3篇,为古代朴素唯物主义及辩证法哲学著作。

景

【姓氏来历】

景姓源出于芈姓。春秋时,楚国对那些为国家做出贡献又品德高尚的宗室赐以"景"的称号。因在古文里"景"含有令人尊敬仰慕之意。为此,原来曾是相国的翠、理、阳、台等人被称作景翠、景鲤、景阳、景台。这些人的后代为记住先辈的功劳就以景为姓,即为景氏。

另外,景姓源出姜姓。春秋时齐国国君姜杵臼死后送号为"景",史称齐景公,他的后代中有一支以谥号为姓,这是另一支景氏。

【姓氏分布】

景姓发源于今湖北宜昌一带。汉至晋朝,景姓分布于陕西、福建、江苏、湖北等地;隋唐战乱之际,景姓迁居到各地。如今,景姓主要分布在我国的四川、山东、河北、安徽、江苏、浙江等地。

【姓氏名人】

景差:战国时楚国人,被称为景姓第一代。他是楚辞作者之一,当时与屈原齐名,辞赋家,著有《大招》传世。

景幼南:名炎昭,后改名昌极,字幼南,江苏泰州人,当代著名教育家。著有《哲学新论》《哲学论文集》《名理新探》。译有《柏拉图对话集选篇》《温楷斯德文学评论之原理》等。

叶

【姓氏来历】

战国时期,楚平王的儿子建因做晋军袭郑国的内应而被杀,后来建的儿子胜便逃到吴国。到了楚惠王时,执掌军政大权的子西听说胜比较贤明,就把他召回国,封在白邑,人称白公胜。

当时,任大夫的沈诸梁极力反对把白公胜召回国,认为这样会引起内乱,但楚惠王不听。后来,白公胜以自己父亲是王储为由发动叛乱,企图恢复王位。叛乱发生后,子西被杀,惠王被囚,楚国形势非常危险。

这时沈诸梁正屯兵北边,闻讯后率兵连夜赶回京城平定了白公胜的叛乱。沈诸梁因功被封于叶(今河南省叶县南),人称叶公。于是他的后代便以封地为姓,即为叶氏,沈诸梁则被奉为叶姓始祖。

【姓氏分布】

叶姓虽然发源于叶县,而叶姓族人并不多,河南一带的叶姓,多为后来南迁重返故乡留下来的。西晋末年,由于各少数民族问鼎中原,流徙到陕西、河北的叶姓后裔一部分向南迁徙,一部分重返中原;唐宋时期是叶姓迁徙最频繁时期,这次因支系较多,迁徙往返不定;明清之际,叶姓纷纷到海外发展。如今,叶姓主要分布在广东、福建、江苏、江西等地。

【姓氏名人】

叶适:字正则,号水心,瑞安(今浙江温州)人,南宋哲学家、文学家。著有《习学记言》《水心先生文集》等。

叶挺:原名为询,字希夷,广东省惠阳人,中国无产阶级军事家、中国人民解放军的创建者之一。曾组织参加过广州起义和“八一”南昌起义,后因飞机失事而遇难身亡。

叶圣陶:原名叶绍钧,笔名叶圣陶,江苏苏州人,著名的作家、教育家。曾任教育部副部长、人民出版社总编辑等职。著有小说《线下》《隔膜》《倪焕之》,散文集《西川集》《脚步集》,童话集《古代英雄的石像》《稻草人》等。

叶剑英:原名叶宜伟,字沧白,广东省梅县人,著名的无产阶级革命家、军事家,中国人民解放军十大元帅之一。曾任黄埔军校教授部副主任,后参加北伐战争,领导广州起义。新中国成立后,曾任党和国家重要领导职务。

白

【姓氏来历】

白姓是以祖辈名字为姓,源出于炎帝的大臣白阜。相传上古炎帝神农有个大臣叫白阜,专管治水,被后代传说为水神之祖,他的子孙以他的名为姓,奉白阜为白姓始祖。这可能是最早的白氏。

另外,周太王5世孙虞仲的后人百里奚,生有一个儿子孟明视。他又有二子,一个是西乞术,另一个是白乙丙。白乙丙是秦国著名将领,立下不少军功。白乙丙后来升任秦国大夫,其后人以此为荣,就以他的名为姓,称白姓,并尊白乙丙为白姓得姓始祖,这是另一支白氏。

【姓氏分布】

白姓最早发源于陕西、河南一带。战国时期,河南白姓迁入陕西等地;魏晋南北朝之际,迁徙到了陕西、湖北等地;隋唐五代时,白姓在很多地区已发展成望族;宋元时期,有白姓族人为避金人及蒙古军队南下,纷纷徙迁南方;明朝,白姓作为山西大槐树移民姓氏之一,分迁于山东、河北、陕西、北京等地;到了清代,居住在福建及广东地区的白姓有陆续入居台湾及海外者。今日,白姓主要分布于我国的四川、陕西、山西、河南等省。

【姓氏名人】

白起:陕西眉县人,战国时秦国大将,被封武安君。他很善于用兵,屡战屡胜,长平一役,坑杀赵军40多万,后遭他人妒忌自杀。

白居易:字乐天,号香山居士,唐下邽人(今陕西渭南县附近),唐代杰出的诗人,贞元进士,历任秘书省校书郎、左拾遗及左赞善大夫。在文学上他积极倡导现实主义和朴素文风。著有《与元九书》《白氏长庆集》等。

白行简:字知退,白居易弟,当时有名的文学家。白行简以传奇著称,传奇小说《李娃传》是他的代表作。

白朴:原名恒,字仁甫,后改名朴,字太素,号兰谷,今山西河曲县人,元代著名的文学家、杂剧家。所做杂剧现存《梧桐雨》《墙头马上》《东墙记》3种。

白英:字节之,山东汶上颜珠村人,后迁居汶上彩山,明代杰出的水利专家。曾为当时礼部尚书疏通河道出谋献策,特别为大运河畅通做出了贡献。

池

【姓氏来历】

中国姓氏中很大一部分是由于地名而产生的,池姓就是其中之一。在古代,城郭的周围都挖有护城河,护城河叫围池,设专人管理,称池人。久而久之,那些居住在护城河边的人以"池"为姓,世代沿袭,称为池姓。

又据《姓氏考略》载,池姓出自嬴姓,始成于战国时候的秦国王族后代,以祖字为姓。战国时,秦国有个王族名叫公子池,是秦国的大司马。他的子孙后代就以他的名字为姓,称为池姓。

【姓氏分布】

据考证,池姓发源于距今 2000 多年前的秦汉之际河南陈留一带。当今池姓是一个大分散、小聚居、人口不多的族姓。在我国的广东、江西、安徽、河北、陕西、湖北、云南、台湾等省,以及在朝鲜、美国和东南亚等国家和地区,都有大小不等的池姓氏族。

【姓氏名人】

池圣夫:浙江平阳人,宋朝著名大臣。宋嘉定四年中文科进士。宋宝庆绍定年间历正字校书郎、秘书郎、著作佐郎等职。

池显方:字直夫,福建省同安人。明天启年间举人,明嘉靖进士池浴德的儿子,工诗文,以诗词、文章出名。著有《南参集》《晃岩集》等。

池生春:字籥庭,号剑之,楚雄人,清朝著名学者。他文章和书法都好,举为进士,以不欺人为本,慷慨大方,言行举止悉合礼仪。所著的《盲庐记》《入秦日记》《诗文剩稿》等流传于世。

谭

【姓氏来历】

谭姓以国为姓。周初大封诸侯时,禹的后代被封于谭国(今山东省章丘市西),爵位为子。谭国只是周朝时的诸侯国,后来由于国势的衰微,很快就沦为齐国的附庸。春秋时,齐桓公称霸诸侯,吞并了谭国。谭国国君之子逃亡到莒国(今山东莒县)。其后留在故国的子孙就以国为姓,成了谭氏。

【姓氏分布】

谭姓早期主要在山东省境内繁衍发展,后向全国各地迁徙。汉代时,谭氏已分布于河南、山西等地;南北朝时谭氏开始迁入广东;唐末时迁入江西;宋代,谭姓集中于江苏、浙江、安徽、湖北、四川等地;清代,居住在广东及福建地区的谭姓迁徙到了东南亚及新加坡等地。如今,谭姓主要集中于浙江、江苏、安徽、湖南、四川等省。

【姓氏名人】

谭纶:字子理,号二华,江西宜黄人,明代杰出的军事家、抗倭名将、嘉靖进士。他官至兵部尚书,太子太保,主持兵事 30 余年,与戚继光共事齐名,号称"谭戚"。

谭嗣同:字复生,号壮飞,湖南长沙浏阳人,清末巡抚谭继洵之子。善文章,维新变法的主要人物之一。1898 年参加戊戌变法,变法失败后英勇就义。

谭震林:湖南省攸县人,杰出的无产阶级革命家。曾组织领导过许多重要战役,新中国成立后任国务院副总理、人大常委会副委员长、中央政治局委员等职。1983 年 9 月 30 日病逝于北京。

姬

【姓氏来历】

姬姓是黄帝的姓氏。传说中华民族的共同始祖黄帝,本姓公孙,因生于寿丘、长于姬水的缘故,所以改姓姬。

黄帝的子孙众多,被分别赐以 12 个姓氏,姬姓为第一个。上古五帝少昊、颛顼、尧、舜、禹都是黄帝的后裔。这些后裔继承了姬姓,周朝就是黄帝的后代所建。

周朝建立后,姬姓为国姓。周武王大封诸侯,其中姬姓国就封了 55 个,后来这些姬姓诸侯国又演化出上百个姓氏。

【姓氏分布】

姬姓是中国最古老、最伟大的姓氏之一,它发源于山东曲阜和陕西岐山两地,人口较多,是一个典型的北方姓氏。如今,姬姓在全国分布较少,主要在山东、河南等省。

【姓氏名人】

姬昌:即周文王,商朝末年周族人的领袖。他仁政爱民,招贤纳士,深受周族人民的拥戴。同时,在他的领导下,周族人强大起来,终于在他的儿子姬发(即周武王)时,打败了殷纣王,建立了大一统的周王朝。

姬发:即周武王,周文王姬昌的次子。他继承父亲遗志,于公元前 11 世纪消灭殷商王朝,夺取全国政权,建立了西周王朝。周武王具有卓越的军事才能和政治才能,是中国历史上一代名君。

姬澹：字世雅，南北朝时候后魏的信义将军，事桓、穆二帝，征战有功，为朝廷征战南北，战功显赫，后被封为楼烦侯。

姬敏：字号学，孟津人。明朝西安知府、律学家、数学家。知识十分渊博，对四书五经和天文地理都有钻研，并涉及历算等，在当时很受人尊重。

牛

【姓氏来历】

商朝末年，商纣王无道，其兄微子屡次劝谏，纣王不听，于是微子就出走了。周武王灭商后，找到微子，向他请教安邦治国的道理。周成王时，又封微子于宋国，让他继承殷商宗祧，管理殷商遗民。微子的后代以国为姓，即为宋氏。

到了西周后期，微子后裔中有个人叫牛父，在宋国担任指挥、管理军队的司寇之职。宋武公时，西戎狄人进攻宋国，牛父率军队抵抗，不幸阵亡。后来，他的子孙后代就以父名为姓，即为牛氏，奉牛父为牛姓始祖。

【姓氏分布】

牛姓在春秋时发源于今河南商丘，公元前286年，即战国后期，宋国被齐、楚、魏三国瓜分之后，子孙散亡各地。汉代，牛姓发展至甘肃临洮一带，并很快形成望族；隋唐时，牛姓分布于全国许多地方。如今，牛姓在全国分布甚广，尤以河南、山西多此姓。

【姓氏名人】

牛邯：陕西狄道人，东汉名将。才气勇力俱全，雄威边陲，官护羌校尉，后为大中大夫。

牛弘：字里仁，安定鹑觚（今甘肃省灵台）人，隋朝大臣。他为人性宽厚仁慈，好学博闻，隋文帝时任礼部尚书，致力贯彻各级地方官吏皆由中央任免的政策。他还擅长文学，精通律令。他曾修撰《五礼》百卷，著有《牛奇章集》。

牛僧孺：字思黯，安定鹑觚（今甘肃灵台）人，唐朝大臣。他是唐末牛李党争中牛党的代表人物之一。在穆宗、文宗时两度为相，又屡次遭贬。著有传奇集《玄怪录》。

國學智慧全書

蒙学智慧

庄

【姓氏来历】

庄姓源于芈姓,以谥号为姓。春秋末期,楚王继位,伸张王权,并采取果断措施,平定了若敖氏的叛乱。楚王不仅有超人的气量,而且有识人之明,楚国名相孙叔敖就是他从云梦泽发现并重用的。楚庄王知人、信人、善用人,很快使楚国成了春秋五霸之一。楚王死后谥号为"庄",带有严肃、敬重之意,因此称楚庄王。他的后代中,有的是以他谥号为姓,即为庄氏,奉楚庄王为庄姓始祖。

【姓氏分布】

庄姓发源于河南的民权县。秦汉之际,庄姓依旧以湖北、河南为其繁衍中心;魏晋以后,庄姓子孙纷纷从今湖北、河南分散各地,先后迁居甘肃、浙江、山东等地;唐末,河南光州固始人庄森(王潮外甥)随王潮、王审知入闽;明初,山西庄姓作为明朝洪洞大槐树迁民姓氏之一,被分迁于甘肃、湖南、河南、北京等地;明末至清,庄姓人渡海到台湾地区、新加坡等地。如今,庄姓在全国分布比较广泛,主要以浙江、广东、江苏、台湾等省为多。

【姓氏名人】

庄子:名周,字子休,蒙城县人,战国时期著名思想家、文学家。他以其代表作《庄子》阐发了道家思想的精髓,发展了道家学说,使之成为对后世产生深远影响的哲学流派。

庄有恭:字容可,号滋圃,广东省番禺(今广州市)人,清代大臣。乾隆四年状元,授修撰、历任巡抚、刑部尚书,官至协办大学士。曾主持浙江海塘工程,又疏清大修三江水利,著有《三江水利纪略》。

晏

【姓氏来历】

春秋时期,齐国和楚国为争夺霸权,经常发生战争。这一年,楚灵王听说齐景公派相国晏婴出使楚国,为了给齐国一个下马威,他存心要羞辱晏婴。

当晏婴来到楚国后,楚灵王看到身材不高的晏婴时,故作不解状,问道:"难道齐国没

国学智慧全书 百家姓

有人吗？怎么派个小人出使我国？"晏婴说："我们齐国有个规矩，贤人出使贤国，不肖者出使不肖国，大人出使大国，小人出使小国。我是小人，又最不肖，所以派我出使楚国。"楚灵王听了晏婴所说的一席话，就再不敢小看晏婴了。又因为有晏婴这样的人为相，再也不敢轻视齐国了。

晏婴不辱使命，他以他的智慧，为齐国解决了不少难题，使齐国国势一度强盛。品德高尚的晏婴，被后世赞颂，称为春秋名相。晏婴死后，他的后代就以其名为姓，即为晏氏，奉晏婴为晏姓始祖。

【姓氏分布】

晏姓是当今较少有的姓氏，但分布颇广。晏姓早期活动在山东、河南一带，并在齐郡形成名门望族；宋朝以来在江西形成晏氏名门。现如今，主要分布在湖北、江西、四川等省。这三省晏姓占全国汉族晏姓人口绝大部分。

【姓氏名人】

晏子

晏子：名婴，字平仲，山东高密人，任上大夫。历任齐灵公、庄公、景公三朝，是春秋后期一位重要的政治家、思想家、外交家。

晏殊：字同叔，抚州临川（今南昌进贤）人，北宋前期著名词人。他以词著于文坛，尤擅小令，其代表作为《破阵子》《鹊踏枝》《浣溪沙》等。其《浣溪沙》中有"无可奈何花落去，似曾相识燕归来"之句，为千古传诵的名句。

晏几道：字叔原，号小山，北宋抚州临川（今属南昌进贤）人，北宋有名的词人，他的词多感伤情调。代表作有《小山词》。

晏铎：字振之，自贡富顺县人，明朝永乐十六年进士、翰林院庶吉士，历任福建道御史。他学问渊博，才华出众，为官清正，政绩斐然，受到人民爱戴，是明英宗时期的"景泰十才子"之一。著有《青云集》。

柴

【姓氏来历】

柴姓可以追溯到春秋时代的孔子弟子高柴。据《元和姓纂》记载,春秋时期,孔子有个弟子叫高柴,是齐公子高吴的第十代孙。虽说他貌丑身矮,但却满腹学问,而且品行也很好,因而被卫国请去任大夫之职。后来,高柴的后代就以他的名为姓,即为柴氏,奉高柴为柴姓始祖。

【姓氏分布】

柴姓发源于春秋时齐国的高邑(今河南禹州市),历战国至魏晋,柴姓逐渐在今河北、河南、山东、山西、陕西等省散居开来。如今,柴姓在全国分布较广,尤以湖北、山东等省多此姓。

【姓氏名人】

柴绍:字嗣昌,晋州临汾(今山西临汾)人,唐朝大将之一。柴绍出身于将门,以抑强扶弱而闻名。后来,唐国公李渊将三女儿(即后来的平阳公主)嫁给了柴绍。

柴望:字仲山,号秋堂,又号归田,浙江江山人。宋嘉熙年间与从弟隋亨、元彪、元享吟咏于田园,屡征不出,人称"柴氏四隐"。著有《咏史诗》《道州台衣集》《西凉鼓吹》等。

柴世荣:原名兆升,山东胶县人,著名无产阶级革命烈士。"九·一八"事变后,号召群众奋起抗日,后加入中国共产党并率所创建的抗日同盟军。1943年夏秋之际,在执行任务时牺牲。

廖

【姓氏来历】

廖姓为上古时期廖叔安之后裔,以国名为姓。相传帝颛顼有个后裔叫叔安,夏时,因封于廖国(今河南省唐河县南),故称廖叔安,其后代就以国名为氏,称廖氏。

另据《姓氏考略》所记载,出自姬姓,为周文王之子伯廖的后裔,以封邑名为氏。周初,文王有个儿子叫伯廖,因受封于廖邑,其子孙后代就以邑名廖为氏,称廖氏。

【姓氏分布】

廖姓最早发源于河南省境。廖姓历史上最大郡望汝南郡(今河南上蔡)早期即出此地,廖姓在当时的河南也是十分昌荣;唐初有廖姓随陈元光父子开漳入闽,唐末有廖姓随王潮、王审知入闽;宋代,廖姓已是福建大姓,名士辈出;明代,山西大槐树廖姓分迁于河北、河南、江苏、北京等地。今日廖姓以四川、江西、广东、湖南、广西等地居多。

【姓氏名人】

廖刚:号高峰,顺昌(今属福建省)人,北宋时期杰出的文学家、政治家、思想家、军事家。他有四个儿子,都是将帅;父子五人年俸皆两千石谷以上,号称"万石廖氏"。

廖仲恺:原名恩煦,又名夷白,字仲恺,广东归善(今惠阳区)人,近代著名的国民党左派领袖、我国民主主义革命的先驱。曾任国民党中央常委、农民部长、黄埔军校党代表、财政部长等职。1925年被右派暗杀于广州。

曾

【姓氏来历】

曾姓来源比较纯正,源自大禹的后裔,以国名为氏。据《世本》所载,相传大禹的第五世孙少康中兴了夏室后,曾把自己最小的儿子曲烈封于鄫国(今山东省兰陵县)。少康子孙所建的鄫国历经夏、商、周三代,后被莒国灭掉。鄫太子巫逃到鲁国,后任鲁国大夫。其后代用原国名"鄫"为氏,去邑旁,表示离开故城,称曾氏。

【姓氏分布】

曾姓最初发源于今山东省兰陵县西北一带。先秦时期,曾姓族人遍布于山东、河北等地;魏晋南北朝时期,连年战乱频仍,社会始终处于动荡之中,曾大举南迁;宋末,由于战乱,外族入侵,曾姓又几度迁移;元明清时期,曾姓已播迁于各地,且有远播台湾与海外各地者。当今曾姓在我国人口众多,尤以江西、四川、湖南、广东等省多此姓。

曾巩

曾参:字子舆,春秋末期鲁南武城(今山东费县)人,孔子的弟子,以孝著称。相传《大学》为他所著。

曾巩:字子固,南丰(今属江西省)人,北宋文学家,世称南丰先生,唐宋八大家之一。曾巩的文章多为议论文和记叙文。散文以议论见长,立论精策。著有《墨池记》《曾巩传》《元丰类稿》等。

曾瑞:字瑞卿,自号褐夫,大兴(今属北京)人,元代散曲家。能隐语小曲,善山水画。编有散曲集《诗酒余音》,杂剧《全元散曲》。

曾国藩:初名子城,字伯函,号涤生,谥文正,湖南长沙府湘乡(今湖南省双峰县)人。清末军事家、理学家、政治家。道光进士,曾任内阁学士、两江总督等职,后病死于南京。

岳

【姓氏来历】

据《元和姓纂》所载,上古时,有一种官事叫"四岳",是专管祭祀三山五岳的官。因为这四人精通天文地理,所以帝尧就让他们分管东南西北四方的星相和山川变化,以决定一年四季的划分,史称四岳,即后人神话传说中的四岳帝君。他们的后人即以岳为姓,即为岳氏。

【姓氏分布】

岳姓发源于今山东济宁。魏晋南北朝时期,岳姓除继续繁衍于山阳一带;明初,山西岳姓作为明朝洪洞大槐树迁民姓氏之一,被分迁于山东、河南、江苏、陕西等地;清代以后,岳姓分布地更广,并有河南、山东、河北一带的岳姓闯关东进入东三省。如今,岳姓在全国分布较广,尤以山东、河南、四川、河南等省多此姓。

【姓氏名人】

岳飞:字鹏举,谥忠武,相州汤阴(今属河南省)人,南宋军事家、抗金英雄。绍兴十一年,以"莫须有"罪名被杀害。孝宗时追谥武穆,宁宗时追封鄂王。

岳云:字应祥,号会卿,岳飞的长子,中国历史上少有的少年英雄。年十二即随父征战,数立奇功,后与其父一同被冤杀。

岳珂:字肃之,号亦斋,又号倦翁,相州汤阴(今属河南)人,南宋文学家,岳飞的孙子。著有《金陀粹编》《玉楮集》《木呈史》《愧郯录》等。

岳元声:字之初,号石帆,浙江嘉兴人,明代大臣。万历年间进士,最高职位为南京兵部右侍郎。因直言敢谏和不畏权臣魏忠贤而被革职。后潜心讲学,以"毋自欺"为主。著有《潜初子集》《潜初杂集》等。

游

【姓氏来历】

游姓溯源主要是以祖辈名字为姓氏。春秋时期,郑国国君郑穆公有个儿子叫偃,字子游,他的孙子以祖父字命氏,人称游皈。后来,游皈的弟弟游吉继郑国名相子产执掌国政,为郑国著名家族,奉子游为游姓始祖。

另据《左传》所记载,晋国桓庄二族有游姓。五代十国之一的闽国灭亡后,原闽国王室为避免新统治者的迫害,也有改为游姓的。

【姓氏分布】

游姓主要在其发源地河南境内发展繁衍。从唐朝末期五代开始,游姓在今我国南方的福建地区,兴盛起来。福建的游姓,大多是由河南而江西,再浙江,然后逐步播迁到南方的。当今游姓分布分散,以贵州、四川、湖北多此姓。

【姓氏名人】

游恭:五代时期的吴国人,学问广博,文章很好。游恭的儿子叫游简言,后来在南唐朝中当丞相。

游酢:字定夫,建州(福建省)建阳人,北宋学者、哲学家。他拜理学家程颐为师,刻苦读书,学问渊博,是"程门四大弟子"之一。他的主要成就在于学术方面,被后世学者尊称为"若山先生"。其代表作有《易说》《中庸义》《论语孟子杂解》等。

游日章:明代著名大臣、嘉靖进士,在临川任了五年知县。他为官清正廉洁,爱民如子,后任廉州知府。著有《骈语雕龙》。

游寿:别号寿昌。他参加过镇南关起义、钦廉起义,素为孙中山所赏识。宣统三年广州起义时,年仅17岁的游寿,随黄兴攻两广督署牺牲,葬于广州黄花岗,为七十二烈士之一。

司马

【姓氏来历】

司马源于西周,是古代的官名,为最高军事长官。据说周宣王时,重黎之后程伯休父,掌管朝中军队。在古代战争中,用马驾驶的战车是最先进的武器。在征伐徐夷的战斗中,程伯休父驾着战车,冲锋陷阵,所向披靡,大胜而归。后来周宣王就任命他为司马,后一直以这作为官名沿用下去。后来程伯休父的子孙,就以他的官名为姓,成为复姓司马,奉程伯休父为司马氏的始祖。

【姓氏分布】

司马姓主要发源于今天的河南地区。司马氏望族居河内郡(今河南省西部、黄河以北地区武陟县西南一带)。如今,司马姓已遍布全国,尤以北京、天津、河北、湖北、江西、山西、贵州、福建等地为多。

【姓氏名人】

司马迁:字子长,左冯翊夏阳(今陕西韩城西南靠近龙门附近)人,西汉史学家、文学家、思想家。他所编撰的《史记》是中国第一部纪传体通史,对后世史学影响深远。

司马懿:字仲达,河内温县(今河南温县西)人,三国时期魏国杰出的政治家、军事家。多次率军对抗诸葛亮,以其功著,封为宣王。其孙司马炎即位后,追谥司马懿为宣帝。

司马昭:字子上,河内温(今河南温县)人,司马懿次子,西晋奠基者之一。司马昭有卓越的军事才能,屡立战功。他死后,其子司马炎代魏称帝,建立晋朝,追尊为文帝,庙号太祖。

司马相如:字长卿,四川南充蓬安人,西汉文学家辞赋家。著有《子虚赋》《上林赋》《大人赋》《美人赋》《长门赋》等。

上官

【姓氏来历】

复姓上官与楚宗室同宗。春秋时期,楚庄王任用贤臣孙叔敖为宰相,从此楚国变得

国富民强，很快成为春秋五霸之一。庄王之子公子兰，是朝中的上官大夫，并以贤闻名于世。后来公子兰的后代子孙就以他的官名为姓，成为复姓上官，奉公子兰为复姓上官之始祖。

【姓氏分布】

上官姓发源于今河南省滑县东南一带。唐初，上官氏已出现于中原的河南地区；唐末，由于战乱，中原民众大举南迁。如今，上官姓主要分布在江苏武进、湖南湘潭、山东临沂、浙江遂昌等地。

【姓氏名人】

上官桀：上邽（今甘肃天水）人，西汉大臣，汉武帝时任太仆。武帝临终时，任上官桀为左将军，与霍光同受遗诏辅佐少主，封为安阳侯。后来上官桀密谋欲废昭帝，因事情败露而被杀。

上官融：字仲川，华阳（今四川成都）人。北宋大臣。幼专词学，秀出流辈。天圣二年秋，广文馆举进士。著有《友人会谈录》3卷。

上官周：字文佐，号竹庄，后改名周，今福建省长汀人，清代民间名画家。他一生不求闻达，不附权贵，终生布衣。他善画人物，代表作有《晚笑堂画传》。

欧阳

【姓氏来历】

欧阳氏主要以封地为姓。战国初期，越王勾践卧薪尝胆后终于灭吴，报了兵败被俘为奴之耻，成为一代霸主。到了他的六世孙无疆时，打算重振勾践的雄风，于是他派兵攻打齐国。当时齐国派说客到越国对无疆说："大王要称霸，就应该去打楚国。楚国地大物博，打胜了，可做天下之王，即使不能胜，也能得到与楚为敌的魏、韩等国的支持，能获得民心的拥戴，同样也可称霸。现楚国招兵都在外打仗，正是你出兵的大好时机，你何不乘虚而入呢？"

无疆听后认为很有道理，他就掉过头去攻打楚国。不料自己却被楚国打得大败，无疆自己也被打死了。无疆死前未来得及立太子，因此在谁继位的问题上他的几个儿子各不相让，最后各人占了一块地盘，越国就此四分五裂，国力渐渐衰落。其中无疆的二儿子蹄，占据了的乌程欧余山南部（今浙江省吴兴县南），因山之南为阳，所以蹄就自封为欧阳侯。其后他的子孙便以地为姓,复姓欧阳。

【姓氏分布】

欧阳氏发源于今浙江湖州。当今,欧阳姓主要分布在江西、湖北、广东、河南、四川、安徽、湖南、贵州及广西壮族自治区滕县等地。

【姓氏名人】

欧阳修:字永叔,自号醉翁、六一居士,吉州吉水(今属江西)人,北宋政治家、文学家、史学家。天圣八年进士,官至参知政事。他博学多才,以文章闻于世。著有《新唐书》《集古录》《新五代史》等,他又喜收集金石文字,编为《集古录》,对宋代金石学有很大的影响。

欧阳询:字信本,潭州临湘(今湖南长沙)人,唐代书法家。擅楷书、行书、隶书等体,他流传至今的墨迹有《张翰帖》《梦奠帖》,行书《千字文》,碑刻有《九成宫醴泉铭》《化度寺邕禅师塔铭》《宗圣观记碑》等。

欧阳予倩:名立袁,湖南浏阳人,演员、戏剧家,是中国戏剧运动倡导者和话剧的开拓者之一。曾任中央戏剧学院院长、中国文学艺术研究会副主席、中国戏剧家协会副主席等职。著有论文集《一得余抄》,回忆录《自我演剧以来》。

诸葛

【姓氏来历】

传说大禹临死时,曾想让伯益继位,但伯益不想继位,就跑到箕山之南隐居起来。于是大禹的儿子启才得以继位并建立了我国第一个奴隶制国家夏朝。启登位后第一个封侯的就是伯益之子,以报答伯益让国之恩,被封之国叫葛国,爵位为伯爵,人称葛伯。

后来,成汤发兵灭了夏朝而建立了商朝。葛伯的子孙就逃到诸城(今山东省诸城市西南)居住。因诸城原为葛氏居处,为了区别,葛伯子孙就把住地名诸加上国名葛,作为自己的姓氏,这就是复姓诸葛的来历。

另外,秦末陈胜起义,手下大将葛婴多次立有战功,可陈胜却听信小人谗言,冤杀了葛婴。到汉文帝时,文帝念葛婴之冤,找到他的孙子葛丰,封于诸城为侯,葛丰就在自己姓前加上地名,成为诸葛氏的另一个由来。

【姓氏分布】

诸葛姓早期主要发源地在今天山东省诸城市、临沂市、胶南市一带。如今,诸葛姓在浙江上虞、会华、兰溪等地较多。

【姓氏名人】

诸葛亮:字孔明,号卧龙居士,琅邪阳都(今山东沂南)人,三国时期蜀汉杰出的丞相以及政治家、军事家、战略家、散文家。东汉末随叔父诸葛玄往依荆州刘表,隐居南阳隆中(今湖北襄樊西),躬耕陇亩,后辅佐刘备。建兴十二年在一次北伐中,病逝于五丈原军中,谥忠武侯。

诸葛瑾:字子瑜,琅邪阳都(今山东沂南)人,三国时吴国将领。东汉末避乱江东,后来深得孙权信任,初为孙权长史。吴立国后,官至大将军、左都护、领豫州牧。

第三篇 《千字文》智慧通解

导读

《千字文》是我国优秀的启蒙读物，它用一千个汉字勾勒出完整的中国文化史的基本轮廓，代表了中国传统教育启蒙阶段的最高水平。《千字文》四字一句，句句押韵，前后贯通，音韵谐美，内容涉及天文、自然、修身养性、人伦道德、地理、历史、农耕、祭祀、园艺、饮食起居等方面，是一部袖珍的知识百科全书。

★天地玄黄，宇宙洪荒

大千世界，天是青黑色的，地是黄色的，广阔的天地形成于远古的混沌时代。

天地宇宙未诞生之前，是混沌状态的。一百五十亿年以前，这个超密度的粒子瞬间产生了大爆炸，形成了现在的物质宇宙，其中有形的物质凝聚成星体，就是"地"；无形的空间扩展开来形成了太空，就是"天"。

人们看到的天空之所以是蓝色，是因为水与光相互作用的结果，也就是物理学上称为光的散射效应。大气分子散射了阳光，天空才呈现出蓝色，但太空原本确实是青黑色的，黑漆漆的。

中国的传统文化应该说是黄河流域的文化。黄河水的颜色是黄的，土的颜色也是黄的，农作物黍、稷等都是黄色的，所以说地是黄色的。

根据古人所写的《淮南子》记载，四方上下叫作"宇"，古往今来叫作"宙"。"宇宙"二字，"宇"说的是空间，"宙"说的是时间，代表了现代科学"时空"的观念。洪荒是指地球形成的早期状态，大约是在距今五十亿年以前的（太阳系形成时期）。那时地球的地壳很薄，温度很高。

★日月盈昃，辰宿列张

日月运行在天空，日出日落，月圆月缺，各循其规律，星辰遍布于广阔的天空。

太阳和月亮各自遵循自己的规律循环往复地运动。人们于是根据月亮盈亏变化的一个周期来纪日，这就是中国最早的太阴（太阴就是月亮）历，简称阴历。再根据太阳在黄道十二宫（在地球上观察太阳运动所形成的运动的轨道叫作黄道，黄道一个周天三百六十度，分为十二个等份，叫作黄道"十二次"或"十二宫"）的不同位置来纪月，就是所谓的太阳历。中国的历法一向是阴阳合历。

星辰闪烁张布，各按自己的位置，陈列散布在辽阔的空中。广义的"辰"是星体的总称，俗称星辰。狭义的"辰"是指北辰，即北斗七星而言。北斗七星属于现代天文学的大熊星座，可以用来辨别方向，判定季节。广义的"宿"指的是星宿。

星和宿是有区别的，单颗的称星，一颗以上的一团星、一组星，称为"宿"。天上的星都是星座、星团，一团团、一组组，根本数不出有多少个，因此只能勉强以"宿"来计算。

國學智慧全書

蒙学智慧

★寒来暑往，秋收冬藏

春夏秋冬四季循环，冬季寒冷夏季炎热，秋天收割粮食冬天储存起来。

寒暑循环变换，来了又去，去了又来。秋天收割庄稼，冬天储藏粮食。《易经》里说："寒来则暑往，暑往则寒来，寒暑相推，而成岁焉。"地球绕太阳公转的轨道是椭圆的，一年之中有距太阳最近的近日点(1.4亿公里)、距离最远的远日点(1.6亿公里)，造成四季日照时间的长短不一样。地球的地轴是倾斜的，自转起来造成各地区日照强度不均衡，这就产生了寒暑的变化。

寒暑说的是气候的变化，秋冬是四季的推移。气候注重的是地球上的温度、湿度和光照时间；物候则关心生物消长的节律性，偏重在生物与自然的关系。温度、湿度和光照时间又是农作物生长所必须考虑的重要因素。农业和天气的关系最为密切。农作物的生长需要光、热、水分等条件，家养动物的繁殖、生长也得有适宜的气候条件。世界上农业发达地区多是气温、水量适度的地方，是否风调雨顺直接影响到农作物的收成和畜牧业的发展。

★闰余成岁，律吕调阳

积累数年的闰余并成一个月，放在闰年里，乐律中有六律六吕配合十二个月来调节阴阳。

历法里有闰月闰年。"闰余成岁"的"岁"与"年"是两个概念。年表示从今年的正月初一到来年正月初一的这一段时间，为自然年。岁表示从今年的某一节气到明年的同一节气的一段时间，为回归年。岁的本义是岁星，岁星就是木星，木星运行的轨迹叫太岁。用岁星纪年是我国天文历法的另外一种。用之记载历史事件，就记为：岁在某某。太阳历纪年，岁星历记岁，这样年岁相符，就是"闰余成岁"。

中国的天文历法，历来是太阴和太阳合参，以太阴记月，太阳记年。以公元纪年的太阳历，是根据太阳周天360度，运行365天制定的历法，简称阳历。中国很早就有太阳历。因为太阳历与月律(月亮的节奏、节律)不符，所以没有正式颁布使用。月球质量轻、自转速度快，绕地轨道是椭圆。月亮盈亏朔晦，一个周期近地点时是30天，远地点时是29天，平均是29天多一点。这样，一年加起来是354天，按照太阳历算是365天，中间差了11

天,这就叫闰余。一年相差 11 天,三年加起来就差了 33 天,多出一个月。怎么办呢? 只能每三年,加多一个月出来,这样加出的月叫闰月,加闰月那年就叫闰年。平年是十二个月,闰年就是十三个月。

★云腾致雨,露结为霜

云气升到天空,遇冷就形成雨,露水遇上寒夜,很快凝结为霜。

这两句讲述了一种自然现象,即云气上升到空中,气温降低就会形成雨水;露水在低温下会凝结为白霜。

"露结为霜"这一句话出自《易经》"履霜坚冰至,阴始凝也"之语。履霜,即踩到霜。阴始凝也,即阴气开始凝结了。雨的形成按照现代科学的解释为,大气中的水汽在热力环流、锋面、地形的作用下随热空气上升,空气在上升的过程中随着气压的下降体积膨胀,进而气温下降,当气温降到露点以下,水汽达到饱和、过饱和状态,于是水汽开始凝结成小水滴,水滴不断长大就变成了雨滴。古人认为"地气上升为云,天气下降为雨"。

霜和露本质相同,是水的两种不同状态。露是液态的,霜是固态的。白天,地球表面吸热;夜晚,地球表面散热。晚上,热的地气往上散的时候,由于地表温度逐渐降低,水蒸气遇冷变成露水。气温进一步降低,它就结成霜了,特别是到了白露、霜降节气的时候,完全变为白霜。

★金生丽水,玉出昆冈

金子生于金沙江底,玉石出自昆仑山岗。

我国地大物博,物产丰富。这两句是说中国的物产,黄金和玉石都是非常珍贵、非常稀有的天然物产。

黄金是百金之首,众金之王,现代科技证明它的抗氧化作用很强,可以长久保存不变色、不变质、不生锈,自古以来都以黄金作为流通的货币。

古人认为,黄金可以驱邪避凶,故多用黄金做佩戴的首饰。中国最有名的沙金产地在丽水,就是云南的丽江。当地的土人都在江边筛沙沥金,丽江因为出金沙,所以自古就被称为金沙江。

玉石也是很珍贵的物产,有"观祥云知山有美玉"的说法,因为相传玉是山石千百年来受了日精月华而变化的。好的玉石称暖玉,拿在手里感觉很温暖,不像普通的石头,冰凉邦硬。

古人非常珍视玉,《礼记·玉藻篇》说:"古之君子必佩玉。"据说玉可以代主受过,保身平安,一旦有什么意外事故发生,身上所佩戴的玉先破碎,所以"君子无故,玉不去身"。

昆冈是指西北的昆仑山,在中国的西北边陲,今天的新疆一带,是中国的第一大山。昆仑山分为三面八支,其中的一面在上古时代的中国境内,也是黄河的发源之地。昆仑山盛产美玉,是古代中国采玉的主要矿脉,同时它又是传说中西王母的洞府所在地。

★ 剑号巨阙,珠称夜光

最有名的宝剑叫"巨阙",最贵重的明珠叫"夜光"。

这两句介绍了两件无价之宝。第一件就是巨阙宝剑,第二件就是夜光珠。战国时期,越国的铸剑大师欧冶子铸了五把宝剑,其中三把是长剑,两把是短剑。长剑的第一把就是巨阙剑,第二把叫纯钧剑,第三把叫湛卢剑。两把短剑分别是莫邪剑和鱼肠剑。

这五把宝剑都锋利无比,是欧冶子得天上神灵相助,竭其才智制作成功的,都是价值连城的稀世宝剑。对纯钧剑,就有这样一段称赞之语:"观其华,如芙蓉始出;观其抓,烂如列星之行;观其光,浑浑如水之溢于塘;观其断,崖崖如琐石;观其才,焕焕如冰释。"

据说真正的夜光珠能将十步左右的暗室,照得如同白昼一般。通常情况下,我们所说的夜明珠是指荧光石、夜光石。它是大地里的一些发光物质经过了千百万年,由最初的岩浆喷发,到后来的地质运动,集聚于矿石中而成,含有这些发光稀有元素的石头,经过加工,就是人们所说的夜明珠。

夜明珠常见的颜色有黄绿、浅蓝、橙红,把荧光石放到白色荧光灯下照一照,它就会发出美丽的荧光,这种发光性明显地表现为昼弱夜强。

★ 果珍李柰,菜重芥姜

果子中最珍贵的是李子和柰子,蔬菜中最看重的是芥菜和生姜。

这两句介绍了两种营养价值最丰富的水果和两种对人体最好的蔬菜。水果里面的珍品是李子和柰子。李子和柰子属于同科植物,都能够"和脾胃,补中焦",不过柰子比李子的品种还要好,价钱也要贵。柰子比李子个儿大一点,也是紫颜色,样子有点像桃,俗

称"桃李",但不是桃树和李树嫁接的品种。

蔬菜里面最重要的是芥菜和姜。芥菜和姜都味辛,能开窍、解毒,都能排除人体的邪气。《神农本草经》说:"芥味辛,除肾邪,利九窍,明耳目";"姜味辛,通神明,去臭气"。二者都是蔬菜中解毒调味的珍品,所以说"菜重芥姜"。

★ 海咸河淡,鳞潜羽翔

海水是咸的,河水是淡的,鱼儿在水中潜游,鸟儿在天空飞翔。

这两句告诉人们自然界的一些常识:海水是咸的,河水是淡的;长鳞的动物在水里潜行,长羽毛的动物在天上飞翔;也就是告诫人们要顺其自然,随遇而安,不可逆天而行。

"潜"是水下行的意思,"鳞"指长鳞的动物。众所周知,鱼有鳞,但是长鳞且在水中潜行的动物种类繁多,何止鱼一种呢? 龙、海龟、玳瑁一类的动物就是长鳞且在水中潜行的。所以,只把"鳞"理解成鱼太狭隘。同样,长羽毛能在天上飞的,也不仅是鸟。野鸭子、天鹅、白鹤都能飞。在生物学上,它们都属于鸟纲。

古语有"羽化登仙"之说,指人修道成仙后能飞升,"羽化"比喻人像鸟一样能飞。"羽化"是修道的最高境界。现代生物学叫"返祖"现象,总之,是返璞归真,回归到生命的起点。

★ 龙师火帝,鸟官人皇

伏羲氏以龙命官称为龙师,神农氏以火命官称为火帝,少昊氏以鸟命官为鸟官,接下来是天皇、地皇、人皇。

这两句介绍了中华民族的始祖。龙师是伏羲氏,他是中国太古时代的三皇之首,他一出场就代表了三皇:伏羲氏、神农氏和黄帝。火帝是发明钻木取火的燧人氏,他是人类文明的奠基人。有了火,人类才告别了黑暗,进入了光明的文明时代,所以他是中国历史上最早的火帝。

鸟官是中国太古五帝的第一位,少昊氏,代表了少昊、颛顼、帝喾、唐尧、虞舜五帝。人皇是人皇氏,代表了远古史上的三皇:天皇、地皇、人皇。

★始制文字,乃服衣裳

有了仓颉,开始创造了文字,有了嫘祖,人们才穿起了遮身盖体的衣裳。

仓颉创造了文字,嫘祖最早制作了衣裳。据记载,仓颉造字、嫘祖制衣都发生在黄帝时代。

黄帝被尊为"人文初祖",从黄帝开始,人类的文明进程才正式开始了。黄帝姓姬,名轩辕,号有熊氏,在位100年。从黄帝开始中国历史开始纪年,从甲子年开始记起,至今有5000年,所以说中国有五千年的文明史。

黄帝手下有六个大臣,各有贡献。仓颉造字,伶伦造乐,隶首做算数,大挠造甲子,岐伯作医学,发明衣裳的是胡曹。

仓颉

在此之前的原始文明阶段,人只是拿树叶、兽皮往下身一围就算了。嫘祖发明了衣裳,上身穿的叫衣,下身穿的裙子叫裳,裤子是很晚才出现的。这里用仓颉造字、嫘祖造衣裳代表黄帝时代完成的包括指南车、历法、舟车在内的传统科技成果和发明创造,称颂了中国人对人类物质文明的贡献。

★推位让国,有虞陶唐

唐尧、虞舜英明无私,主动把君位禅让给功臣贤人。

举贤让位的是唐尧和虞舜。推的意思是辞让,推位是把自己的君位委予贤人。让的意思是禅让,禅让是把统治权让予能者。"推位让国"是君位、权力一齐交出来,统统交出,毫无保留。

"有虞""陶唐"说的是五帝里面的最后两位,尧是帝喾之子,黄帝的玄孙,由于他德高望重,人民倾心于帝尧。他严肃恭谨,光照四方,能团结族人,使邦族之间和睦相处,生活简朴,得到人民的拥戴。尧年老时,由四岳十二牧推举继承人,大家一致推荐了舜。尧帝把自己的两个女儿嫁给了舜,又对他进行了长期的考察,最后才放心地把君位禅让给了舜,死时118岁。

舜是颛顼一脉的子孙,他宽厚待人,孝顺父母,慈爱兄弟,为政仁和。舜帝年迈时把君位禅让给禹,自己死于巡视的路上。

尧帝和舜帝,他们都能使九族和睦,民风质朴。

★ 吊民伐罪,周发殷汤

安抚百姓,讨伐暴君,有周武王姬发和商君成汤。

安抚苦难的百姓讨伐罪人商纣和夏桀的,是周朝的周武王姬发和商朝的开国君主成汤。"吊民"就是安抚、慰问无辜的苦难百姓。吊的本义是悼念死者,引申义是安抚活着的人。这个字的甲骨文形义是弓箭。因为远古人死而不葬,只是放在野地里用柴薪一盖,因怕禽兽来吃,所以送丧的亲友就要带弓箭,也是对死者家属的安慰。伐是讨伐,是上对下、有道对无道的一种暴力行为。讨伐罪恶的统治者,就是"伐罪"。

周武王姓姬,名字叫发,所以称周发。他讨伐暴君商纣,建立了周朝,是周朝的第一位君主。他的父亲姬昌是商朝的西伯侯,曾被商纣囚禁七年,并没有对商朝采取军事报复行动。姬昌著《易经》,揽人才,使他的属地周,国富兵强,为武王伐纣积累了本钱。周朝建立以后才被尊封为周文王。

殷汤说的是成汤,成汤姓子,名履,他讨伐夏朝暴君桀,建立了商朝。因为他是商朝的第一个君主,年号成汤,故此又被称作商汤。商汤建都亳(今河南商丘),在位 13 年。十代以后的商王盘庚迁都殷(今河南安阳),因此商朝的后期也称为殷商。这里不称商汤而称殷汤,有指整个商朝 600 年历史的意思。

★ 坐朝问道,垂拱平章

贤君身坐朝廷,探讨治国之道,垂衣拱手,和大臣共商国是。

这两句描述古代君臣探讨治国之道的情景。

"坐朝问道"是秦始皇开始的规矩,君臣都是坐着,共商国是。到了宋太祖赵匡胤时,大臣上朝都改为站着,没座位。《千字文》成书于南北朝时期,君臣上殿临朝之礼还是沿用秦汉之制,所以称为"坐朝问道"。

"垂拱平章"语出《书经·武成书》里"纯信明义,崇德报功,垂拱而天下治"一句。垂是垂挂,把上衣挂起来就叫垂衣。拱手是行个拱手礼,表示不做什么事、不用花什么气力就天下太平,无为而治了。平的意思是公平正直,章通"彰",有彰明、显著、鲜明的意思。

平章是平正彰明。"垂拱平章"的意思就是垂衣拱手,天下太平。

★爱育黎首,臣伏戎羌

他们爱抚、体恤老百姓,四方各族人都归附向往。

黎首代表黎民百姓。黎是形声字,文义从黍,有众多、数目很多的意思。爱是爱护、珍惜;育是抚育、养育。臣是臣服、接受的意思。伏是低头、顺从。

戎羌代表了四方的少数民族,是"南蛮北狄,西戎东夷"的简称。西戎在今天的甘肃、青海、四川一带,以游牧生活为主。周朝中叶,西戎入侵中原,当时的西戎被称作犬戎,曾迫使周平王向东迁都洛阳,由此开始了东周的历史。羌族也是西部的少数民族之一,后来与汉族融合,定居务农,属于中国 56 个民族中的一员。

★遐迩一体,率宾归王

远远近近都统一在一起,全都心甘情愿臣服贤君。

普天之下都统一成一个整体,所有百姓都归顺于天子的统治。遐是远,迩是近。天下一统,万民同心就是"遐迩一体"。

"率宾"等同于"率滨",是四海之内的意思。"率宾归王"一句的语义,出自《诗经·小雅·北山》,上有"普天之下,莫非王土;率土之滨,莫非王臣"的诗句。

"王"指"王道"。中国传统的政治制度,历来就有"王道"与"霸道"之别。王道指的是先王之道,即夏商周三王的统治方法。三王的统治用的是仁义道德,其结果就是无为而治,天下太平,这种政治体制是王道。

历史走到东周时期,就有了著名的"春秋五霸":齐桓公、晋文公、宋襄公、秦穆公和楚庄王。他们推崇和实行的是霸道,依靠实力形成威慑力量。

★鸣凤在竹,白驹食场

凤凰在竹林中欢鸣,白马在草场上觅食,国泰民安,处处吉祥。

传说,凤凰非竹不食,非梧桐不栖。凤凰中雄性的叫凤,雌性的叫凰,古有三凤求凰

的典故。

　　白驹是小白马,古代用白驹为典的很多,庄子也有白驹过隙的典故。为什么用白驹,用黑驹不行吗? 白驹在此代表龙。龙是水陆空三栖动物,空中是飞龙,水中是游龙,在陆地上就不是龙的形象。传说中的龙上岸以后,就地一滚变成白龙马。《三国》里赵子龙骑的是闪电白龙驹,在《西游记》里,唐僧骑的白龙马不也是东海小龙王变的吗?

　　"白驹食场"一句也是引经,《诗经·小雅·白驹》里有"皎皎白驹,食我场苗,执之维之,以永今朝"的诗句。

★ 化被草木,赖及万方

　　贤君的教化覆盖大自然的一草一木,恩泽遍及天下百姓。

　　圣君贤王的仁德使草木都受到恩德,恩泽遍布天下。这里的草木以及上文提到的鸣凤与白驹,代表了那个以道德仁义为教化的太平盛世,它具体表现在,有德君主的教化覆盖了大自然的一草一木。

　　化是教化,被是施加、覆盖的意思。化字在六书中属于会意,甲骨文字形是二个人相靠背之形,本义是变化、改变的意思。

　　人都有医学常识,吃多吃少并不重要,要紧的吃了能消化、能吸收。否则完谷不化,吸收不良,人就不会健康。同理,人读书学习不在多,而在于化。有文有化才是有文化,有文没化,充其量是个文人,而非文化人。

　　"赖及万方"的赖字,是幸蒙、依赖的意思。万方不仅仅指人,泛指一切众生。

★ 盖此身发,四大五常

　　人的身体发肤分属于"四大",一言一行都要符合"五常"。

　　古人认为,人的生命体是由两部分组成的,一部分是物质的"四大",一部分是精神的"五常"。身体发肤是由地、水、火、风四种物质组成的,称为"四大"。行为以仁、义、礼、智、信为准则,称为"五常"。

　　此处的"身发"指代我们的肉身。四大指的是"地水火风",这是印度哲学的概念。古印度人认为,物质世界是由"地水火风"四类物质构成的。

　　五常是人的性德,人性中含有五常之德,就是"仁义礼智信"。五常之德是天德,这是

天赋予人的天性。这里的天,指的是宇宙中那股冥冥中无法抗拒的力量,这种支配力量被称为天。常是恒常、永远存在、不能改变的意思。

★ 恭惟鞠养,岂敢毁伤

恭蒙父母亲生养爱护,不可有一丝一毫地毁坏损伤。

这句话出自孔子讲的《孝经》。孔子在《孝经》中开篇就说:"身体发肤,受之父母,不敢毁伤。"我们这个身体是受父母遗传而来的,等于是上天和父母借给我们用的,使用完毕以后还要归还的。所以我们对自己这个身体,只有使用权没有所有权,如果能够所有,谁还愿意生老病死呢? 向别人借来用的东西,一定要妥善保管,弄坏了就没有办法还了,所以这里才说"恭惟鞠养,岂敢毁伤"。

★ 女慕贞洁,男效才良

女子要思慕那些为人称道的贞妇洁女,男子要效法有德有才的贤人。

女子要仰慕贞节,保持纯洁,男子要仿效那些有才能有道德的贤人。

"贞"字的本义是正,甲骨文形从卜从贝,是最古老的占卜用语。上古卜卦,问事之正不正,就曰问贞。后世假借为端方、正直的意思,形容一个人的意志操守坚定不移。《易经》中称"元亨利贞",为乾之四德。"洁"是干净、没有污染的意思。

"女慕贞洁"是说女子应该追求的是保持自己内心方正的品性和外在洁净的品行。"才"指人有能力、有才智,有才的人是才子。"良"是指一个人有德,有良心、有德行才叫良。男子应效法德才兼备的贤人。

★ 知过必改,得能莫忘

知道自己有过错,一定要改正,适合自己干的事,不要放弃。

"知过必改"语出《论语》。孔子在《论语·述而篇》中说:"德之不修,学之不讲,闻义不能徙,不善不能改,是吾忧也",意思是说,一个国家、一个社会在动荡的时候,有四件事是最让人担忧的。第一是人不讲品德的修养,也就是不积德;第二是人人浮躁,不肯老老

实实地做学问;第三是明明知道应该做的事却不肯去做;第四就是自己的毛病、缺点总也改正不了,这是孔子每天都在担忧的。

"得"与"德"二字通假,"得能莫忘"有两重含义,一是从他人之处有所得、有所能,也就是别人教会我们的东西,使得我们有所得、有所能,我们不能忘,这也是知恩必报的意思。二是我们自己于修心、修身上有所得、有所能,莫忘。

★ 罔谈彼短,靡恃己长

不要去谈论别人的短处,也不要依仗自己有长处就不思进取。

不要妄谈别人的短处,不要矜夸自己的长处。"罔"和"靡"的词性相近,都是表示禁止、劝阻的否定性动词,相当于别、不要的意思。"靡"字的本义是无、没有。

这两句话里强调了两个不要:第一不要谈论别人的缺点和短处;第二不要依仗自己的长处而骄傲自大。

正所谓"满招损,谦受益"。喜欢称赞自己长处的人功名很难有所成就,因为"满招损"是天理。喜欢谈论别人缺点的人,一生中的障碍很多,自己的身家性命也很容易受伤害,因为自己削了自己的福报。

★ 信使可复,器欲难量

诚实的话要能经受时间的考验;气度要大,让人难以估量。

说过的话要兑现,要能经得住反复考验。"信使可覆"这句话,出自《论语·学而篇》。"有子曰:信近于义,言可覆也。"孔子的学生有子说,信与义是一样的,都是说一个人立定的志向、发过的誓愿要经得住检验,要能够兑现。人的毛病之一,就是"常立志"与"常后悔"交替进行,说过的话、答应别人的事忘了,不兑现。信是五德之一,称为信德。

一个人做人处事,心胸器量要大,大到让人难以估量才好。心小量窄的结果,必然是嫉贤妒能,这样的人不但薄福,而且下场很不好。一个人能否担当重任、成其大事,首先要看心量。心大意大,天地给你的舞台就大,你就能"心包太虚,量周沙界"。

★墨悲丝染,诗赞羔羊

墨子为白丝染色不褪而悲泣,《诗经》中因此有"羔羊"篇传扬。

《墨子》一书中记载了"墨悲丝染"的故事。有一次,墨子路过染坊,看到雪白的生丝在各色染缸里被染了各种颜色。无论怎样漂洗,也无法再将染丝恢复生丝的本色了。墨子悲泣地说:"染于苍则苍,染于黄则黄,不可不慎也。"

这个故事暗喻了人的本性像生丝一样洁白,一旦受到污染被染了色,再想恢复本性的质朴纯洁,已经不可能了。

《诗经·风·召南》里面有"羔羊"一篇,赞美了小羊羔毛皮的洁白。意思与墨子说得差不多,也是感叹人的本性像羔羊的皮毛一样洁白柔软,人应该永远保持这种纯善的、没有污染的本性才好。

★景行维贤,克念作圣

高尚的德行只能在贤人那里看到;要克制私欲,努力仿效圣人。

"景行"是指崇高光明的德行,景字的本义是日照高山,有高大、光明的意思。德行正大光明才能成为贤人,贤人是人群的榜样,做人的标准。战胜自己为贤,再能成就他人方为圣。

《诗经·小雅·车辖》一篇中有诗句"高山仰止,景行行止"。说的是贤德之人,德如高山人人敬仰,行如大道人人向往。《尚书》里面有"惟狂克念作圣,惟圣妄念成狂"一句话。庄子用"野马"来形容人狂奔不已的念头和思想,这里的"狂"字就代表了我们凡夫俗子。人如果能够克制住自己狂乱的思想和私心杂念,凡夫就能变成圣人。同理,放纵自己的心念,圣人也会退化为凡夫。

★德建名立,形端表正

养成了好的道德,就会有好的名声;就像形体端庄,仪表也随之肃穆一样。

德行建立了名声自然就树立起来了,气质端正了外表自然就会端正。"德"是因,

"名"是果,德建才能名立,因好果必好,这是自然的道理。有了德才能童叟无欺,有了信才能货真价实,这样做贸易不想发财都不可能。这就是孔子在《易经·系辞》中说的:"善不积不足以成名,恶不积不足以灭身。"

"形"指的是人的整体形态,身心两部分都包括在内。心正才能身正,身正了仪表容貌自然端正。人的形体健美、容貌姣好的根本在于心地,整容化妆是没有用的,起码不能长久。所以善良之心能将人变丑为美,歹毒之心会使人面目狰狞。

★空谷传声,虚堂习听

空旷的山谷中呼喊声传得很远,宽敞的厅堂里说话声非常清晰。

空旷的山谷里声音会持续不断,空荡的堂屋中一处发声各处都会响应。

"虚堂"是空屋子,"习"是接二连三的重复。我们都有"虚堂习听"的经验,一间空屋子里面的回声很大,在一个角落讲话另外的几个角落里都能听到。"空谷传声"传出的是谁的声音?"虚堂习听"听到的又是谁的声音?都是发声者自己发出的声音。如果不出声,哪里会有"传声"和"习听"呢?

人的祸福都是自己招来的,就像自己在山谷中呼喊,听到的是自己的回音一样。一切因果都是自作自受,怨天尤人是没有用的。

★祸因恶积,福缘善庆

祸害是因为多次作恶积累而成,幸福是由于常年行善得到的奖赏。

这两句话出自《易经》:"积善之家必有余庆,积不善之家必有余殃。""庆"是吉祥、喜庆。"有余庆"是福泽绵长,这是积善的回报;"有余殃"是灾祸不断,这是积恶的果报。这两句话重点讨论了善与恶、福与祸的因果关系。

善恶是因,福祸是果,因果次序一定要分别清楚,千万不能倒置。祸与福是一体两面,相对共存的关系。不想要祸就别让福发展到极点,老子不是说过"祸兮福之所倚,福兮祸之所伏"的话吗?

人为什么会有祸?因为恶积,是小恶的不断积累。为什么会有福?因为积善。所以"福将至,观其善必先知之;祸将至,观其恶必先知之"。

★尺璧非宝，寸阴是竞

一尺长的璧玉算不上宝贵，一寸短的光阴却值得去争取。

这两句话告诫人们要珍惜光阴，光阴是千金也难买到的。

璧的本义是平而圆、中心有孔的玉环，后世将上等的美玉称为璧。直径一尺长的璧是非常宝贵的，古有"和氏之璧，价值连城"的故事。但是这里却说"尺璧非宝"，这是与光阴比较而言的。

与光阴（时间）相比，一尺长的美玉也不是宝贝，但是片刻时光却值得珍惜。古人称时间为"光阴"，而且还有"一寸光阴一寸金"的成语。

★资父事君，曰严与敬

供养父亲，侍奉国君，要做到认真、谨慎、恭敬。

资养父母、侍奉君王，原则要求是两个字"严"与"敬"。严是一丝不苟，敬是诚谨恭敬，恭在外表，敬在内心。

父道叫慈道，严就是慈，爱即是害。传统家教中父母教子严格得很，父亲偏重于一个严字，母亲偏重于一个慈字，所以古人称自己的父亲为"家严"，称自己的母亲为"家慈"。

孔子在《孝经》里面说："资于事父以事母而爱同，资于事父以事君而敬同。"强调了奉养父母、侍奉君王是一样的，都要一丝不苟，虔诚恭敬。

★孝当竭力，忠则尽命

对父母孝，要尽心竭力；对国君忠，要不惜献出生命。

这两句话强调孝敬父母应当竭尽全力，尽你所能去做，能做到多少就做到多少。忠于君主要能不超越本位，一心一意，恪尽职守。

君不是仅仅指帝王，你的领导、你的主管就是你的君。忠的意思是全心全意、恪尽职守。忠字的象形就是方正不偏的一心，忠诚无私，尽心竭力地把本分内的事情做好就叫尽忠。

做人首先要明理，要有智慧，没有理性的愚忠、愚孝是不可取的。孝子出来做事一定是忠臣，不孝父母的人会懂得爱国家、爱君主、爱百姓，那是不可能的。

中国在隋朝以前没有科举制度，国家挑选人才首先要从各地举荐的孝子中选拔，叫作"举孝廉"。

★临深履薄，夙兴温凊

要"如临深渊，如履薄冰"那样小心谨慎；要早起晚睡，让父母冬暖夏凉。

这两句承接前两句讲述了具体的做事原则和方法。"临深履薄"是事君之道，"夙兴温凊"是资父之道，二者都是严与敬的具体体现。

"临深履薄"四个字，出自《诗经·小雅·小旻》一篇。其诗曰："战战兢兢，如临深渊，如履薄冰。"面对着悬崖深渊，腿肚子转筋；走在薄薄的冰面上，咔咔声不断，心惊肉跳。

"夙兴"是早早起床，"夜寐"是晚点儿就寝，这句话出自《诗经·大雅·抑》，诗曰："夙兴夜寐，洒扫庭内，维民之章。"古代夙兴夜寐的标准是，做儿女的要先于父母而起，迟于父母而睡。早晨父母还没有起床，做儿女的就要先起来；晚上父母睡下了，做儿女的才能睡。

★似兰斯馨，如松之盛

养成了好的道德，就会有好的名声；就像形体端庄，仪表也随之肃穆一样。

"兰"在这里指的是兰草，不是兰花。兰草的学名叫泽兰，是多年生菊科草本植物，可以入药，开紫红色花，其茎、叶、花都有微香，古代用于熏香。

"馨"是散布很远的香气，多比喻人的德化远播，声誉流芳百世。一个人的德行可以感染人，像香草那样香气远播；同时真正的德行能够耐霜雪，经得住恶劣环境的考验。

★川流不息，渊澄取映

还能延及子孙，像大河川流不息；影响世人，像碧潭清澄照人。

國學智慧全書

蒙学智慧

"川"是象形字,其甲骨文字形,左右是岸中间是流水,川字的本义就是河流。人的德行可以一代传一代,言传身教,以至子孙万代。

"渊"是水停之处,深水潭称作渊。潭水澄净,可以像镜子一样照见自己的容貌、仪表。祖先建立的德行像潭水一般洁净无染、清澈照人,后人应该以此为鉴,在此基础上再建立起子孙后代自己的德行,这样一代一代传续下去,才叫作"川流不息"。

★ 容止若思,言辞安定

仪态举止要庄重,看上去若有所思;言语措辞要稳重,显得从容沉静。

这两句教导人们举止言辞要端庄有礼。

"容"指人的容貌仪表,"若思"是若有所思,人的仪容举止要安详,要从容不迫,不能毛毛草草。《礼记》上有"毋不敬,俨若思,安定辞"的语句。俨是恭敬、庄重。

"言辞安定"是说,言语对答要安定沉稳,要有定力。古人教导我们,君子应该"修己以敬,安之以人"。内心敬才能重,重了才能定。内有定,外表的仪容举止才有安。

★ 笃初诚美,慎终宜令

无论修身、求学,重视开头固然不错,认真去做,有好的结果更为重要。

马跑得很慢叫作"笃",引申义是厚实、硕大,如有笃爱(厚爱)和笃交(深交)的用词。"初"是指一件事的开端。任何事情,无论修身还是求学,有好的开端固然很好,但能够始终如一,坚持到底就更属难能可贵。

"慎终"是"慎终如始"的简称,"令"也是美、善的意思,无论是做学问还是修道,一个人如果下定决心,一辈子只干一件事,哪里有不成功的道理呢?

★ 荣业所基,籍甚无竟

有德能是事业显耀的基础,这样的人声誉盛大,传扬不已。

这两句讲述事业成功与美名远扬的关系。"荣业"是荣誉与功业的简称,"籍甚"的意思是凭借于此而更加强大。

但是这个荣业的基础在哪里？"所基"的又是什么呢？就是前面所谈的"德业"与"德行"。"德建名立"才是人生追求的荣誉、事业的基础，如果能够将其发扬光大，子孙万代的荣业都将是永无止境的。

★学优登仕，摄职从政

学习出色并有余力，就可走上仕途（做官），担任一定的职务，参与国家的政事。

"学优登仕"出自《论语·子张篇》。中国上古时期，选拔人才的方法是取士，在十个青年中选一个优秀的出来，就叫作"士"。被挑选出来的士，由国家出钱进行再培训，学礼法、学政策、学法规等政事。培训完成以后，再挑选优秀的士子出来为人群服务，即"出仕"，也就是放出去做管理工作。

"摄职"是先给一个代理官职，"摄"是辅助、佐助的意思。从政是参与政事的讨论与处理。即使是学优登仕的优秀人才，也还是要从见习、代理等职位开始做起。

★存以甘棠，去而益咏

召公活着时曾在甘棠树下理政，他过世后老百姓对他更加怀念歌咏。

"甘棠"就是现在的棠梨树，也叫杜梨树，这个典故出自《诗经·召南·甘棠》"蔽芾甘棠，勿翦勿伐，召伯所茇"一句，意思是"甘棠树啊高又大，不能砍啊不能伐，因为召公曾休息在这棵大树下"。后世就用"甘棠"一词，指代为官者的政绩与遗爱。

★乐殊贵贱，礼别尊卑

选择乐曲要根据人的身份贵贱有所不同，采用礼节要按照人的地位高低有所区别。

这两句以音乐做比喻，告诉人们要礼随人行。

广义的"礼"是中国文化的统称，包括了哲学、政治、社会、教育等所有文化内容。狭义的礼指社会秩序，特别是指人与人之间的关系，包括现代的法律、法规、政策等内容。礼的作用在于和，有了和才能达到儒家"仁"的境地。

广义的"乐"是艺术形式的总称，包括了现代的音乐、舞蹈、美术、影剧等艺术形式。

狭义的乐指音乐。

★ 上和下睦，夫唱妇随

长辈和小辈要和睦相处，夫妇要一唱一随，协调和谐。

"和"是协调、平静、美好的意思；"睦"字从目，目顺也，就是看着顺眼，引申义为亲近、好合。长辈与晚辈要和睦相处。

"唱"是"倡"的通假字，有倡导、发起的意思。"夫唱妇随"的意思是说，如果没有原则性分歧，丈夫倡导的妻子一定要拥护。

★ 外受傅训，入奉母仪

在外面要听从师长的教诲，在家里要遵守母亲的规范。

这两句讲述家庭教育和学校教育的重要性。在外面要接受老师的训诲，在家中要奉持母亲的规范。

"傅训"是师傅、师长的训诲，属于师道。传统教育中的"师"分为"人师"与"经师"，人师的责任是教学生化性、立命，学做人，经师则负责知识的传授。

"母仪"是母亲的举止仪表，古代的规矩是，父亲在外做事，挣钱养家，所以常年不在家，只有到了年底放长假的时候才回来。小孩子在家里的教育，主要由母亲负责，所以女人的主要职责就是相夫、教子。

★ 诸姑伯叔，犹子比儿

对待姑姑、伯伯、叔叔等长辈，要像是他们的亲生子女一样。

这两句讲述家庭和睦的关键因素，即对待姑姑、伯伯、叔叔，要像对待自己的父母一样。同样，对待侄儿、侄女也要像对待自己的子女一样。

孔子说过，对父母尽孝是小孝，是孝之始；能够爱天下人、爱万物才是大孝，是孝之终。"犹子"犹如自己的儿子，《礼记·檀弓》上说："兄弟之子，犹子也。"显然就是指侄子。

★孔怀兄弟,同气连枝

兄弟之间要非常相爱,因为同受父母血气,犹如树枝相连。

兄弟之道在五常之中属于礼德,原则是"兄友弟恭"。做兄长的要友爱、关心弟弟,做弟弟的要恭敬、尊重兄长。兄弟之间如能各尽其道,自然和睦友爱。

★交友投分,切磨箴规

结交朋友要情意相投,学习上切磋琢磨,品行上互相告勉。

交朋友一定要投分,也就是投脾气、投缘分,这是谈的五伦中的"朋友道",朋友之道讲一个信字,彼此推心置腹,诚信有义,才是真朋友。

朋友相处,应该像曾子说的"以文会友,以友辅仁"。朋友之间有进步要互相鼓励,有过失要互相规劝,有困难要互相帮助,有心得要互相交流,这就是"切磨箴规"。

切磨是"切磋琢磨"的缩略形式,意指对学问的探讨与研究。"箴"字的本义为竹针或石头针,可用于针灸治病。箴文是一种告诫类文体,起规劝、纠正作用,箴言就是有哲理作用、能激励人的座右铭。

★仁慈隐恻,造次弗离

仁义、慈爱,对人的恻隐之心,在最仓促、危急的情况下也不能抛离。

仁慈就是仁德,仁是体,慈是用,表现出来就是爱心。能够不讲条件的博爱就是慈,慈的本体就是仁,它们一体三面,同出而异名。

"隐恻"是见人遭遇不幸而心有不忍,是仁慈之心的表现。"造次"的本义是仓促、匆忙,引申义为草率、轻忽、唐突。

人在忙乱仓促、来不及思考的时候,仁德所表现出来的慈爱、恻隐之心也不能够离开,不能够抛弃,就是"造次弗离"。

★节义廉退,颠沛匪亏

气节、正义、廉洁、谦让的美德,在最穷困潦倒的时候也不可亏缺。

这两句说一个人的气节永远也不能丢弃,即使身处困境,一名不值。

"节"本义为竹节,竹子可以被剖开,但其中的节不会扭曲,由此引申为气节、操守,所谓"君子竹,大夫松",说的是人应该有所守而不变。这里用"节"来代表五常之中的信德。

"廉"指一个人有操守,不苟且,在五常中代表"智德"。

"退"的意思是谦退、谦逊、礼让,是"礼德"。

"沛"是跌倒,"颠沛"合用比喻人的生活动荡困苦,人生挫折困顿的状态。

气节、正义、廉洁、谦逊这些品德,即使在颠沛流离的时候也不能亏缺。

★性静情逸,心动神疲

品性沉静淡泊,情绪就安逸自在;内心浮躁好动,精神就疲惫困倦。

"性"是天赋的、天生的,是看不见摸不着的,是人心理活动的本体。"性"的表现形式就是"情",这个看不见摸不着的本体,依托于"情"这个形式表现出来,以便与同类进行交流。"情"有"喜怒哀惧爱恶欲"七种形式。情是由性所发出的,性一动就发为情。

"性敬情逸"说的是人的心性沉静下来了,心情就会安逸、悠闲;相反,如果性不静,情不安逸,就会"心动神疲"。心念动了,精神就困倦、疲劳了。

★守真志满,逐物意移

保持纯洁的天性,就会感到满足;追求物欲享受,天性就会转移改变。

"守真"是保持住人的真常之性,"真"是真常,指人的本性、本源,道家有"返璞归真"的说法。"心之所往谓之志",所往是人的心要向何处去。我们经常说要立志、要有志向,说的就是人的心要有一个运动方向,这就叫作志。

"心之所发谓之意",发出来的、表现出来的心理活动就叫作意。保持内心清静,情绪就会安逸舒适;内心躁动,精神就会疲惫困倦。

★坚持雅操，好爵自縻

坚持高尚的情操，好的职位自然会为你所有。

这两句讲述品行的重要性，正所谓"好酒不怕巷子深"，一个人只要能够坚持高雅的操守，好运自然会来临，哪里用得着向外面去求呢？

"雅操"指高雅的操守、高尚的道德追求，即"仁义礼智信"五常之德与"父子、兄弟、夫妇、君臣、朋友"五伦之道。能持五常之德，行五伦之道，才为此地所讲的"坚持雅操"。

"爵"是古代青铜制作的酒具，因贵族的等级不同使用的爵器也不同。后世把爵作为爵位、爵号、官位的总称，好爵即指代高官厚禄、好运气、好机会。

"縻"的本义为拴牛的绳子。拴马的绳子叫羁，拴牛的绳子叫縻，羁縻合用是牵制、笼络的意思。縻字的引申义为牵系、拴住，"自縻"就是自己跑来拴住自己，也就是自修己德，自求多福，好运自来的意思。

★都邑华夏，东西二京

古代的都城华美壮观，有东京洛阳和西京长安。

天子住的地方叫作都，诸侯住的地方叫作邑，相当于现在的首都和省会的概念。

中国的文化灿烂光华，故此称为"华"，中国的土地辽阔无边，因此叫作"夏"，华夏就代表了中国。

中国最古老、最宏伟的两个都城，一个是东京洛阳，一个是西京长安。洛阳号称九朝古都，历史上前后有九个朝代在洛阳定都。

西京长安，简称西安，由于地理位置接近中国的中心，所以是"十一朝古都"。最早在长安建都的是西汉，之后有秦魏北周隋唐等多个朝代均定都于此。

★背邙面洛，浮渭据泾

东京洛阳背靠北邙山，南临洛水；西京长安左跨渭河，右依泾水。

这两句话描述了东西二京长安和洛阳的地理位置和地形地貌。

"背邙面洛"描述的是洛阳,洛阳城背靠北邙山,南面是洛水。洛水起源于陕西的洛南县,流经洛阳城南,然后汇入黄河,所以"背邙面洛"是洛阳城地理背景的描绘。

浮是漂流、漂浮的意思;据是据恃、凭据、靠着的意思。"浮渭据泾",说的是西京长安的地理位置,西安的左面有渭水,右面有泾河。

★宫殿盘郁,楼观飞惊

宫殿盘旋曲折,重重叠叠;楼阁高耸如飞,触目惊心。

这两句描述了皇室宫殿的华美。

天子所居之室叫宫,天子所议之堂叫殿,本来在上古时期宫室通称,以后"宫"字才专为皇家所用。殿的本义是泛指高大的房屋,以后专指供奉神佛或帝王受朝理事的厅堂。

"宫殿盘郁"是形容都城里面的宫殿,盘旋曲折,错落重叠。盘是盘旋、逶迤,郁是重叠茂盛的样子。

楼观是古代宫殿群里面最高的建筑,飞是形容建筑物之高,有凌空欲飞之势,惊是让人看了触目惊心。楼观都高入云天,让人看了触目惊心。

★图写禽兽,画彩仙灵

宫殿上绘着各种飞禽走兽,描画出五彩的天仙神灵。

这两句从小处着手,描述宫殿上绘的五彩图案。"图写禽兽"是说宫殿里面雕梁画栋,梁柱檐井及墙壁匾额上面画满了飞禽走兽。"画彩仙灵"是指用"青黄赤白赫,黑红紫绿蓝"五彩十色绘画的天仙和神灵。

★丙舍傍启,甲帐对楹

正殿两边的配殿从侧面开启,豪华的帐幕对着高高的楹柱。

这两句话介绍宫殿内部格局。丙舍是古代王宫中正室两旁的别室,后世叫作偏殿、配殿。地户就是专与死人打交道的地方,都称为丙舍。例如寄柩所、祠堂、陵园内的房子等等。

233

因为丙舍不是正房,而是配房、别室,其门户自然也都是朝东西方向开启的,故称傍启。傍是旁的通假,傍启就是旁启。

"甲帐对楹"的意思是豪华的幔帐对着高高的楹柱。甲帐是汉武帝时所造的帐幕,汉武帝的幔帐用珊瑚、宝石翡翠、珍珠镶嵌,是第一等的幔帐,故称甲帐。

★肆筵设席,鼓瑟吹笙

宫殿中大摆宴席,乐人吹笙鼓瑟,一片歌舞升平的景象。

这两句描述了宫殿之中大摆宴席的景象。"肆"与"设"是一个意思,都是放置、陈列。筵和席都是古代的坐具,"肆筵设席"就是摆设筵席。

"鼓瑟吹笙",是宴会中助酒兴的音乐歌舞,鼓是弹奏的意思,瑟是二十五弦的琴。古代七弦的叫琴,二十五弦的为瑟。笙在这里代表了管乐,瑟在这代表了弦乐。

★升阶纳陛,弁转疑星

登上台阶进入殿堂的文武百官,帽子上的玉石闪闪发光,像满天的星星。

阶和陛都是台阶的意思,普通的台阶就叫阶,帝王宫殿的台阶就叫陛。升阶是一阶阶登上去,纳陛也是用脚蹬着一步步走上前。"升阶纳陛"的意思,就是一步步拾级而上,登堂入殿。

弁是古代的官帽,有爵弁和皮弁之分。爵弁是没有旒的冕,冕是黑色的礼冠,皮弁是文武百官戴的皮帽子,用白鹿皮缝制,样子像现在的瓜皮帽。鹿皮拼缝之处缀有一行行闪闪发亮的小玉石,光映下其烁如星,看上去就像闪烁的星星一样。

"弁转移星"的意思就是每个人都戴着官帽,上面的玉石转来转去,在灯光的映照下,就像星星一样明亮。

★右通广内,左达承明

右面通向用以藏书的广内殿,左面到达朝臣休息的承明殿。

这两句话是描述西京长安皇宫里面的建筑,向右通广内殿,往左达承明殿。

上古时代没有高大的宫殿建筑，殷商的遗址上至今也没有发现瓦片，甚至禹王住的所谓宫室，也是半地穴式的，出入口有两级土阶，屋顶都是茅草的，就是《诗经》中描写的"茅茨土阶"。

直到战国时代的遗址上才发现了空心砖，还是用于墓穴，住人的房子还是用干打垒的土墙。自秦始皇后，历代皇帝才开始重视宫殿建设。

★ 既集坟典，亦聚群英

这里收藏了很多的典籍名著，也聚集了成群的文武英才。

这里讲述宫殿中收藏典籍无数，文臣英才荟萃一堂。

"坟"指的是三坟，"典"指的是五典。三坟指的是三皇（即伏羲氏、神农氏、黄帝）的著作；五典指的是记载五帝（少昊氏、颛顼氏、帝喾、尧、舜）事迹的书，叫作五典。三坟五典是我国最古老的书，已失传。"既集坟典"说的是广内殿，因为它是收藏图书的地方，收藏了古今的图书典籍。

"亦聚群英"说的是承明殿，承明殿既然是皇帝接见文武百官的地方，所以承明殿里文武百官，群英荟萃。

★ 杜稿钟隶，漆书壁经

书殿中有杜度的草书、钟繇的隶书，还有漆写的古籍和孔壁中的经典。

这两句话描述的是广内殿储藏的古玩字画，应有尽有。

汉朝有一个叫杜度的人善写草书，杜度草书的手稿，就是杜稿。

三国时代的钟繇，写隶书是天下第一的，他的隶书真迹，就是钟隶。

漆书是在上古时期，笔墨都还没有出现以前，用树脂漆书写在竹简上的大头小尾的文字，现代称为"蝌蚪文"。

壁经是指在孔子旧宅墙壁中所藏的经卷。

★ 府罗将相，路侠槐卿

宫廷内将相依次排成两列，宫廷外大夫公卿夹道站立。

这两句描述宫殿上群臣朝贺,济济一堂的盛况。

"府"是聚集的意思,例如将国家的仓库叫作府库。第一句意思是说朝廷里面,文武百官,群英荟萃。"侠"是"夹"的通假字,就是夹道欢迎的夹字。"槐卿"指代官员。古文第二句意思是说朝廷的外面,道路两旁站立的都是三公九卿。总体意思是说,承明殿里面聚集了文武百官、公卿将相。

★户封八县,家给千兵

他们每户有八县之广的封地,配备成千以上的士兵。

这两句介绍朝中臣子加官晋爵,领享国家俸禄。每户的封地都有八个县那么大,每家的亲兵卫队都有千人以上。这里的"八"和"千"代指其多,不是数量词。

封是分封土地,即帝王把爵位及土地赐给王室成员和有功的臣子。给是配给、供给的意思,国家对有功勋的重臣,配以护卫的兵卒,类似现代首长家中的警卫人员。

★高冠陪辇,驱毂振缨

他们戴着高高的官帽,陪着皇帝出游,驾着车马,帽带飘舞着,好不威风。

这两句是介绍古代官员的衣冠华丽,随君出游的景象。

冠是古代贵族男子戴的帽子,古人将长发挽为发髻,再用冠套住,不像后世的帽子将整个头顶都盖住。为了将冠固定住,冠的两旁就有两条可以在额下打结的小丝带,叫缨。

辇是会意字,上边两夫下边一车,表示是两个人拉着一辆车。古代的牟轮是木制的,车轮的边框叫辋,中心的轴孔叫毂,连接辋和毂的木制轮条叫辐。驱毂就是驾车之意。振是抖动、摇动的意思。总的是说,他们戴着高高的官帽,陪着帝后的车辇出游,车马驰驱,彩饰飘扬。

★世禄侈富,车驾肥轻

他们的子孙世代领受俸禄,奢侈豪富,出门时轻丰肥马,春风得意。

古代官位是世袭的,只要后代子孙没有违纪犯法,官位没有被削去就可以由子孙世

袭。

禄是根据爵位的等级不同,政府予以的配给和补贴。驾是拉车的马,肥轻是肥马轻裘的简称,出自《论语·雍也》篇,孔子说:"赤之适齐也,乘肥马,衣轻裘。""肥马轻裘"形容富贵豪华的生活。

★策功茂实,勒碑刻铭

朝廷还详尽确实地记载他们的功德,刻在碑石上流传后世。

这两句是解释上面所提到的高官厚禄、肥马轻裘的原因,原因就是这些将相公卿都有文治武功,而且这些功绩都是既丰厚又真实。这些人的文治武功既多又实,所以才有如此好的待遇。

不仅如此,还要为他们"勒碑刻铭",勒碑即刻碑,勒是摹勒的简称,白板素碑的碑面先要以朱砂摹勒上石,然后才能镌刻。铭即记载功德的文字。

★磻溪伊尹,佐时阿衡

周文王磻溪遇吕尚,尊他为"太公望";伊尹辅佐时政,商汤王封他为"阿衡"。

磻溪是在渭水河畔(在今陕西宝鸡附近)的一个溪潭,水旁有一块大石头(磻),相传姜太公曾坐在上面钓鱼。

周文王精通《易经》,曾著过《周易》。一日,文王要出外狩猎,他就先卜了一卦。结果显示:此次狩猎的猎物不是野兽,而是独霸天下的辅臣。果然在渭水遇到姜子牙,两人相谈甚欢,于是周文王称姜子牙为"太公望",立为国师。

伊尹是商朝的开国功臣,曾辅佐成汤灭了夏桀,开创了殷商六百载的天下。商朝宰相之位的官名叫作阿衡,如《诗经·商颂·长发》中有诗曰:"寔维阿衡,左右商王。"因为伊尹适时地辅佐成汤建立了商朝,所以称他为"佐时阿衡"。

周文王

千字文

★奄宅曲阜,微旦孰营

周成王占领了古奄国曲阜一带,要不是周公旦辅政,哪里能行?

"奄宅曲阜"的意思是说,取得曲阜这样的居住地,作为安身之地、食邑之所。奄是时间副词,有一下子、突然之间就如何的意思。宅是动词,居住的意思。曲阜就是今天山东省曲阜市,古代鲁国的都邑。旦指周公姬旦,"微旦孰营"是一个设问句,意思是:除了周公姬旦,还有谁人有资格得到这样的封地呢?

★桓公匡合,济弱扶倾

齐桓公九次会合诸侯,出兵援助势单力薄和面临危亡的诸侯小国。

这里讲述齐桓公与诸侯会盟,成就伟业的事迹。齐桓公姓姜,名小白,用管仲当宰相发展经济,富国强兵。齐国临海,于是就晒盐捕鱼,又发展商业,使齐国成为第一经济强国。

诸侯联盟的目的是什么呢? 就是"济弱扶倾",要帮助救济弱小的国家,要扶植将要倾覆的周王室。周朝到了末期已经名存实亡了,虽然如此,这杆大旗还是要举着,所以要扶倾。

★绮回汉惠,说感武丁

汉惠帝做太子时靠绮里季才幸免废黜,商君武丁感梦而得贤相傅说。

秦朝末期,天下大乱,绮里季、东园公、夏黄公、角里先生四位德高望重的贤士,为避乱世隐居在商山,所以人称商山四皓。

刘邦想废掉太子刘盈,改立戚夫人生的儿子如意为太子。吕后采纳张良之计,请出商山四皓与太子刘盈同游。刘邦看到后,说:"羽翼已成,难以动矣。"于是就打消了换立太子的念头,刘盈才保住了太子位。刘邦死后,刘盈登基,即汉惠帝。

傅说是继伊尹之后,商朝第二位奴隶出身的贤臣。武丁是商朝第二十二位君主,在位 59 年。他很想重用傅说,但是碍于傅说的奴隶身份无法实现。最后,武丁假借托梦之说,拜傅说为相,辅佐国政,使商朝达到鼎盛。

★俊乂密勿,多士寔宁

能人治政勤勉努力,全靠许多这样的贤士,国家才富强安宁。

国家正是由于仁人志士的勤勉努力才得以富强安宁。

俊乂就是我们今天所称的人才,在古代一百个人里挑出来一个精英叫乂,一千个人里挑一个出来的叫俊。密勿是勤勤恳恳的意思。

"寔"是通假字,既通"实"字,也通"是"字,有兹、此的意思。"多士寔宁"的意思就是,天下赖此多士以宁,这句话语出《诗经·大雅·文王》:"济济多士,文王以宁。"如此众多的能人志士、英雄豪杰,正是依靠了他们,国家才得以富强安宁。

★晋楚更霸,赵魏困横

春秋时期晋文公、楚庄王先后称霸,战国时期赵、魏两国因连横而受困于秦。

"晋楚更霸"是指公元前632年,晋楚两国为夺霸主地位在城濮大战,楚国战败,晋文公当上了霸主。公元前597年,楚庄王率领大军攻打郑国,晋国派兵救郑,在邲地(今河南郑州市东)与楚国大战,晋国惨败。公元前594年冬,楚鲁蔡秦等十四国在蜀(今山东泰安西)开会结盟,正式推举楚国主盟,楚庄王遂成为称雄中原的霸主。

"赵魏受困"是指战国时期著名的说客苏秦、张仪所实行的合纵和连横的策略。苏秦提出"合纵"战略,就是六国联合起来共同防御秦国,合纵的结果是"秦人恐惧,不敢窥兵于关中,天下不交兵者二十有九年"(《战国策》)。后来,秦惠文王重用了主张连横破纵之策的张仪。张仪游说六国,分别与秦签订了互不侵犯条约,苏秦的"合纵"就被拆散了。秦国随之采取远交近攻、各个击破的策略,首先打击赵、魏,因为赵魏距离秦国最近,所以说是"赵魏困横"。秦国逐一灭了六国,统一天下。

★假途灭虢,践土会盟

晋献公向虞国借路去消灭虢国;晋文公在践土与诸侯会盟,被推为盟主。

"假途灭虢"是指晋献公借口攻打虢国,要借道虞国。结果,晋献公灭掉了虢国,然后回兵时又灭掉了虞国,晋献公一举消灭了两个国家,扩张了晋国的版图,国力大增。

"践土会盟"的故事发生在晋文公时期,晋文公任用贤良,整顿政治,发展经济,使晋国的国势日渐强盛。他效法齐桓公的尊王政策,于公元前 636 年平定了周王室的内乱,使自己名声大振。晋文公通过城濮大战打败楚国,晋国打败楚国的消息传到周都洛邑,周襄王和大臣都认为晋文公立了大功,周襄王还亲自到践土(今河南原阳西南)慰劳晋军。晋文公趁此机会,在践土召集诸侯会盟。就这样,晋文公凭借自己的实力,继齐桓公之后,成为五霸的第二位。

★ 何遵约法,韩弊烦刑

萧何遵循简约刑法的精神制定九律,韩非却受困于自己所主张的严酷刑法。

萧何是汉初三杰之一,是中国古代杰出的政治家和治国良相,曾与张良、韩信、陈平等人一起辅佐刘邦战胜了楚霸王项羽,建立了汉朝。萧何遵循简约的原则,制定了汉律九章,故称"何遵约法"。

韩非子是战国时期法家的代表人物,刑名学派的大家,韩非子最终死在自己制定的烦苛刑法之下,司马迁说他"明知游说帝王之难,还写了部《说难》的专著,但他本人却逃脱不了游说君主的灾祸",所以称为"韩弊烦刑"。弊就是自弊,自己倒毙、死亡的意思。

★ 起翦颇牧,用军最精

秦将白起、王翦,赵将廉颇、李牧,带兵打仗最为高明。

白起、王翦、廉颇、李牧四位大将不仅是战国时期的四大名将,也是中国历史上著名的四大名将。其中,白起、王翦是秦国的名将,廉颇、李牧是赵国的名将。

"用军最精"是讲这四位名将,擅长用兵,作战英勇,屡战屡胜,可以称得上是"战神"。

★ 宣威沙漠,驰誉丹青

他们的声威远传到沙漠边地,美誉和画像一起流芳后代。

"宣威沙漠"是说,上文所述四位将军精通谋略,带兵高明,用兵精当,他们的威名远播到沙漠边地,连塞北的胡人也敬佩不已。他们的肖像被画师用丹青妙笔画下来,永垂青史,就是"驰誉丹青"。

　　丹青本是作画用的颜色,此处有载入历史画卷的意思,因为汉朝有为功臣画像立卷的习俗,例如汉宣帝时将有功之臣的画像藏于麒麟阁,汉明帝时将这类画像藏于云台。

★九州禹迹,百郡秦并

　　九州处处留有大禹治水的足迹,全国各郡在秦并六国后归于统一。

　　中国天文学上有"九州分野"的说法,九州代表中国领土。早推至帝喾高辛氏始建九州,舜帝时增至12州,大禹治水以后仍确定为九州(兖冀青徐扬荆豫梁雍),并铸九鼎,以永定九州。大禹治水有功,同时也是一位开明的君主。"九州禹迹"是说,中国九州之内都留下了大禹治水的足迹。

　　秦始皇统一中国以后,将分天下为36郡,刘邦建立汉朝以后又将天下分为103郡,取个整数说,就是百郡。汉朝的百郡是在秦灭六国、并土地的基础上而来的,所以叫作"百郡秦并"。

★岳宗泰岱,禅主云亭

　　五岳中人们最尊崇东岳泰山,历代帝王都在云山和亭山主持禅礼。

　　这里讲述古代帝王在名山大川中祭祖封禅。

　　岳指五岳,宗指宗主,五岳的宗主是泰岱。岱是泰山的名字,也叫岱山,因为位于山东泰安州,所以这里称为泰岱,简称泰山。

　　历代的帝王在政权更替、新君登基的时候,都首先要来泰山举行祭拜天地的封禅大典,举行封禅大典的地方就在泰山、云山和亭山。

　　祭天的仪式叫作"封",封都在泰山举行;祭地的仪式叫作"禅",禅在泰山脚下的云山和亭山举行,所以说"禅主云亭"。

★雁门紫塞,鸡田赤城

名关有北疆雁门,要塞有万里长城,驿站有边地鸡田,奇山有天台赤城。

这两句描述了祖国的大好河山,名关要塞。

《吕氏春秋》有言:"天下九塞,雁门为首",首屈一指的雄伟关隘是北疆的雁门关。雁门山位于山西代县北境,属北岳恒山山脉。长城西起嘉峪关,东至渤海全长一万二千华里。在西北一段尤为壮观,因西北植被少,地域辽阔,一望无际。其地表又多红土,车马过后腾起的烟尘,在阳光的照耀下红尘滚滚。尘埃中若隐若现的关塞如梦幻一般,故称为"紫塞"。

鸡田是古代西北塞外的地名,那里有中国最著名也最偏僻的古驿站。赤城是山名,是著名的浙江天台山奇峰之一。赤城山高340余米,在近郊四面青山中独树一帜,历来被看作天台山的南门和标志。天台又是佛教圣地,著名的智者大师就是天台宗的祖师。

★昆池碣石,巨野洞庭

赏池赴昆明滇池,观海临河北碣石,看泽去山东巨野,望湖上湖南洞庭。

这两句承接上文继续介绍山河美景。

"昆池"就是云南昆明的滇池,位于云南省昆明市的西南,是我国第六大淡水湖。"碣石"是河北的碣石山,位于昌黎县城北,距避暑胜地北戴河约30公里,自古就是观海胜地。

巨野在山东的巨野县,是著名的水泽,其中水草丛生,鱼虫很多。山东是古代的齐鲁之地,古时有很多这样的水泽、港汊、沼泽之地,像梁山水泊、巨野水泽都在山东。洞庭是洞庭湖,中国第二大淡水湖,跨湘鄂两省,面积为2820平方公里,号称八百里洞庭。

★旷远绵邈,岩岫杳冥

江河源远流长,湖海宽广无边。名山奇谷幽深秀丽,气象万千。

这两句对上述描述的美景做了一个总结,我们祖国的疆域辽阔,连绵遥远,山高峻而

谷幽深,景致千奇百怪,变化莫测,同时也暗含着赞美中国的历史悠久,人文荟萃,诸子百家,蔚为大观。

旷远是幅员辽阔,没有边际。绵邈是连绵遥远的样子。岩是岩石,代表高山,岫是岩洞、山穴,代表山谷。杳冥是昏暗幽深,不可知不可测,神秘又令人向往。

★治本于农,务兹稼穑

治国的根本在发展农业,要努力做好播种收获这些农活。

中国自古就是以农业立国,治国的根本在于发展农业。

"务兹稼穑"的务是从事、致力于的意思,兹是代词,代替此,一定要从事于此。此是什么呢? 就是后面说的两个字"稼穑"。稼这个字的本义是禾苗的穗和果实,《诗经·豳风·七月》里面有"十月纳禾稼"的话。穑的本义是收割庄稼,后世把春耕叫稼,秋收叫穑。稼穑两个字就代表了整个农业,泛指"春生夏长,秋收冬藏"整个农业生产过程。

★俶载南亩,我艺黍稷

一年的农活该开始干起来了,我种上小米,又种上高粱。

这两句讲述农业种植规律,"俶载南亩"就是说要在向阳的土地上开始从事农作了,开始种地了。开始从事某种工作叫俶载。南是向阳的方向,亩是土地。南亩是指向阳的耕地,《诗经·豳风·七月》里面有"七月流火,九月授衣。同我妇子,馌彼南亩"的诗句。

周朝的农业,全国耕地的管理采取"井田制",大约100亩耕地为一井,平分为九块,形如井字,为八户人家所有。井字中间的一块为公田,属诸侯所有;其余的八块为私田,每户各一块。

我指的是我自己,艺是种植的意思。我们常说的园艺一词,其中的艺不是说园林艺术,而是种植、栽培的意思。黍稷是古人最主要的两种粮食作物,黄米(黏米)叫黍,谷子(小米)叫稷。

★税熟贡新,劝赏黜陟

收获季节,用刚熟的新谷交纳税粮,官府应按农户的贡献大小给予奖励或处罚。

收割庄稼,向官府交纳新粮抵税就是"税熟贡新"。税和贡两个字又不一样,由下位献上叫作贡,由上位向下面收叫税。

"劝赏"是对农户的奖惩制度,"黜陟"是对政府官员的撤职、升迁制度。"劝赏黜陟"是指客观地按照务农的成果和纳税的情况,对农户予以奖励或惩罚,对有关的官吏也要据此予以职务的升迁。

★孟轲敦素,史鱼秉直

孟轲夫子崇尚纯洁,史官子鱼秉性刚直。

孟子名轲,山东省邹县人,儒家思想由他而发扬光大,被尊奉为"亚圣"。

敦是推崇、崇尚,没有染过色的丝是生丝,叫素。前面讲过"墨悲丝染",白色的生丝就是素,无字的石碑叫素碑,引申义就是质朴、纯真、不加装饰的意思。"孟轲敦素"是说,孟子崇尚质朴的本色。

史鱼是与孔子同时代的人,卫国的大夫,也是著名的史官。史鱼为人正直,看不得朝中的丑恶现象,这也正和他史官的职位相称。禀字的本义是赋予、给予,引申义才是秉受、天生的意思,所以"史鱼禀直"是说,史鱼有坚持正直的品德。

★庶几中庸,劳谦谨敕

做人要尽可能合乎中庸的标准,勤奋、谦逊、谨慎,懂得规劝告诫自己。

这两句讲述做人的准则,要合乎中庸之道,勤、谦、慎,自我规勉。

庶几是差不多、大概的意思。庸的意思是庸常,普普通通、平平淡淡。"庶几中庸",这就差不多中庸了,近乎中庸之道的标准。为什么说差不多呢?因为只有敦素、秉直还不够中庸的标准,还有四点要做到。

那就是"劳谦谨敕"。劳是勤劳、勤勉,谦是谦虚、谦逊,谨是严谨、小心,敕是检点、不随便。如果我们能保持本性的质朴,保持内心的方正,再能够勤勉、谦逊、谨慎、检点,这才是合格的中庸标准。

國學智慧全書

蒙学智慧

★ 聆音察理，鉴貌辨色

听别人说话，要仔细审察是否合理；看别人面孔，要小心分辨他的脸色。

这两句话告诉人们谈话的技巧和看人脸色的玄奥。

聆是聆听，但聆和听不一样。聆是仔细听，十分专心地听，而听只是一个泛泛的听的动作。听别人讲话要仔细地听，就是聆音。察是审察、考察，理是话里面的道理，话里面深一层的含义。

鉴的本义是铜镜子，有观察、鉴别的意思在里面。貌是一个人的容貌和外表，包括了言谈举止、动作表情。"鉴貌辨色"是说，通过观察人的容貌来辨别他内心的活动。

★ 贻厥嘉猷，勉其祗植

要给人家留下正确高明的忠告或建议，勉励别人谨慎小心地处世立身。

这两句话告诫人们给子孙后代留下万贯家财不如留给子孙家语忠告，勉励他们要谨慎小心地立身处世。

"贻厥嘉猷"就是将其美好的谋略遗留下来，指的是祖先要把自己的经验、忠告遗留给子孙后代。

"勉"是勉励的意思。"其"是代词，指代子孙后辈。"勉其"是勉励子孙后代的意思。"祗"意为恭敬，"植"意为树立。那么要树立什么呢？就是要树立家风，子孙要立身、立命。"勉其祗植"是勉励子孙后代要谨慎小心地立身处世的意思。

★ 省躬讥诫，宠增抗极

听到别人的讥讽告诫，要反省自身；备受恩宠不要得意忘形，对抗权尊。

这两句话是告诉人们要经常反省自己的言行，不要讥笑别人，防止自己的宠幸和荣耀达到极限而招致灾祸。

省是反省，躬是自己的身体，引申义为自己、自身，反躬自身。讥是讥讽、嘲笑，诫是告诫、劝慰。抗是通假字，通"亢"，极是极限的意思。

即使别人对自己冷嘲热讽或者严厉批评，既不要生气动怒，也不要急于辩解，应该心平气和地进行自我反省，有则改之，无则加勉，就是"省躬讥诫"的意思。

★ 殆辱近耻，林皋幸即

知道有危险耻辱的事快要发生，还不如归隐山林为好。

人生不如意事常八九，荣辱是人生必修之课。荣辱不离，有荣就有辱，所谓荣辱与共。不愿有辱的结局就不要拼命追求荣，荣来了，辱也就同时到了。

荣宠增加到了极点，物极必反，宠就变成辱了，所以说殆辱近耻。殆是时间副词，表示将要、迫近的意思。林是山林，皋是水边之地。庄子说过："山林欤！皋壤欤！使我欣欣然而乐欤！""林皋幸即"是说赶快退隐山林，辞官别做了。时运不济，环境不允，既然如此不如退隐，远离尘世。

★ 两疏见机，解组谁逼

疏广、疏受预见到危患的苗头就告老还乡，哪里有谁逼他们除下官印？

两疏是指汉朝的疏广、疏受叔侄两人。汉宣帝时，此二人曾为太子太傅与太子少傅，位高名显。但是二人怕树大招风，为官五年就主动告老还乡，荣归故里，人人称赞其高风亮节。机是机兆、先兆，是事机萌动，但还尚未发出之时的微小状态，《易经》里就有"几者动之微，君子见机而作"的话。

解是解除，组是组绶的简称。组绶是一种丝质有刺绣的缎带，窄的叫组，宽的叫绶。解组是将组绶解下来，表示辞官不干了。"谁逼"是有谁逼你了吗？这是一个反问句，当然是没有，是自己辞官不做的。

★ 索居闲处，沉默寂寥

离群独居，悠闲度日，整天不用多费唇舌，清静无为岂不是好事。

这两句话讲的是一种离群独居、悠闲度日、不谈是非的清静生活。

索居是一个人独处，索是萧索、冷冷清清，闲处是无所事事、清静悠闲。沉默是沉静、

國學智慧全書

蒙学智慧

不多讲话,寂寥是心中空空洞洞、没有杂念,这是"享清福"。

世间的洪福好享,清福却不好享。整天高朋满座,胜友如云,车水马龙,儿孙绕膝,忙不完的事,待不完的客,这是洪福。

正如前面所述,"性静情逸,心动神疲,守真志满,逐物意移",内心追逐外物习惯了,又没有修心的训练,内心守不住,没有定力。淡泊明志,宁静致远。能耐得住寂寥的人才能成大事,能够享受孤独的人才能建大功。

★求古寻论,散虑逍遥

想想古人的话,翻翻古人的书,消除往日的忧虑,乐得逍遥舒服。

这两句话是说,遇到烦闷之事读书向古人学习,排忧解闷。

"求古"是探求古人古事,"寻论"是读点至理名言,而"求古寻论"的结果就是"散虑逍遥",排除杂念,自在逍遥。散是驱散、放逐的意思,虑是心中的忧虑、杂念。逍遥是自由自在、无拘无束、优游自得的样子。庄子一生逍遥自在,著《逍遥游》,正所谓逍遥于六合之外,游戏乎太虚之间。"六合"是指上下左右前后六大方位,借指茫茫宇宙。所以真正的逍遥自在是到宇宙之外去巡游,到形而上的太虚去做神仙。

★欣奏累遣,戚谢欢招

轻松的事凑到一起,费力的事丢在一边,消除不尽的烦恼,得来无限的快乐。

这两句是告诉人们怎么快乐,那就是抛掉烦恼,积攒轻松欢乐。

喜悦一增添,牵挂就排除了;烦恼一丢开,欢乐就到来了。给我们感觉形容得很贴切,刻画得很真实,不是吗?闲来无事,再到庭院和郊野中走一走,会看到什么样的景致呢?

★渠荷的砺,园莽抽条

池里的荷花开得光润鲜艳,园中的草木抽出条条嫩枝。

这两句是描述春夏的美景。春天是"园莽抽条",夏天是"渠荷的砺"。

"渠荷的砺","渠水所居也,水停之处为渠,此处指水塘。的砺是花开得光彩灿烂的样子。三月的桃花,六月的荷花,池塘中六月的荷花开得那么鲜艳,光彩照人。

"园"是园林、园圃;"莽"是草木茂盛、莽莽苍苍的样子;"抽条"是草木地拔枝、长出新枝嫩芽。"园莽抽条"是说园林里的草木抽出了新的枝条,俨然一幅春天的美景图。

★枇杷晚翠,梧桐蚤凋

枇杷到了岁晚还是苍翠欲滴,梧桐刚刚入秋就凋谢了。

这两句承接上文描述秋冬的美景。秋天是"梧桐蚤凋",冬天是"枇杷晚翠"。

枇杷是枇杷树,植物学上属蔷薇科常绿的小乔木。枇杷树的叶子一年四季都是绿油油的,不会凋谢,所以说"枇杷晚翠"。到了冬天晚景了,枇杷叶子还是那么青绿,还是苍翠欲滴。

"梧桐蚤凋",梧桐树是应秋的树,对应着立秋的节气。立秋一到,梧桐树的叶子准有一片先落地。成语中"落叶知秋"就是指梧桐树。"蚤"是通假字,是早晚的早之意。立秋是在阴历的八月,天气还很热,俗话说:晚立秋,热死牛。立秋后面还有一个节气叫处暑。夏天还没过完,梧桐树就落叶了,所以说它早凋。

★陈根委翳,落叶飘摇

陈根老树枯倒伏,落叶在秋风里四处飘荡。

这两句展示了一副破败的景象:老树根蜿蜒曲折,落叶在秋风里飘摇。

陈根是老树陈根,委是枯萎,衰败,翳是荒芜、暗昧,枝叶遮盖的意思。总句意思是陈根老树枯萎倒伏,落下的树叶在空中随风飘荡。

心随景动,看到这种衰败、凋零的景色,人的心情就会变得很忧郁,不免会有感而发,触景伤情。纵观古今,很多传世佳作都是这样做出来的。

★游鹍独运,凌摩绛霄

寒秋之中,鲲鹏独自高飞,直冲布满彩霞的云霄。

國學智慧全書

蒙学智慧

这两句描述的是鹍鸟在空中独自翱翔,一个高飞,冲到紫红色的云上面去了。

独运、绛霄四个字用得准确、贴切,且合典。鹍和鹤都喜欢独居,性情孤傲,没有一群鹤在一块儿的。鹍可以飞得很高,所以这里说游鹍独运,同时也对应前文的"索居闲处,沉默寂寥",衬托出君子和而不同,群而不党,出淤泥而不染的操守。

凌是向上升高,摩是迫近、接近,如摩天大楼。绛是紫红色,绛霄是紫红色的云气,又叫紫霄。"凌摩绛霄"的意思就是高飞接天,直冲九霄。

★耽读玩市,寓目囊箱

汉代王充在街市上沉迷留恋于读书,眼睛注视的都是书袋和书箱。

耽是沉浸、入迷的意思,一旦沉迷于某事,别人呼唤也听不见,以致耽搁重要事情,所以耽是耳字旁。寓是寄托,玩市是热闹的集市、游玩的场所,相当于现代的购物中心。

"耽读玩市"是在嘈杂的市场里还能潜心读书,对外面的一切境界充耳不闻,这个典故说的是东汉学者王充。王充字仲任,会稽上虞(今浙江上虞)人,是东汉著名的唯物论思想家。早年曾在太学受业,拜班彪为师,博通百家言。

"寓目囊箱"的意思是说,在王充眼里只有书囊和书箱,除此而外,视而不见,充耳不闻。

★易辎攸畏,属耳垣墙

说话最怕旁若无人,毫无禁忌;要留心隔着墙壁有人在贴耳偷听。

这两句告诉人们说话做事要小心谨慎,防止隔墙有耳,被人偷听。历史上就有很多败于小人窃听的大事。易是轻易、疏忽的意思。辎是指古代的一种车子,这种车子轻便,小巧,引申为轻忽、轻率。对一些小事很容易轻视、疏忽叫"易辎"。"攸畏"是所畏,有所畏惧。不要轻视小事,不要疏忽很容易的事情,人往往是在阴沟里翻船,一定要重视,这就是"易辎攸畏"。

讲话时要小心,不能旁若无人。为什么呢?因为"属耳垣墙"。属的本义是连接,有关联。耳是耳朵,垣是用土坯垒的矮墙,耳朵与墙是连着的。这是说隔墙有耳,讲话要小心,要有所畏惧,不要旁若无人。

★ 具膳餐饭，适口充肠

安排一日三餐的膳食，要适合各位的口味，能让大家吃饱。

这两句讲述普通的家居生活，告诉人们饮食的原则——合理搭配，可口适宜。

具是动词，有准备、料理的意思。餐在古汉语中也是动词，有吞食的意思，如餐风饮露。膳、饭是同一类概念，是不同的饮食种类，含义不一样。膳字带个肉月旁，肉食为膳；五谷煮的素食叫饭。

"具膳餐饭"说的是荤素饮食的准备，要注意两个原则：一个是适口，一个是充肠。适口是可口、咸淡适宜的意思，充肠是吃饱的意思。适口就是要因人而异，因地制宜，没有统一的标准。

★ 饱饫烹宰，饥厌糟糠

饱的时候，即使是大鱼大肉也感到厌烦；饿的时候，对粗菜淡饭也很满足。

这两句说饮食中，饥饱影响食欲。

饫是因为吃饱了而厌倦，不想再吃了叫饫。烹是水煮，宰是宰杀。烹宰是肉食的准备。"饱饫烹宰"是说，吃饱了以后，再好的东西来了也不想吃了。

厌是满足的意思，如《论语》中孔子的话："学而不厌，诲人不倦，何有于我哉?"糟是酒渣，古代没有提纯技术，酒不过滤，这样的酒也称为糟。现在吃醪糟酒在南方各地还很流行，在淮阳有糟鱼、糟鸡等名菜。糠是谷子的外壳，用作饲料。"饥厌糟糠"是说，没吃的时候，有糟糠也就满足了。

★ 亲戚故旧，老少异粮

亲属、朋友会面要盛情款待，老人、小孩的食物应和自己不同。

这两句是讲述待客之道，亲戚朋友会面要尽量盛情款待，老人和孩子的食物应注意有所不同。老人牙口不好，消化功能弱，要吃软的、暖的；小孩子身体正值发育，牙齿好，胃火大，爱吃凉的、硬的、黏的。

亲戚两个字含义不同,只是现代汉语重叠使用罢了。"亲戚"按父亲一支,父属同姓为亲,母亲一支、妻子一支,母属、妻属不同姓为戚,内亲外戚,在血缘关系上不一样。故旧是指老朋友,相识多年。另外故旧也是指我们的传统,做人固不可以喜新厌旧,不尊重自己的传统也是不应该的。

★ 妾御绩纺,侍巾帷房

小妾婢女要管理好家务,尽心恭敬地服侍好主人。

古代不是一夫一妻制,古人有妻有妾,但是妻子只有一个,妾可以有几个。而且妻妾地位不同,妻子管理家务,妾负责绩麻纺线、织布做鞋一类的女红。妾的工作是"侍巾帷房",就是要服侍好主人的起居穿戴。御是治理、管理的意思,古代上对下的治理叫御。绩是绩麻,就是把麻纤维披开来搓成线,纺是将丝纤维制成纱或线。

侍是服侍,巾是拢发包头的布。先秦时代,男子18岁至20岁行冠礼,戴帽子,表示成人。秦汉以后,有官职、有禄位的人才可以戴冠,没有功名的白丁只能戴头巾。这里的巾,泛指衣冠。帷房是寝房内室,古代房中有帷幕,床上有幔帐。既可以隔音,又可以保护隐私。布幔在两旁的叫帷,在上的叫幕。

★ 纨扇圆洁,银烛炜煌

绢制的团扇像满月一样又白又圆,银色的烛台上烛火辉煌。

纨扇是古代白色圆形的绢扇,可以在上面题字、作画。白色生丝织成帛叫作绢,齐地(齐国)出产的绢最有名,叫作纨。古语有称"纨绔子弟"的话,就是说穿着用绢做的裤子,泛指富家子弟衣着华美。

上古时代没有蜡,所谓的"烛"是照明用的火炬、火把,不是蜡烛。唐朝以后才有了由动物、植物或矿物油质制作的蜡烛,如有石蜡、蜂蜡、蜜蜡等。素蜡就是白色的蜡烛,形容人的脸色不好称为"蜡白"。"银烛"就是银白色的蜡烛,炜煌是火光炫耀的样子。

★ 昼眠夕寐,蓝笋象床

白日小憩,晚上就寝,有青篾编成的竹席和象牙雕屏的床榻。

"昼眠夕寐"是说在白天午休片刻，晚上就寝入睡。眠者寐也，二者都是熟睡的意思。

"蓝笋象床"说的是卧具，有青篾编成的竹席和象牙装饰的床榻。蓝是古代用于染青之草，从中可以提取出青颜色，荀子在《劝学篇》说过"青取之于兰而青于兰"的话。笋是嫩竹子，用嫩竹篾编的席子既柔软又凉爽，再用蓝草染成青色，是很贵重的。《书经·顾命》里就有"敷重笋席"的话。象床指的是用象牙装饰的床，床架用硬木雕花镂空，中间镶有象牙和贝壳等装饰品。

★弦歌酒宴，接杯举觞

奏着乐，唱着歌，摆酒开宴；接过酒杯，开怀畅饮。

这两句描述宴会中觥筹交错的场景：乐声响起，歌声回荡，舞姿曼妙，人们高举酒杯，开怀畅饮。

"弦歌"是"鼓弦而歌"的简称，"弦"字的古写应该是"纟"旁，"弓"字旁的弦是弓弦，与丝竹之声的丝弦乐是完全不同的。此处的"弦歌"是引用《论语》里孔子的话。《论语·阳货篇》里有："子之武城，闻弦歌之声。夫子莞尔而笑曰：割鸡焉用牛刀？"

古代的酒具分盛酒器和饮酒器，尊觥壶是盛酒器，杯觞爵则是饮酒的器具。战国以后，木质酒杯出现，椭圆形两侧有耳，又称耳杯、羽觞。觞是兽角雕刻的，爵则是古代饮酒具的通称，作为专用名称的爵是三条腿的青铜器，下面可以点火，用来温酒、热酒。

★矫手顿足，悦豫且康

情不自禁地手舞足蹈，真是又快乐又安康。

这两句话承接上文描述宴席上，酒过三巡，人们兴致浓厚，手舞足蹈的快乐场景。

矫是高举的样子，举手、抬头都可以用。陶渊明在《归去来兮辞》里有"策扶老以流憩，时矫首而遐观。云无心以出岫，鸟倦飞而知还"的诗句。顿足是随着音乐的节拍跺脚。悦是喜悦，豫是心里面舒适、安乐，康是身心康泰、康乐。

"矫手顿足"可以看出人们身体矫健，全无疲惫之意。"悦豫且康"形容心悦、身心二者都快乐康泰，才是"悦豫且康"。

★ 嫡后嗣续,祭祀烝尝

子孙继承了祖先的基业,一年四季的祭祀大礼不能疏忘。

妻妾有别,身份地位相差悬殊。妻所生之子为嫡子,妾所生之子为庶子,庶是众多的意思。先秦礼制,嫡子只有一人,是妻所生的长子,嫡子有继位之权。后是能够承祖之宗的后代,宗的本义为宗庙、祖庙,后世多指血缘关系。嗣是子嗣,也就是后代子孙的意思,其本义是诸侯传位给嫡长子叫嗣。续是继承、接续的意思。

祭祀是以食物祭奠天、地、祖先的一种大礼。蒸尝是礿禘尝蒸,四时之祭祀的简称。《礼记·王制》规定:"天子诸侯宗庙之祭,春曰礿,夏曰禘,秋曰尝,冬曰烝。"这是夏商两朝的祭祀,在一年中有春分、夏至、秋分、冬至四个正时的祭祀。周朝与商朝有所不同,"春曰祠,夏曰礿"。这里仅用"烝尝"两个字,代指四时祭祀。

★ 稽颡再拜,悚惧恐惶

跪着磕头,拜了又拜;礼仪要周全恭敬,心情要悲痛虔诚。

这两句是说行礼要周全,充分表达内心的虔诚。稽颡是屈膝下跪,叩头时额头触地的一种跪拜礼。稽是停留、到达的意思,颡是额头,额头触地停留一会儿叫稽颡。拜在古代是两手合于胸前,头低到手的一种礼节,后世发展为两手着地的大礼。

"稽颡再拜"一句出自《礼记·射义》,其中有"再拜稽首"。再是第二次,"一而再,再而三"中的"再"就是这个意思。行跪拜礼,拜了又拜,叫作"稽颡再拜"。

"悚惧恐惶"描述敬畏、畏惧、战战兢兢的心理,是一个人诚敬到极点时的心理反应。

★ 笺牒简要,顾答审详

给别人写信要简明扼要,回答别人问题要详细周全。

笺牒代指书信,笺是信纸的意思,如便笺、手笺等。牒是古代书写用的木片或竹简,小的叫牒,大的叫册;薄者曰牒,厚者曰牍。笺牒则代表了书信。"笺牒简要"是说,写给他人的书信要简明扼要,不要啰唆。顾是回顾,答是复答。"顾答审详"的意思是回答别人问题要详细周全。

从清朝皇宫的藏书室里面保留的清宫档案我们可以看到,无论是康熙、雍正还是乾隆,批复大臣的奏章,朱砂御笔的批字是原奏章字数的数倍,尤其是雍正小奏章都要批上数百字,真是苦口婆心,反复叮嘱。

★骸垢想浴,执热愿凉

身上有了污垢,就想洗澡,好比手上拿着烫的东西就希望有风把它吹凉。

这两句讲述了向善避恶、自我调剂、周而复始的人生道理,和山石自然风化的道理一样。古人辞官不做,称"乞骸骨",意思是请皇帝将这把老骨头赐还给我吧。这里的骸是"四肢百骸"的缩略语,代指人的整个身体。

"执热愿凉"的意思是说,有热东西捧在手里,人们就希望快点有风把它吹凉。现实生活中,我们也是如此,端杯热茶不停地吹气,希望它快点凉。这都是人之常情,是人的共同心理。

★驴骡犊特,骇跃超骧

家里有了灾祸,连牲畜都会受惊,狂蹦乱跳,东奔西跑。

小牛叫作犊,大牛叫做特,"驴骡犊特"泛指家中的大小牲畜。骇是惊骇,受到惊吓;跃是跳起来了;超是一个跳到另一个前面去;骧是腾跃不已。

这句话的意思是要我们居家谨慎小心,要注意安全。现在的家庭电器种类繁多,像高压锅、电饭煲、电热器……如果使用不当,轻则电器报废,重则会伤及人身,毁坏家居。所以选购家用电器要谨慎,使用更要按照说明,防患于未然。

★诛斩贼盗,捕获叛亡

对抢劫、偷窃、反叛、逃亡的人要严厉惩罚,该抓的抓,该杀的杀。

这两句话就是说要执法严明,严厉惩罚盗贼,要追捕叛乱分子和亡命之徒。

秦汉以前,贼指叛国作乱、危害人民的人,如乱臣贼子,故有讨贼一称。窃货曰盗,偷

人家东西的叫盗。盗字的甲骨文字形是：看着别人的器皿流口水，存心不善。秦汉前，把偷窃者叫盗，抢劫财物的叫贼。

"偷"字在古文里的意思是苟且、没皮没脸。成语"苟且偷生"不是说偷偷摸摸地活着，而是该死没死，将就着过活的意思。另外偷也指做人不厚道，待人刻薄，如《论语·泰伯》一篇就有"故旧不遗，则民不偷"一句。

★ 布射僚丸，嵇琴阮啸

吕布擅长射箭，宜僚有玩弹丸的绝活，嵇康善于弹琴，阮籍能撮口长啸。

这两句话及其后两句总共介绍了古代的八个人，他们的技艺或解人纠纷，或方便百姓、造福社会，成为人们学习和效法的榜样。

"布射"讲的是三国时吕布的故事。吕布射中戟上的月牙支，帮刘备解了被困之围。"僚丸"是宜僚抛丸的故事。熊宜僚是楚国人，会一手抛球的绝活儿，八个球在空中，一个球在手里，一次就抛九个。"嵇琴"是嵇康抚琴的故事。嵇康是西晋时的名士，竹林七贤之一，善弹琴赋诗，曾在临死前奏《广陵散》。"阮啸"是阮籍长啸的故事。阮籍也是竹林七贤之一，"阮籍猖狂"，他常与刘伶等人借酒抒情，发泄对司马昭的不满。阮籍曾拜师学习"啸法"，在林中长啸，以抒发心中郁闷。

★ 恬笔伦纸，钧巧任钓

蒙恬造出毛笔，蔡伦发明造纸，马钧巧制水车，任公子垂钓大鱼。

这两句承接上面继续介绍仁人志士。

"恬笔"讲的是蒙恬造笔的故事。蒙恬是秦始皇的大将军，曾领兵驻边，督造修筑万里长城。蒙恬常年在塞北抗击匈奴，经常打猎捕狼，他发现狼毫既柔软又挺直，适宜用来造笔，于是发明了狼毫毛笔。"伦纸"是说蔡伦造纸。

"钧巧"是名巧马钧的故事。马钧善于发明创造，发明了很多东西，造福人民。"任钓"是任公子钓鱼的故事。相传任公子钓到一条硕大无比的鱼，让

蒙恬

★释纷利俗，并皆佳妙

他们的技艺有的解人纠纷，有的方便群众，都高明巧妙，为人称道。

这两句话对上面介绍的八个人做了一个总结，"释纷"是解人纠纷，"利俗"是便利俗民，二者合起来的意思，就是说他们的技艺或解人纠纷，或利益百姓，造福社会，都是高明巧妙，为人们所称道。

说到世间的技艺和人类的发明创造，其目的在于解人纠纷，方便百姓，仅此而已。技术技巧、发明创造，在上古时代既不提倡，也不禁止。因为当权者认为人不用教还在机谋巧算，动鬼点子，一旦正面加以提倡，人心会越来越诡诈，技术花样越来越多，于国于民都不利。

★毛施淑姿，工颦妍笑

毛嫱、西施年轻美貌，哪怕皱着眉头，也像美美地笑。

这两句介绍了我国古代两位美女：毛嫱、西施。她们两人都是春秋时期越国的美女。

管子曾在《管子》一书中赞美两人的美貌，说："毛嫱西施，天下之美人也。"庄子也赞叹："毛嫱丽姬，人之所美也，鱼见之深入，鸟见之高飞。"

淑是美、善的意思。姿是仪态、姿容。淑姿是姿容姣美，从音容笑貌，到体态形质无一不美。工是善于干某事，颦是皱眉头，妍是美丽，笑是笑靥。相传，西施被越王勾践献给吴王夫差，从此夫差不理朝政，吴国国力日益衰微，终于被越国打败。西施与范蠡一起泛舟西子湖，双双归隐。

西施

★ 年矢每催，曦晖朗曜

可惜青春易逝，岁月匆匆催人渐老，只有太阳的光辉永远朗照。

这两句告诉人们要把握青春，珍惜光阴。

"年矢每催"是说，岁月流逝，催人向老。矢是漏矢，古代的计时工具用孔壶滴漏，现在故宫的后三宫里还陈设有此孔壶。

《汉书》记载："孔壶为漏，浮箭为刻"，可见这里的矢为浮箭是没错的。浮箭上有时间刻度，水滴一落，刻箭就上浮，所以叫作"每催"，频频催促，非常形象。

"曦晖朗曜"是说，太阳的光辉永远照耀大地。曦、晖皆为日光，曦为晨光，早晨的阳光叫晨曦，晖是阳光外面的那层晕晕的光圈，朗是明朗，曜是照耀。

★ 璇玑悬斡，晦魄环照

高悬的北斗随着四季变换转动，明晦的月光洒遍人间每个角落。

"璇玑悬斡"是说，北斗七星，高悬夜空，斗柄转动。璇玑是北斗七星中的两颗星，北斗星是现代天文学所称的大熊星座，其中的第二颗为天璇星，第三颗为天玑星，此处用璇玑来代表北斗七星。悬是悬挂、悬吊起来的意思。斡是旋转、斡旋。

上句中"曦辉朗曜"说的是太阳的光芒，"晦魄环照"再以月亮的光辉与以相对应，构成对仗的修辞格。阴历每个月的最后一天叫作晦，每个月的第一天叫朔。阴历月初之月叫魄，即新月。环照就表示月亮由朔、望、晦完成一个回环，周而复始，没有穷尽。明亮的月光永远遍洒人间四海，所以才激起人类无限的遐想。

★ 指薪修祜，永绥吉劭

行善积德才能像薪尽火传那样精神长存，子孙安康全靠你留下吉祥的忠告。

"指薪修祜"一句引用《庄子·养生主》中的典故："指穷于为薪，火传也，不知其尽也。""指"通"脂"，油脂燃烧的时间，比柴草要长得多，所以古代点油灯多用膏，也就是动物脂肪。《楚辞·招魂》上说："兰膏明烛"，兰膏是加了兰香炼的膏，燃烧起来有香味。庄

子说:烛薪的燃烧是有穷尽的,火却可以一直传下去没有穷尽,譬喻人的肉体会死亡而人类的生命现象是延续无穷的。祜是福德、福禄,修祜就是修福、积德。"指薪修祜"的真正含义是,人的一生只有修福积德,才能像薪尽火传那样精神永存。

"永绥吉劭"是对后世而言的,绥是安定、和平的意思;劭和吉表达同一含义,意为高尚、美好。如果自己能够利用有生之年,修德积福,子孙万代都会围绕在你这棵大树下,这就是"永绥吉劭"。

★矩步引领,俯仰廊庙

如此心地坦然,方可以昂头迈步,应付朝廷委以的重任。

矩步是迈着方步,引领是伸着脖子。矩者方也,引者领也。古汉语的"矩步引领"就是现代汉语的"昂首阔步",代表了一个人心胸坦荡无欺,行为正大光明。可以想见,一个内心"常戚戚"的人,一个心中总是"若有所遗"的人,他走起路来如何能昂首阔步呢?

俯仰是一低头、一抬头。廊庙是指朝廷、国家而说的,有一句古话叫"廊庙无才天下求",就是这个意思。廊在古代指厅堂周围的屋子或有顶的通道。庙是祭祀祖先的宗祠,不是和尚住的地方。

"俯仰廊庙"是说,一举一动都要谨慎规矩,就像在朝廷上临朝,在祖庙中参加祭祀大典一样,庄严肃穆,恭谨敬畏,不敢有分毫的轻忽之举。

★束带矜庄,徘徊瞻眺

如此无愧人生,尽可以整束衣冠,庄重从容地高瞻远望。

这句话告诉人们内心坦坦荡荡,尽可以大方做人,从容不迫,正所谓"身正不怕影子斜"。

"束带矜庄"是衣冠严整,举止从容的意思。衣冠文物历来是中国文明史上重要的一部分,古今中外穿衣服都讲究内外有别,居家的服饰要宽松、舒适,现在讲要休闲。对外的服饰要严整,符合身份。

衣冠严整是对他人的尊重,举止从容是对自己的尊重。矜是端庄、凝重,如《论语》中所言:"君子矜而不争。"庄是表情严肃、容貌端正。因此"束带矜庄"是衣冠严整,举止从容,表情严肃,容貌端正的意思。

徘徊是来回走动,小心谨慎的样子。瞻是仰视的意思,有成语"高瞻远瞩";眺是远望,即是远瞩。一个人没有豁达的胸怀,不能高瞻远瞩,就不可能担当重任。

★孤陋寡闻,愚蒙等诮

这些道理孤陋寡闻就不会明白,只能和愚昧无知的人一样空活一世,让人耻笑。

这是周兴嗣编撰千字文的自谦之词。南朝梁武帝命散骑侍郎、给事中周兴嗣编撰千字文,周兴嗣殚精竭虑,用了一夜时间将其编完,累得须发皆白。

在这两句里他说:"我自己学识浅薄,见闻不广,愚笨糊涂,难复圣命,只有等待圣上的责问和耻笑了。""孤陋寡闻"是学识浅薄、见闻有限。愚是愚昧无知、头脑笨拙的意思,蒙的本义是草木暗昧,此处引申为昏聩、糊涂的意思。等是等候、等待,诮是责备、讥讽、嘲笑。

★谓语助者,焉哉乎也

说到古书中的语气助词,那就是"焉""哉""乎""也"了。

编完《千字文》乌发皆白,最后剩下"焉、哉、乎、也"这几个语气助词。

千字文

259

第四篇 《弟子规》智慧通解

导读

> 《弟子规》是清代康熙时李毓秀所作。李毓秀,字子潜,秀才出身。因编此书,死后被尊为绛洲先贤,入祀先贤祠。本书原名《训蒙文》,后经贾有仁修订,改名为《弟子规》。
>
> 《弟子规》分为五部分,以《论语·学而》中的"弟子入则孝,出则悌,谨而信,泛爱众而亲仁。行有余力,则以学文"为每部分的标题,全书仅1086字,以三字韵语的形式,教导儿童如何待人处世,核心思想是孝悌仁爱。
>
> 《弟子规》内容浅显,且押韵顺口,问世后即广为传布,成为旧时私塾童蒙读物中的必读之书,在中国社会具有广泛影响。

★ 总　序

弟子规　圣人训　首孝悌　次谨信　泛爱众　而亲仁　有余力　则学文

《弟子规》这本书是培养孩童们生活和道德规范的书,内容大都是根据儒家至圣屯师孔子的教诲编成的。以日常生活来说,首先应做到孝敬父母,尊爱兄弟姐妹;其次,在日常的为人处世中一切言行要谨慎诚实,要恪守信用。对待亲朋和普通百姓,要有平等博爱和宽厚仁慈之心。人生在做好了上述两点之后,还应努力学习诗、书、礼、乐等文史经典、农工技巧以及其他有益的学问。

父母呼　应勿缓　父母命　行勿懒　父母教　须敬听　父母责　须顺承

当父母在家中呼唤时,作为小辈应该听到后立刻回应,切不可慢慢吞吞、无动于衷;父母要求和安排我们做的事,应立即去做,不要偷懒耍滑、借故拖延。当父母教导我们做人的原则和生活经验时,我们须恭敬倾听并加以牢记。父母训斥和责备我们的错误和过失,我们应当顺从和应承,并能勇于承认加以改正。

冬则温　夏则清　晨则省　昏则定　出必告　反必面　居有常　业无变

作为子女,应有关心体贴父辈之心。冬天应留意父母的穿着、被褥、居室等是否温暖,夏天应考虑到怎样使父母感到舒适凉爽。清晨起床,应当去拜望父母,向其请安,并听取有否事情安排。傍晚回家,也应记着向父母问安,并汇报自己一天的情况。需有事外出,应告诉父母,回家后,也应面见父母,让他们知道自己已平安到家。家庭的日常生活有相对固定的规律和程序,应养成良好的习惯,不能随意改变。

事虽小　勿擅为　苟擅为　子道亏　物虽小　勿私藏　苟私藏　亲心伤

即使遇到很小的事情,也要养成请教父母的习惯,不要轻易擅自做主。假如遇事莽撞、任意而为,就有损于为人子女的本分。即使有的财物虽然很小,但也没有必要背着父母私藏起来,如若被父母所知,他们一定会伤心难过。

亲所好　力为具　亲所恶　谨为去　身有伤　贻亲忧　德有伤　贻亲羞

父母所渴望和需要的东西,做子女的都应力所能及地为其配备,父母所厌恶的事物,作为小辈都该尽力为其摒除。我们应当时常注意保重自己的身体,如果我们的身体遭受病患困扰,就会给父母亲带来忧愁和拖累;如果我们的人格、品质有了缺陷,就会让父母蒙羞。

亲爱我　孝何难　亲憎我　孝方贤

父母亲能够始终如一地爱护子女,子女才能够反过来始终如一地孝顺父母亲,这是天经地义之事。如果父母亲有憎恶、讨厌自己的子女的行为,而子女仍然还能够用心尽孝,这样的子女才算得上是最贤良的孝子。

亲有过　谏使更　怡吾色　柔吾声
谏不入　悦复谏　号泣随　挞无怨

　　如果父母确实存在某种过错或过失,做子女的可以当面提出,以便做父母的改正和完善。而在劝谏父母的时候,应当和颜悦色、柔声细语,不可居高临下、声色俱厉。假如父母亲一时还无法接受我们的意见和建议,可以等到父母高兴的时候再行劝谏。若有做父母亲的仍然固执不听,而有孝心的人又实不忍父母陷于不义之地,可以坦陈肺腑、放声哭泣,用以感化父母,促之改过。即使期间招来父母的斥责打骂,也应毫无怨言。

尝粪忧心　刻本版画　清代

亲有疾　药先尝　昼夜侍　不离床
丧三年　常悲咽　居处变　酒肉绝

　　当父母患有疾病时,做子女的一定要耐心侍候,熬好的药应首先品尝其凉热甘苦。不分白天或夜晚,做子女的都应该陪伴、侍奉在父母身边。当父母不幸去世时,孝顺的子女应当守孝三年。守孝期间,因时常思念父母的恩德就会不由自主地悲伤哭泣。守孝期间还应注意自己的穿着,日常生活应尽量简朴,戒除大吃大喝等奢华作风。

丧尽礼　祭尽诚　事死者　如事生

　　办理父母的丧事要依照严格的礼仪,不可草率马虎,祭祀时一定要诚心诚意。为去世父母守灵,一定要像生前对待父母一样的恭敬有加。

兄道友　弟道恭　兄弟睦　孝在中

　　做哥哥姐姐的理当关爱弟妹,做弟妹的也应做到尊敬兄长姐姐,这样大家互相尊重关爱,兄弟姐妹就能和睦相处,整个家庭才能充满快乐。这是因为有孝悌之道将整个家庭和谐地团结在一起。

财物轻　怨何生　言语忍　忿自泯

　　如果都能看重亲情,把身外所用的钱财看得轻一点,兄弟姐妹之间就不会产生埋怨和矛盾;如果大家的言行有更多的宽容和忍让,那么,不少的怨愤便会自行消除。

或饮食　或坐走　长者先　幼者后　长呼人　即代叫　人不在　己即到

国学智慧全书

蒙学智慧

在日常生活中也应注意尊老的礼仪。无论是就座、用餐、一块出行等，都应礼让长辈在先，小辈自觉在后。长辈呼唤某人时，小辈应主动代为传唤；如果长辈所叫的人不在，自己应当主动前来告之长辈。

称尊长　勿呼名　对尊长　勿见能

在称呼长辈时，应用尊称，不应直呼其名。在长辈面前，应敬重长辈的德才，不应轻率地炫耀自己的才华。

路遇长　疾趋揖　长无言　退恭立　骑下马　乘下车　过犹待　百步余

行路偶遇长辈，应立刻奔前，作揖请安，如果长辈一时未有回答，小辈应恭候一旁，静立倾听。在骑马、乘车时路遇长辈，应立即下马弃车，在路旁恭送长辈离去，待目送长辈们走了百步之远后，小辈方能重新骑马上车，开始自己的行程。

长者立　幼勿坐　长者坐　命乃坐　尊长前　声要低　低不闻　却非宜

与长辈在一起时，如果长辈还未就座，做小辈的我们就不应先坐下来；如果长辈坐着，而且允许我们坐下时，小辈方可入座。与长辈讲话，声音要低柔亲切，但声音低到听不清楚，也不适宜；要尽量做到和颜悦色，声音清楚柔和。

近必趋　退必迟　问起对　视勿移

进见长辈时步伐要加快，以示尊重；与长辈告别时，要慢步退出，以示对长辈的恭敬。长辈问话时，小辈应起身回答，眼神注视长辈，神情应专注，眼神不要左右移动。

事诸父　如事父　事诸兄　如事兄

对待年长的叔叔伯伯，要像对待自己的亲生父亲一样恭敬，对待同族兄长，也要像对待自己的胞兄一样互爱互敬。

★ 谨而信

朝起早　夜眠迟　老易至　惜此时

为人子弟，一生有限，故年少时应尽量起早晚睡，多学知识。因为从孩童到老叟也只是瞬间的光阴，因此我们必须珍惜现在的宝贵时光。

晨必盥　兼漱口　便溺回　辄净手

一个有教养和好习惯的孩童，每天早上起床后必须洗脸洗手，然后漱口刷牙；解完大小便后也不忘把手洗干净。因为讲究卫生习惯是很重要的。

冠必正　纽必结　袜与履　俱紧切　置冠服　有定位　勿乱顿　致污秽

在出门时，一定要注重仪表，帽子要戴端正，衣服纽扣一定要扣好；袜子要穿得贴切，

鞋带一定要系紧,这样全身仪表才算整齐。回家后,脱下的帽子和衣服也有一定的规矩,应当整齐叠放在固定的位置,不要随手乱丢乱放,以免被弄皱弄脏。

衣贵洁　不贵华　上循分　下称家

衣服的穿着注重的是平整洁净,而不在于衣料的华丽昂贵。同时还应注重与职业、身份的搭配,而且应当切合家庭的实际经济状况。·

对饮食　勿拣择　食适可　勿过则　年方少　勿饮酒　饮酒醉　最为丑

对于小孩来说不能从小养成挑食偏食的坏毛病,而且要注重饮食分量,适可而止。如果小孩尚未成年,不应尝试喝酒,因为醉酒其态最丑。

步从容　立端正　揖深圆　拜恭敬　勿践阈　勿跛倚　勿箕踞　勿摇髀

从孩童时就应养成站立和行走的良好姿势。走路时步伐应当稳重从容,站立的姿势一定要端正如松;见长辈行礼时,一定要注意把身子深深地躬下,跪拜时要注意恭敬严肃。进门时要注意不要踩到门槛,站立时要避免身子歪扭斜倚,坐着时不要双腿展开,以簸箕或虎踞状面客;也不要动不动就抖腿或摇臀,尽量使自己一直保持一种儒雅和庄重的姿态。

缓揭帘　勿有声　宽转弯　勿触棱　执虚器　如执盈　入虚室　如有人

进门的时候撩开门帘的动作一定要慢,使之尽量不发出声响;走路时尽量注意急弯时与屋墙棱角远点,以防止被棱角伤了身体;即使手拿的是空的器皿,也要像端着盛满酒水的器皿一样小心;即使进到没人的屋子里,也

春日放蔫　徐绶臣　清代

要像进到有人的屋子里一样安静小心,不要随意大呼小叫。

事勿忙　忙多错　勿畏难　勿轻略　斗闹场　绝勿近　邪僻事　绝勿问

做任何事都不要匆忙草率,匆忙就容易出错;遇到复杂的事情首先不要怕困难,其次一定要注重策略和方法。各种打斗的场所,我们尽量不要靠近或逗留;对于那些邪恶怪

僻的人和事，我们尽量不去问津，以避免惹上不必要的麻烦。

　　将入门　问孰存　将上堂　声必扬　人问谁　对以名　吾与我　不分明

　　上别人家时一定要在入门之前先敲门，并问一下屋内是否有人；在将要跨入厅堂时，应用更大的声招呼主人，以让主人有所知晓和准备；如果厢室内有人问来者是谁，回答时一定要说出自己的身份或全名，如果只说"吾"或"我"，对方就难以一时明确来访者到底是谁，从而造成不必要的尴尬。

　　用人物　须明求　倘不问　即为偷　借人物　及时还　后有急　借不难

　　如果需借用别人的物品，必须事前对人讲明用途；如果没有得到别人的允许就擅自拿来用，那就无异于一种偷窃的行为。借用他人的物品，用完后一定要记着及时归还，以后再遇到急用需向人借取时，就会容易得多。正如俗语所言："有借有还，再借不难。"

　　凡出言　信为先　诈与妄　奚可焉　话说多　不如少　惟其是　勿佞巧

　　凡是对待一切亲属朋友，说话都首先要注重诚实信用，欺诈和虚妄的言行，只会受到人们的奚落和唾弃。因此人的诚信不在说话的多少，而在于行动的切实可靠。凡事理应坦诚相对，坚决杜绝浮夸巧辩之行。

　　刻薄语　秽污词　市井气　切戒之

　　那些花言巧语、污秽放浪之词和低俗市井之气，皆应全力摒弃之。

　　见未真　勿轻言　知未的　勿轻传　事非宜　勿轻诺　苟轻诺　进退错

　　在未了解事情的真相时，我们不应轻易发表意见；对于事情缘由还了解得不够清楚透彻，也不应轻易传播出去。如觉得有些事情没把握或不恰当，就不要轻易答应别人；如果一时碍于情面轻易答应人家，到头来往往会使自己进退两难。

　　凡道字　重且舒　勿急疾　勿模糊　彼说长　此说短　不关己　莫闲管

　　言谈是一种艺术，谈吐不仅要言辞清楚，而且应稳重舒畅，说话不要太急太快，以避免词义模糊不清。遇到有人闲谈东家长西家短的是非之事，只要事不关己，就不应参与。

　　见人善　即思齐　纵去远　以渐跻　见人恶　即内省　有则改　无加警

　　看见别人的长处和优点，心中就应当有向他们看齐的念头，有时虽然自感与这些先进的差距还很远，只要我们不断努力就会逐渐缩短距离。看见他人犯了恶行或步入歧途，自己应心里不断反省和总结；如果发现自己也有什么错误或缺点，贵在能够自觉改正；如果自己还没有出现别人所犯过的同样的过错，也应时时加以警惕。

　　唯德学　唯才艺　不如人　当自砺　若衣服　若饮食　不如人　勿生戚

　　德学和才艺是人生应具有的两个最重要的方面。如果在某些方面确实不如他人时，应该加强自我磨砺，争取迎头赶上去。如果仅仅是自己的穿着和吃的东西不如他人，那并不算什么问题，因为在这方面的攀比是毫无必要的。

听见别人谈论自己的过错就生气懊恼，听见别人说自己的优点就得意忘形，这样身边就会只有一些别有居心的朋友，而真诚有益的朋友就会越来越少。如果听到别人的称赞时自己不头脑发热，并能冷静反省自己的不足之处；当听到别人的批评意见时自己正确对待、欣然接受，那么，正直和诚实的人就会和我们成为真正的朋友。

无心非 名为错 有心非 名为恶 过能改 归于无 倘掩饰 增一辜

不是故意犯的错误，才称为过错；如果明知是错误还有意去做，这便是罪恶。人生错误总是难免，知错即改便没有了错误。如果明知犯了错误仍故意掩盖、不思悔改，那就相当于又增加了一项新的过错。

★泛爱众而亲仁

凡是人 皆须爱 天同覆 地同载

凡为世间之人，皆应充满爱心，如同苍天与大地，将自己的爱洒向天地，万古不灭。

行高者 名自高 人所重 非貌高 才大者 望自大 人所服 非言大

凡德行高尚之人，在民众中自有崇高的赞誉，人们敬重的是他的内在品质，而并非是他的外貌。才艺高超之人，他的名望也大，人们敬服的是他的真才实学，而并非是他的自我标榜。

己有能 勿自私 人所能 勿轻訾 勿谄富 勿骄贫 勿厌故 勿喜新

自己有什么才能，应毫不保留地贡献给社会和大众；见到别人具有自己没有的才能，应该予以充分肯定，不要因为嫉妒而贬损别人。不要一见到富人就自矮三分，甚至谄媚求荣；不要一见到贫穷的人就摆出一副高傲自大的架势。不应厌弃过去曾经相处的旧朋老友，也不应一味偏爱新近结识的新朋友。这样才能营造一个"贫而乐，富而好礼"的和谐社会。

人不闲 勿事搅 人不安 勿话扰

如别人正忙于事务，没有闲暇，这时就千万不要去打搅别人；见人身心不安、心事重重，就不应再赘言打搅、刨根问底。

人有短 切莫揭 人有私 切莫说 道人善 即是善 人知之 愈思勉

看见别人的短处和缺陷，不要恶意去透露；别人有不愿透露的隐私和秘密，即使自己知道也不要说出来。宣扬、赞美别人的善行，也等于是自己的善行；当别人知道你真心的赞美后，定将会更加克己励行，不断发扬光大。

扬人恶　即是恶　疾之甚　祸且作　善相劝　德皆建　过不规　道两亏

如果一味只是宣扬别人过去的错误或走过的弯路，就相当于自己也犯下了一桩恶行。如果过分地疾恶如仇，缺少宽容，就容易招来灾祸。如果彼此对立的人能善言相对，互相劝勉，最终对建立和提高彼此的德行都有极大的好处。如果矛盾的双方不能相互宽容谅解、相互规劝，说明双方在道德上都存在缺陷。

凡取与　贵分晓　与宜多　取宜少　将加人　先问己　己不欲　即速已

凡是与人有财物上的往来，一定要分辨清楚，不可有丝毫的含糊；人在财物上不应看得太重，宁肯别人多一点而自己少一点。不应把自己不喜欢做的事情，强迫他人去做。一旦发现这种情况，应立刻停止。

恩欲报　怨欲忘　报怨短　报恩长

面对他人的恩惠，应时时想着回报；因事与人结怨，理应宽容谅解，不应长期耿耿于怀。报怨之心力求时间越短越好，报恩之心理应长存不忘。

侍婢仆　身贵端　虽贵端　慈而宽　势服人　心不然　理服人　方无言

对待家中的侍婢和仆人，自己本身的言行举止最为重要，除严厉之外应当还具有仁慈、宽厚等美德。权势高固然可以使人顺服，但常常是口服心不服，虽然表面上不敢反抗，心中却不以为然。唯有以道理和温情去说服和感化，才能使人心悦诚服而毫无怨言。

同是人　类不齐　流俗众　仁者希　果仁者　人多畏　言不讳　色不媚

同样都是社会之人，层次类别却有所不同，修养层面也参差不齐。平凡的、跟着世俗潮流走的人往往占了大部分，而有完善的仁德修养的人却相对较少。对于一位真正的仁德之人来说，人们往往十分敬畏他，因他们说话实事求是、毫无隐讳，对任何权贵都不会阿谀奉承、奴颜求媚。

能亲仁　无限好　德日进　过日少　不亲仁　无限害　小人进　百事坏

故能够接近这些德高望重之人，并虚心向他们学习，将会使自己的人生获得不少的裨益，自己的品德修养也会由此取得长足的进步，人生的过错和失误也会日渐减少。如果一辈子也不愿向这些仁人贤士学习看齐，将会给自己的人生带来许多害处，庸俗卑琐之小人会得寸进尺，一切事情就会被弄得一塌糊涂。

★行有余力　则以学文

不力行　但学文　长浮华　成何人　但力行　不学文　任己见　昧理真

对于人生来说，重要的不是去记住经史孝道的经典名言，而是身体力行、付诸实践。

如果仅囿于书本,就会养成虚幻浮华的习性,如果那样,还怎么能成为一个真正有用的人呢? 相反来说,如果只看重盲目实践,毫不重视对于历史经验及相关知识的学习和借鉴,一味固执己见、盲目求索,往往会离通向真理的道路越来越远。

读书法　有三到　心眼口　信皆要　方读此　勿慕彼　此未终　彼勿起

读书的方法有多种,但重要的方法是"三到",即"心到、眼到、口到"。这三点都应切实做好,方能学习有成。学习时不能好高骛远,不要这本还未读完就着急想到下一本;前面的书还未真正读通弄懂,下一部书就不应急于去翻。

宽为限　紧用功　工夫到　滞塞通　心有疑　随札记　就人问　求确义

读书要有程序节奏,一般来说真正学懂一本书应有比较宽裕的时间,但在宽裕的时间里也应抓紧用功,切莫放松。如果真正用功研究、仔细琢磨,很多过去的疑惑便会茅塞顿开。读书重在边读边思考,在遇到疑难问题时应当学会将其记录下来,遇到学者专家时便虚心请教,以弄清各种疑难问题的确切含义。

房室清　墙壁净　几案洁　笔砚正　墨磨偏　心不端　字不敬　心先病

书房要整理得整洁有序,四周墙面要保持干净清爽,书桌要清洁平整,笔墨纸砚摆放要端正有序,砚台磨墨要尽量平顺。如果墨条磨扁了,就说明此人还心存杂念;如果行笔写字过于潦草,说明此人心不在焉、别有心病。

古代书房摆设　版画　清代

列典籍　有定处　读看毕　还原处　虽有急　卷束齐　有缺坏　就补之

各种经典书籍应分类排列,摆放在固定的地方;每本书读完后应立刻归还原处。遇到紧急事情需马上离开,也要将各种书籍资料清点收拾后方才离去。见到书本有残缺毁损,应立刻修复补齐,使其尽量保持完整。

非圣书　屏勿视　敝聪明　坏心志　勿自暴　勿自弃　圣与贤　可驯致

如果不是正规的、高品位的圣贤之书,应当一概摒除不去看它,因为那些旁门左道之书,往往会误导我们的心智,使之步入歧途。作为年轻人,学习是一个艰苦而长期的过程,任何时候都不要狂妄自大,也不要自暴自弃;圣贤之辈的目标虽然高远,但通过自己不断的学习和刻苦磨砺,是完全可以达到的。

养生智慧

国学智慧全书

马肇基◎主编

导　语

我国的中医历来主张"上工治未病"。古来人们把医生分为上、中、下三等，"上工"就是高明的医生；"未病"是指尚未形成或刚刚萌发的疾病。"治未病"实际是中国古来一直坚持的预防为主的养生原则。传说，我国古代名医扁鹊有两位兄长，大哥医术最高，善治未病，二哥医术次之，善治小病，唯扁鹊医术较差，只能诊治重病，故扁鹊享有起死回生的声誉，成了名医。可见中医养生不是什么标新立异的新说，而实实在在是我们老祖宗的家传。

本篇《养生智典》以传统中医学的视角、通俗的语言，引领读者走进中医养生的奇妙大观园，这是让您受用无穷的养生宝库。

本篇从人的常见健康问题入手，从老祖宗的养生智慧出发，深入挖掘传统医学经典，诸如《黄帝内经》《本草纲目》等传统医学名著，从顺应四时、调节饮食、调节情志、慎对医药、养生秘法等各个方面，进行精彩且平易近人的讲解，师法自然、回归自然，才能使生命之树常青。书中指出："人不能只相信医生，首先要相信自己的感觉，当自己感觉不舒服的时候，就应该及时地调整"，"人生命的长短关键在自己，只有自己注意养生，节约地使用父母给你的生命之气，才能长寿"……

第一篇 《黄帝内经》养生智慧

导读

《黄帝内经》是中国古代医学的奠基之作。它整体地体现了中国古人对人体与四时季候关系的独特理解以及人体各部分互为照应的整体观念。是一部统领中国医学、古代养生学的绝世巨著，历代都被医家称为"医家之宗"。

本篇从实用养生的角度对《黄帝内经》做了更为准确的把握。把其原典的科学含义与今天我们日常生活中的养生紧密地联系在一起，让我们能更直观地对《黄帝内经》进行了解和应用，它从饮食、起居、劳逸、寒温、七情、四时季候、地理环境、水土风雨等各个方面阐述了养生之道，并详细地谈论了病因、病机、精气、藏像、经络与养生的紧密联系。尤其对《黄帝内经》提出的养生学两个非凡的要点"保养和补养"作了比较全面的阐述，从而使其内容更加充实，形式更加完善。

第一章 《黄帝内经》养生原则

★ 协调阴阳，保阳益阴

> 阴者，藏精而起亟也，阳者，卫外而为内固也。阴不胜其阳则脉流薄疾，并乃狂；阳不胜其阴，则五脏气争，九窍不通。是以圣人陈阴阳，筋脉和同，骨髓野固，气血皆从。如是则内外调和，邪不能害，耳目聪明，气立如故。
>
> ——《素问·生气通天论》

　　阴是藏精于内不断地扶持阳气的，阳是卫护于外使体表固密的。如果阴不胜阳，阳气亢盛，就会使血脉流动急促，如果再受热邪，阳气更盛就会发为狂症。如果阳不胜阴，阴气亢盛，就会使五脏之气不调，从而导致九窍不通。所以圣人使阴阳平衡，无所偏胜，从而达到筋脉调和，骨髓坚固，血气畅顺。这样，就会使内外调和，邪气不能侵害，耳目聪明，气机正常运行。

　　这里的养生意义在于指出了阴为阳的基础，阳为阴之用。也就是说，在正常的情况下，人体的阴精和阳气是处在不停地相互消长而又相互制约的状态之中。阴精与阳气如果因为某种原因而出现一方的偏胜或偏衰，也就是成为一种病理状态。因此，阴阳协调，内外调和是使人"气立如故"的基本条件。

　　正常情况下，阴阳是互根、互补、互制的，说通俗一点就是正常人体的生命功能与物质之间是互补互制的，也就是说阳气与阴精是互根的。

　　一旦出现一方不足或过盛，人体的另一方就会来代偿、弥补，目的在于纠正失衡，维持阳气与阴精的平衡。如果阴阳失衡，不能相辅相成，代偿功能失调，就会呈现阴阳失调而产生种种健康问题。

　　首先如果阴阳轻度失衡可导致长期亚健康状态，再严重一些的就是阴阳中度失衡导

国學智慧全書

養生智慧

致疾病、早衰，最严重的是阴阳重度失衡导致重病，阴阳离决也就是生命终止，即死亡。

轻度阴阳失衡及其调节

轻度阴阳失衡就是我们通常讲的亚健康，亚健康态的人之所以还能像正常人一样生活、一样工作，只是感到累，原因是人体有着惊人的适应力和代偿能力，从而能长期处于病态"平衡"状态下，这样就掩盖了一些疾病，往往发现的时候为时已晚。

亚健康者养生的总原则，是通过养生保健对亚健康状态进行干预，促使亚健康向健康逆转，有效方法如下：

治疗疾病：如果经过休息，疲劳还不能缓解，就要警惕疾病的潜在可能，应立即到医院检查身体。

休息：睡眠是调整亚健康的第一个良方，目的在于消除疲劳，避免形成恶性循环。每周的缺觉（睡眠不足）要在当周补足，不可拖到下周，以免疲劳积累。

调整心态：防止焦急、紧张、忧虑、恼怒、抑郁等情绪。

减慢节奏，避免紧张；加强锻炼身体，但应避免疲劳运动及过度运动。

（1）亚健康者的保健食品

针对身体活力下降的食品：

如人参或西洋参泡水饮，或用之炖肉，或用黄芪泡水饮或炖肉。

针对心理承受力下降的食品：

如桂圆肉、百合、大枣、茯苓、莲子、小米粥、小枣粥等。

针对生理本能下降的食品：

食本能下降：白术、山药、党参、山楂。

眠本能下降：百合、莲子、小枣、茯苓。

性本能下降：韭菜、狗肉、鹿角胶、羊肉、枸杞。

需要注意的是：亚健康者应先检查无病后，再自行调理，以免掩盖体内藏匿的疾病。

针对抵抗力下降的食品：

气虚者（乏力、头昏、食少，苔白质淡，脉弱无力）可用人参、黄芪、冬虫夏草、灵芝、茯苓。

阳虚者（面色苍白、怕冷、手足冷、腰以下发凉，或乏力头晕、夜尿多或便稀，舌质淡、苔白、脉沉无力）可用金匮肾气丸。

血虚者（面黄、唇淡、指甲淡、头空、乏力，舌质淡、苔白、脉弱而细）可用当归、熟地、党参炖肉或大枣、陈皮水煎服。也可服八珍丸。

阴虚者（五心烦热、夜里掀被子、心烦失眠、口干、多梦、腰膝酸软、遗精、带下，舌质偏

红、脉细数无力）可用龟、鳖、阿胶、生地、枸杞或六味地黄丸。

（2）亚健康者的保健按摩穴位

足三里（外膝眼下 3 寸）

合谷（大拇指与食指间的凹陷处）

涌泉（足底前 1—3 中心凹陷处）

大椎（背部第 7 颈椎棘突下面）

龟图

中度阴阳平衡及其调节

中度阴阳失衡会导致五脏阴阳失调，从而出现疾病、早衰，产生阳虚、阴虚。

阳虚就是人体的某脏器功能偏衰，即功能减退。主要是由于先天禀赋不足或后天过劳，过度受寒、药物过量、久病失养、饮食不当等损伤阳气引起的。

它的主要特点是产热不足，阳虚则寒，所以表现为怕冷、自汗、手足冷、乏力疲倦、脉沉而无力、舌质淡苔白等症状。

阳虚多由气虚发展而来。气虚的特点主要是少气懒言、乏力、自汗、头昏、舌淡苔白、脉虚无力。

阴虚是人体的精、血、津、液亏损，脏腑功能虚性亢进，阴不制阳，从而表现出虚性内热。

产生的主要原因是邪热伤阴，五志（喜、怒、悲、思、恐）太过，化火伤阴，或久病体虚耗阴，或操劳过度，营养不良。

（1）五脏阳虚的特点和保健

五脏阳虚多由五脏气虚发展而来，多因久病、受寒，过服寒凉或疲劳、营养不良所致。

①肾阳虚的保健

肾为五脏之本，所以肾阳虚、阴虚的特点都比其他五脏明显。其主要特点是：腰冷、腰以下发凉、手足发凉、头晕乏力、小便清长、夜尿频多、阴冷、男子精冷、女子带凉，舌淡苔白、脉沉无力等。

保健方法：可用金匮肾气丸。平时多吃核桃、山药、羊肉、狗肉。

②心阳虚的保健

心阳虚特点主要是稍累则心慌气短、头昏乏力、前胸自汗，舌淡苔白、脉弱无力。用人参 3 克、上好肉桂 3 克、黄芪 3 克泡水饮。或服生脉饮口服液。

③肺阳虚的保健

肺阳虚特点主要是动则气喘、气少不足以息、咳嗽乏力、背凉自汗、舌淡苔白。把沙

国学智慧全书 养生智慧

参、人参、黄芪用水煎服或泡水饮或平时用燕窝、虫草炖鸡。

④脾阳虚的保健

脾阳虚特点为食少腹胀、大便稀溏、腹部喜温喜按、四肢不温,舌淡苔白、脉沉而弱。可以服用人参健脾丸、附子理中丸等药物。

⑤肝阳虚的保健

肝阳虚的特点主要是易疲倦、生机不振、情绪低落、怕冷乏力、面色晦暗,舌淡苔白,脉弱无力,尤其是关脉。可以服用西洋参类以振奋生机。

（2）五脏阴虚的特点和保健

五脏阴虚多因久病耗阴,或七情太过,化火伤阴,或过度劳累、营养不当、过食辛热伤阴而引起的。

①肾阴虚保健

肾为五脏之本,所以肾阴虚比较多见,而且症状非常明显。其主要表现为腰酸膝软,头晕耳鸣、五心烦热（双手心、双足心、胸心）、咽干颧红、消瘦盗汗、男子梦遗、女子带下、舌质偏红、脉细数。可以服用六味地黄丸,平时的时候可以用枸杞、生地泡水饮或黑木耳炖肉。

②心阴虚的保健

心阴虚特点主要为心慌心跳、失眠多梦、心烦口干,舌红苔少、脉细数。可以用麦冬、百合、莲子、桂圆肉、小枣、小米、茯苓泡水饮或煎汤,或熬粥做羹都可以。

③肺阴虚的保健

肺阴虚特点主要为盗汗、咳嗽、痰干而稠、午后潮热、咽干颧红、五心烦热,舌质红少苔、脉细数。常吃百合、银耳、杏仁、藕、沙参、麦冬,或服养阴清肺丸。

④脾阴虚的保健

脾阴虚特点主要表现为口干唇裂、食少善饥、腹热便干,舌红唇红、苔少脉细数。可以常服玉竹、石斛、麦冬、山药、薏苡仁、白扁豆等。

⑤肝阴虚的保健

肝阴虚特点为头晕目涩、胁肋灼热、五心烦热、眼花、筋脉不舒,舌红口干、苔少、脉弦细数。可以服杞菊地黄丸或用枸杞泡水,或生地15克、白芍10克,加水煎服。

★五脏坚固,脾肾为本

五脏坚固……故能长久……

……脾气虚,皮肤枯……肾气焦,四脏经脉空虚……

——《灵枢·天年》

五脏坚固,坚是指五脏坚强;固是指五脏能发挥其藏精的作用,其中脾、肾两脏功能的正常发挥更为重要,因肾先天之本,脾(胃)为后天之本。

五脏坚固的观点,对养生、康复的重要作用,在《素问》和《灵枢》中都有论述,尤其是《灵枢经》的《本藏》和《天年》两篇中论述更多,如《灵枢·天年》说:"五脏坚固……故能长久。"《灵枢·本藏》说:"五脏皆坚者,无病。"也有从反面论证五脏坚固的重要。例如《灵枢·根结》说:"五脏无气,予以短期,要在终始。"又说:"五脏空虚,筋骨髓枯,老者绝灭,壮者不复矣。"《灵枢·本脏》说:"五脏皆脆者,不离于病。"《灵枢·天年》说:"五脏皆虚,神气皆去,形骸独居而终矣。"由此可见,人体之所以患病,或体弱多病,或发痈疡,甚至生命死亡等,无一不与五脏有直接关系。

这是因为,五脏虽居体内,但与外在的筋、骨、血脉、肌肉、皮毛等五体及眼、耳、鼻、舌、口、前后二阴等五官、九窍均有密切的关系,且功能的发挥又都源出于五脏。即使情志的活动,也与五脏有密切的关系,《灵枢·本脏》将这种关系概括为:"五脏者,所以藏精神血气魂魄者也。"《素问·阴阳应象大论》更明确地说:"人有五脏化五气,以生喜、怒、悲、忧、恐。"并将五志和五脏的特定的关系做了进一步说明。五脏的功能,更重要的是能藏精气,精气是增强抵抗能力的物质基础,所以能适应自然界的变化,抵御外邪的入侵。

五脏之中又强调以脾肾为本。因为人的生长发育都是从肾开始的,而人的衰老也是从肾开始的。由肾衰而后导致其他脏器的相继衰退。这在《素问·上古天真论》中有具体的论述。这是古代医者对人体生命过程中的变化规律作了长期的观察,从人体的外在组织器官的变化而得出的结论。

人衰老的外在表现如发白,齿落,耳聋,目花,腰弯背曲等,这些都与肾衰有着密切的关系。所以如果想要从幼儿期生长发育正常,壮年后推迟衰老的到来,培补肾阳,固护肾精,实在是不容忽视的环节。脾主中州,其主要功能为运化,由于脾运功能的正常,才能保证人体各部分所需的各种营养物质,以及足够的能量,故有"得谷则昌,失谷则亡"的说

法;脾又是气血生化之源,气血是人体生命活动最基本的物质基础,所以说:"人之所有者,血与气耳。"

衰老是一个缓慢渐进的退化过程,各细胞、组织、器官都呈现出缓慢退行性改变,在这漫长的过程中,人体又受到自然因素、环境因素、社会因素、精神因素、生活因素、工作因素等多方面的影响,日积月累,必然会直接或间接地对机体产生诸多的不利因素,使正气耗伤。《灵枢·天年》中所说的:"四十岁,五脏六腑十二经脉,皆大盛以平定,腠理始疏,荣华颓落,发颁斑白。……五十岁,肝气始衰,肝叶始薄,胆汁始灭,目始不明。六十岁,心气始衰,善忧悲,血气懈惰,故好卧。七十岁,脾气虚,皮肤枯。八十岁,肺气衰,魄离,故言善误。九十岁,肾气焦,四脏经脉空虚。百岁,五脏皆虚,神气皆去,形骸独居而终矣。"即是对人体各脏器衰老变化的规律特点及其所属外在器官衰老表现的具体的描述。

大多数医学家认为脾肾虚衰是衰老的关键所在。虞抟《医学正传》曰:"肾气盛则寿延,肾气衰则寿夭",肾主藏精,命门附于肾,为元气所居,是人生命之根蒂,命门旺盛,温煦五官九窍、皮肤肌肉、四肢百骸、脏腑气血,使生命生生不息。张景岳说:"天之大宝,只此一丸红日,人之大宝,只此一息真阳。"强调了"真阳""命火"在生命活动中的重要性。然而肾之功能正常发挥,有赖于脾不断地为其提供营养物质,脾为后天之本,气血生化之源,人生之后全靠脾胃生化气血,源源不断输布全身。正如李东垣所说:"元气之充足,皆由脾胃之气无所伤,而后能滋养元气。""其元气消耗,不得终其天年",明代龚廷贤《衰老论》曰:"凡年老之人,当以养元气,健脾胃为主",可见脾所运化之气血,是构成和维持人体生命活动的基本物质,同时也是保证人体健康长寿的物质基础。气血充沛,环流不息,内则和调五脏、洒陈六腑,外则滋养四肢百骸、五官九窍,维持着人体正常生理功能活动。且血盛则神旺,气血充足,自然精神旺盛,不会衰老。《圣济总录》曰:"斡旋气机,周流营卫。""气运而神和,内外调畅,升降无碍,耳目聪明,身体轻强,老者复壮,壮者益治。"《素问·生气通天论》谓:"气血以流,腠理以密,……长有天命。"都强调气血充足运行流畅是人体健康长寿的必要条件。而气血之所由生,一靠先天之精的激发而化生,二靠后天之精的滋养和补充。先天之精禀受于父母,发源于肾脏,而后天之精则源于宗气。

明代医学家绮石先生非常重视脾、肺、肾三脏的作用,指出:"肺为五脏之天,脾为百骸之母,肾为性命之根。"其在《理虚元鉴》中,将此三脏称为"治虚三本",并在这三本书中,尤其重视脾肺两脏,视为"治虚二统":"阳虚之症统于脾,阴虚之症统于肺"。脾和肺二脏功能正常与否,直接关系到饮食的摄取和呼吸的通畅,决定着生命的存亡。但在某些情况下,肺的功能显得更加重要,就像婴儿刚出生的时候,第一事情不是饮食而是呼吸;人如果在一段时间内不能呼吸,生命便会停止。肺主一身之气,与生命之动气——宗

黄帝内经

气的生成密切相关。宗气是推动呼吸和循环的动力。人的生命结束,无外乎是呼吸和循环的衰竭,而宗气又主宰此两种功能,即所谓"肺气之衰旺,关乎寿命之短长"。

但是,在研究延缓衰老时,医者们常常只考虑到先天肾气已衰,脏腑功能虚弱,必须依靠后天之本脾胃化生精微来补充,因而所用抗衰老药物往往只兼顾脾肾,而忽略了肺,但实际上顾护肺气也很重要。倘若肺气受损,肺不能主持一身之气,全身气机升降出入功能失常,则体内产生一系列的病理产物,如气滞痰阻、气虚血瘀、气郁食滞等等,最终会加速人体衰老,若要想做到"尽终其天年,度百岁乃去",亦必须保护肺之功能正常进行,故调理肺气对防止衰老具有重要的临床指导意义。

从康复医疗的角度来说,调补脾肾也是重要的一环。一般慢性病之重疾沉疴,虚损衰弱者,从病机来说,大多与肾有关,"五脏之伤,穷必及肾"。但从康复医疗的角度来说,又首先应重视脾胃,若脾胃不健,而骤进补肾药,实际上起不到补肾的作用,相反更会影响脾胃的功能,故从治疗的效果与预后来说,均取决于脾胃的盛衰,所以胃气竭者,汤药纵下,胃气虚不能纳,脾气虚不能运,虽有灵丹妙药,也不能发挥应有的作用。

★畅通经络,和于术数

五脏之道,皆出于经隧,以行血气,血气不和,百病乃变化而生。

——《素问·调经论》

五脏相互联系的道路都是经脉,通过经脉以运行血气,人若血气不和,就会变化而发生各种疾病。

畅通经络

经络是经脉和络脉的总称,是人体联络、运输和传导的体系。经,有路径的含义,经脉贯通上下,沟通内外,是经络系统中的主干;络,有网络的含义,络脉是经脉别出的分支,较经脉细小,纵横交错,遍布全身。《灵枢·脉度》说:"经脉为里,支而横者为络,络之别者为孙。"

经络内属于脏腑,外络于肢节,沟通于脏腑与体表之间,将人体脏腑组织器官联系成为一个有机的整体;并借以行气血,营阴阳,使人体各部的功能活动得以保持协调和相对的平衡。针灸临床治疗时的辨证归经,循经取穴,针刺补泻等,无不以经络理论为依据。

《灵枢·经别》说："夫十二经脉者,人之所以生,病之所以成,人之所以治,病之所以起,学之所始,工之所止也。"

经络系统由十二经脉、奇经八脉和十二经筋、十二经别、十二皮部,以及十五络脉和浮络、孙络等组成。

经络系统实际上是人体的总控制系统,是保持人体健康与长寿的关键。我们在养生中要认识到保持经络畅通的重要性,经常自觉地通过各种途径来锻炼经络。

下面介绍一下由祝总骧教授所创的"312"经络锻炼法。

所谓"312","3"指合谷、内关、足三里 3 个穴位的按摩;"1"是意守丹田、腹式呼吸;"2"是两下肢下蹲为主、适当的体育活动。

具体取穴和锻炼的做法如下:

(1)穴位按摩

合谷穴取穴:左手四指并拢,虎口撑开,然后右手握拳竖起大拇指,在拇指中间有一条指横纹,把指横纹放在左手的虎口处,这时大拇指往前弯曲,指尖所指的穴位就是合谷穴。然后就可以把右手翻过来进行按压。

锻炼要点:拇指屈曲垂直,做一紧一松的按压,按压的力量要强,应有酸麻胀的感觉。

内关穴取穴:在我们手腕处有几条横纹,在紧挨着手的横纹处放上右手的食指、中指、无名指,在手臂的两条筋中间食指按下去的地方就是我们所要找的内关穴。

锻炼要点:拇指垂直按在穴位上,指甲要和两筋平行,用指尖有节奏地按压,配合一些揉的动作,要有酸麻胀的感觉。

足三里穴取穴:把一只手的四指放在膝盖骨的下面,另一只手的大拇指去按压与小指的交界点(胫骨嵴外一横指处),这里就是我们所要找的足三里穴。这个穴位自古以来就是长寿保健穴,这个穴位不是很好找,找时应该多一些耐心。

锻炼要点:拇指垂直下按,增加揉的动作,力度要大,不仅有酸麻胀的感觉,最好还要有一些窜的感觉。

3 个穴位按压每两秒一次,早晚各一次,每次做 5 分钟。

(2)腹式呼吸

所谓腹式呼吸就是平躺或者静坐着做的呼吸练习,用鼻吸气的时候要鼓腹部,用口呼气时腹部凹下,保持胸部不动,让呼吸的频率尽量放慢,这个方法可以促进各个脏器的气血流动。

锻炼要点:尽量放松,意守丹田(肚脐下 3 寸处),保持胸部不动,每分钟呼吸 4 至 6 次,每天早晚各做一次,每次 5 分钟。

(3)下蹲运动

以两条腿为主的体育运动主要就是双手平举做下蹲运动,也可以是慢跑、散步等运动。

锻炼要点:每次运动时间不宜过长,建议每天5至10分钟即可,但每天一定要坚持。

"312"经络锻炼法还要因人因病而异,灵活运用。应掌握以下特点:

（1）"3"个穴位按摩的特点

穴位按摩的作用原理就是通过按摩这种刺激使有关穴位下的经脉得气,即产生酸、麻、胀以至"窜"的感觉后被激活,该经的血气畅通,常可以达到使所属的组织、器官产生即时的效果。如心绞痛发作时按摩内关穴常常立即使疼痛得到控制;而按摩合谷穴则对头面或牙痛有即时效应。所以只取3个穴位,是因为这3个穴位如果正确运用,就可以影响到全身的疾病,做法简单易行、有利普及。这里并不排除全身300多个穴位的运用。

（2）"1"个腹式呼吸的特点

腹式呼吸的特点是大脑和全身处于相对静止状态下,使全身尤其腹部9条经脉血气运行得到改善,是一种比较缓慢的经络锻炼,对于慢性病,如高血压、糖尿病和失眠症都有特效。然而这3种病和腹式呼吸的关系也各有不同,高血压病的原因是肝阳上亢,肾气阴虚,做好腹式呼吸,可以使肝阳下降,肾阴上升,一般需要延长时间到10分钟,并放慢呼吸频率到每分钟4次甚至更慢可更为奏效。而糖尿病的发病原因是脾、胃经功能失控,腹式呼吸有利于这两条经脉的血气活跃,达到控制血糖的效果。腹式呼吸能够控制失眠,也在于安静状态下思想集中于丹田,使9条经脉包括肝、肾经的阴阳达到平衡而入睡。

（3）"2"条腿为主的体育锻炼

体育运动也是经络锻炼,这是因为经脉是以一种立体结构和肌肉联系在一起,当运动时,肌肉的收缩与舒张必然带动有关经脉的组织结构活动起来,从而形成一种天然的激活经络的方式。全身肌肉的运动必然引起全身十二正经和奇经八脉活跃起来,同时全身气血运行迅速加强,表现在心跳、呼吸加快,血压上升,体温上升等,从而对四肢百骸、五脏六腑的功能也进行一次大调整。这种大调整有助于全身各器官功能的增强和疾病的控制。

在日常生活中也有很多简单易行的经络锻炼方法。由于头颈部有大量经络,有些动作如梳头、洗脸、洗头都能不自觉的锻炼了经络。如果每天经常用双手按摩面部,不但可以达到美容的目的,也有保健长寿的作用。此外,晚间的洗脚、日常的洗浴等,都是在不知不觉中用机械和热的刺激来锻炼经络。

和于术数

所谓"和于术数",就是运用多种养生方法,锻炼身体。如古代道家的导引、吐纳和近

代的"静坐法"及气功疗法等都属于这一类。

导引就是宣导气血,伸展肢体,引治疾病的意思。古代导引不完全同于现代的"医疗体育",它最大的特点是:形、意、气三结合。即运动肢体身躯以炼形,锻炼呼吸以炼气,并且以意导气行。《黄帝内经》中除了"导引谓摇筋骨,动肢节"以外,还把"按跃"包括进去。王冰对"按跃"的注解说:"按谓按摩,跃谓跃捷者之举动手足,是谓导引。"由此可见古代导引的炼形,既有主动的体育运动,又有被动的按摩,导引按跃,是摇动筋骨肢节,举转手足,并结合按摩皮肉,具有疏通气血作用的一种健身运动。对于缺乏体力劳动的人,未病而行之,可以增强体质,预防疾病;对于一些慢性疾病,如关节重滞疼痛痿厥等,也能起到治疗作用。后世养生家在这种方法的基础上,创造了多种运动肢体,强健筋骨的方法,如五禽戏、八段锦、易筋经、太极拳、武术功等。

《黄帝内经》中虽然没有"气功"的名称,但却精辟地论述了气功的原理和练功要点,如《素问·上古天真论》所说:"呼吸精气,独立守神,肌肉若一",就是讲气功修炼方法的。

独立,即主宰的意思;守神,是使神志守持于内而不外驰,在排除杂念,精神清静的基础上,使神守于内,也就是气功的入静、意守过程。神行则气行,神住则气住,就能排除干扰真气运行的各种因素,促进机体的气化功能活动。加之调节呼吸,放松肌肉,即调心,调息,调身的"三调",正是气功中的练功三要领。《黄帝内经》的这种呼吸精气、独立守神的导引术,为后世气功的发展奠定了基础。

《灵枢·官能篇》还说"理血气而调诸逆顺,察阴阳而兼诸方。缓节柔筋而心和调者,可使导引行气",这与太极拳的原理相似。此外,《黄帝内经》中还非常强调肢体活动。如《素问·移精变气论》所说"动作以避寒",这是最简单的运动肢体法。动而生阳,促进气血运行,使肢体温暖,故能抵御寒气的侵袭。又《素问·汤液醪醴论》中有"微动四极",治疗阳虚水肿的方法,也说明肢体运动可以助阳行气。因此,经常活动肢体是一种养生方法,适当的体力劳动也能起到同样的作用。

◆气功养生八法

气功分动功与静功两大类,前者也叫外功,后者也叫内功。外功以内功为基础,静极才能生动,所谓"内练精气神,外练筋骨皮",精气神充足了,筋骨才能强壮。静功并非静止,而是"外静内动",是机体的特殊运动状态。正如王船山所说:"静者静动,非不动也。"静以养神,以吐纳呼吸为主要练功方法;动以练形,以运动肢体为主要练功方法。无论静功还是动功,都离不开调心、调息、调身这三项练功的基本手段,也就是意守、呼吸、姿势三个环节。静则生阴、动则生阳,动静兼练,"三调"结合,于是阴阳调和,祛病延年。正如

陶弘景的《养性延命录》里所说："能动能静,所以长生。"由上可知,气功是在中医养生理论指导下产生的一种祛病延年的身心锻炼方法。它与现代科学的预防医学、心身医学、运动医学、自然医学、老年医学以及体育、武术等等,都有一定的联系。它通过自我调控意念、呼吸和身躯来调整内脏活动,加强自身稳定机制,从而达到祛病益寿的目的。

练习方法

预备式松静站立,双脚自然靠拢,两眼平视,心境顺和,呼吸细匀流畅。重心右移,左脚抬起向左侧轻轻横迈一步,再将重心平稳过渡到两脚之间。双脚平行,与肩同宽,脚尖朝前,双手自然下垂体侧,手心向内,十指自然弯曲,轻贴于大腿两侧,圆裆、松胯,双膝微屈、沉肩松肘、头正身直,百会上领,下颌内收,闭口合齿,舌自然平伸,目光平视,神意内敛,自然呼吸,静立片刻。

要领:(1)预备式为全套功法之始,不可忽视,屈膝程度不要太大,身形端正,脊柱松直,各关节直中有曲;(2)心静为其主旨。

原理:无极生太极,无极态即为全身内外的均匀平衡态。通过预备式的调整,使身心进入意气平和境地。各部分松静舒畅的调形,使身体达以合理的形态布局,建立起以后动静运动的基础规范。意、气、形的协调,确定内练的基本模式。

第一式阴平阳和

两臂缓缓由体侧抬起,臂手相随,腕部松平,掌心向下,指尖微垂,大拇指微张,虎口呈圆形,其余手指自然分开,掌心内含,抬手过程中松肩松肘,同时以鼻细细吸气。

两臂持续上抬,抬至与肩同高呈水平状,保持沉肩状态。以大拇指牵领,两臂外旋,翻转掌心向上,双手间如托两球,同时以鼻缓缓呼气,旋臂过程中手指微微外张,双臂保持自然微屈,勿耸肩。两侧向上捧合,掌心相对,手指向上,双手间如抱球,目视前上方,举臂时细细吸气,意念以掌心承接天宇之气。双掌捧合至头顶上方时,两臂成圆形,以两掌心劳宫穴罩对百会穴,略停片刻,缓缓呼气,意想将天宇之气灌入百会。

轻轻吸气,两掌经面前沿身体中线下按,掌心向下,掌指朝内相对,就像把球按在水中,将气领入下丹田。按掌同时缓缓呼气。

两掌下按至小腹前时,两臂外旋,翻开掌心向内,变掌指朝下,两臂自然回收体侧,手运行的过程中,意念随之游走。按上面过程反复做3遍。

两臂向体前抬起,掌心向下,上抬过程中两臂保持平行,略宽于肩,起臂的同时缓缓吸气,体会双掌与大地之间的气感。

抬臂与肩平,两臂呈自然弧形,腕部松平,目视前方。

國學智慧全書

養生智慧

两掌缓缓下按至脐部,如将球按入水中,身体随之慢慢下蹲,同时缓缓呼气,保持上体正直。

掌按至胯旁时,身体停止下蹲,此时掌指依然朝前,圆裆、松胯。

身体向上直起,带动两臂上抬,如前起按3遍,收手站立如预备式。

要领:(1)起掌时勿耸肩;(2)向下落掌与呼吸相协调。

原理:此式中含三个桩法,以动入静,以静生动。掌心向下为阴掌,采大地之气;掌心向上为阳掌,接天宇之气。以气贯百会,并且由上而下将顺内息。掌对大地上下合运,起到阴升阳降,阴阳既济的作用。

第二式怀抱日月

两掌心斜向内,由体前缓缓上抬,双臂呈圆形如抱球,注意勿耸肩翻肘,双臂上抬时轻轻吸气。

手臂抬至胸齐呈水平状,两虎口相对,双臂呈弧形,目光内涵。保持此状态静立片刻,自然呼吸。

两臂缓缓外开,尽量向外。向后自然扩展,随开臂而开胸、开肩,同时缓缓吸气。双臂仍保持水平,双肘呈自然弯曲状,目光平视。

两臂开至最大限度后,慢慢向前、向内合收,至抱球状,随合臂缓缓呼气,合臂过程中目光在两臂间平视,体察两臂间的气感。

双臂如此开合3次,然后由体前自然下落,回归体侧。

要领:(1)开臂时不可过于挺胸,下颌勿上扬。(2)肘、腕部始终保持松畅。

原理:本式有开胸理气之效,臂与掌的开合十分容易体验气感。手指的不断舒张,摆动调节了手三阴三阳经,带动全身。长时间练习,会感觉到全身内脏发热。

第三式旋转乾坤

双手由体后自然上提,掌心向内轻扶于两肾处,自然呼吸,意守两肾。身体保持正直,沿顺时针方向缓缓圆转头部9圈,目光垂收。

再沿逆时针方向圆转9圈。圆转头部时注意保持颈部以下的部位不做大的晃动。转头过程中自然呼吸。

以两脚心联线中点为圆心,以掌推腰,沿顺时针方向圆转旋动9圈,再沿逆时针方向圆转旋动9圈。旋动时上体随腰胯的转动自然俯仰,双脚保持不动,圆转腰胯过程中自然呼吸。

以脊柱为中轴,以头引领身体向左后方缓缓转动至最大限度,停顿片刻,再缓缓回转,至正前方时仍旋转不停,向右后方继续转身至最大限度,停顿片刻,再回转。如此反复3遍。

转动身体时目光随之向左右后方远视,注意头颈,身体保持正直,不弯腰,双脚不要移动。

向后拧转时吸气,复原还中时呼气。左右均同。身体还中,目光平视,意守两肾。双手扶肾部,上下揉摩21次,意注双掌。摩完后双手自然由体后下落,回归体侧。

要领:(1)以掌摩肾时效果应深达内里,而非摩擦皮肤表面。

(2)头、腰的转动应均匀、圆润,不可用僵力、硬力。

原理:转头放松诸阳之首府,转腰牵动中轴及中心律枢纽。此式涉及身体的各个关节,使机体得到全面的运动。

第四式推窗望月

双手自体前沿中线慢慢捧起,掌心向上,十指相对,虎口张圆,掌心内含。抬手同时缓缓吸气。

手抬至胸部时,手臂内旋,翻转掌心向下,目光垂收。双掌轻柔下按,落至腹前,随落掌缓缓呼气。

再翻掌向上,缓缓捧起。如前反复3次。

捧掌至胸前,慢慢吸气,随捧掌重心自然移至右腿。左脚向左前方迈出,脚跟先着地,同时手臂内旋,翻转掌心向外,重心逐渐前移左脚,踏实全脚掌,随重心前移双手缓缓向外推出,掌心朝前,掌指向上,轻轻呼气。

重心逐渐后坐移至右腿,同时将左脚尖抬起,两掌随之向内缓缓收回胸前,随收掌轻轻吸气。再将重心前移,并向外推掌如前,反复3遍。

第3遍后移重心时,将左脚收回,顺势将重心移至左腿,右脚向右前方迈出,同时翻转掌心向外推出。与左势对称练习,共推收3遍。

右脚回落,双手收回胸前,掌心向内,再翻转向下由胸前沿身体中线自然下落至身体两侧。

要领:(1)向左右前方推掌时,注意以膝带动身体前移。两臂自然呈弧形,沉肩坠肘、迈脚、翻掌、移重心、推掌几个动作同时进行,保持高度协调。

(2)推掌时注意体察双掌的气感。

原理:双掌在胸腹之间引气运行,使心肾相交,水火相和。左右的收推起到采气补身,滋养百骸的作用。

第五式摩运五行

两手缓缓抬起,掌心向内,双掌内外劳宫穴相对叠按于腹部。男右手在内,左手在外;女左手在内,右手在外,自然呼吸,意在两掌。

沿顺时针方向圆转揉摩腹部,共9圈。

再沿逆时针方向圆转揉摩腹部,共9圈。

双手慢慢打开,由小腹两侧经两肋,由外向内圆转揉摩而上,至胸前。

两掌指尖相对叠合于胸口,由身体中线推摩至小腹。同时缓缓呼气,双手轻贴小腹,意守片刻,如此反复12次。

双手缓缓抬起,两掌轻贴于胸后玉枕穴,沿顺、逆时针方向向各圆转揉摩36次。双手经体前自然下落,至小腹前翻转掌心向前、向外、双臂呈弧形由身体两侧向上捧起,同时轻轻吸气。

两掌于头顶上方相合,掌心皆向下,上下相叠,右手在下,左手在上,轻按于百会穴。分别沿顺、逆时针方向各圆转揉按21圈。揉后双手自然放下收回体侧。

要领:(1)揉摩时用意于力相随合。

(2)揉摩会避免重压。

(3)揉腹及两肋速度应均匀一致。

原理:内气运行到一定程度后的带气自我按摩,有效地起到活血化瘀、启动气机的特殊效果。

第六式行云流水

两掌指尖相对自体前捧起,同时吸气,至腹部时静立片刻,调匀呼吸。双手继续上捧,至胸前翻转掌心向上,并缓缓上托,同时轻轻呼气。托至头顶上方,静立片刻。松肩、圆臂,自然呼吸。

两手掌心向外,由体侧缓缓圆形划落,同时细细吸气至腹前两臂外旋翻转掌心向上,双手再由体前捧起,同时吸气。至肩部时,两臂内旋,翻转掌心向外,指尖向上,双掌缓缓向身体两侧水平推出,目视前方,轻轻呼气。推至最大限度,静立片刻,调匀呼吸。

双手掌心向下自然回落,再捧至腹前,如此上托、侧推反复3遍。

要领:(1)两掌上托时,十指相对,距离不要过大。至头项后尽力上托。

(2)双掌侧推时,肘部保持自然弯曲。

原理:托天有理三焦之效,侧推舒展经络,鼓荡全身,使人与天地自然相应。

第七式 太极运球

两手由体前自然抬起,十指微张,虎口呈圆形相对,抱球于腹前。

重心移至右腿,同时左手向左下方、右手向左上方弧形划动,两掌心保持相对,就好像在揉运一个球,同时身体以脊柱为中轴向左转动。转至面向左方时,呈左手掌心朝上,右手掌心朝下。

重心逐渐转向左腿,身体以脊柱为中轴向右转动,同时左手保持掌心向内,由左下方经身体中部,向右上方弧形划动;右手保持掌心向外,由左上方经身体中部,向右下方弧形划动。转至面朝右方时,呈左手掌心向下,右手掌心向上。

再将身体向左对称回转,如此反复3遍。运转过程中自然呼吸。两手回收体前,内外相叠,轻贴腹部。男左手在内,女右手在内。意在掌中,静立片刻。

要领:(1)左右运转时掌心始终相对,弧形划动要连贯圆活。

(2)脊柱保持正直放松,勿突出臀部。

(3)身体重心不断转换于两腿之间时,双脚不要移动。

(4)揉球过程中腰、胯、肩、肘、腕、膝等关节协调运动,目视掌中球。

原理:运球即运气,以所练之气自养内外,该式为内气颐养使用法。

第八式 天长地久

双手从体后自然提起,掌心向后。再自腋下由后向前掏出,提至肩部。翻转掌心向上,由脑后缓缓向上推出。

推至头顶上方时,两臂自然外旋,掌心随之翻转向内,由面前缓缓下落。双手至胸部时,掌指由内转而向下,虎口张圆,大拇指相对。两掌先后沿胸部两侧,腹部两侧,大腿、小腿内侧缓缓推落。再分别经脚内侧、脚尖、脚外侧、脚跟、腿后侧摩转至后腰。再翻转掌心向外,继续上提至腋下。由后向前掏出,如前重复练习,共3遍。

双手落于体前,掌心向内,大拇指与其余手指分别贴压,自然叠合于小腹丹田处,男左手在内,女右手在内,意守丹田,静立片刻。

收手还原如成起势。

全式自然呼吸,意随掌行,游走全身。

要领:(1)转掌变换手指方向过程中,手掌的运行不能停止。

(2)双手由脚跟向腰部上提时,手指始终朝下。

(3)手掌推下、提上过程中,随两掌的推行,腰部柔和下弯和伸直。

(4)手掌推行的速度要均匀、连贯。

原理:此式为人体大周天运行,将手足经络相连,使阴阳汇交,上下互补,形成自我完善的良性循环。

收式

自然松静站立。两手掌心相对,反复轻快搓摩至热。

以两手掌轻覆双眼片刻,并揉摩整个面部。两手十指用力推梳头顶及脑后。手臂抬起,两手悬于头顶上方,以十指尖为着力点,轻扣头顶数十次。

以两手掌均匀、全面地拍打全身。

全套动作以中等速度,练习完成约 18 分钟。

要领:揉搓及拍打时意念平和。拍击身体时应轻透,但力度不可太重。

原理:搓手激发经络活性,温补全身。对头面部进行细致的搓、摩、叩击,可促进头部的血液循环,放松大脑,精爽神意。拍打全身,使气血顺达,通体舒泰。

此功法以动为主,动中有静,快慢相宜,行功时讲究意念配合引导,形、神合一。以呼吸应于动作,达到外强肢体、内和脏腑、通畅经络的作用。从而使人体内外的各个部分得到全均衡的锻炼。

第二章 《黄帝内经》四季养生

★万物荣生之春季养生

> 春三月，此谓发陈，天地仅生，万物以荣，夜卧早起，广步于庭，被发缓形，以使志生，生而勿杀，予而勿夺，赏而勿罚，此春气之应，养生之道也。逆之则伤肝，夏为寒变，奉长者少。

——《素问·四气调神大论》

春天的三个月，可以称之为是承上启下吐故纳新的时节，此时天地自然的生发之气都已经萌生，万物可谓是一片生机勃勃的景象。这个时候就应该天黑入夜则睡，日出而早起。不仅如此，还要解开紧束的头发，宽衣松带以便让自己的身体得到舒展，精神也顺应春天的生发之气而得到滋养，此时，只可顺着春日阳气的生发而让自己胸怀舒畅，切忌不可杀生；相反，要多施予少敛夺，多行赏而少责罚，从而达到一种内外和顺的状况，这就是顺应春季时令进行养生的道理。不顺反逆的话，则会使肝脏受到损伤，而且还会因为不能供给夏长之气的不足而在夏季引发身体的寒性病变。

春季身体的调养重在一个"生"字，具体该怎么样"生"呢？《黄帝内经》说得很清楚："生而勿杀，予而勿夺，赏而勿罚"而"以使志生"。这里的"以使志生"，就是说人们在春天要顺应阳气升发、万物始生的特点，顺应大自然的生机勃发之机，让自己的意志、情趣得到生发，让自己的心胸更加开阔，心情更加豁达乐观。

夏之疾在于春之患，就像上面说的，春天不能供给夏长之气疾病就会在夏天被引发。同样的道理，如果在春天得了疾病，那么，疾患多源于在冬天未能做好"精"的固守，未能在冬天储藏以供给春天生发所需要的身体能量，在了解了春夏秋冬四季的养生之道后，大家就不难发现，这些养生的道理就像一个"救生圈"一样，对于生命的护卫可以说是环

国学智慧全书 养生智慧

288

环相扣的,组成了生命赖以循环往复的通道。

随着冬与春的季节更替,阴阳之气也就近似太极图一样,冬寒极而至春暖,阴满而至阳长。此时,人体的阳气就在经过冬天后开始"苏醒"过来了,形成一种向上向外的喷发,那些处于半休眠状态的身体机能也开始变得活跃,阳气向外宣发。冬天因为气温低身体相对的僵直,或许这也是为什么人们在规劝那些活跃分子的时候常说要"冷静"的原因,因为冷而静。

◆春季养生,养心在乐

春为四时之首,既是自然界阳气开始升发的时令,也同样可以看作是养生的开始,此时,人应该本着"人与大地相应"的基本出发点,顺其自然向上向外疏发人体之阳气。所以,春季养生的一个重点就是要注意保卫体内的阳气,使之由弱到强逐渐旺盛起来。凡有耗伤阳气及阻碍阳气的情况皆应避免,而且还要积极地去倡导一种雅致舒心的生活。那么,人们应如何养生,才能使身体更健康呢?

养神

春天阳光明媚、风和日丽,精神的调摄也应该是顺应自然而疏泄通达,心绪豁达,或踏青问柳,或游山玩水,不仅使自己的情操得到陶冶,而且有一种融合于大自然的和谐感。除此之外,有意识地培养自己开朗的性格也很重要,一项有关长寿秘诀的调查显示,结果发现其中96%的寿星都是性格开朗的。可以想象,在大自然鸟鸣、泉水叮咚、和煦暖风中的奏鸣下,人融入其中,自然气血通畅而精神旺盛。

日常生活要安排得丰富多彩。《寿亲养老新书》里载有十乐:读义理书,学法帖字,澄心静坐,益友清谈,小酌半酣,浇花种竹,听琴玩鹤,焚香煎茶,登城观山,寓意弈棋。清代画家高桐轩也有"十乐",即耕耘之乐,把帚之乐,教子之乐,知足之乐,安居之乐,畅谈之乐,漫步之乐,沐浴之乐,高卧之乐,曝背之乐。可见,在生活中结合自己的情趣爱好,不仅是生活的丰富,还是一种生命的颐养。

人缘

好人缘,在很多时候被现代的人作为了人力资源来看,这本身没有什么不对的,但那样做往往对应于自己的理想、目标。换句话说,就使人与人之间的一种相互关系变成了为了一定目的的利用,自然,人际关系的培养也就成了一种策略,偏离了协调好周围的人际关系,从而引起愉快情绪、产生安全感、舒适感和被认同感,也就脱离了健康养生的正道。

可能大家都听说过这样一句话："女子伤春，男子悲秋。"这是什么意思呢？就是因为冬天属阴，春天属阳，春从冬来，春天是从阴到阳逐渐生发的阶段，这个时候不管性别如何，只要是一个正常的人，心情也都会开始"发动"，所以女性较男性更容易"伤春"。在古代甚至有一个节日——上巳节，即在"三月三"这一天，男女被认为是可以合法私奔的，男女聚会，谈情说爱以免"伤春"。后来演变成"三月三，风筝飞满天"，实际上也是顺应一种心情的放飞，是一种治疗春三月产生情绪变化的良方。

知足

人，面对失败是无可奈何的事，但重视过程，轻视结果却是可以控制的。对于追求的目标在过程之中尽可能以一种平常心去尽力，在结果的问题上抱着一种顺其自然的态度。试想，那些所谓的成功不都是过眼云烟吗？那些历史上的英雄豪杰不都在演绎着"是非成败转头空"的人生的悲喜剧吗？当我们在关注《孙子兵法》，关注《卡耐基的成功之道》的时候，是否也该看看古人对于我们"知足常乐"的提醒呢？如《黄帝内经》里所倡导的"高下不相慕"，"美其食，任其服，乐其俗"，即不论社会地位的高低，都不要去倾慕，无论吃什么都感到很满足，穿什么也不挑剔，不管社会风气如何，都能够处得好。这里不择、不挑就是一种"大顺"的倡导，因此，从这个意义上，我们也可以看出，在祝福很多人"六六大顺"的时候，往往被误解成了做事要顺，其实最大的顺在心中，是要"心顺"。

◆ 春季养生，养肝在睡

春季养肝重在晚睡而早起，为什么不是早睡早起呢？

春天属木，肝属木。春季养生要注意养肝自是情理之中。那么，春天养肝应该遵从"夜卧早起"之道，而不是人们常说的早睡早起。说来还是一个"顺"字。顺的就是春季的生发之气。因为春天充满了生发之气，昼夜的时长发生了变化，白天长而晚上短，所以可以将在白天工作的时间适度延长，而将晚上睡觉的时间适度缩短。听来或许有点糊涂了，要养生，还要延长工作时间，事实上就是如此。打个比方说吧，水在半罐的时候，摇晃起来对于罐壁的碰撞会产生很大的力量，而在水满罐的时候，不仅没有半罐时候的响叮当，而且对于罐壁的碰撞力也会减弱很多，甚至将鸡蛋放置其中也不会有什么破损。

春季万物生发，我们在对待自己身体的时候，也要像对待新生的事物一样，扶助其生长而不要伤害它。对于工作时间的适度延长从某种意义上讲是给身体"加满水"，是一种防止受到春天气息震荡的一种方法，所以适度的工作时间的延长实际上就变成了一种保

养,是给了身体一个生发的机会。如果违反了这个道理,就会伤害到肝脏、肝气,到了夏天,就会发生寒性的病变,就会使得人们适应夏季盛长的能量不足。这也可以用五行相生的原理来解释,春天属木,夏天属火,木能生火。现在木没有养好,就会影响到下一阶段的火,火一旦弱了,就会引起寒性的病变。所以,如果前一个季节没有养好身体,那么,淤积的病气就会在下一个季节表现出来。这就是顺应春天生发的养"生"之道,因此要早起而晚睡。

当然,我们强调春季养生要顺势而为,以防止体内的阳气被抑制,气机不畅,各种邪气乘虚而入,形成我们熟悉的"上火",但并非就是没有一个限度,甚至走上极端,晚上坚持越晚越好,早上越早越好。对于睡眠,要有一个时间上的充分的保证和睡眠规律的基本的遵从。除了适度之外,需要强调的一点是,即使在爱美的女孩那里,早起的时候建议你也不要做形与容上的精心打扮,甚至不需要紧束头发,就像印象中的"懒大嫂"一样,可穿着防止着凉的拖鞋"披头散发"地在庭院散步,只要不吓着人,只尽管舒缓自己的身体就好,要知道,身体好了自己收益,活在美的赞许中,更要活在属于自己的健康中。

★天地气交之夏季养生

夏三月,此谓蕃秀,天地气交,万物华实。夜卧早起,无厌于日,使志无怒,使华英成秀,使气得泄,若所爱在外。此夏气之应,养长之道也。逆之则伤心,秋为痎疟,奉收者少,冬至重病。

——《素问·四气调神大论》

夏季有四、五、六三个月,可以称得上是"蕃秀",即是万物繁荣秀丽的时候,因为此时天之气沉降,而地之气升腾,自然天地之气交相融汇,所以在这个时候,万物采纳自然之精华而开花结果,长势旺盛。作为养生来看,其间就应该晚点睡而早点起,并且不要对夏天的热与昼长夜短等产生厌恶的情绪;相反,应该保持愉快的心情以适应夏天"华实",让内敛的气机得到疏泄,自我的情趣得到抒发。这就是适应夏季气候变化,颐养天寿的养生之法。从反面来讲,如果违背了这样的夏长之气,就会损伤心脏,就为秋天的身体疾患埋下了祸根,自然,秋收之气不足,冬天也就容易再次出现危害健康的疾患。

◆夏季养生，气壮需先理直

夏季如何养生？正如上面所说，要适应夏季时令变化的特征来进行"养长"，当然，对此时令，更多的时候不是简单地将其看作为自然气候的转化，而要将其放到一个阴阳气机平衡的角度去认识。失去了这样的指导，很大程度上就容易将其误解为是一种关系的生硬联结，甚至看成一种玄学。比如，天地气交，一方面是自然的物质之气在运化交汇，另一方面则是一种"以天为阳以地为阴"的一种阴阳的聚首。不仅是阴阳的均衡使得生命得以滋养，而且也是一个生命得以"熔炼"的过程。因为夏天阳气比春天更往外升发了，所以人的气息也要向外宣发，人体的养生也要更加的伸展，达到"天人合一"的和谐状态。

这一点，从中医理论也能得到较好的印证。夏天主心，夏天容易伤"心"，要注意预防心脏病。夏天心绪要平稳，如果违背了这个道理，心气没有养足的话，就会伤害心气，就会使得下一个季节——秋天收气的功能减弱，秋天就容易得疟疾，俗称"打摆子"。疟疾的特点是生病以后会一会儿觉得冷，一会儿觉得热。夏天是火热的，秋天转凉了，寒热交替，这个季节没有调整好，下个季节秋天就容易得寒热交替的疟疾，到了冬天还可能会重复发病。这也从根本上告诉我们，对于夏天丰富的阳气，应采取适应并吸纳，而不是抵触和逆反的方式。倘能如此，也必然会让人体健康的生命之花得到盛放。

说到这里，有一点值得分享的内心体验是，《黄帝内经》之所以被公认为是养生之"圣经"，就在于它阐述的往往不仅是一种具象的东西，还带有一种根本的说明。就拿夏季养长为例，植物的开花结果是如此，其实人的生命也一样。具体说来，阳气开散可催花，阴气凝聚方生果。植物有雌雄，人有男女；植物在天地气交的时候会开花结果，人尽管体现方式不同，但本质是相同的。从个体生命来讲，会有一个性别特征的日渐凸显，随着第二性征的出现，生命之花渐至盛开，而在男女生命之花盛开的同时，一种相互吸引的"花粉"开始传播荡漾，双方跨越了男女授受不亲的界限后相互采纳精华最终"结果"，即有了新的生命的诞生。这里，《黄帝内经》还值得颂扬的一点是，它不仅是漂浮在半空中的美丽的云彩，空有其看似完美的气机理论的阐述，而且还告诉我们生命到底该如何滋养，这里提出了"夜卧晚起"，没有任何成本，只是每个人都可以去施行的一个方案。

如果认真研究过春季养生，那么，这里，细心的你就会发现，《黄帝内经》在春季养生的时候也打过"睡觉"的主意，而且都相同地提到了"夜卧早起"，二者是否本质上都一样呢？是不是说春季养生和夏季养生基本没有什么时令变化的影响呢？如果相对量化来说的话，那就是夏天需比春天睡得还要晚一些，白天起得还要早一些。为什么要这样呢？

因为夏天阳气充盈，而且从看"天色"的角度上讲，昼更长夜变得更短了，所以人的养生也要与阳气的渐盛相呼应，要睡得再晚一点，起得再早一些。

◆夏季养生，边疏泄边避暑

时下，提到夏天，人们很容易会想到一个词：桑拿天。骄阳似火的夏季，让很多因为害怕寒冷而把自己装进套子的人也会对冬天充满念想；但另一方面，时令是无法"换台"的；再说，夏季阳气充沛也是生命之花绽放的一个重要的前提。如果姑且把避暑算作首先需要"救急于水火"的事的话，那么，与环境相适应的疏泄也绝对不可以懈怠。

迫在眉睫的夏季避暑

太阳像一个在我们头顶从上面加热的火炉，世间万物被滋养着，被炙烤着，面对此，海参会蜷缩着身子躺在浅海中不吃不动，用消耗体内积存的脂肪维持生命活动直到秋凉；非洲浅海水域的肺鱼可以通过自身分泌黏液把泥土粘在一起筑成避暑求凉的安乐窝；南非的树鱼则会爬到树上的阴凉处，为了度过酷夏而酣睡两个多月；而当鲸鱼觉得热时，它可以用冷水冲洗口腔和鼻腔，然后会把热水变成美丽的喷泉；其他的如松鼠会翘起尾巴遮阳，兔子会用耳朵散热降温，蜜蜂会用双翼扇风，犀牛可以在泥里打滚，狗可以吐舌头散热，鸡可以展翅降温。人呢，人该怎么避暑？风扇 24 小时夜以继日地散热吗？空调开到 18℃把房屋变成一个"大冰箱"吗？

有一个词叫"苦夏"，大体上就是针对那些容易中暑的人而言的。说夏天的时候很苦，原因就是阳气太盛，天气太热。这个时候，既要让阳气升发，又要注意不让阳气过度发散。就如何避暑的问题，人跟动物避暑的方法类似，要因人而异因地制宜。临床调查发现，夏季中暑人群大体与我们公交车需要优先照顾的人群相当，即老、弱、病、孕等，残多为外力所致，一般说来与中暑没有什么必然的联系。下面就从这个分类出发，进行一个中暑原因和应对上的简单说明，可参照对号入座。

其一：老

老，即老年人。老年人之所以容易中暑，一句话就说完了，因为他们皮肤汗腺萎缩和循环系统功能衰退，肌体散热不畅。可以近似地打个比方，就像很多家用电器，如电脑、电视等用得时间长了，大多会有散热功能下降，从而影响功能发挥一样。老年人本身体质弱，而且常患有心血管疾病等一些慢性病，所以老年人更容易在高温季节中暑，严重者可导致死亡。所以，这里建议老年人在气温超过 37℃时应尽可能待在相对凉爽的屋子里，少到阳光直射的地方。即使喜欢运动对自己体质较为有信心的老人，也要尽可能避免在中午 11 时至下午 4 时这段炎热的时间里进行锻炼,以减少外界的阳光直接辐射在身体上。在出汗后要多饮水,及时补充流失的水分,为了防止狂饮,绝对不可等到口渴了再去饮水。饮食要以清淡素食为主,多吃些西红柿、青菜、莴苣等富含维生素的蔬菜或绿豆汤、金银花水等清凉防暑饮料。

其二:弱

弱,在这里主要是针对婴幼儿而言的。婴幼儿是祖国的未来,是家庭的希望,防止他们中暑不仅是因为他们被寄予的希望大,还因为他们身体各系统发育还不够完善,体温调节功能也还相对较差,而且较多的皮下脂肪也会对散热不利。因此,在穿着上首先应为其穿薄的棉质单衣,如果流汗要马上擦干,尽量不用电扇或冷气。外出戏水前应选择不含香精、防晒系数低于 15 的防晒乳液外擦。室内外温差不要太大,室温不低于 25℃。冷气房内最好放一盆水,以免干燥。

其三:病

和普通人相比,一些身体素质较差的疾病患者更容易出现中暑问题,如炎热天气会使心血管病患者的交感神经兴奋,加重心血管的负荷,体内的热量不能及时散发而积蓄所以也容易中暑;糖尿病患者的机体对内外环境温度变化反应迟钝,虽然热量已经积蓄在体内,但病人的自觉症状却出现得较晚,所以也易引起中暑。除此之外,一些患感染性疾病的患者,因为细菌或病毒性感染可以使人体产生内源性致热原让机体产热加速,加之炎症"助纣为虐"还能使机体释放出一些物质,使血管痉挛收缩,更不利于散热而容易中暑。

夏天出汗多,营养流失太快,人们因各自的病患不同一般会出现不同程度的消瘦。尽管如此,夏季,单纯的营养补给还不容易被吸收;而且"补"的火候也很难掌握,少了身体还欠缺,多了又容易上火。因此夏天进补要以均衡营养、降温去火为前提,不宜进食燥性补品。这里推荐你可以在了解自身疾患的基础上,将豆浆作为消暑进补的一剂良药。众所周知,豆浆性平味甘,有生津润燥之效,"泻胃火,治内热""利水下气,制诸风热"。而且以黄豆和绿豆为原料做成的豆饮,还富含蛋白质、维生素、矿物质等养分,经常饮用能均衡人体营养,调整内分泌,对降低胆固醇、减轻动脉硬化、防治高血压及保肝等有一定的帮助。

其四:孕

一个人吃,两个人吸收,孕妇因为怀孕后体力消耗大,身体处在一种极度虚弱的境地,而且如果逗留在通风不良、温度较高的室内,则更容易中暑。对于孕妇的中暑防治除了衣着应凉爽宽大并经常用温水擦洗外,还需要在吃上下功夫,多吃新鲜蔬菜、豆制品及一些补气益阳的食物。比如可以取用百合干 10 克、莲子肉 10 克、银耳 10 克、绿豆 45 克、

冰糖或蜂蜜适量。将百合干和莲子肉用温水浸泡至发软；将银耳用水发开，洗净摘成小朵；将绿豆浸泡充分，与百合、莲子、银耳清洗干净，一起放入豆浆机网罩内，杯体内注入适量清水，机器安装到位。启动机器，十几分钟后，就做好了这道百合莲子豆浆。

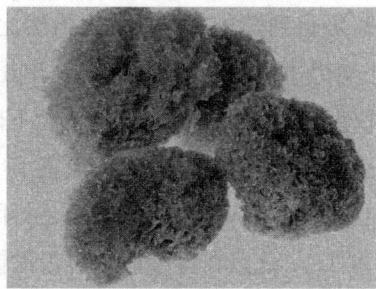

银耳

夏季养长，避暑是很多人容易忽略的一件事。很多时候我们说从正面对身体进行呵护，在策略考虑上一个应有之义则是防止疾患的侵袭。这就像一些谋略之士所称的，很多时候最好的进攻就是防守一样。为了防止中暑，除了一些常规的防守外，家中常备一些中药也是必需的。比如具有降暑解毒、化湿和中之效的藿香正气水；可用于中暑引起的头痛、头晕、恶心、呕吐、胃肠不适等的十滴水；可用于因高温引起的中暑头痛的人丹；多用于中暑昏迷者急救的暑症片。另外，夏桑菊颗粒、下火王颗粒、抗病毒颗粒以及用菊花、金银花等沸水冲泡代茶饮，对防治夏日中暑等均有良好作用。

夏季，身体疏泄的安全通道

夏季避暑人之常情，也是养生之要义，但为什么还要"无厌于日"呢？这不是自相矛盾吗？其实，这是一个问题的两个方面，即利与弊。一方面强调了夏热容易使人中暑之弊，另一方面也要看到夏热之利，即疏泄。回答为什么要"无厌于日"，这还得从其本意说起。

厌，本意是满足的意思。如人们常说的百听不厌其本意就是听了很多次也不满足还想听的意思。这里，显然不是说不要满足太阳的照射，而是转化为了不要害怕阳光、不要怕夏热的意思，当然，这里的不要怕并非说你可以跟太阳对着"火拼"，而是一种合理地利用夏热以接纳阳气，适当地出汗以疏泄之意。

时令的不同就像上面我们提到的，实际上大自然给我们的一种恩赐，让我们的身体在一种时令转换中得到了"锻炼"，所以，从这个意义上说，人们应该更多地利用这种恩赐，而不是太多地借助甚至依赖空调、风扇等来赶走这样的上等好礼；否则，人体的毛孔在这种冷闭热张中变得张弛无度，这也正是很多人在沾沾自喜地享受空调带来的"品质"生活的时候，却得上了"空调病"等的原因。

需要纠正的是，过去"汗滴禾下土"的超强劳作在很大程度上已经是一去不复返了。随着科学的进步和人们生活水平的提高，人们对于太阳的照射不是多了而是少了，日光浴反而变成了一种品质生活的享受。一方面是一种自我的调节和放松，另一方面则是利用自然阳光让我们身体得到疏泄，不是通过人工的抽、吸等手段，而是在出汗的同时让身

体的垃圾得到排泄,所以,夏天虽然比较热,但不要老躲在家里,至少可以到公园里、树荫下、小河旁边去活动活动,让自己出出汗。其实这一点在生活中我们或多或少地都有体会,那些久不出汗的人体质反而会下降,做事提不起神,走路提不起劲;相反那些经常出汗或者偶尔有机会出汗的人,反而有一种自己说不出来的轻松。其实道理就在这里,卸下的自然不是肩背上的包袱,而是排除了那些积淀在体内的"垃圾"。

事实上,疏泄在排除体内垃圾的同时,还有一个作用就是"空位",这就像我们的电脑里面经常性地要做一些磁盘整理相类似,只有清除一些没有多少价值的东西,那么进补等才有进得去的空间。试想,还没有到收获的时令而体内已经淤积了相当多的东西,那么,到了秋天如何进补?即使表面上那些进补的东西吃了不少,但实际上往往起不到进补的作用,这是因为没有很好地疏泄,所以那些进补的东西不能到位就是这个道理。从这里也解释了有些生活水平本不错的人,面对自己可爱宝宝不长身体很发愁的原因,别人家的孩子怎么吃馒头就长的有肉有个的,自家孩子吃得也不差,甚至明显地要好出许多,怎么就怎么喂也不长个、不长肉的原因。这也是《黄帝内经》提到夏季养生的时候,强调要"使气得泄"的依据所在。

★敛气宁志之秋季养生

秋三月,此谓容平,天气以急,地气以明,早卧早起,与鸡俱兴。使志安宁,以缓秋刑,收敛神气,使秋气平,无外其志,使肺气清,此秋气之应,养收之道也。逆之则伤肺,冬为飧泄,奉藏者少。

——《素问·四气调神大论》

秋天的三个月,谓之容平。在这个时令里,多天高风急地气肃清,此时人应该像鸡一样夜黑而归,晨曦而起,即要早睡早起;让自己的神志得到安宁,以减缓秋季肃杀之气对人体的影响,并且收敛神气以使与秋季的容平相适应,故而不可神志张扬,以保持肺气清宁,这就是适应秋季时令特点而在养生上采取收敛人体之气的一种策略。如果违逆了秋收之气,就会伤及肺脏,并且因为提供给冬藏之气不足,故而冬天就容易发生飧泄疾患。

秋天之养收,这实际上人们在生活之中也多少有感觉,一个明显的例证就是,大多数人在谈到秋天的时候都会想到同一个词去为这个季节作定性,那就是秋高气爽。这个意思大体人们都能感觉到,但为什么会有秋之高,有气清爽之说呢?从自然现象分析来看,

秋高是因为在经过了夏天雨季的洗礼之后,大量的降水清洗了天空,使大气中的尘埃杂质微粒大为减少,从而减少了穿过大气时光能的散失,使大气透明度大大提高,故而天空蓝而高远。气爽则是因为我国地面主要受冷高压的控制,下沉气流盛行,驱走了原来的暖湿空气。加之入秋之后气温宜人,人们出汗较少,干而凉的空气使人身上的汗液很快蒸发掉,身上的衣服有凉爽感,因此给人们以"气爽"的感觉。但从《黄帝内经》的养生理论来看,之所以有秋高气爽之说还在于秋之正气为燥气,而燥气具有收敛之功的原因。

秋季是一个承上启下的季节,处于一种阳消阴长的过渡阶段。而且还是多变的季节,大体上可以分为三个阶段,即热、燥、寒。一般来讲,从立秋到处暑可谓是秋阳肆虐的"热期",此时的秋阳像是在做最后的属于压轴戏一样的表演,故此,不仅温度很高,而且时有阴雨绵长,所以湿气较重,二者双管齐下,人们大多会面对一个"秋老虎"的炙烤。随着季节的更替,到了白露过后,雨水减少又秋风登台,天气干燥且昼热夜凉,有"一早一黑冷飕飕"的民间俗语,此属于稍有不慎就可能伤风感冒的"燥期",旧病复发在此阶段多成了家常便饭。寒露过后,北方的冷空气会不断入侵,出现"一场秋雨一场凉"的"寒期"。可见,一秋者至少三变,也难怪很多人多有"悲秋"的情怀。

◆秋季养生,先灭燥气之火

秋天无论从时令特点还是气候变化所言,燥气都是一个"主旋律",《素问·四气调神大论》中所说的"天气以急,地气以明"说的也就是这个意思。从字面的理解我们不难看出,"急"形象地说出了燥气的脾性,是一副风风火火不由你辩解的样子。气急而生的燥气,让那些湿润变得燥硬,不知不觉中,衣服、室内的空气都被抽干了水分,地也就跟着变得明亮而透彻。当然,人自然没有被放过,也不可能脱逃和回避。那么,是否就是被动的无奈,任凭秋之燥气肆虐呢?不能改变时令的环境,但至少人们可以降低燥气对人健康的侵袭,尤其是口渴咽干、声哑干咳、皮肤干燥等更是秋燥的主要表现。

通常情况下,人们都在主张对症下药,实际上,有其症必有其因,相同的症状往往病因却不相同,所以,对病证更要对病因。从秋燥来看,因为"燥"从火,所以,对于燥的防治,我们不妨从"水"的角度予以考虑,而倡导以饮食调养来抵御"燥气",则多可达到"燥则润之"的效果。具体说来,可以采取汤、粥等。汤如,将猪肺洗净切块,放入开水中煮5分钟,捞起冲洗干净;将切成块的两个雪梨去心和核;约两百根白茅根切短。5克陈皮用水浸软,与猪肺、雪梨、白茅根一齐煲,用文火煲2小时即可。具有清热润肺、化痰止咳、凉血、助消化的功效。可用于秋季身体燥热、流鼻血、咳嗽,或干咳无痰,或痰中带血、痰稠黄浓、喉痛、声音嘶哑、唇舌干燥、便秘等;粥如:先取苹果2只,粳米60克,白糖60克。

然后将苹果、粳米加水同煮成粥,将熟时入白糖调匀即可,每日早晚食用。具有生津润肺、降压止泻的功效。可防治大便燥结。

说到饮食调养,秋季还有一个特别的讲究,这是因为秋季里有一个特别的节气——秋分。之所以被称为秋分是因为阳历时间为每年的 9 月 22~24 日。按旧历说,秋分刚好是秋季九十天的中分点。那么,这对于养生有什么意义呢?《春秋繁录》中记载:"秋分者,阴阳相半也,故昼夜均而寒暑平。"可见,秋分也是阴阳正式转化的一个界限,即在秋分之时才真正进入到秋季。作为昼夜时间相等的节气,人们在养生中也应本着阴阳平衡的规律,使机体保持"阴平阳秘"的原则,按照《素问·至真要大论》所说"谨察阴阳之所在,以平为期",阴阳所在不可出现偏颇。

事实上,正是从阴阳平衡作为出发点,饮食始分宜忌。有利于阴平阳秘则为宜,反之为忌。不同的人有其不同的宜忌,如对于那些阴气不足,而阳气有余的老年人,则应忌食大热峻补之品;木火质人应忌食辛辣;对患有皮肤病、哮喘的人应忌食虾、蟹等海产品;对胃寒的人应忌食生冷食物等。这里在进行饮食调养的时候之所以有宜忌之别,其根本就在于防止实者更实、虚者更虚而导致阴阳失调。体现一种"虚则补之,实则泻之""寒者热之,热者寒之"的原则。那么,如何利用食物来灭燥气之火呢?这里不再作方剂的介绍,根据秋季变化多端的特性,仅就从食物的性味、功效以及相应食物的品名做一个介绍。

其一:寒凉性食物

该类食物主要包括白萝卜、丝瓜、莲藕、茭白、梨、柿子、荸荠、菱角、桑葚、番茄、黄瓜、甜瓜、香蕉、甘蔗、芒果、竹笋、西瓜、枇杷、苹果、苦瓜、冬瓜、慈姑、蕨菜、马齿苋、芹菜、淡豆豉、海藻、海带、螃蟹等等。具有滋阴、清热、泻火、凉血、解毒之功效。

鳝鱼图

其二:温热性食物

该类食物主要包括的热性食物有花椒、辣椒、芥子;包括的温性食物主要有石榴、栗子、大枣、胡桃仁、大蒜、虾、海参、鸡肉、羊肉、南瓜、樱桃、荔枝、龙眼、杏、生葱、姜、韭菜、小茴香、鳝鱼、鲢鱼、淡菜、鹿肉、火腿、鹅蛋等。多有温经、助阳、活血、通络、散寒等功效。

其三:平性食物

该类食物主要包括有土豆,黑豆、赤豆、黄豆、花生、榛子、黑芝麻、黑白木耳、扁豆、豇豆、圆白菜、芋头、蜂蜜、黄鱼、鲤鱼、猪肉、李子、无花果、葡萄、白果、百合、莲子、黄花菜、洋葱、胡萝卜、白菜、香椿、青蒿、大头菜、海蜇、鹌鹑蛋、鸽蛋、猪蹄、牛肉、甲鱼、鹅肉、鹌

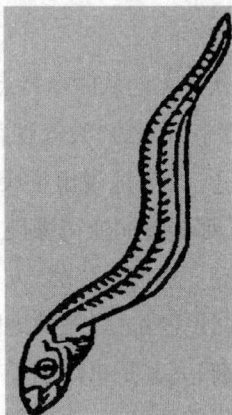

鹑、鸡蛋、牛奶等等。

到底如何选用这些食物呢？"秋燥"其气清肃，其性干燥。燥邪伤人，容易耗人津液，所谓"燥胜则干"，津液既耗，所以口干、唇干、鼻干、咽干、舌干少津、大便干结、皮肤干燥成为普遍现象。燥邪犯肺，容易发生咳嗽或干咳无痰、口舌干燥等症。故在饮食调养上要以防燥护阴、滋阴润肺为准则。故应尽量少吃辛辣之品。所以《饮膳正要》中说："秋气燥，宜食麻以润其燥。"事实证明，多食芝麻、核桃、糯米、蜂蜜、乳品、雪梨、甘蔗等食物，可以起到滋阴润肺养血的作用。

豇豆图

"春夏养阳，秋冬养阴"，人体的饮食活动也必须与这样的自然环境相适应，事实上，这些变化在体内阴阳双方会自然地随之发生适应性的调整，这里强调的目的是希望人能够在饮食上顺应这样一种变化，最终使秋燥的变化达到一个"和合"调摄的境地。

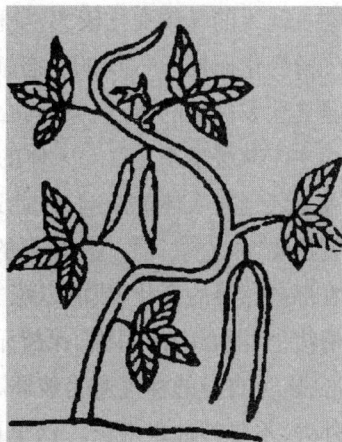

◆秋季养生，从"心"开始

秋季是一个让许多人思绪飘扬的季节，曹雪芹在其文学名著《红楼梦》中就有"已觉秋窗愁不尽，那堪秋雨助凄凉"的动人诗句，还有"秋风秋雨愁煞人"等。老人尤其如此，宋代大养生家陈直说："秋时凄风惨雨，老人多动伤感，若颜色不乐，便须多方诱说，使役其心神，则忘其秋思。"对于老年人来说，随着秋叶的飘零，一种萧条、凄凉、垂暮之感，一种人生"落叶终归根"的片片思绪往往引发的是无尽的忧郁。那么秋季如何养生呢？

秋季养生不仅在身，还在心。这并非是说其他季节不需要养心，而是说悲秋的情怀让秋季的养心显得更加突出。《黄帝内经·素问》中提出"使志安宁"的养生原则，对精神调养依然具有一种根本性的指导。肾藏志，顺应了秋收之气，固然肾精不可轻易动用，更不能透支，让健康出现空虚。具体说来，就是房事少行，这一点连动物都有所遵循。从《动物世界》我们知道，动物的交媾在春夏近乎疯狂，而在秋冬几近到了"禁欲"的境地。扼守内心的平静，收敛神气，而神安则寿，又中医认为心藏神，所以归根结底还要从"心"的调养出发。心情好、精神好就能为冬令阳气潜藏做好充分的准备。反之，如果触景生情则易增忧伤。忧伤又容易伤肺，肺气虚后，机体对不良刺激的耐受性又会下降；耐受性的下降，又进一步促使伤感、悲秋情绪。让健康步入了一个恶性循环的轨道之中了。而精神不调则精血渐衰、形体耗败，甚至就会出现未老而先衰。

秋天的气候变化较大，早秋热湿，中秋前后燥，晚秋又以凉、寒为主，此时机体活动随气候变化而处于"收"的状态，阴精阳气也处在收敛内养阶段，所以注重养"心"的精神调养是秋季保健的重点。养其心需养其阴，秋天里，人们一定要保持精神上的安宁，只有这样才能减缓肃杀之气对人体的影响。秋季以"收"为要，做到"心境宁静"，这样才会减轻肃杀之气对人体的影响，才能适应秋天的特征。如何才能保持心境清静呢？简单地说，就是要"清心寡欲"。从正面的角度讲就是要尽可能把精力多用在工作上，以一颗平常心看待自然界的变化，或静以练气，收敛心神，保持内心宁静；或多接受阳光照射，转移低落情绪，驱散心中的阴霾，保持乐观的心境。从反面的角度讲，则不让心存私利与嗜欲之心，以免自身的神气遭受破坏。古语云："酒色财气四道墙，人人都在里边藏，若能跳出墙外去，不是神仙也寿长。"这里再清楚不过地说明了人们不要计较钱财的得失，要做到清心寡欲，就要尽量排除杂念，以达到心境宁静状态。

★去寒就温之冬季养生

冬三月，此谓闭藏，水冰地坼，无扰乎阳。早卧晚起，必待日光。使志若伏，若匿。若有私意，若已有得。去寒就温，无泄皮肤，使气亟夺。此冬气之应，养藏之道也。逆之则伤肾，春为痿、厥，奉生者少。

——《素问·四气调神大论》

冬天的三个月，从内养的角度看，可以概括为闭藏。可以看作是春天万物勃勃生机的孕化与潜伏期，所以谓之为藏。这时候，水寒为冰，大地龟裂，面对这样一个时令特点，善于养生的人们就应该早早地安睡，而且等到阳光照射的时候才起床。对于心中的那些所谓的梦想、理想、抱负和追求等，为免扰动阳气，最好让他们和自己的心一起潜沉下来，看上去近乎一种若有若无的"休眠"状态一样。也像是一个人有什么小秘密，不愿意被人看出来似的。要躲避寒冷而趋近温暖，不要使皮肤干泄而令阳气不断损失，这就是适应冬季气候而进行的闭藏养生，违逆了这样的养生之道则会伤及肾脏，那么，提供给春生之气就会不足，所以到了春天就会发生痿、厥的疾患。

在从春夏秋到现在谈的冬季养生，前后作一个串联，我们不难明白，四季构成了一个养生的无缝链接，上一个季节的气机充盈与否对下一个季节必然造成影响，而且这样的影响近乎多米诺骨牌一样，最终会传递回来，这样复加的后果是健康渐渐被耗损殆尽。

就拿冬季养生来说，冬季之所以要闭藏，是因为春天的生发之气所必需，所以冬天要

关闭所有的气机进行收藏。而且,农历的冬季,始于立冬。所谓的立就是创建、开始之意;冬,通终,即万物收藏。不仅从立冬这一节气的字面上看出一些端倪,而《黄帝内经》以一种"天人相应"的大道告诉我们,对于养生自然其实给了我们太多的暗示。如本来无孔不入的水现在也不流动而成了冰,开始了闭藏。大地的闭藏更是到了极限,都到了闭藏丰盈以至开裂的境地。所以,这个阶段,人也要顾及阳气的闭藏,因此,在四季中,只有冬季出现了"早卧晚起"之说,晚起是为了"无扰乎阳"而"必待日光",就是要等到太阳出来、阳气日渐升腾的时候再起床,阳气闭藏好了,身体就能够保持温暖,阳气也就可以尽收丹田,还可以帮助我们去消化一些"冬补"之食。所以,冬天人体气血都归附身体,故而可以吃一些厚味之品。

◆冬季养生,去寒就温做足疗

俗话说:"夜夜把脚洗,免遭寒气袭。"中国人喜欢洗脚可谓是具有东方特色的养生之道,因为西方人更重视洗澡,那么,难道全身都惠及的洗澡难道还不如洗脚更养生吗?且不做高低的评价,大体来讲各有其道。为什么这么说呢?西方人喜欢洗澡因为西方人整天把什么鱼肉等高脂肪的东西当饭吃,消化这些东西往往体味较重,所以洗澡成为一种必需。相反,中国人则没有这个必要,因为大多数时候我们的膳食是以纤维类食物为主的,清淡的食物让身体往往变得清纯、淡雅,所以,适宜于多洗脚。

泡脚

双脚还是全身健康的"窗口",如觉得双足酸沉,行走无力,就可能是肾虚的征兆。脚上有数十个穴位,而且大多与脏腑有着直接的对应关系。中医经络学说认为,脚底是各经络起止的汇聚处,脚背、脚底、脚趾间汇集了很多穴位。经常进行足部按摩,使诸多穴位受到不同程度的热力刺激,从而帮助人体内环境得到调节与平衡,提高免疫功能,达到调理脏腑、舒经活络的功效。具体说来,如脚面属于胃经,足底涌泉穴连着肾经;足大脚趾外侧属于脾经,小脚趾外侧属于膀胱经。胃的经络通过脚的第二趾和第三趾之间,胃经络的原穴也在脚趾的关节部位,故脚的二趾、三趾粗壮有弹性。另外,胃肠功能强的人,站立时脚趾抓地也很牢固。所以,那些走路经常摔倒的人,可能需要考虑是否胃肠功能虚弱。

"热水洗脚,胜吃补药"。说了这么多,到底该如何泡脚呢?具体方法是:先取适量温水放置于脚盆之中,水温以脚部感觉舒适为准,也可遵医嘱在水中加入适量的中药方剂(一般说来,气虚的人可选用党参、黄芪、白术等补气药;高血压患者宜将菊花、枸杞子、桑叶枝、丹参等与冰片少许煎药泡脚;需要活血补肾的人可选择当归、赤芍、红花、川断等;皮肤干燥的人可选择桂枝、银花、红花等中药。将这些中药每样取用 15~20 克,用砂锅煎

黄帝内经

煮,然后将煎好的药液去渣倒进桶里,再加入热水,每天浸泡 30 分钟)为佳。水不要一次性地注到位,以免过凉,当然如果能换水则可一次性没过脚踝为佳。然后将双脚浸泡 15 分钟,然后用手或热毛巾反复揉搓小腿直至腿部皮肤发热为止。洗完后,不要晾干,而应用干毛巾反复擦干为止。一般来说,最好在每晚洗毕后半小时内上床就寝为佳。

红花

值得注意的是,为了避免双脚的局部血液循环长时间过快,会造成身体其他部位相对缺血,所以泡脚时间不能超过半个小时,否则有可能因脑供血不足而昏厥,老年人尤应注意。此外,饭后半小时内不宜泡脚,否则会影响胃部血液的供给,长期下来会造成营养不良。

搓脚

"去寒就温"不仅可以泡脚,还可以采取揉搓的方式。这是因为脚心穴位病理反射较多,所以常搓脚心能活血通络,对于祛病健身有较好的效果。具体说来如左脚掌心穴位病理反射有腹腔神经丛、肾上腺、肾脏、心脏、脾脏、胃、十二指肠等。右脚掌心穴位病理反射有腹腔神经丛、胆囊、肾上腺、肾脏、肝脏、胃等。该怎么搓脚呢? 首先就是要每天坚持搓脚心 1~2 次,每次左右脚心各搓 100 下。特别要说明的是,脚底位于脚心部位有一个涌泉穴,是肾经的穴位;同时是属于长寿穴之一,常搓涌泉穴可以防治健忘、失眠、腹胀、便秘、消化不良、食欲减退以及心、肝、脾、胆等脏器病证。此外,也可以脱掉鞋,把一个网球大小的球状物顶在脚心,来回滚动一两分钟,有助于防止足弓抽筋。

晒脚

很多时候,即使不在沙滩上,甚至就在办公室里,很多人也禁不住脱掉鞋子,仰在椅子上把脚放在栏杆上等晒太阳。如果条件许可,尽可能脱掉鞋袜,将两脚心朝向太阳晒 20~30 分钟,让阳光中的紫外线直射脚心,就像在足底为自己安装了一个电子一般,可以很好地促进全身代谢,加快血液循环,提升内脏器官的活力,使其功能得到充分发挥;甚至对鼻炎、贫血、佝偻病、低血压等还有很好的治疗作用。

◆冬季养生,闭藏进补进行时

冬三月草木凋零,冰冻虫伏,自然界万物闭藏。冬季养生要顺应体内阳气的潜藏,以敛阴护阳为原则。不仅需要早睡以养阳气、迟起以固阴精,还需要厚味以进补。

立冬宣告了冬季的来临,冬季寒冷,需要养生,而"养生之本,在于饮食",自然,冬季的饮食调养要遵循"虚者补之,寒者温之"的传统,而立冬的到来是阳气潜藏,阴气盛极,蛰虫伏藏,万物养精蓄锐为春季生发作准备的大好时机。从进补时间的选择来看,一般认为冬至日是一年中白天最短、黑夜最长的一天。《易经》中有"冬至阳生"的说法,即节气运行到冬至这一天,阴极阳生,此时人体内阳气蓬勃生发,最易吸收外来的营养,而发挥其滋补功效,充分说明在这一天前后进补最为适宜。当然,冬令进补时间的选择因人而异。比如患有慢性疾病又属于阳虚体质的人需长时间进补,可从立冬开始直至立春;体质一般而不需大补的人,可在三九天集中进补。

冬季的一个显著的脾性就是寒冷,该如何抵御寒冷的袭击呢?不外乎使体内产热增加,散热减少,具体到饮食上,就需要适当进食高热量食品,以促进糖、脂肪、蛋白质的分解代谢,故应多吃具有御寒功效的食物,进行温补和调养,滋养五脏,扶正固本,培育元气,促使体内阳气升发,从而温养全身组织使身体更强壮,有利于抗拒外邪,起到很好的御寒作用,减少疾病的发生。

如果冬季怕冷建议最好适当补充一些钙和铁,补充富含钙和铁的食物可提高御寒能力。具体说来含钙的食物主要包括牛奶、豆制品、海带、紫菜、贝类、鱼虾等;含铁的食物则主要为动物血、蛋黄、猪肝、黄豆、芝麻、黑木耳和红枣等;如果是气虚则可用人参或西洋参,两者均含有多糖类等多种活性物质,有大补元气之功效;如果是阳虚者可用鹿茸,富含氨基酸及钙、磷、镁,有壮肾阳、强筋骨之功效;如果是阴虚者可服枸杞子、百合,它们均含有蛋白质、脂肪、糖及多种生物碱等,有养阴润肺、清心安神等功效。

冬季是一个寒冷的季节。事实上冬令进补与平衡阴阳、疏通经络、调和气血有密切关系。所以,进补还应顺应自然,注意养阳,以滋补为主。根据中医"虚则补之,寒则温之"的原则,在膳食中应多吃温性、热性,特别是温补肾阳的食物进行调理,以应"冬气"。从而帮助实现体内阳气的升发,为来年的身体健康打好基础。俗话说"三九补一冬,来年无病痛",就是这个道理。

黄豆

国学智慧全书

黄帝内经

第三章 《黄帝内经》饮食养生

★《黄帝内经》论食养

五谷为养，五果为助，五畜为益，五菜为充，气味合而服之，以补精益。

——《素问·脏气法时论》

五谷是指粳米、小豆、麦、大豆和黄黍，五果是指桃、李、杏、栗和枣。桃具有益气血、生津液的作用；栗子能补脾胃、补肾强筋、活血止血，可以作为辅助医疗果品；大枣养脾和胃、益气生津，为常用的营养辅助食品；杏能生津止渴、润肺平喘，是咳喘病患者的医疗果品。牛、羊、猪、鸡肉都有补中益气、温肾助阳，平常人食用，也可以增力强身，鸡肉温中、益气、补精、添髓、是补益食疗的佳品。另外五菜也有补充人体的作用，谷肉果菜都有气味，最好是放在一起食用，无使偏盛，以补益精气。

谷类食物是中国传统膳食的主体，随着居民生活水平的提高，人们倾向于食用更多的动物性食物，在一些比较富裕的家庭中，动物性食物的消费量已经超过了谷类和蔬菜的消费量。这种"西方化"或"富裕型"的膳食提供的能量和脂肪过高，而膳食纤维过低，对一些慢性疾病的预防很不利。

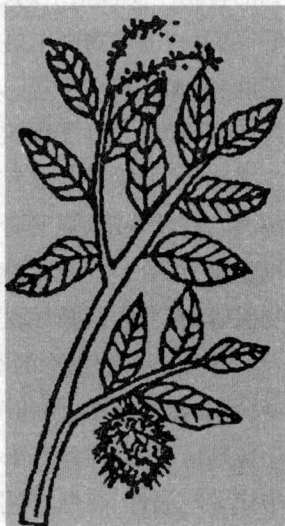

栗图

提倡谷物为主是为了提醒人们保持我国膳食的良好传统，防止发达国家膳食的弊端。日常膳食要注意精细的搭配，应该经常吃一些粗粮、杂粮，稻米和小麦不要磨得太精，否则，谷粒和麦层所含的维生素和矿物质等营养素和膳食纤维都会大部分流失。

水果主要含有维生素和无机盐，尤其是维生素 C，它是维持人体生命活动不可缺少的

营养元素。有了它人体才能健康,如果没有它就会出现各种各样的疾病。尤其是对于病后恢复期的患者和孕妇,更是不可缺少的。

水果还是人体无机盐的主要来源。尤其是钾、钠、钙和镁等,它们的最终代谢产物是碱性,所以也有人把它们称为"碱性食品"。这些碱性食品可以中和粮、豆、肉和蛋等食物所产生的"酸性食品",这样才有利于机体维持酸碱平衡。

还有,水果中含有较多的纤维素、半纤维素、木质素和果胶等,这些物质不能被人体的消化酶化解,但可以促进肠道蠕动,有利于粪便排泄。膳食纤维还可以防止和减少胆固醇的吸收,所以多吃水果有利于预防动脉粥样硬化,经研究发现,当每天的进食量由150克减少到50克时,细胞癌变数量可减少一半以上,如果配合食用水果,细胞癌变数量会很明显地降低。

动物脂肪是指由动物组织和动物源离析出来的脂肪,像猪油、牛羊油脂等。动物脂肪含有较多的饱和脂肪酸,对于高血脂症、冠心病、动脉硬化等疾病有促发和加重的作用。因此,人们对动物脂肪并没有好印象,其实这是一种误解,动物脂肪还是有很多生理功效的。

动物性脂肪具有防寒保暖的作用,"胖人不怕冷"就是因为脂肪有良好的隔热保暖作用,不仅如此,脂肪还能促进体内热量增高。动物脂肪所含的热量,大约是蛋白质和碳水化合物热量的 2.25 倍。当动物脂肪摄入人体后,经过氧化"燃烧",供给人体热量,既能防寒,又能防饥。

促进维生素吸收,维生素 A、D、E、K 必须在乳液中才能吸收,所以称它们为脂溶性维生素,这些维生素具有保持人体上皮细胞正常功能、预防肿瘤和骨软化病等重要功能。如果脂肪吃得太多,会影响脂溶性维生素的吸收,对身体没有好处。

新的医学研究发现,脂肪摄入量不足,会直接影响性激素含量降低,进而影响性器官的成熟和发育。进入青春期的少女,如果缺乏脂肪和性激素,乳房发育和皮肤健美都会受到影响,而且,月经来潮的时间也会拖延。

动物脂肪中,含有一种叫其轭亚油酸的物质,是一种不饱和脂肪酸。这种物质对癌细胞有良好的抑制作用,适量吃些脂肪能够提高机体的防癌和抗癌能力。

蔬菜,是人体必需的食物。它提供若干人体必需的重要物质。"五菜为充",已经指出了它的重要性。充,有补充、完善的意思。李时珍在《本草纲目·菜部》前言中说:"(充)所以辅佐谷气,疏通壅滞也。"所以,朱丹溪《茹淡论》说:"彼粳米甘而淡者,土之德也,物之属阴而最补者也,惟与菜同进。"《养生随笔》也指出:"蔬菜之属,每食所需。"

为什么吃米也要"与菜同进"呢?这里面有个重要的酸碱平衡问题。米面食品和肉、鱼、虾、蛋等属于酸性食品,而蔬菜、果品属于碱性食品。要维持人体酸碱平衡,酸碱性食物应当按照 1∶4 的比例进食;反之便会出现失调,如使人容易感到疲劳,并使老年人易

患神经痛、脑溢血等疾病,少年人则易导致大脑发育障碍、体内功能减退,一般的也容易导致皮肤病及消化系统、神经系统等疾病。当人体出现酸碱失调、需要碱性食物的时候,便出现想吃蔬菜的反应。

蔬菜对于人还有许多重要作用。提供多种维生素,是一个重要方面。关于维生素 A 和 C 等的用途,多年来已经揭示了很多。它们已经成为人体所必不可少的物质,近年来又揭示了它们的抑癌作用……

蔬菜还为人体提供多种无机盐和某些稀有元素。钠、钾、钙、镁等无机质会给血液和体液带来碱性倾向,当然还有其他用途;稀有元素也有它们的作用,如硒,多含在大蒜等蔬菜中,它的抗癌作用,已经引起人们充分的注意。

蔬菜又是纤维素和果胶的重要来源,其降血胆固醇、排铅等作用姑且不谈,它们排便的功效亦十分引人瞩目。因为及时排便可以预防结肠癌,已为更多的人了解了。人们将这个作用理解为"疏通壅滞"。

蔬菜还提供大量的酶、有机酸、叶绿素等等,都对癌有某些抑制作用。而食用菌中的多糖体,抗癌作用就更为肯定了。

我们没有谈及蔬菜的降血脂、降血压、利尿以及其他许许多多的作用,而是较多地谈及它们的抗癌作用,因为癌症已经困扰了整个世界。可以说一句:所有的蔬菜都抗癌!

现代营养学证明,为了从食物中获得合理的营养,满足人体的生理需要,在饮食上,我们必须注意营养的平衡。换句话说,就是要注意日常饮食的合理搭配,做到既要吃得好,又要吃得杂。

我们知道,人体必需的营养物质有 50 种左右。这些营养物质又被概括为七大营养素,即:碳水化合物、蛋白质、脂肪、维生素、矿物质、纤维素和水。要摄取这样多的营养物质,偏食当然不行,食物构成过于单调也不行。拿蛋白质来说,它所包含的多种氨基酸中,有 8 种是人体不能合成而要靠食物供给的。

氨基酸在不同的食物中有很大的差别,这种差别一般表现为含量不同和配比不同。其中,也有的食物是根本没有某种氨基酸的。此外,食物的特性不同,又决定了人体对氨基酸吸收率的不同。因此,要使人体不至于缺少某种氨基酸,我们在饮食中就要做到各种食物兼收并蓄,也就是要做到杂食。

其次,吃得杂也是保证人体营养平衡的必要措施。在饮食上,人体不仅要求营养的"全",而且要求营养素与营养素之间有平衡关系。比如蛋白质、脂肪、碳水化合物三大营养素所提供的热能,一般认为以分别占总热能的 10%~15%、20%~25% 和 60%~70% 为合理(日本是 5:2:1)。有些矿物质之间、维生素之间都要求保持一定的比例关系。我国以谷物为主的食品构成,很容易造成营养素平衡关系的失调。如果饮食单调,甚至偏嗜某些食物,那就很难保证营养的平衡。吃得杂一些,可以使食物与食物之间产生互补

作用,提高食物的"生物价"。

　　杂食还可以增加维生素和纤维素的摄入量,益于防病健身。这一点,目前已为全世界所公认。人体对维生素的需要,从量上看不是很大,但是却不能缺少其中任何一种,如果缺少了某种维生素,人就要得病。

　　《黄帝内经》十分重视饮食调理,认为饮食调理得当,不仅可以保持人体的正常功能,提高机体的抗病能力,还可以治疗某些疾病,饮食调理不当,则会诱发某些疾病。《素问·上古天真论》提出"饮食要有节"的养生方法,维护脾胃化源。

　　食物是我们日常生活中不可缺少的物品。食物大多数为动物和植物。这些动物或植物的结构十分复杂,不仅含有维持生命活动,增强人体抗病能力的各种营养物质,还含有多种具有治疗作用的化学成分,这些成分的多样性和复杂性构成了食物养生的物质基础。

◆养颜美容的食养

　　皮肤的健美与营养均衡关系极为密切。一旦营养不良,不仅容颜憔悴、双目无神,而且皮肤也会缺乏血色或苍白或灰暗无华。反过来说,多吃大鱼大肉虽然可以供应充沛的体力,但因此而产生的体内代谢物若不能及时排出体外,反而得不偿失,尤其是时间长了,蓄积于体内的尿酸就会引起内脏功能障碍和老化。由此我们可以看出,饮食养生对养颜美容也有着非常重要的作用。

肉皮冻

　　原料:肉皮500克,清水1000克,葱、姜、花椒、大料、酱油、精盐、黄酒适量,黄豆100克,味精、香菜、辣椒油、香油、醋、蒜泥各适量。

　　制作:将肉皮除去毛和肥膘,放在开水中煮一下捞出,切成条状。在锅中放上清水、肉皮、葱、姜、花椒、大料、酱油、精盐、黄酒、黄豆,一起熬煮,煮时注意撇去浮沫。当汤汁熬至稠浓时,捞出调料,放入味精,倒入容器内冷却即可。

姜图

　　吃的时候,切成小块,倒上香菜、辣椒油、香油、醋、蒜泥,拌匀就可以食用了。

　　功效:常吃使皮肤光滑,保持弹性,延缓衰老。

红烧海参

原料:水发海参 500 克,高汤 200 克,淀粉、糖各 30 克,葱油 40 克,酱油 20 克,料酒 30 克,味精 4 克,毛姜水、盐各适量。

制作:将海参坡刀切一条,用开水烫一下,用高汤、料酒、盐、毛姜水上火煨一煨,汤滗出不用。再以高汤下入料酒、酱油、味精、盐、糖,汤开后尝好味,勾芡,淋入葱油即成。

功效:常吃可保持皮肤滋润,增加皮肤弹性,延缓衰老。

凉拌五彩丝

原料:胡萝卜 100 克,粉丝 100 支,扁豆 100 克,水发冬菇 50 克,冬笋 30 克,精盐 1.5 克,酱油 40 克,熏醋 10 克,香油 15 克。

制作:粉丝用温水泡软,把扁豆洗净。将粉丝放入锅中,加入没过粉丝的清水,再加精盐,烧开,然后离火晾凉;将扁豆放入开水中略煮,捞出晾凉;再将冬菇和冬笋用开水余一下,晾凉。把扁豆、冬菇、冬笋、胡萝卜切成细丝,粉丝用刀割成段,码在盘中。用精盐、酱油、香油、熏醋、味精调成三合油味汁,浇在五彩丝上。

功效:它含有大量的维生素,可保持皮肤柔润、增加皮肤光滑。

黄瓜猪肝

原料:白菜 15 克,胡萝卜 15 克,鸡蛋 2 个,料酒、米醋、酱油、精盐适量,猪肝 100 克,黄瓜 150 克。

制作:将猪肝去掉筋膜,洗净,切成薄片,用料酒、米醋、酱油、鸡蛋清裹上一层薄浆,当油烧至六七成熟时,翻炒至金黄色捞出备用;胡萝卜、黄瓜、白菜洗净切成丝备用;锅内放少许花生油,烧至六成熟时,放入葱花翻炒后,将胡萝卜丝翻炒 1 分钟左右,再下入炒好的猪肝和白菜丝,然后下入料酒、精盐、味精翻炒,再下入黄瓜丝,炒几下即成。

黄瓜

功效:滋补健美,增强视力。

五白糕

原料:白扁豆 50 克,白莲子 5 克,白茯苓 50 克,白菊花 15 克,白山药 50 克,面粉 200 克,白糖 100 克。

制作:将扁豆、白莲子、白茯苓、白山药、白菊花磨成细面,与面粉调匀,加水和面或加鲜酵母令其发酵,发好后揉入白糖,上笼沸水武火蒸 30 分钟,蒸熟的时候切成块,当作主食食用。

功效:健白除湿,增白润肤,适用于面部黄褐斑,尤其是属于痰湿所引起的面部褐斑。

华佗治唇裂神方

原料:橄榄若干

制作:上药炒研成末,用猪脂调和涂之。

功效:对唇裂效果非常好。

补唇舌方

原料:鲜蟹(烧灰)、乳香、没药。

制作:每次用鲜蟹灰6克,乳香、没药各1克涂之,即生肉,如炙去唇舌,用川乌、草乌为末,摊纸1条,以凉水调和贴之,即不觉疼。如果用刀切手流血不止,以陈石灰涂之即止,愈后血硬,用鸡血点之即软。

蜂蜜润肤汤

原料:蜂蜜10克。

制作:开水送服,每日1剂,长期服用。

功效:滋补润肤,适用于唇面干而无泽者。

蔬菜沙拉

原料:扁豆225克,清水600克,切成段的蒜苗35克,切成块的煮鸡蛋2个,盐、胡椒粉适量,芹菜少许,沙拉酱100克。

制作:将扁豆炖熟后捞出沥干水,与蒜苗段、胡椒粉、盐、芹菜段拌匀,调上沙拉酱,摆上熟鸡蛋块,放入冰箱冰镇。随吃随取。

功效:富含维生素,具有极佳的美肤效用,可以延缓衰老。

芹菜图

杞圆膏

原料:枸杞子、桂圆肉各300克,冰糖300克。

制作:将枸杞子、桂圆肉加水浸泡2小时,加热煎煮,每隔1小时取煎液1次,加水再煎,直煎至药物无味为止。然后合并煎液,先武火后文火加热煎熬浓缩,至较黏稠时,加入事先溶化的冰糖,熬炼到滴水成珠为度,离火、冷却,装瓶备用。每天2次,每次1~2汤匙,开水冲化服用。

功效:枸杞子具有延年益寿的神奇功效,《食疗本章》载:枸杞子"坚筋耐老,除风,补益筋骨,能益人,去虚劳。"药理实验证明:枸杞子有保护肝脏,兴奋大脑神经,使血糖降低等作用。桂圆,又名龙眼,王士雄著《随息居饮食谱》载:"龙眼甘温,益脾阴、滋阴补液,果中仙品"。二药合用,共奏补肾润肺、生津养血之功,为肝肾灰阴不足、劳损内热之补养妙药。中老年人阴虚者十之七八,故食疗为益精明目之精品。久服令人益脑智、强筋骨、泽肌肤、美颜色。

拌蹄冻

原料:猪蹄4只,桂皮、八角、花椒、黄酒、姜、葱、盐、大蒜瓣、麻油、味精各适量。

制作:猪蹄洗净、去掉毛,烧开水烫一会取出,桂皮、八角、花椒、姜、葱用纱布包好,和烫过的猪蹄一起下锅,加入1000克水,再加黄酒、盐旺火烧开,文火煮烂,剔除骨头,撒上葱花,冷却后即成蹄冻。吃时将蹄冻切块,将大蒜泥、麻油、味精、酱油调成卤,倒进蹄冻拌匀即可。

功效:猪蹄有补血、通乳等功效,可治疗痈疽疮疡等症。蹄冻还含有大量胶原纤维和胶质蛋白,可滋润皮肤、抗皱防衰。

凉拌猪皮冻

原料:猪皮1000克,花椒、八角、桂皮、姜末、麻油、葱末、黄酒、盐、酱油各适量。

制作:猪皮洗净切碎放入锅中,将花椒、八角、桂皮用纱布包好下锅,倒进黄酒、葱、姜加水旺火烧开,文火煮烂。捞出纱布包,让煮烂的肉皮冷却。吃时切好加酱油、麻油拌匀即可。

功效:猪皮含有丰富的胶质蛋白,常服可健肤美容。

胡萝卜粥(摘自《本草纲目》)

原料:胡萝卜50克,粳米50克。

制作:将胡萝卜洗净,切成碎丁,与米同煮为粥。每日2次。

功效:宽中下气,健脾和胃。其中胡萝卜为伞形科植物胡萝卜的根,别名红萝卜、黄萝卜。味甘性平,宽中下气,健脾化滞。据现代营养学研究,胡萝卜含有多种维生素和矿物质,其中胡萝卜素的含量突出,在蔬菜中

胡萝卜

名列前茅。它在小肠酶的作用下,能变为维生素A。维生素A具有维护上皮组织细胞的正常功能,及预防皮肤粗糙、毛囊角化、面生粉刺的作用。还含有维持皮肤健美的纤维素,可清理肠道、防止便秘。胡萝卜与粳米为粥,宽中下气,健脾和胃。经常食用,可促进皮肤健美、细腻光润。

◆防癌抗癌的食养

癌症是机体内细胞分裂失控、任意繁殖、发生恶性病变,从而损害健康、危及生命的一类疾病。在传染病得到基本控制的今天,癌症、心血管疾病和脑血管疾病已上升为当前主要的死亡原因。现代医学的大量研究资料,发现80%~90%癌症的形成与环境因素,

如地理条件、生活方式、饮食习惯等有关。如果对这些因素采取适当的措施，并做到早期发现和早期治疗，就可以达到防治癌症的目的。

膳食作为环境因素的一部分，与癌症关系错综复杂，既存在着潜在的致癌因素（高脂肪、黄曲霉素污染、酗酒等），也存在着防癌成分（充足的蛋白质、膳食纤维、胡萝卜素、维生素 A、维生素 C、微量元素硒等）。我们在食物调配时，要注意扬长避短，充分发挥防癌成分的作用，尽量减少致癌因素，组成完全、平衡的合理膳食，将有助于癌症的预防。

蘑菇猪肉汤

原料：鲜蘑菇 100 克，猪瘦肉 100 克，食盐适量。

制作：先将猪瘦肉、鲜蘑菇切成片，加水适量做汤，用少许食盐调味。佐餐食用。

功效：滋阴润燥，健脾益气。其中蘑菇，为黑伞科植物蘑菇的子实体，有天然生和人工栽培两种。味甘性凉，补益肠胃、化痰散寒。含有多种氨基酸、维生素和矿物质等营养成分。现代药理研究表明，有增强机体免疫功能和抑制肿瘤细胞生长的作用。猪瘦肉滋阴液，丰机体，润肠燥。蘑菇与猪肉相配，可以滋阴润燥、健脾益胃。尤其适合于放疗、化疗后白细胞减少、食欲不振的肿瘤患者食用。

醋海带（摘自《太平圣惠方》）

原料：海带 50 克，米醋 200 毫升。

制作：海带切成细丝，或研成粉末，浸泡在米醋中，密闭贮存备用。每日服用 10 毫升，或以此醋调制菜肴用。

功效：软坚消瘤，活血化瘀。可作为日常防癌保健食品，经常食用。

黄鱼鳔酥

原料：大黄鱼鳔 100 克。

制作：将黄鱼鳔洗净，沥干，用香油炸至酥

海带

脆，取出，压成粉末，待冷装瓶备用。每次 5 克，每日 3 次，温水饮服。

功效：祛风活血，解毒抗癌。其中大黄鱼鳔味甘性平，无毒，祛风邪，消肿毒，行瘀止血，补血填精。民间常用于食管癌、胃癌、淋巴结核、小儿惊风、破伤风、吐血、滑精等症。

蒜苗肉包

原料：玉米面、白面各 500 克，蒜苗 250 克，鲜蘑菇 100 克，猪肉糜 250 克，发酵粉、黄酒、酱油、麻油、精盐、白糖、味精各适量。

制作：将玉米面、白面拌和，加发酵粉，水发成面团。蒜苗切成米粒大小，用盐略腌后，加蘑菇末和用黄酒、酱油、盐、糖调味的肉糜，加入麻油拌成馅。面团分成 20 份，分别

黄帝内经

311

包上馅上屉蒸熟即可。

功效：此包有增强机体抵抗力及防癌、降低胆固醇、抗血凝等功效。

豆腐烧萝笋

原料：豆腐5块，胡萝卜、笋、青椒各30克，香油10克，熟油250克（白酒100克），湿淀粉30克，酱油、白糖、味精、辣椒酱、葱花、蒜片、姜末、鲜汤各适量。

制作：将胡萝卜、笋、青椒均切成小象眼片；将豆腐上屉蒸10分钟，去掉水分，切成丁。炒勺放置旺火上，放入油，待油烧至七成热，投入豆腐，炸至金黄色时，倒入漏勺，控净余油。原勺内留一些底油，放入葱花、蒜片、姜末、胡萝卜片、笋片、青椒片、辣椒酱和酱油煸炒，然后加鲜汤、味精和糖；烧开后，撇去浮沫，投入炸好的豆腐翻匀，用湿淀粉勾芡，点香油出勺即成。

功效：防癌，抗癌。

红烧野鸭

原料：野鸭1只（约2000克），冬笋肉150克，酱油15克，熟猪油60克，大蒜9克，姜9克，味精0.6克，料酒30克，湿淀粉30克，香油3克，葱9克，胡椒粉0.3克，细盐0.6克，鸭清汤150克。

制作：将野鸭去掉粗毛、头、脚爪，然后在火上烧掉绒毛，随之放冷水内洗净，从背部剖开去内脏，洗净去骨、切成块，用泛水下锅煮至四成熟，最后取出放冷水内洗2次沥干，冬笋切菱角形的块，大蒜、姜均切片，葱片结。

把砂锅置旺火上，用熟猪油45克烧到五成热时，先将冬笋炸一下，再将野鸭块下锅，放料酒、细盐、葱结、姜片及7.5克酱油，煸干水分，加鸭清汤烧开，出锅去掉葱、姜，随后倒入钵内，上笼蒸烂。

把锅放在旺火上，把余下的熟猪油烧到五成热时，即将鸭倒入锅内，然后洒入剩余的酱油及味精、大蒜烧开，最后用湿淀粉勾芡出锅盛入盘中，放上香油，放入胡椒粉即成。

功效：强身健体，防癌抗癌。

红烧甲鱼

原料：活甲鱼3000克，鸡翅10个，火腿150克，蘑菇30克，鸡清汤2500克，葱、姜、蒜瓣、盐、料酒、深色酱油、白糖、味精，胡椒面、猪油各适量。

制作：把甲鱼宰杀后洗净，剁去爪尖，再剁成块；鸡翅剁去尖的一段，再剁成两段；火腿用热水洗干净，切成大厚片，葱切成段，姜切成片。鸡翅用水泡透，捞出；甲鱼用水加葱、姜、黄酒氽一下，捞出。锅烧热，倒入猪油，油热时，下入葱、姜略炒几下，即加入鸡清汤、甲鱼、鸡翅、火腿、蘑菇、盐、料酒、深色酱油、胡椒面、少许白糖烧开，撇去浮沫；改用砂锅烧，将甲鱼等放入，盖上盖，用小火炸到快烂时，下入蒜瓣，待已烂时，挑出火腿、蘑菇、

葱、姜、鸡翅均不要,捞出甲鱼、拆去骨,先将软边放入碗内,再把肉放在上面,灌入原汁;上桌前,将原汁洒入锅内,甲鱼翻扣盘中,原汁浓缩,加入味精,淋在甲鱼上即可。

功效:滋阴养血,抗癌防癌。

◆乌发秀发的食养

《唐·吉诃德》一书里有这样的句子:"她们的发头披在肩上,就像随风飘荡的太阳光线一般",这里说的是美发的流光轻泻。"绿云扰扰,梳晓鬟","片片行云看蝉鬓"。这是唐代大诗人的生花妙笔,也是在赞美女性的美发。

人们称赞美发,不惜笔墨,这说明美发是使容颜鲜亮的重要手段。自古以来,女性都不惜在美发上下功夫,人们很早就发现美发不仅是增添自身妩媚的一种造型艺术,而且也是一种可以灵活多变的美容手段。有人说,头发是人的第二张脸。乌亮的头发,不仅在美容上可以成为天然的装饰品,而且也是一个人仪表美和身体健康的标志。

酥蜜粥

原料:粳米 100 克,酥油(牛酥、羊酥均可)20~30 克,蜂蜜 15 克。

制作:将 3 味用火同煮成粥,可长期随意食用,不受疗程限制。

功效:养发美发。

乌须生发酒

原料:何首乌 150 克,黄精 150 克,枸杞子 150 克,卷柏 15 克,米酒 150 克。

制作:将何首乌、黄精、枸杞子、卷柏分别用清水洗干净,隔水蒸 30 分钟左右,封火;然后放入瓶内,注入米酒,密封瓶口,浸泡 10 日即可饮用。

功效:补血养颜,生毛发,乌须发,去黑斑;也适用于身体虚弱、气血不足而致头晕眼花、失眠、心跳者。

芪党首乌炖猪脑

原料:北黄芪 15 克,党参 15 克,何首乌 30 克,猪脑两副,生姜 2 片,红枣 4 枚,盐少许。

制作:将猪脑浸于清水中,撕去表面薄膜,挑去红筋,放入水中稍滚取出备用;再将北黄芪、党参、何首乌、生姜、红枣分别用清水洗干净;生姜刮去姜皮,红枣去核,备用;再将以上材料全部放入炖盅内,加入适量凉开水,盖上炖盅盖,放入锅内,隔火炖 4 小时,加入少许盐调味,即可进食。

功效:补益气血,补肾益精,生发茂发。

淮山药酥

原料:淮山药250克,黑芝麻10克,白糖100克。

制作:将淮山药去皮,切成菱角状小块,放入六成熟的菜油锅内炸至外硬中间软,浮面时,捞出;将炒锅置武火上烧热,用油滑锅,放入白糖,加少许水溶化,炼至糖汁成米黄色,随即推入淮山药块,并不停地翻炒,使外面包上一层糖浆,直至全部包牢,然后撒上炒香的黑芝麻即成。

功效:补肾润燥,适用于须发早白者服用。

乌发糖

原料:核桃仁250克,黑芝麻250克,红糖500克。

制作:将红糖放入锅内,加适量水,用武火烧开,移文火上煎熬至稠时,加炒香的黑芝麻、核桃仁,搅拌均匀停火,将红糖倒在内有熟菜油的搪瓷盘内,摊平,晾凉,用刀切成小块,装糖盒内备用;食用时,早晚各服3块。

核桃仁

功效:健脑补肾,乌发生发,适用于少白头或用脑过度、头发花白者服用。

首乌蛋汤

原料:鸡蛋2只,何首乌30克。

制作:将鸡蛋洗干净,砂锅内放入清水,把鸡蛋连皮同何首乌共煮半小时,待蛋熟后,去壳再放入砂锅内煮半小时即成。先吃蛋后饮汤。

功效:滋表养血,可防治脱发过多,头发早白。

黑芝麻粥

原料:黑芝麻25克,大米50克。

制作:将大米洗净后与黑芝麻一起煮成粥。

功效:养血脉,补肝肾,防止头发早白。

炒黑芝麻

原料:黑芝麻适量。

制作:将黑芝麻炒到有香味为止,晾凉后碎成细末,拌少量白糖以调味,每日早晚各服1次,每次服20克,可连续服用。

功效:补肝肾、润五脏,适用于妇女毛发纵裂症。

芝麻首乌粥

原料:黑芝麻粉,何首乌各 250 克。

制作:将黑芝麻粉和何首乌加少许糖煮成粥状。每日早晚各取适量,沸水冲成 1 小碗。

功效:补血,乌发,悦颜。

核桃豆

原料:核桃 12 个,枸杞子 60 克,黑豆 240 克,何首乌 60 克,熟地黄 50 克,山萸肉 50 克。

制作:先将核桃打烂,去外壳,肉上外衣不去,然后炒香切碎;将枸杞子、何首乌、熟地黄、山萸肉 4 味药加水放砂锅内同煮,取浓汁,去药渣。再将核桃、黑豆一起放入药汁中再煎,直到核桃肉稀烂,取出黑豆。按上法制成的黑豆在童便中浸泡 1~2 天,取出晾干。每次食 6~9 克,每日 2 次。

功效:补肝肾、养血荣发,主治少白头。

黑豆生发汤

原料:黑豆 30 克,芝麻 30 克,枸杞子 12 克,白糖 20 克。

制作:水煮半小时后连汤带药食之,每日 1 剂,连用 2 个月。

功效:滋养生发,并且乌发。

首乌熟地茶

原料:何首乌 30 克,熟地黄 15 克。

制作:水煎代茶饮。

功效:滋阴乌发,主治白发。

◆明目美眉的食养

对每个人来说,生命都是最宝贵的,因为生命属于人们只有一次。但人们又说,眼睛是心灵的窗户,要像爱护眼睛一样爱护生命,可见,眼睛是多么重要。所谓明目的食养,是指具有使目睛澄澈明亮、洞视有神、眼睑肌力增强、弹性增加作用的食养方法。

这些食养方法,即可以使眼目睛白瞳黑、目光炯然、视力提高,又能防治视物昏花、目眼混浊、眼睫无力,常欲垂闭、眼睑浮肿等眼部疾患。所谓美眉的食养,是指具有使眉毛生长、美丽的食养方法。

鲤胆光明散

原料:萤火虫 21 只,鲤鱼胆 2 枚。

制作:将萤火虫纳入鲤鱼胆中,阴干100日,捣为末。每日以少许点眼。

功效:能使目光炯炯,神采分明。因为,此方可清热明目,散翳消肿之功效。

茉莉花银枸明目汤

原料:乌鸡肝150克,茉莉花30朵,枸杞子10克,干银耳5克,各种调料适量。

制作:茉莉花洗净后用清水浸泡,鸡肝切成薄片,加少许盐,用姜汁、湿团粉拌匀,银耳发好后去掉硬根,撕成小块,枸杞子洗净,锅中加适量清汤,加入料酒、盐、姜汁、鸡肝、银耳、枸杞子、烧开后,撇去浮沫,待鸡肝变色刚熟时,将茉莉花及浸泡液一同倒入锅中,即刻盛入碗中,即可饮用。

功效:补肝益肾,明目清头,适用于肝肾不足、视力减退、头晕眼花等症。

乌鸡肝粥(摘自寿新养老新书)

原料:乌鸡肝30克,粳米50克,酱油适量。

制作:将乌鸡肝洗净,切碎备用;粳米如常法煮粥;粥将成时,加入鸡肝、酱油,搅拌均匀,略煮片刻即成。

功效:养肝明目,适用于肝血不足等所致视物模糊、夜不能视。

凉拌芹菜

原料:芹菜250克,米醋、生姜、香油各适量。

制作:将芹菜嫩茎,洗净切成丝,开水焯过取出,调入生姜末、米醋、食盐与香油,拌匀凉食。

功效:清肝明目,适用于肝阳上亢所致的头昏目痛。本药膳有良好的降压作用。

宁杞牛肝汤

原料:牛肝100克,枸杞子30克。

制作:把牛肝和枸杞子一起煮,熟后食肉饮汤。

功效:补益肝肾,养血明目,适用于肝血不足、视物模糊、夜盲等症。

玄参拌猪肝

原料:玄参50克,猪肝100克,菜油、酱油、湿豆粉、料酒各适量。

制作:将玄参洗净放入锅内,加水适量,煮半小时后,放入洗净的猪肝,同煮5分钟,捞出猪肝,切成小片备用;锅内菜油热后,入姜、葱稍炒,将油倒入猪肝片中,取酱油、白糖、料酒少许,兑加适量原汤,收汁后加湿豆粉,使成透明汤汁,亦倒入猪肝片中拌匀,单食或佐餐均可。

功效:滋阴补血、明目利咽,适用于肝血不足所致视力低弱或视物重影及夜盲症。

绿豆藕

原料:肥藕一节,绿豆50克,食盐适量。

制作:鲜藕片去皮洗净备用,绿豆用清水浸泡后取出,装入藕孔内,放入锅中,加清水炖至熟透,调以食盐进食。

功效:明目止痛,适用于热毒上攻所致的目赤肿痛症。

炒羊肝(摘自《食医心镜》)

原料:羊肝250克,鸡蛋1个,葱、姜、食盐、米醋、香油各适量。

制作:羊肝冲洗干净,切成薄片,放入碗中,加鸡蛋清、黄酒、酱油、米醋、葱、姜、食盐、白糖,拌匀备用。香油烧至七成热时,放入调制好的羊肝,猛火快炒至熟。

功效:补肝明目,常服对调治眼目昏花、夜盲等症有一定作用。

苦瓜酿肉

原料:鲜苦瓜500克,瘦猪肉末150克,面粉25克、海米、香菇各25克,鸡蛋清1个,大蒜、淀粉各50克,胡椒粉、味精、盐、酱油、香油、素油各适量。

制作:苦瓜去两头,切4厘米长段,挖去瓤放入沸水中焯熟,沥干水;香菇、海米切碎加猪肉末、蛋清、面粉、淀粉、盐调成馅,用馅把每段苦瓜填满,淀粉糊封口;油烧热,下苦瓜炸至淡黄色捞出,放入碗中加蒜末、酱油上屉蒸熟;将蒸好的苦瓜码入盘中,余汁入锅调味勾芡后倒入苦瓜即可。

功效:可清热、祛暑、明目。

苦瓜图

蜂蜜车前汤

原料:车前草150克,蜂蜜30克。

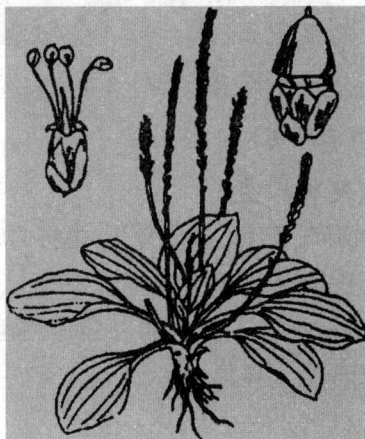

车前草图

制作:将车前草洗净,放铝锅内,加适量水,反复煎熬 3 次取汁;合并煎液,加入蜂蜜搅拌,当茶饮。

功效:清热,明目,适用于目赤肿痛、尿血诸症。

◆ 健脑食养

人人都希望自己有一个聪明的大脑,能使自己在激烈的竞争中击败自己的对手。但又如何使大脑聪明呢? 尽管方法很多,但重要的一条是食养。经研究比较肯定的有下列食物:植物性的有核桃、黑芝麻、金针菜、小米、玉米、枣子、海藻类、香蕈、南瓜子、西瓜子、葵花籽、杏仁、榛子、栗子、花生、豆制品等;动物性的食物有猪、鱼、羊、鸭、鹌鹑、牡蛎、海螺、乌贼、鱼、虾等。此外,我国自古有"以脑补脑"的说法,人吃动物的脑是有益的。

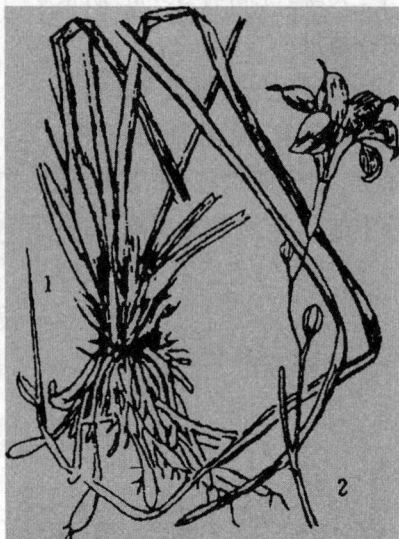

金针菜图 1.茎 2.花

鲤鱼脑髓粥(摘自《寿亲养老新书》)

原料:鲤鱼脑髓 5~10 克,粳米 50 克。

制作:取鲤鱼脑髓,洗净,切碎,备用。粳米煮粥,粥将成时,加入鲤鱼脑髓、葱、姜、黄酒、食盐,继续上火煮 10 分钟停火。每日 2 次。

功效:补脑髓,聪耳。鲤鱼脑髓味甘性平,善补脑髓,脑髓充则肾气旺,肾开窍于耳,脑髓与耳又有脉络相连。适用于老人耳聋。

核桃草鱼头

原料:草鱼头 2 个(约 1500 克),核桃肉 150 克,何首乌 15 克,天麻 6 克,生姜、葱各

15克,精盐5克,胡椒粉3克,味精2克,料酒25毫升,猪油100克,冬笋、豌豆尖各60克。

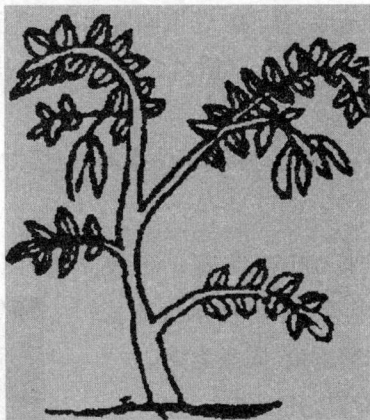

豌豆图

　　制作:将核桃仁用开水泡涨,剥去皮,洗净;何首乌、天麻洗净;鱼头去腮洗净,下颚劈开,顶部不劈;冬笋剖成两半,顺切成2厘米的厚片;生姜洗净拍破,葱切成长段;豌豆尖洗净。将锅置火上,加入猪油,待热时下姜、葱煸出香味,加入约2500毫升清水,再放鱼头、核桃仁、何首乌、天麻、冬笋、料酒、精盐、胡椒粉,用大火烧开,撇去浮沫,倒入砂锅内,改用小火烧至鱼头熟时,下豌豆尖。拣出葱、姜、何首乌不用,调入味精,佐餐食。

　　功效:健脑、补脑、益智,适用于脑力不足,思维不够敏捷的人经常服用。

灵芝心子

　　原料:灵芝15克,猪心500克,卤汁等调料适量。

花椒

319

制作:灵芝去杂质洗净,用水稍闷,煎熬 2 次,收取滤取;葱、姜洗净,葱切成节,姜切片;猪心破开,洗净血水,与药液、葱、姜、花椒同置锅内,煮至六成熟,捞起稍晾凉,再放入卤汁锅内,文火煮熟捞起,揩净浮沫;取适量卤汁,加入食盐、白糖、味精、芝麻油,加热收成浓汁,均匀地涂在猪心里外。

功效:安神、益神、健脑、益智,适用于病体虚弱、记忆力差、失眠、不耐思考等症。

木耳粥

原料:黑木耳 30 克,粳米 100 克,大枣 3~5 枚,冰糖少许。

制作:先将木耳浸泡半天,再用粳米大枣煮粥,待煮沸后,加入木耳、冰糖适量,同煮为粥。

功效:润肺生津,滋阴养胃,补脑强心。

木耳

◆固孕安胎的食养

当一个受精卵形成之后,一个新的生命就形成了,也开始了她的人生旅程。从此胎儿在母亲的腹中与母体共同呼吸,共同生活,母体的饥饿、疲劳、安逸、喜怒哀乐、饮食冷暖、起居行走都与她息息相关。所以说,这一时期的孕妇饮食、起居、情感对胎儿影响极大。恰到好处的营养不仅对胎儿体格与大脑的生长发育具有重要的作用,而且对预防孕期贫血、水肿都有很大的帮助。孕期膳食营养应按照下面的原则来进行:

①提供平衡膳食,膳食中所含的营养素种类齐全,数量充足,比例适当。其中营养素供给与机体需要保持平衡,食物要多样化。

②怀孕初期重在营养质量的改善,如增加优质蛋白的摄入,多吃蔬菜和水果等。中末期在保持营养质量的同时,提高各种营养素的摄入量,尤其是适当增加热量、蛋白质、钙、铁及维生素 A、维生素 C、B 族维生素的供给。

③尽量在膳食中满足各种营养素的供给。除非必需,一般不必服用营养补剂。

④膳食宜少食多餐,减少食盐摄入量。

⑤最好不要喝酒,以免造成胎儿发育不良,脑细胞受损。

鸡子羹

原料:鸡蛋 1 枚,阿胶 10 克,黄酒食盐各适量。

制作:阿胶洗净,放入碗中,隔水蒸至阿胶融化,打入鸡蛋,加清水、食盐、黄酒搅拌均匀,继续蒸至羹成。每日 1 次。

功效:滋阴,养血,安胎。

鸡子与阿胶相配,滋阴养血而安胎,适用于有血虚胎动不安,胎漏倾向的孕妇食用。

鲈鱼羹

原料:鲈鱼 1 条,大葱、生姜、黄酒各适量。

制作:鲈鱼去鳞及内脏,冲洗干净,放在盘中。把鱼盘放在蒸锅内,蒸数分钟后取出,左手持尾,右手用筷子夹住,将鱼放于锅中,加入葱姜末、食盐、黄酒及清水,煮沸,用湿淀粉勾芡即成。佐餐食用。

功效:补中,安胎。

其中鲈鱼为鳜科动物鲈鱼的肉,又名花鲈、鲈子鱼,主要分布于江河及沿海一带,我国江苏、浙江出产较多,它肉质细嫩、味道鲜美,营养丰富,含丰富的蛋白质和脂肪。味甘性平,与脾胃之性相宜。《本草备要图说》记载它"益筋骨,和肠胃,补中益气,亦安胎"。脾胃虚弱,食少,水肿,胎动不交的孕妇食用对身体非常有益。

鲈鱼图

冬瓜汁

原料:冬瓜 250 克,黄瓜 250 克。

制作:冬瓜、黄瓜洗净,去皮切片,绞取汁液,上火煮沸,以食盐调味或切片煮汤。经常食用。

功效:利水消肿,清热解毒。

饴糖饮

原料:饴糖 25 克,砂仁 5 克。

制作:砂仁加水煎煮 10 分钟,去渣取汁,加入饴糖,搅拌均匀即可。代茶饮。

功效:补虚缓急,安胎和胃。

本配方中饴糖味甘性温,功效似蜂蜜,补虚、缓诸急、止痛;砂仁和胃止呕,理气安胎,二者合用、温中补虚、缓急止痛、安胎和胃,是胎堕不安、腹部疼痛的先兆流产者的最佳饮品。

葡萄饮

原料:葡萄 250 克,白糖适量。

制作:葡萄洗净,剪碎,放入锅内加清水煎煮取汁,加白糖少许调味。代茶饮。

功效:补气血,利小便。

葡萄,古称蒲桃。味甘酸性平,煎汤饮服,大补气血,除烦止渴,强心利尿。以安胎,可用于胸满腹胀、烦闷喘急、坐卧不安属胎气上逆的孕妇。葡萄营养丰富,其内含的碳水

化合物,主要为葡萄糖,不需分解即可为人体吸收,供给热能。尚含一些有机酸,可健胃消食,对孕妇颇有益处。

★《黄帝内经》论食疗

天食人以五气,地食人以五味,五气入鼻藏于心肺,上使五色修时,音声能彰。五味入口,藏于肠胃,味有所藏,津液相生,神乃自成。

——《素问·生气通天论》

天供给人们以五气,地供给人们以五味。五气由鼻吸入,贮藏于心肺,其气上升,使面部五色明润,声音洪亮。五味入于口中,贮藏于肠胃,经消化吸收,五味精微内注五脏以养五脏之气,脏气和谐而保有生化机能,津液随之生成,神气也就在此基础上自然产生了。

自然界的五气五味是人们赖以生存的物质基础,对人体生命活动有着非常重要的影响。要顺应自然的变化而选择合适性味的药物或食物进行食疗。

《黄帝内经》认为,掌握机体阴阳盛衰的变化规律,围绕调理阴阳进行饮食活动,使机体保持"阴平阳秘"是食疗的核心。《素问·至真要大论》中指出:谨察阴阳所在而调之,以平为期。《素问·骨空论》中也指出:调其阴阳,不足则补,有余则泻。传统食疗可以概括为补虚和泻实两大方面。例如,益气、养血、滋阴、助阳、填精、生津等方面都可以看作是泻实。或补或泻,都是为了阴阳平衡、以平为期。

在具体食疗中,因为食物与药物的性能相通,来源一致,两者都属于天然产品,具有同一的形、色、气、味、质等特性。因此《黄帝内经》非常强调食药一体、药食同用,也就是将食物与药物相结合进行食疗搭配和药食调制制备。如《黄帝内经》所记载的 13 个治病方法,有一半涉及食物,而且分别属于谷类、水产类、禽蛋类、膏煎类等数种。最具代表性的食疗专方,"四乌贼骨—蘆茹丸"是针对精血气尽耗、肝肾肺俱伤的血枯的病症,而采用药食同用的方法配方。有补精气血、强肺肝肾、活血通经的作用,所以可以治上症。再如,半夏秫米汤用来治失眠,也是一种食疗的方法。

现代医学认为,合理的饮食和营养可以维持人体的健康,但摄入养分过多或不足,也会引起疾病。如长期进食超过机体需要的营养量而引起脂肪堆积会致肥胖。肥胖者易合并高血压病、高脂血症、心脑血管病,严重影响身体健康,缩短寿命。长期摄入的钙不足,会引起佝偻病。统计学表明,在疾病谱中占死亡前几位的心脑血管疾病、糖尿病、高

血压等，都与荤腥油腻饮食有密切关系。而食管癌症则与喜食过多、过热、过粗及刺激性食物如辣椒、醋等食物因素有关。研究发现，饮食物中作为致癌危险因素的物质主要有AchirideA生物碱、黄曲霉素、杂环胺类、苯并芘、亚硝胺、人工甜味剂、咖啡、过氧化氢。可见，饮食成分及饮食方式与多种疾病发病有密切相关性。

《黄帝内经》强调饮食是人体生存和保持健康的必要条件。人通过饮食，从饮食中吸收各种营养物质，化生为精、气、血、津液等，以维持人体正常的生命活动，而饮食的受纳、消化和水谷精微的吸收和转输，又主要靠脾胃的功能活动去完成，故脾胃为气血生化之源，后天之本。《素问·平人气象大论》："平人之常气禀于胃，胃者，平人之常气也。人无胃气曰逆，逆者死。"又说："人以水谷为本，故人绝水谷则死。"《素问·五脏别论》说："胃者，水谷之海，六腑之大源也。五味入口，藏于胃，以养五脏气。"《灵枢·五味》云："故谷不入半日则气衰，一日则气少矣。"《医宗必读·肾为先天本脾为后天本论》说："脾何以为后天之本？盖婴儿即生，一日不食则饥，七日不食则肠胃涸绝而死。"《黄帝内经》曰："安谷则昌，绝谷则亡，犹兵家之饷道也，饷道一绝，万众立散。胃气一败，百药难施。一有此身，必资谷气，谷气入胃，洒陈于六腑而气至，和调于六腑而血生，而人资之以为生者也，故曰后天之本在脾。"

所以说饮食营养是人体生存和保持健康的必要条件，脾胃是气血生化之源、后天之本。

《黄帝内经》在强调饮食营养对保持健康重要的同时，还十分强调饮食营养的性味偏性对机体体质的阴阳属性有重要影响，因为它轻则使体质发生转变，重则发生寒症或热症。如《素问·阴阳应象大论》指出："阴盛则阳病，阳盛则阴病。阳盛则热，阴盛则寒"，即是说过食寒性苦酸食物，则伤人体阳气而为病；过食热性辛甘食物，则伤人体阴气而为病；过食辛甘则使人内热而易转变为热性体质或发热病；过食苦酸使人内寒而易转化为寒性体质或患寒病。其转变的关键点在于一个"度"。如《素问·至真要大论》也提道："久而增气，物化之常也；气增而久夭之由也。"也是说针对患病体质和病症，应适当补充所宜的"五味"，适当久服，将增强人体内的新陈代谢过程，使体质的偏性和病症得以恢复，气化功能加强；但久服过度，就会影响人的体质产生寒热偏盛，久而久之，甚至造成疾病，甚至夭亡。

王孟英根据《黄帝内经》有关体质食疗学的基本原理及临床所见，在《潜斋医话》一书中指出："肥甘过度，每发痈疽，酒肉充肠，必滋秽浊，熏蒸为火，凝聚成痰，汩没性灵，变生疾病。"因此，中医所谓"内生五隧气"为病与吃也有关系。如《素问·生气通天论》指出："高粱之变，足生大丁""因而饱食，筋脉横解，肠澼为痔"。可见，饮食营养的性味偏性与体质、健康有密切关系。病理体质及疾病形成的重要机制之一是饮食不当。因此，治疗内生六气与纠正病理体质和病症，首先从调整饮食入手，可以收到"治病求本"、事半功倍

的效果。

　　《黄帝内经》食疗学不但强调"饮食致病"，而且重视"饮食治病"，在具体运用食疗方法时，《黄帝内经》强调要合理膳食。首先，全面膳食。《素问·脏气法时论》指出："毒药攻邪，五谷为养，五果为助，五畜为益，五菜为充。气味合而服之，以补益精气，……谷肉果菜食养尽之。"这里强调用五谷调养，五果辅助，五畜补益，五菜充实，全面配合进行食疗调养。其次，辨证食疗。《素问·热论》中提道："热病少愈，食肉则复，多食则遗"。强调在热病好转初期要少吃热性不易消化的食物，而且要以少吃为好，否则的话，极易出现"食复"。

　　《黄帝内经》虽然没有明确提出"四气"概念，但其提出"寒者热之，热者寒之"的原则已明确反映出药食具有寒凉或温热偏性的思想。药物治病，其目的正是在于以药性之偏，救机体阴阳偏盛偏衰之偏，即所谓"以偏纠偏"。选择食物进行食养食疗也是如此。寒凉类食物具有清热、泻火、解毒、凉血、养阴等作用。适用于热性体质或热症。温热类食物具有散寒活血、温经助阳等作用，适用于寒性体质或寒症。因此，食物寒凉或温热偏性是指导辨证食疗的依据。

　　在《黄帝内经》中也对食物之性味进行抽象概括。首先将食物多种多样的味用五行进行归类，如《素问·阴阳应象大论》指出"东方生风，风生木，木生酸，酸生肝……南方生热，热生火，火生苦，苦生心，……中央生湿，湿生土，土生甘，甘生脾，……西方生燥，燥生金，金生辛，辛生肺。北方生寒，寒生水，水生咸，咸生肾。"即是说，酸苦甘辛咸在五行分别属木火土金水，在五脏分别与肝心脾肺肾通应。其次将食物五味划分阴阳属性，如：《素问·至真要大论》云："辛甘发散为阳，酸苦涌泄为阴，咸味涌泄为阴，淡味渗泄为阳。"这里以阴阳不同属性将五味之功效分为阴阳两类，辛甘淡属阳，酸苦咸属阴。食物既有五味之偏（淡附于甘），作用也就各不相同。因此，《素问·脏气法时论》云："辛酸甘苦咸，各有所利，或散，或收，或缓，或急，或坚，或软。"

◆常见外感疾病的食疗

外感风寒的食疗

　　外感风寒是"感冒"的中医病症之一，"感冒"是由多种病毒或细菌引起的，以鼻咽为主要特征的急性呼吸道传染病，发病率很高，普遍易感，冬春多发，病程短，一般不产生免疫力。外感风寒起病常有受凉或过劳等诱因，刚开始的时候咽部不适，继而鼻塞，流清涕，头痛或身痛，无汗，或有低热症状。其病毒、细菌主要由飞沫传播，侵入上呼吸道黏膜，引起不同部位、不同程度的急性炎症。

《黄帝内经》认为外感风寒系风寒外袭、肺气失宣所致。风为阳邪，易伤头面诸窍；寒为阴邪，易伤阳气。两邪杂感，束于肌表，使毛窍闭塞、玄府不通、邪正交争，就会引发这种疾病。因风寒偏盛，故恶寒重、发热轻；腠理闭塞则无汗；足太阳之脉经气不舒则头项强痛、肢体酸痛；肺气失宣则鼻塞声重、时流清涕、咳嗽痰稀。

中医治疗外感风寒主要为辛温解表、宣肺散寒的方药，饮食疗法也是按照这个原则进行。

（1）新鲜生姜 15 克，红糖 30 克，加水约 300 毫升，煮 20 分钟，趁热服下，微微出汗最佳。

（2）新鲜生姜末 10 克，大葱白 5 根切碎，水煎数分钟，趁热饮服。白天及睡前各服 1 次。

（3）葱白 3 根，淡豆豉 30 克，水煎服，取汗而愈，注意避风。

（4）白胡椒末 2 克，醋 2 小杯，开水冲服。

（5）紫苏叶 10 克，生姜 6 克，水煎趁热服之，发出汗来就可以了。

（6）辣椒 1~2 个，切碎，生姜末 6 克，红糖适量，水煎后加食醋 1 小杯服之。

（7）荆芥 10 克，苏叶 10 克，茶叶 6 克，生姜 10 克，红糖 30 克。将前四味药物一并放入砂锅内煎沸，再加入烧沸的红糖水即可，趁热服用，以出汗为度。

（8）大枣 5 枚，生姜 6 克，葱白 2 根，水煎顿服，趁热饮后发汗。可治外感风寒及淋雨、受寒腹痛。

（9）橘皮、生姜、紫苏叶各 6 克，水煎后加红糖服之。

（10）连须葱白 5 茎，生姜 5 片，糯米 60 克，共同煮粥，粥成后加米醋 5 毫升。趁热服用，并温覆取汗。

外感风热的食疗

外感风热是"感冒"的中医症候之一。"感冒"是由多种病毒或细菌引起的，以鼻咽炎为主要特征的急性呼吸道传染病。病原体侵入上呼吸道黏膜，引起鼻、咽、扁桃体和喉部的急性炎症，黏膜水肿充血，继而增生变厚，出现发热、咽喉疼痛、口渴，或咳嗽、咳黄痰等症状。

《黄帝内经》认为外感风热是风热之邪侵袭人体所引起的病症。多因气候突变、寒暖失调、风热之邪乘机侵入人体和袭肺犯卫、卫阳郁遏、营卫失和、正邪相争，而见表卫病症。因风为春季主气，外感风热，每在春季易于罹患，是其时令特点。

中医治疗外感风热主要是辛凉解表、祛风清热，饮食疗法也是按照这个法则进行。

（1）桑叶 5 克，菊花 5 克，薄荷 3 克，苦竹叶 5 克，把三者用清水洗干净，放在茶壶内，用开水泡 10 分钟就可以了，随时饮用。

（2）金银花 30 克,鲜芦根 50 克,加入 500 毫升清水,煮 15 分钟,再加入 10 克薄荷,煮沸 3 分钟,滤掉渣,再加入适量的白糖,温服,每天 3—4 次,解热作用较强,适用于风热感冒发热咽干口渴突出者。

（3）粉葛根 10 克,淡豆豉 10 克,麦冬 10 克,一起放入砂锅中,加入 500 毫升水,煮沸 5—10 分钟,滤去渣,在药汁中加入 50 克粳米,一起煮成粥。将葱白切成短节,放入药粥中,搅拌均匀,温服。祛风和暖、解热不猛、养阴不腻,是风热感冒的最佳饮品。

（4）金银花 30 克煎成汁,再与绿豆一起煮熟,再加入 30 克白糖就可以了。

（5）菊花 10 克,薄荷 10 克,淡豆豉 30 克,加水煎服,每天一剂。

（6）葛根 30 克用水煮过,去掉渣,在剩下的汁里加入 60 克粳米煮成粥,每餐服用。

（7）把 500 克白糖放入加入少许水的锅中,用文火炼稠后,加入 30 克薄荷粉调匀,再继续炼到不粘手时,倒入涂有熟菜油的瓷盘内,待冷却时切成小块,随时含咽。

（8）桑叶 18 克,枇杷叶 10 克,甘蔗 100 克,生白茅根 30 克,薄荷 6 克,把前几者都洗净切碎。加入适量清水,一起煎煮,然后再加入 60 克粳米煮成粥稠,趁热服用,每天一次,连服 3 天。

◆减肥食疗

过度肥胖是一种病,有的是因疾病诱发,有的是由于营养过度的脂肪堆积,有的也可能因缺乏体育锻炼而形成的。肥胖既影响健美,又会引发引起疾病,如糖尿病、冠心病、高血压等,对人的身体健康造成很大的伤害。

现在,国内外减肥的疗法很多,除了运动、针灸、气功、手术可适当用于减肥外,与饮食有关的减肥养生方法也不少。大致说来,有如下几种常用的具体措施。

喝茶减肥

茶叶多具有消腻减肥功效,其中以乌龙茶、普洱茶更能降低血脂,减轻体重。

喝汤减肥

有人认为,每天一定要在饭前喝一定量的菜汤,因胃内有食物填充,故可减慢进餐的速度,使大脑相应部位兴奋,降低食欲,可使每餐都不致过量,只要坚持一段时间就可以感觉到效果。

重度肥胖病人,如采用多种减肥法均少效,可在一段时间内只饮水,不进其他饮食以达到减肥目的。但应按医生指导。

学智慧全书

养生智慧

多喝水减肥

国外比较盛行这种方法,此与上法相似,多喝水以饱腹,据说减肥效果不错。

◆排毒食疗

合理配制一套营养均衡的"排毒套餐",对人体进行排毒食疗,不仅有益于身体健康,还可起到强健体魄的作用。专家介绍,"排毒"是全面维护身体健康与平衡的新观念,"毒素"一般存在于日常生活中。日常程式化的枯燥生活、紧张刻板的节奏、单调乏味的应酬、缺乏锻炼的时间、不科学的饮食、不合理的卫生习惯……所有这一切都有可能成为导致身体毒素增多、积蓄、转化乃至危害健康的原因。

利用食物进行天然排毒,这也是《黄帝内经》的一个重要思想。

菌类食物

菌类食物,这些菌类含有丰富的硒。经常服用可降血压、降胆固醇、防止血管硬化、提高机体免疫功能,增加体内免疫球蛋白的含量,兴奋骨髓造血功能及滑肠、洁血、解毒、增智等。

鲜果、鲜菜汁

鲜果、鲜菜汁是体内"清洁剂",常饮能解除体内堆积的毒素和废物。

海带

海带对放射性物质有特别的亲和力,海带胶质能促使体内的放射性物质随同大便排出体外,从而减少放射性物质在人体内的积聚,能减少放射性疾病的发生率。

绿豆汤

绿豆汤能帮助排泄体内的毒物,促进机体的正常代谢。

猪血汤

猪血中的血浆蛋白,经过人体胃酸和消化液中的酶分解后,会产生一种解毒和起滑肠作用的物质,与侵入胃肠的粉尘、有害金属微粒发生化学反应,变为不易被人体吸收的废物。

毒套餐

起床后先喝一杯水或一杯鲜榨果汁或一杯蜂蜜水。

早餐：一大碟水煮蔬菜和一大盘新鲜水果。

上午小食：一小盘水果和两个核桃或杏仁。

午餐：大盘水煮蔬菜或者蔬菜沙拉。

下午小食：小碟干果、果仁、小碟水果。

晚餐：蔬菜沙拉，或大盘水煮蔬菜，一小盘水果。

睡前：一小杯乳酪或脱脂奶。

◆常见内科疾病饮食疗法

这里我们给出了高血压、冠心病、缺铁性贫血、神经衰弱、风湿性心脏病、支气管哮喘等内科疾病的食疗方法，供大家参考。

高血压病的食疗

高血压是以体循环动脉血压升高为诊断依据。一般指 40 岁以下成人收缩压大于 104 毫米水银柱，舒张压大于 90 毫米水银柱；40 岁以上随着年龄每增大 10 岁，正常收缩压标准可增高 10 毫米，但舒张压的正常标准不变。高血压有两种，一种是继发性高血压，由某些疾病引起；一种是原发性高血压，由于大脑神经中枢调节血压功能紊乱所引起。通常情况下把后者称为高血压病，一般常有头痛、头晕、失眠、心悸、胸闷、心烦等症状，早期没有自觉症状，严重时常并发心、脑、肾等症患。

高血压属于中医"眩晕""头痛""心悸"等范畴，多由肝火上升，肝肾阴虚、阴虚阳亢所引起。药膳既可作为高血压病的辅助治疗，也可以作为该病的预防、康复和保健之用。

草决明

（1）菊花山楂茶：菊花、茶叶各 10 克，沸水冲泡，加茶常饮，每日一剂。

（2）山楂二花菜：山楂、金银花、菊花各 25 克，沸水冲泡，加盖焖片刻即可，代茶随饮或每日 3 次即可。

（3）菊楂决明茶：菊花 8 克，生山楂片、草决明各 15 克，沸水冲泡半小时后即可饮服，代茶随饮。

（4）山楂荷叶茶：山楂 30 克，荷叶 12 克，水煎 20

分钟,去渣代茶饮。

(5)降压菊槐茶:菊花、槐花和茶叶各3克,沸水冲沏,代茶随饮。

(6)复方菊槐茶:菊花、槐花、绿茶各6克,龙胆草10克,沸水冲泡,代茶常饮。

(7)菊葛茶:菊花、茶叶各12克,葛粉50克,蜂蜜适量。将菊花、茶叶焙干研成末,加入沸葛粉中,再调入蜂蜜,每日1次。

(8)苹果茶:绿茶1克,苹果皮50克,蜂蜜25克。将苹果皮洗净煮沸3分钟,加入绿茶、蜂蜜,分3次服,每日1剂。

(9)芹菜红枣茶:芹菜350~700克,红枣100~200克,加入适量的清水煮汤,每日分3次饮服。

(10)芹菜粥:芹菜60克,粳米50~100克。将芹菜洗净、切碎,与粳米同煮为菜粥。每日早晚服,温热食,连服7~8日。

(11)海蜇荸荠汤:海蜇皮50克,荸荠100克。把二者洗净,切成片后一起煮成汤,吃海蜇皮、荸荠,饮汤。

(12)双耳汤:白木耳、黑木耳各10克,冰糖30克。二者洗净泡发,放入冰糖,加入适量清水,放在蒸笼中蒸1小时,熟透即可。

(13)首乌山楂汤:何首乌15克,山楂12克,糖适量。二者共煎50分钟,取汤加糖即可。

(14)首乌大枣汤:何首乌60克,大枣3枚,粳米100克,冰糖适量。何首乌煎取浓汁,去掉渣加入粳米、大枣,加冰糖适量,同煮为粥。

(15)银叶红枣绿豆汤:鲜银杏叶30克(干品为10克),红枣10枚,绿豆60克,白糖适量。将银杏叶用小火烧开20分钟,放弃树叶,加红枣、绿豆,白糖1匙。继续煮1小时,至绿豆熟烂即可。每次1小碗,每日2次。夏季炎热的时候食用最好。

(16)豆浆粳米粥:鲜豆浆2碗,粳米60克,冰糖少许。以豆浆代水同粳米煮成粥,加冰糖调味。

(17)菠菜粥:鲜菠菜适量,粳米100克。菠菜用沸水焯数分钟,捞出切成丝,与粳米一起煮成粥,做主食用。

(18)海参粥:海参30克,粳米60克,海参洗净与粳米同煮成粥。

(19)玉米西瓜香蕉汤:玉米须、西瓜皮、香蕉各适量,三者一同煮为汤。

冠心病的食疗

冠心病是指冠状动脉粥样硬化性心脏病,简称"冠心病"。主要为心绞痛型和心肌梗死型两大类。症状多见胸闷气憋、心前区刺痛、绞痛、头昏乏力。轻者也可以无症状,重者如不及时治疗有生命危险。本病治疗在于改善冠状动脉的血液供应和减少心肌耗氧

量。中医学属于"心痛""胸痹"等范畴。

（1）山楂片茶：绿茶 1 克，山楂片 25 克。二者加水 400 毫升，煮沸 5 分钟，分 3 次温服，加开水复泡续饮，每日 1 剂。

（2）山楂益母草：山楂 30 克，益母草 10 克，茶叶 5 克，沸水冲泡，代茶，每日一剂。

（3）丹参茶：丹参 9 克，绿茶 3 克，将丹参制成粗末，与茶叶以沸水冲泡 10 分钟即可，每日 1 剂，不拘时饮用。

（4）参果茶：丹参、山楂片各 10 克，麦冬 5 克。沸水冲泡，焖 30 分钟，代茶濒饮。

（5）香蕉茶：香蕉 50 克，茶叶 10 克，蜂蜜少许，先用沸水冲泡茶叶，后将香蕉去皮研碎，加蜜调入茶水中，当茶饮，每日 1 剂。

（6）党参粳米粥：党参 9 克，粳米 100 克，冰糖少许。三者共煮成粥，每日早餐吃。

（7）山楂荷叶粥：山楂 15 克，荷叶 12 克，粳米 100 克，三者同煮成粥，每日温热服食。

（8）番茄粥：番茄 250~300 克，小米 100~150 克，白糖、玫瑰汁适量。将香蕉去掉外皮和籽后切成小块，将小米与番茄、白糖一起放入锅中，加入适量水煮粥，调入玫瑰汁即可。

（9）黄豆粥：黄豆 100 克，炒米 150~200 克。黄豆浸泡 12 小时，与炒米一起煮成粥，早晚空腹温服。

（10）香菇降脂汤：鲜香菇 90 克，调味品适量。香菇用油、盐炒过后，加入水煎煮为汤。

（11）薤白山楂粥：薤白 10 克，山楂 15 克（鲜者均加倍），粳米 100 克。三者同煮为粥，每日服 1~2 次。

（12）首乌百合粥：何首乌 15~30 克，百合 30 克，枸杞子 10 克，大枣 6 枚，粳米 100 克，白糖适量。将首乌放入砂锅煎煮，取汁，再与百合、枸杞子、大枣、粳米、白糖共煮为粥。早晚服用。

（13）桃仁山楂陈皮饮：桃仁 6 克，山楂 15 克，陈皮 3 克。三者沸水冲沏，代茶饮。

缺铁性贫血的食疗

缺铁性贫血是指体内可用于制造血红蛋白的贮存铁已被用尽，红细胞生成受到障碍时所发生的贫血。缺铁性贫血是最多见的贫血；缺铁性贫血如果发生缓慢，早期可无症状或症状很轻，贫血发生和进展较快者症状较重。一般常见的症状有面色苍白、倦怠乏力、心悸和心率加速、体力活动后气促、眼花、耳鸣等。部分病人（大多为儿童）会有嗜食泥土、煤屑、生米等异食癖。贫血和缺铁纠正后，这些症状都会消失。

（1）绿豆红枣汤：绿豆 50 克，红枣 50 克，红糖适量。前二者同煮至绿豆开花，加红糖服用。

（2）黄花菜粥：黄花菜 50 克，瘦猪肉 50 克，红糯米 50 克。三者共煮成粥，加盐调味。

（3）樱桃枸杞龙眼羹：龙眼肉 10 克（鲜龙眼肉 15 克），枸杞子 10 克，鲜樱桃 30 克。前 2 味加适量水，煮至充分膨胀后，放入鲜樱桃煮沸，白糖调味服用。

（4）猪皮红枣羹：猪皮 500 克，红枣 250 克，冰糖适量。猪皮块与大枣置铁锅中，放入冰糖与水，大火烧开后用小火炖成稠羹。

（5）黄豆芽猪血汤：黄豆芽、猪血各 250 克。加油爆香蒜、葱、姜末，加入猪血并烹入黄油，加水煮沸，放入黄豆芽，煮熟后调味即可。

（6）菠菜猪肝汤：菠菜 100 克，猪肝 30 克。猪肝用水煮熟，加入菠菜，数分钟调味即可。

神经衰弱的食疗

神经衰弱是一种神经活动功能失调的病，多由大脑皮质中枢神经系统兴奋与抑制过程失去平衡所致。它常常由于长期的思虑过多或精神负担过重，脑力劳动者劳逸结合长期处理不当，或病后体弱等原因引起。主要表现为精神疲劳、记忆力差、易激动、神经过敏、失眠、头昏头痛、忧郁心疑等症状。属于中医学的"失眠""心悸""虚劳""脏躁"范畴。

（1）合欢花茶：合欢花 6 克，白糖适量。合欢花洗净沸水冲泡，加入白糖即可饮用。

（2）莲心茶：茶叶 1 克，莲子心 2 克。开水冲泡饮服。

（3）茉菖茶：青茶 10 克，茉莉花和石菖蒲各 5 克，沸水冲泡，代茶饮，每日一剂。

（4）葱枣茶：大枣 20 枚，带须葱白 2 根，红枣加水大火烧开，改用小火炖约 20 分钟，加入带须葱白后继续炖 10 分钟，吃枣，喝汤。

（5）芹菜枣仁汤：鲜芹菜 90 克，酸枣仁 9 克，芹菜与酸枣仁一同煮成汤。

（6）百合枣仁汤：鲜百合 50 克，生枣仁、熟枣仁各 15 克，鲜百合用清水浸泡一夜，取生枣仁、熟枣仁水煎去掉渣，用其汁将百合煮熟，和汤一起服下。

（7）猪肉枸杞山药汤：瘦猪肉 50 克，淮山药 30 克，枸杞子 15 克，三者共同煮熟饮汤。

（8）莲子百合煲瘦肉：鲜百合 30 克，莲子 10 克，瘦猪肉 250 克，三者共同煮食，调味后食用。

（9）莲子枣仁粥：莲子 30 克，炒酸枣仁 15 克，红枣 5 枚，粳米 100 克。共同煮成粥。

（10）天麻决明炖猪脑：猪脑 1 个，天麻 10 克，石决明 15 克，加水共同煮 1 小时成稠状，捞出药渣，分两次服用。

（11）百合柏子仁：鲜百合 50 克（干百合 20 克），柏子仁 10 克，蜂蜜 1 匙，先将百合、柏子仁加入 500 毫升水，用小火煮

合欢花

20—30分钟,离火后加入蜂蜜,去掉柏子仁渣,就可以食用了。

(12)枸杞淮山炖猪脑:猪脑1个,淮山药30克,枸杞10克,一同放入砂锅内,加水炖熟即可。

风湿性心脏病的食疗

风湿性心脏病是风湿性心瓣膜炎遗留的慢性瓣膜病,往往会导致心脏功能不全。

中医认为这种病的发生是由于风寒湿邪侵入人体,合而为痹,病延日久,或反复感受外邪,由关节肌肉入侵到血脉,再由血脉累及心脏。在这种病的发生、发展过程中,由于心脉瘀阻的程度不同,就会产生不同的临床表现。可将风湿性心脏病归纳为心痹、惊悸、水肿等范围。

中医对风湿性心脏病的治疗依据症候不同,分别采用活血、养心、健脾、温肾、利水等方法,食疗也是按照这个原则进行。

(1)薤白、葱白5段切成细丝,粳米100克与生姜5片煮成粥,待粥将成,拌入薤白、葱白段,煮至粥成。每天早晨服用。适用于胸闷隐痛、痰多气短、倦怠乏力、纳呆便溏的痰浊郁阻型患者。

(2)干莲子300克,茯神200克,糯米粉500克。将干莲子冷水泡发,捣成泥糊状,茯神烘干,研成细粉,与糯米粉制成糕点,随意服食。这种方法适用于心悸、怔忡、胸闷气短、倦怠乏力、面色萎黄的心气虚弱型患者。

(3)红枣10枚,羊心1只,两者一同炖,至红枣、羊心烂熟为度,调味即成,适用于各型患者。

(4)干莲子30克,百合30克,猪瘦肉30克,同炖至酥烂,分2次食用,适用于各型患者。

(5)灵芝20克煎浓汁,猪心1个切成片,与灵芝煎汁同炖食之。这种方法适用于心悸气短、头晕目眩、面色苍白的气血不足型患者。

(6)小麦50克,百合20克,粳米50克,冰糖30克一同煮成粥。适用于心悸气短(动则尤甚)、口干咽燥、五心烦热的气阴两虚型患者。

(7)肉桂3克研成粉备用,茯苓10克与粳米100克煮粥,待粥将成拌入肉桂粉,煮至粥成。适用于心悸不安、胸闷气短、面色苍白、形寒肢冷的心阳不振型患者。

(8)生黄芪50克,茯苓30克,薏苡米30克,赤小豆30克,灵芝15克,加入100克糯米煮成粥。这种方法适用于心悸浮肿、面色晦暗、形寒肢冷、舌淡苔白的心、肾阳虚型患者。

(9)刺五加15克,肉桂5克,合煎浓汁;鲤鱼1条,赤小豆30克与刺五加、肉桂汁同炖,调味,不加盐服食。这种方法适用于心悸气喘、全身水肿、畏寒肢冷、腰膝酸软的阳虚

水泛型患者。

支气管哮喘的食疗

支气管哮喘是一种常见的呼吸道慢性疾病，也是发作性的过敏性疾病，是由于广泛的小支气管痉挛所造成的一种急性聋型喘息，简称哮喘。其临床特征为发作性伴有哮鸣音的呼气性呼吸困难，持续数分钟至数小时或更长，可自行或经治疗后缓解。长期反复发作常并发慢性支气管炎和肺气肿。支气管哮喘病人在寒冷季节和气温急剧变化时，常反复发作，病程长期而顽固。大多数发生在秋冬季节，春季次之，夏季多数减轻或者缓解。属于中医的"喘症""哮症""肺胀"等范畴。

（1）三六冬花茶：茶叶 6 克，款冬花 3 克。沸水冲泡，代茶随饮。

（2）石韦茶：绿茶 2 克，石韦 1 克，冰糖 25 克。先煮石韦，连石韦一起冲泡茶叶、冰糖，加盖闷 3 分钟后可饮 3 次，下午四时后，就不要再饮用了。

（3）冬花茶：茶叶 6 克，款冬花 3 克，紫菀 3 克。开水冲泡，代茶饮用。

（4）霜桑叶茶：经霜桑叶 30 克。将霜桑叶加水 500~1000 毫升，煎沸 10~15 分钟，取汁。代茶饮用。每日 1 次，不拘时温服。

（5）久喘桃肉茶：胡桃肉 30 克，雨前茶 15 克，炼蜜 5 茶匙。将前二味研成末，拌匀，和蜜为丸，弹子大小。每日 2 丸。或将前 2 味加水共煮，沸 10~15 分钟后，取汁加入炼蜜，即可代茶饮。或上二味研成末，加蜜以沸水冲泡，代茶饮用。

（6）楂桃茶：山楂 50 克，核桃仁 150 克，白糖 200 克。将核桃仁磨成浆，用清水稀释；山楂拍破在中火上煎熬 3 次，每次 20 分钟，过滤去掉渣，取汁浓缩至 1000 毫升。在山楂汁中，加白糖搅拌待溶化后，再缓缓倒入核桃浆，边倒边搅均匀，烧至微沸出锅。可以经常饮用。

（7）紫苏粳米粥：粳米 500 克，紫苏叶 10~15 克。先将粳米 500 克煮稀粥，粥成后加入紫苏叶 10~15 克，稍煮即可。

（8）生姜大枣糯米粥：鲜生姜 9 克，大枣 2 枚，糯米 150 克。生姜切末，与大枣、糯米共煮为粥食用。

（9）胡桃粥：胡桃肉 10 个，粳米 100 克，将胡桃肉捣碎，与粳米同煮成粥。早晚温服。

（10）生芦根粥：新鲜芦根 100~150 克，竹茹 15~20 克，桑白皮 10 克，粳米 100 克，生姜 2 片。将鲜芦根切成小段，把竹茹、桑白皮放入砂锅同煎煮，取汁与粳米同煮成粥，将熟时放入生姜片，再煮片刻即可。

（11）杏仁百合粥：杏仁 10 克，鲜百合 50 克，大米 50 克，白糖适量。待米煮沸后，放入去掉皮的百合、去掉皮的尖杏仁，粥成后加白糖。

（12）桃仁粥：桃仁 10 克，粳米 100 克。将桃仁浸泡，去掉皮研成末，与粳米煮粥食

黄帝内经

用。

（13）大蒜红糖膏：紫皮蒜 60 克，红糖 90 克。紫皮蒜捣烂如泥，加红糖及清水适量熬成膏。

（14）荔枝汤：荔枝约 90 克。切碎，用水煎汤代茶饮。

（15）芝麻杏仁蜜：黑芝麻 500 克，杏仁 100 克，白糖 125 克，蜂蜜 125 克。黑芝麻炒香研末，杏仁捣烂成泥，与白糖、蜂蜜共置瓷碗中，上锅蒸 2 小时，离火冷却。每日 2 次，每次 2~4 匙，温开水调服。

荔枝图

慢性支气管炎的食疗

慢性支气管炎是指气管、支气管黏膜及其周围组织的慢性非特异性炎症。临床上以咳嗽、咳痰或伴有喘息及反复发作的慢性过程为特征。其多由急性期没有彻底治好而成，常反复感染，或长期刺激，迁延多年，很难治疗，这种病在老年人中比较常见。晚期可引起阻塞性肺气肿和慢性肺源性心脏病。相当于中医学中的内伤咳嗽。

（1）橘茶饮：茶叶 2 克，干橘皮 2 克。沸水冲泡 10 分钟即可。代茶饮用。

（2）川贝莱菔茶：川贝母、莱菔子各 15 克。二者一同研成粗末，沸水冲泡。代茶饮用。

（3）蜜蛋茶：蜂蜜 35 克，鸡蛋 1 个。蜂蜜加水适量烧开，将鸡蛋打散，用烧沸的蜜水冲蛋服。每日 1~2 次，温服。宜常服。

（4）茶姜蜜浆：茶树根 100 克，生姜 50 克，蜂蜜适量。将茶树根同姜煎，去渣留汁加蜂蜜调，每服 20 毫升，每日 2 次。

（5）百冰粥：百合干 30 克（鲜百合 60 克），粳米 100 克，冰糖适量。三者同煮为粥服用。

（6）生姜粥：生姜 6~9 克，粳米或糯米 100 克，二者同煮粥服用。

（7）萝卜粥：鲜萝卜 250 克，粳米 100 克。把鲜萝卜切碎（捣汁亦可），同粳米共煮为粥。

（8）猪肺粥：猪肺 100 克，薏苡仁 50 克，粳米 100 克。先将猪肺煮约 30 分钟，捞出切成豆大小块，再与薏苡仁、粳米同煮为粥。每日 2 次，温热服用。

（9）杏子粥：杏子 5~10 枚，粳米 30~60 克，冰糖适量。先用成熟、新鲜杏子，洗净后煮烂去掉核。另用粳米煮粥，待粥将成，加入杏子肉、冰糖，再煮沸即可，空腹食用，每日 2 次。

（10）四仁鸡子粥：白果仁 100 克，甜杏仁 100 克，胡桃肉 200 克，花生仁 200 克。四者共捣碎，每日早晨取 20 克，加 1 小碗水，煮数沸后打 1 个鸡蛋，冰糖适量，顿服，连服半年。

（11）补肺阿胶粥：糯米 30 克，杏仁 10 克，阿胶 15 克，马兜铃 10 克，用水适量。先煎杏仁、马兜铃，去渣取汁同糯米煮成粥；阿胶烊化为汁，兑入糯米粥，和冰糖一起服用。

花生仁

（12）杏仁猪肺汤：新鲜猪肺一副，生姜汁 60 毫升，甜杏仁用温水浸泡 2 小时，去掉皮捣烂，取出生姜汁、蜂蜜一起拌匀，塞入猪肺管内，扎好管口备用，将猪肺放入砂锅。加适量水，用大火烧沸，再用小火炖 150 分钟即可。每日 1~2 次，趁热空腹喝汤 1 小碗。连服 7 日。

（13）甜杏鲫鱼汤：甜杏仁 10 克，鲫鱼 1 尾，红糖适量。将鲫鱼去掉鳃、内脏和鱼鳞，洗净后加水与甜杏仁、红糖共煮 30 分钟，至鱼熟即可，食肉，喝汤。

（14）梨羹：生梨 1 个，川贝母 6 克，冰糖适量。先将生梨切碎，川贝母和冰糖炖水。饮服，每日 2 次。最好早饭前和晚上临睡前服用。

（15）冬瓜子豆腐汤：冬瓜子 30 克，豆腐 500~1000 克。将豆腐切成块与冬瓜子一起放入砂锅内，加水煮 20 分钟即可。

（16）蜜枣甘草汤：蜜枣 8 枚，生甘草 6 克。将蜜枣、生甘草加清水 2 碗，煎至 1 碗，去渣即可。

（17）荸荠百梨羹：荸荠 5 只，百合 20 克，雪梨 1 只，冰糖适量。荸荠去皮捣烂；雪梨去皮核切成小块；百合洗净备用。上三者混合加水适量，在文火上熬煮 50 分钟，至熬烂成糊状时，加入冰糖，搅匀后放入干净玻璃瓶中即成。

糖尿病的食疗

糖尿病是因胰岛素相对或绝对不足而引起的以糖代谢紊乱、血糖增高为主的慢性疾病。早期没有症状，晚期典型病人有多尿、多食、多饮、消瘦、疲乏等临床表现。早期诊断依靠化验尿糖和空腹血糖。糖尿病易并发感染以及发生动脉硬化、白内障等疾病。属于中医"消渴"范畴。

（1）丝瓜茶：丝瓜 200 克，茶叶 5 克，盐适量。丝瓜切成 2 分厚的片，加盐水煮熟，加入茶叶即可，每日 2 次。

（2）姜盐茶：鲜生姜 2 片，食盐 4.5 克，绿茶 6 克。将三者加入适量清水煎汤即可。每

黄帝内经

日 1~2 剂,不拘时频饮。

（3）花粉茶：天花粉 125 克。将天花粉制成粗末，每日 15~20 克，沸水冲泡，代茶频饮。

（4）山药茶：山药 250 克。将山药水煎后过滤，代茶饮。

（5）清蒸鲫鱼茶：鲫鱼 500 克，绿茶适量。在鱼腹内塞满绿茶，清蒸鱼熟即可，淡食鱼肉。

（6）糯米红茶：红茶 2 克，糯米 50~100 克。水 600~800 毫升煮沸后加糯米，待熟时，加入红茶即可，分 2 次温服，每日 1 剂。

（7）玉米须茶：绿茶 0.5 克，玉米须 50~100 克，玉米须加水 300 毫升，煮沸 5 分钟，加入绿茶即可。分 3 次服，每日服 1 剂。

（8）瓜皮茶：冬瓜皮、西瓜皮各 10 克，天花粉 8 克。将三者切成小片，放入砂锅，加水适量煎煮 10~15 分钟，取汁代茶饮用。

（9）菠根银耳汤：鲜菠菜根 150 克，银耳 30 克。银耳用冷水浸泡变软。菠菜根洗净与银耳同煮 30 分钟即可。吃银耳，喝汤。

（10）苡仁山药粥：薏苡仁 60 克，山药 60 克。薏苡仁研成粉，山药捣末，同煮成粥。

（11）枸杞山药炖兔肉：枸杞子 15 克，山药 25 克，兔肉 250 克，细盐少许。将兔肉洗净切细，同枸杞子、山药、盐共入锅中，加水，用文火炖烂即可。

（12）茯苓山药肚：茯苓 200 克，淮山药 200 克，猪肚 1 只，细盐、黄酒各适量。茯苓以水泡发。猪肚反复用盐、醋水冲洗干净，滤干，将淮山药、茯苓装入肚中，用线扎口，放入大砂锅内，加冷水烧开后加细盐半匙、黄酒 2 匙，改用小火慢炖 4 小时，至肚子酥烂。冷却后将茯苓、山药倒出，烘干，研成细粉，装瓶备用。吃肚、饮汤。茯苓山药粉每次 10 克，每日 2~3 次，饭后开水冲服，连用 2~3 个月，每个月为 1 个疗程。

（13）玉山鸽子汤：白鸽 1 只，玉竹 15 克，山药 20 克，精盐、调味品各适量。鸽子切成块，放入砂锅，加入玉竹、山药、精盐及调料，再加水 500 毫升，用小火炖煮 60 分钟至肉熟烂即可。饮汤，食肉。

丝瓜图

西瓜图

(14)消渴汤:生猪胰子10克,生地黄、山药各30克,山芋肉、黄芪各15克。将后四者放入砂锅中,加适量水浸泡1.5~2小时,用小火煎煮40分钟,用纱布过滤取汁。剩下的渣再加热水煎煮30分钟,过滤取汁,合并两次液汁,加入生猪胰子中,煮熟即成。食肉,喝汤。

痛风的食疗

痛风是一种嘌呤代谢紊乱所致的疾病。其临床特点为高尿酸血症伴痛风性急性关节炎反复发作、痛风石沉积、痛风石性慢性关节炎和关节畸形,常累及肾脏引起慢性间质性肾炎和尿酸肾结石形成。它可分为原发性和继发性两大类,原发性者病因少数由于酶的缺陷引起,大多原因不明。继发性者可由某些恶性肿瘤、肾脏病及血液病等多种原因引起。

中医认为这种病的发生多以机体禀赋不足为内因,风寒湿热之邪外侵、饮食不节、起居失宜为外因。一般初起以湿热邪实为主,病位在肢体、皮肉、经络;反复发作,病渐发展,则以痰瘀凝结为主,多为正虚邪实,病位在筋骨;病久入深,肾精亏耗,固摄开阖失常,遂为正虚邪实,病位深在筋骨及脏腑。临床上亦可见到肾精先亏,而后感外邪者;亦有病程缠延、湿热留驻、痰瘀胶结、虚实夹杂或以邪实为主者。

痛风患者的饮食,宜吃偏于碱性的食物,忌食酸性的高嘌呤食物。

(1)小苏打盐汽水:小苏打10克,精盐2克。先在砂锅中注入1500毫升清水,加入精盐,置火上煮沸,溶液冷却后经冰箱冷冻。在容器中放入小苏打,再冲入冷冻的溶液,搅拌均匀即成。频频饮之,每日1剂。这种方法适用于各类痛风患者。

(2)土茯苓30克,土茯苓晒干研细末,粳米加水煨成稠粥,粥将成时调入土茯苓粉搅匀,再煨煮至沸,即成。早晚2次分服。适用于各类痛风。

(3)百合100克,粳米100克。百合掰瓣,与粳米一起放入砂锅内,加水熬粥,至百合、粳米酥烂,粥黏稠即成。早晚2次分服。这种方法对老年痛风急性发作期轻症患者尤为适宜。

(4)秋水仙鳞茎5克,绿茶2克,秋水仙鳞茎剥成片状,与绿茶一同放入有盖的杯子中,沸水冲泡,加盖闷10分钟代茶频饮之,每日1剂。这种方法适用于痛风急性发作期,对老年急性痛风性关节炎尤为适宜。

(5)威灵仙30克,蜂蜜20克。威灵仙切碎,放入砂锅中,加水浓煎,滤汁,加入蜂蜜,拌匀即成,早晚2次分服。这种方法适用于急、慢性痛风患者。

(6)鲜竹笋200克,鲜莴苣200克,精盐、红糖、白糖、姜末、麻油、味精各适量。鲜竹笋切成薄片,在沸水中焯一下,沥去水分;鲜莴苣切成薄片,加精盐腌渍片刻。二者码入盘内,加红糖、白糖、姜末、麻油、味精及精盐,调匀即成。佐餐当菜,随意服食。适用于各期痛风患者。

（7）花菜 250 克，番茄 250 克，葱花、姜末、味精、红糖各适量。花菜沸水焯好后用植物油熘炒，加葱花、姜末、精盐、味精、红糖，翻炒后装入盘中，将番茄捣成汁，加入花菜盘中，淋入麻油，即成。佐餐当菜，随意服食。这种方法适用于各期痛风患者。

百合图

甲状腺亢进的食疗

甲状腺功能亢进症是多种原因所致甲状腺基激素分泌过多而发生的一种病态现象。主要表现为患者甲状腺弥漫性肿大、突眼、易激动、低热、心悸、食欲亢进、体重下降。病理改变为甲状腺细胞增大，滤泡减小，腔内胶质含量减少。

中医认为发病与情志抑郁有关。由于七情不遂，伴饮食及水土失宜，善而致气滞痰凝壅结于颈前，久则血行瘀滞，脉络瘀阻。部分病例痰气郁结化为火，出现肝火旺盛或心肝阴虚等病理变化。治疗当理气化痰、活血软坚、消瘿散结、滋阴降火。食疗也是按照这个原则进行。

（1）夏枯草 30 克烘干放入纱布袋中，扎口，与白菊花 15 克一同放入大杯中，用沸水泡饮。

（2）夏枯草 30 克，大叶海藻 50 克，同放入砂锅中，加水浓煎，即成。早晚 2 次分服。

（3）萝卜 250 克切丝，紫菜 15 克，陈皮 2 克切碎，共放入砂锅煮汤，加入精盐、味精，淋入麻油，佐餐当汤。

（4）水发海带 100 克，沸水焯软切丝；海蜇皮 100 克、香干 2 块均切丝。三者同码入盘内，加入调味料，佐餐当菜，随意服食。

（5）鲜牡蛎肉 150 克切片，与紫菜 15 克同放入蒸碗，上笼蒸 30 分钟，待牡蛎肉熟烂，加入调味料即成，佐餐当汤，当日吃完。

（6）海带、海藻、紫菜、昆布、龙须菜各 30 克。煎汤代茶饮。

（7）荸荠 500 克，猪靥肉（猪咽喉旁的靥肉）1 副，共煮烂熟，分 2 次食饮。

（8）没有成熟的青柿子 1000 克捣成汁，将柿汁用文火熬成稠膏状，加入蜂蜜，搅匀，再煎如蜜，冷却后装瓶备用，每次食 1

夏枯草图

汤匙,每日 2 次。

(9)水发海带 100 克切成条,绿豆 100 克,紫菜 50 克,共煮烂熟,调入适量的红糖,稍炖即成。每日佐餐当菜服食。

单纯性肥胖症的食疗

单纯性肥胖症是指人体进食热量多于消耗量,而以脂肪形式贮存于体内,超过标准体重20%者。其发病无明显原因,目前认为除遗传、营养过度及消耗减少因素外,还与神经精神因素、物质代谢因素、内分泌因素有关。

中医认为这种病的外因为饮食不节、嗜食肥甘厚味、活动过少;内因则以脏腑虚弱、津液代谢失常为本,以痰、湿、脂浊积于体内为标。脾失运化、肝失疏泄、肾失气化均可使体内津液、膏脂的生成、输布、利用失常,使水湿、膏脂停于体内。外到四肢百骸,内到脏腑经络,无处不在。积于血,则血脂升高,停于皮下,则为肥胖。

(1)乌龙茶 15 克,开水浸泡,每日饮服 5~6 杯。

(2)乌龙茶 5 克,山楂肉 20 克,生首乌 30 克。山楂肉、生首乌煎汤去掉渣,以汤液泡茶饮用。

(3)上等食醋 20 毫升,温水冲服,每日 1 次。

(4)玉米须适量,水煎代茶饮。

(5)绿豆 50 克,海带 100 克,水煎煮食用。

(6)新鲜冬瓜 250 克,洗净切片,不用盐,每日煮汤食用。

(7)新鲜黄瓜 1~2 根,每日生食。

(8)韭菜适量,炒作菜肴,伴主食用。

(9)红薯适量,烧熟常吃,有利减肥。

(10)魔芋烧熟,经常适量食用。

(11)新鲜萝卜,经常当水果食用。

(12)冬瓜 1000 克去外皮及籽,捣汁;苦瓜 500 克,去掉外皮和籽捣成汁,混合均匀,上下午分服。

高脂蛋白血症的食疗

血浆脂蛋白超过正常高限时称为高脂蛋白血隧症。由于大部分脂质与血浆蛋白结合而转运全身,故高脂血正常反映于高脂到蛋白血症。原发性高脂蛋白血症较罕见,继发性高脂蛋白血症多为未控制的糖尿病、动脉粥样硬化、肾病综合征、黏液性水肿、甲状腺功能低下、胆汁性肝硬化等所诱发。

中医学认为高脂蛋白血症的发生与年龄、饮食、遗传、体质等因素有关。脾阳本赖肾

阳温煦而化生精微、运化水湿;肾阳不足则脾不健运、痰湿内生;肝肾阴虚、脾胃蕴热则运化失司而痰热内生;肝气郁结亦可造成痰湿内生,痰浊阻于脉络,脉中湿浊与血相互搏结,形成痰瘀互阻病症。

中医治疗高脂蛋白血症主选的药物有补肾药、活血化瘀药及化痰药。饮食疗法也是按照这个原则来进行。

（1）山楂 30 克加入适量清水煮汤,喝汤吃山楂肉,每日 1 剂,分 2 次服。

（2）菊花 20 克,草决明 20 克加水煎煮,代茶饮,每日 1 剂。

（3）何首乌、草决明各 20 克,煎汤代茶饮,每日 1 剂。

（4）绞股蓝 20 克,银杏叶 30 克煎汤代茶,频频饮用。

（5）干香菇 5 克切成丝,煎汤代茶饮。

（6）玉米粉 60 克,粟米粉 60 克,糯米粉 60 克,何首乌粉 30 克,红糖 20 克,做成 8 个酥饼,每餐作为主食服用。

香菇图

（7）洋葱 250 克,用沸水焯过,加精盐、味精、辣椒油、花椒末各适量,做成麻辣洋葱片,佐餐当菜食用。

（8）虎杖嫩芽 250 克,用沸水焯过,调味,当凉拌菜食用。

（9）大蒜 60 克捣成汁,萝卜 120 克捣成汁,调入适量红糖,早晚 2 次分服。

（10）豆浆 150 毫升,加入 20 克红糖、50 克小麦胚芽,以大火煮沸,每日早晨随餐服食。

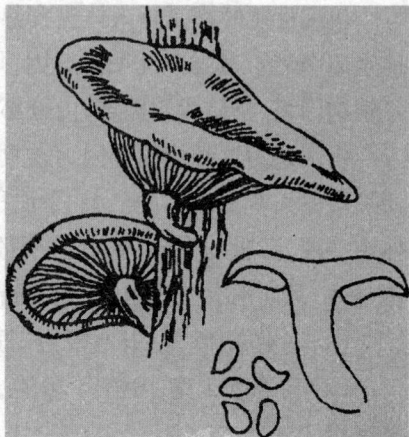

★《黄帝内经》论食补

风雨寒热,不得虚,邪不能独伤人,邪之所凑,其气必虚,正气内存,邪不可干。食发谷以全其真,避虚邪以安其正。

——《素问·六元正纪大论》

正气虚损是体受外邪侵袭而发病的主要内在原因,食补就是运用食物或者在食物中加上中药,也就是我们平时所说的药膳来补益人体正气,增强机体的抵抗力,达到强壮身体、防病治病的目的。

"民以食为天",食物是人类赖以生存的基本外部条件之一,食物的营养不仅是维持生命活动正常进行的物质基础,同时也是维护人体健康的重要保证。中国古人在两千多年前就充分地认识到了饮食在人的生命活动中起着主要的作用,是生命物质能量和精神活动的主要来源。

所以饮食的作用尤其重要。《黄帝内经》也提到饮食方面要食用与发气所宜的谷类,以保全体内真气。中医有"药补不如食补"的说法,食补常常能起到单纯用药物不能起到的作用,甚至比单纯用药物补益更有效果。

人体的气血是维持生命活动的主要能量物质,而饮食五味中的精微营养物质则是气血的主要组成部分,所以食物是人体气血的直接外源。上焦心肺宜发五谷精微而转化为气,中焦脾胃吸收营养物质而转化为血。运行于血脉之中的营血和行于血脉之外的卫气都是由水谷之气而转化成的,二者遍布于全身各处,维系着生命活动的正常进行。

《黄帝内经》认为,营卫二气在人体内发挥着极其重要的作用,营气行于血脉之中,荣养五脏六腑,并将五脏六腑和全身的代谢废物排出体外;卫气则发挥其温煦、防护卫外的功能,可以阻止外邪侵入人体,而营卫二气的生成都依赖饮食水谷的滋养。所以对于饮食水谷的摄取可以保证气血在人体内的正常运行,并发挥其功能作用。

随着生活水平的不断提高,人们的健康意识也不断增强。一时间保健品市场格外红火,各种中药或中药提取的保健制品风行全球。小孩子读书用脑辛苦,要补;妇女更年期内分泌失调,要补;老年人腰腿不好,要补;老板们鏖战商场,要补;女士们天生血虚,更要补;……总之,全民都要进补。

医生也喜欢开补药。黄连太苦,半夏太燥,石膏太凉,附子太热。还是党参、白术来得平稳。病人拿着三两人参,也总比一斤大黄舒服。何况补药价钱开得越高,经济效益也看涨。治病疗效且放在一边,不求有功,但求无过。你好我好大家好,何乐而不为?

但其实补法是最难的。中医治病的八法(汗、吐、下、和、温、清、消、补)之中,"补"为最后之法。也就是说,中医治病,要看有没有外邪,这是第一步。如果有,就要根据其在表在里采用汗、吐、下的办法。如果不在表里,就采用和法。第二步,就要看脏腑有没有阴阳的偏盛偏衰,如果有,就用温法、清法,或者和法。第三步,要看有没有脏腑或经络的积滞,例如痰饮、食积、瘀血等,如果有,就要用消法。第四步,如果以上情况都不存在,这时才考虑是不是由于脏腑虚损不足,而可以用补法。

可见,八法中,补法是最难运用的方法。特别是在现代的生活方式背景下,伴随着体力活动的减少,脑力劳动的增强,营养条件的改善,西药的广泛运用,出现了以下两点新情况:

①机体对疾病的抵抗力下降。这是由于缺乏与大自然的交流，营卫滞涩，脏腑逐渐变得柔弱所致。由此，虽然生存寿命不断延长，但体质脆弱的情况不断增加，诸如糖尿病、中风、高血压、冠心病等发病率居高不下。

②表证、伏邪、积滞，三大因素为害日甚。气候的异常变化，生活规律的失调，使得表证的发生频率增加。又因为多有西药寒凉抑遏，所以现代人患表证的特点往往正邪交争不甚剧烈，而且大多有迁延伏于经络的倾向。再加上营养的过分摄入，经络壅塞之病，如骨质增生、中风、癌症等，发生的年龄也有显著提前。综上所述，现代人体质有虚弱的一方面，但是：先表后里，不能补；有邪内伏，不宜补；经络壅塞，不易补。总的来说，不可盲目进补。

白术图

所以补法看似容易，用起来名堂却不少。如果只是开出一大堆人参、熟地、当归、白术，这叫作"呆补"。光是呆补，不一定能补到位。人参补气力量那么强，为什么没有谁可以靠吃人参而不进米谷来生存？为什么还有救不了的气虚，回不了的阳厥？可见事情没有那么简单。补益药要起到补益的作用，首先要有胃气和水谷的依托，其次还要依靠人体本身生机的运转。所以对于补法，历来有一名言请大家不要忘记，那就是"药补不如食补"。

医生也好，病人也好，总有很多人迷信药物，认为药物能解决一切问题。事实不是这样，对于一个疾病的治疗来说，"人"才是最主要的因素。他的饮食习惯，他的生活、职业特点，他的体质倾向，他的情绪波动，这些往往是疾病的根源。而中药要起治疗作用，也要通过增强人体本身的调节来实现。补益药要发挥补益的作用，也是离不开人体本身的物质基础的。

打个比方，在满目荒芜的地方，即使遍地的金银珠宝也是不能帮助人生存下去，反而不如几根野菜有用；而对于商品高度繁荣和流通的地方，一笔数额不大的资金可能挽救一个濒临倒闭的企业。这表明，实实在在的物质永远是生存的基础，而各种调节只是一个填充的作用。所以历代的名医都很重视后天胃气的保护，重视食补的作用。虽然食补疗效缓慢，但是它基础扎实，功效持久。相对单纯的药物调节来说，来的平稳，不容易产生偏颇。有位古代医家写诗吟道："青菜豆腐加米膏，胜过参术一大包"，这话真是不假。

◆老年人的食补

当年龄进入老年以后，绝大部分人的器官功能都已经逐渐减退，血液的流通速度也

会减慢,血流量也会有所减少,也会出现血虚的症状。随着年龄的增高,器官功能衰老退化,还会出现肌肉萎缩、牙齿脱落,头发变白而且会变得稀少,同时还会有耳聋眼花、失眠健忘等症。中医认为,老年人的一系列症状都是肝肾不足、气血虚损的表现。针对这些症状,适当地应进补食物和滋补中药制作的膳食来补养身体,能够增强抗病能力,延缓衰老。

老年的肠胃功能减弱,消化吸收能力也会下降,会经常发生营养不良,容易出现头昏、眼花、精力不足、容易感冒等情况,老年人不宜过多食用油炸食品,黏性大的以及不易消化的食物,也不宜过多食用含有高胆固醇的食物,如猪油、羊油和牛油等。平常多可选用人参、何首乌、山药、枸杞子、杜仲、冬虫夏草、西洋参、蜂蜜、核桃仁、海参等补药和补品,日常饮食可采用苋菜、西红柿、柑橘、黄豆、牛奶、鸡蛋、胡萝卜、油菜等富含钙磷铁和维生素的食品。

◆少年儿童的食补

儿童时期是一生中生长发育最快,代谢最旺盛的一个时期,对热量和各种营养物质的需求量也是最大的。和婴幼儿时期相比较,每千克体重每天大约需要 250 千焦的热量,如果营养供给不足,儿童的发育就会被延缓下来,由于儿童的胃肠消化不良,《黄帝内经》认为,小儿系"稚阴稚阳"之体,体内精血还不充实,内脏功能也没有发育健全,所以,小孩子的脏腑比较娇嫩,易虚易实,应当用一些健脾胃、帮助消化的补品和补药,比如大枣、茯苓、山药等都是很好的选择。

《黄帝内经》还认为,人的生长发育与"肾气"有很大的关系,小孩子肾气不足,表现为牙齿、骨骼、智力等发育都很不完善。所以,在补充营养物质时,还应当适当地用一些补肾气的补品,如核桃仁、山药、桂圆、蜂乳等,这些对儿童的生长发育都有很大的帮助。

青少年在学习过程中,如果精神过度紧张,或长时间睡眠不足,或不注意用脑卫生,都可能造成大脑的兴奋和抑制功能失调,会产生失眠、多梦、健忘等种种衰弱症状。一些女孩子由于月经来潮,不注意或不能及时补充营养,可能会引起贫血,而出现食欲不振、倦怠乏力、面色苍白、精力不足等症状,这样给学习和身体都会带来不良影响,以上这些症状在中医学属于心脾两虚、心肾不足、气血亏虚,最好选用百合、莲子、山药、核桃仁、枸杞子、阿胶、桂圆、蜂王浆、海参、牛羊肝肾等富含多种维生素、补气养血、养心健脾的食物和补药。

◆女性的食补

由于女性有月经、妊娠和产育等生理特点，而且正常的月经、妊娠、产育和哺乳等都与营养有密切的关系。《黄帝内经》认为女子应以血为本，事实上，女性所需要的营养物质如脂肪、蛋白质、糖、维生素、铁、无机盐等，都比一般人的需求量要大。

从能量角度来讲，孕妇需要的能量比普通妇女要高出 1/4 左右。因此，一般的膳食已经不能满足孕妇的需要。如果孕妇的营养不足会导致胎儿生长发育缓慢，产后乳汁不足。所以孕妇除了应该大量补充新鲜蔬菜、水果等富含维生素的食物外，还需要补充含铁和维生素 A、D 的食物，如动物肝脏等，也可以预防贫血和软骨症。妇女妊娠期可以选用一些补药，应选择既能保胎安胎，又能健脾补肾的药膳，比如白术、砂仁、枸杞子、菟丝子、山药等。

对于 12 岁以前，月经还没有初潮的女孩子，应选用能促进红细胞生成以及增强身体免疫力的食物，如蛋类、大枣等，也可以选用一些滋补中药，如地黄、当归、枸杞子和白术等。

青壮年妇女，新陈代谢旺盛，有月经、妊娠、胎产和哺乳等生理特点，体内营养消耗较大，容易发生贫血。应选用富含铁质的补品和补药，如羊肝、猪肝、牛肝、鸡蛋等，以及熟地黄、枸杞子、当归等。中医认为，脾胃为气血生化之源。所以，在使用补

党参

血食物和补药的同时，也应用一些补脾的药物，如大枣、饴糖、白术、党参等。

对于老年妇女，应当选用能延缓衰老、恢复器官功能、抗贫血及调节大脑功能的补品和补药，如当归、大枣、杜仲、西洋参、蜂王浆、甲鱼、动物脑髓、鸽肉、鹿肉、海参等。

◆食补不科学的危害

《素问·上古天真论》言："上古之人，其知道者，法于阴阳，和于术数，食饮有节，起居有常，不妄劳作，故能形与神俱，而尽终其天年，度百岁乃去。"饮食调理是中国传统养生术中极为重要的一个环节，"食饮有节"就是古代养生家总结出来的重要经验之一。所谓"节"就是指"节制"与"节度"，它包括饮食的种类要合理搭配、饮食的量要严格控制、饮食的冷热要适中、饮食的时间要有规律等内容。

在食补过程中，如果"饮食无节"，不但起不到补益身体的作用，反而会对身体造成不

同程度的伤害,甚至直接导致某些疾病的产生。正如《素问·太阴阳明论》所言:"故犯贼风虚邪者,阳受之,食饮不节,起居不时者,阴受之则入六腑,阴受之则入五脏。入六腑,则身热不时卧,上为喘呼;入五脏,则䐜满闭塞,下为飧泄,久为肠澼。"这是指贼风虚邪之害人,系从外界侵入,阳主外故阳先受之。阳明胃经之气行于三阳,阳受之则阳明胃腑病,阳明病则六腑之气皆病,所以说邪入六腑。阳明主人身之肌肉,故身热;阳主动,阳明受邪则躁动,故不能安卧;胃气上逆迫肺,故上为喘呼。食饮不节则伤脾,故曰阴受之。太阴脾经行三阴之气,所以太阴脾脏病则五脏都病,故阴受之则入五脏。脾病则运化失常,不能升清降浊,浊气不降就产生胸部满闷闭塞不通的症状;清气下陷,则发生消化不良的飧泄病,时间久了就成为肠澼病。所以食饮不节成为五脏病的直接内因。

《素问·经脉别论》言:"故春秋冬夏四时阴阳,生病起于过用,此为常也。"食饮不节就包括了食物五味的过用,所以《素问·生气通天论》言:"阴之所生,本在五味,阴之五官,伤在五味。是故味过于酸,肝气以津,脾气乃绝。味过于咸,大骨气劳,短肌,心气抑。味过于甘,心气喘满,色黑,肾气不衡。味过于苦,脾气不濡,胃气乃厚。味过于辛,筋脉沮弛,精神乃央。"《灵枢·五味论》则言:"五味入于口也,各有所走,各有所病。酸走筋,多食之,令人癃;咸走血,多食之,令人渴;辛走气,多食之,令人洞心;苦走骨,多食之,令人变呕;甘走肉,多食之,令人悗心。"所以,过量偏嗜食物中的任何一味,必然损伤五脏功能,令其产生上述种种病变。另外,如果过量摄入食物,暴饮暴食,同样会损害人的健康。如《素问·生气通天论》言:"因而饱食,筋脉横解,肠澼为痔;因而大饮,则气逆。"就是指过量进食会导致胃肠充满、筋脉弛张,肠内若经常蓄积着不消化的水谷,那么筋脉也就长期处于弛张状态,可能形成肠澼或者痔疮。

《素问·痹论》言:"饮食自倍,肠胃乃伤",暴饮暴食对肠胃的损伤是显而易见的,而胃又是五脏六腑之本,五脏皆禀气于胃,胃腑一病,全身脏腑功能的正常发挥将得不到保证,身体健康也就无从谈起了。所以,《素问·厥论》言:"胃不和,则精气竭,精气竭,则不营其四肢也。"

"食饮有节"体现在食物种类的合理搭配上,只有这样人体才能获得全面的营养物质,以维持正常的生命活动。所以,《素问·脏气法时论》言:"毒药攻邪,五谷为养,五果为助,五畜为益,五菜为充,气味合而服之,以补益精气。"气味合而服之是食补中一个重要的原则,只有严格遵守这一原则,食物五味才能真正起到补益身体的作用。然而,在现实生活中有不少人常常产生错误的食补观念,以大鱼大肉等高脂肪、高热量的"肥甘之品"为补养佳品,毫无节制地大量食用。这种盲目"妄补"却常常成为身体产生种种疾病的隐患,积累到一定程度必然爆发。《素问·通评虚实论》言:"凡治消瘅、仆击、偏枯、痿厥、气满发逆,肥贵人,则高粱之疾也。"这段古文是说富贵之人,喜食膏粱美味,由于甘味使人中满,厚味使人热中,因而他们就容易发生消瘅、偏枯、仆击、痿厥、气满上逆等病症。

《黄帝内经》还明确指出消渴即糖尿病的发病原因，《素问·奇病论》言："此肥美之所发也，此人必数食甘美而多肥也；肥者令人内热，甘者令人中满，故其气上溢，转为消渴。治之以兰，除陈气也。"由此可见，盲目食用膏粱肥甘厚味进补，其危害是严重的，这一点尤其应当引起现代人的高度重视。因为在现代社会，人们的生活水平日益提高，食物种类极为丰富，这就为人们偏食肥美的食物创造了条件。所以，现代人一定要树立科学的饮食观，遵循"气味合而服之"的古训，只有这样饮食才能真正成为生命的活力之源，食补也才能真正起到增进身体健康的作用。

★《黄帝内经》论食忌

高粱之变，足生大丁。

——《素问·生气通天论》

饮食自倍，肠胃乃伤。

——《素问·痹论》

食饮者，热无灼灼，寒无沧沧。寒温中适，故气将持，乃不致邪僻也。

——《灵枢·师传篇》

水谷之寒热，感则害于六腑。

——《素问·阴阳应象大论》

因而饱食，筋脉横解，肠澼为痔；因而大饮，则气逆。

——《素问·生气通天论》

经常吃肥肉精米厚味，就会导致发生疔疮。

饮食过度，就会损害肠胃的功能。

在饮食方面，不要吃过热过凉的食物。这样寒温适中，真气才能内守，邪气也就无法进入人体而致病了。

饮食不注意寒热，就容易损伤肠胃，所以有害于六腑。

如果饮食过饱，阻碍升降之机，会发生筋脉驰纵、肠澼及痔疮等疾病，如果饮酒过量，会造成气机上逆。

从这里我们可以看出，饮食要注意清淡，科学家认为，新鲜蔬菜、干果、谷物等食物的生物性很高，可人体摄入的脂肪过多，会使脂肪在体内堆积，若附在血管壁上，会导致脂肪心和脂肪肝，饮食要有节制和节度，不应饥饱无度，暴饮暴食，更要注意食物的寒热。

食物过烫,对口腔、消化道伤害很大;食物过冷,又会对脾胃产生伤害。进食的最佳温度应该是暖食,即热不灼唇、冷不冰齿。

有人吃饭时喜欢喝很热的汤、吃很烫的饭,觉得只有这样,才能吃出饭的"香味"。这是一种不科学的饮食习惯,这种吃法对身体健康是有害无益的。

太烫的食物,容易烫伤舌头、口腔粘膜、食道等,对牙齿也可造成损害;除了会使口腔和舌黏膜烫伤外,有时还会造成食管黏膜烫伤。

经常吃烫饭、喝热汤的人,容易引起食道和胃的癌变。食道烫伤留下的瘢痕和炎症,会影响营养素的吸收。损伤的食管黏膜坏死,形成假膜,脱落后就会成为溃疡。这种溃疡愈合后,能形成瘢痕,造成食管狭窄,影响正常的进食,这是食管炎的一种。得这种病的人,常常自己觉得胸骨后面疼痛和有灼热感,有时还会吞咽困难,还可能会引起急性单纯性胃炎。

人的口腔、食管和胃黏膜的耐受温度为 50~60℃。为了避免对口腔、食管黏膜的损伤,减少食管炎、急性胃炎、食管癌的发生,应养成良好的饮食习惯,不要吃太烫的汤、饭。

而进食生冷,则会寒伤脾胃,使其运化失调,食满腹胀,甚至导致呕吐、腹泻、痢疾等疾病。

肥甘厚味的食物会在体内引起复杂的变化,时间长了体内就会有过多的滞热,会引发病变。

《黄帝内经》指出,"谷肉果实,食养尽之,无使过之,伤其正也"。讲的是,病邪被祛除体外以后,要以五谷、五肉、五果、五菜根据五脏阴阳虚实情况而进行饮食,来达到根治疾病的效果,但是不要令五味太过或太偏,以免对脏腑造成损害。

"无使过之"讲的是人们应该有节制的生活,不能任自己高兴来饮食或起居。人们现在正在痛快地吞进"现代文明病",在用自己的牙齿给自己挖掘坟墓。人们一系列"太过"的行为给自己带来了健康的隐患和身体的痛苦。所以在我们日常的生活中一定要注意不要"太过",这样才能带来很好的养生效果。

勿使五味过之

《黄帝内经》中指出:"五味各走其所喜,谷味酸,先走肝;谷味苦,先走心;谷味甘,先走脾;谷味辛,先走肺;谷味咸,先走肾。"说明五味五脏各有所喜,各有所偏,各有所养。这是古人从长期的生活和医疗实践中总结出来的,是中医五味理论的基础,也是食养疗法的根据。中医理论认为:肝主筋,脾主肌肉,肾主骨,肺主皮毛,心主血脉。以酸味为例,酸味主要入肝脏,对肝脏有滋养作用,所以《黄帝内经》中称之为"酸生肝,肝生筋"。但是,如果酸味太过了,就会形成"酸伤筋","酸走筋,过则伤筋而拘挛"的病症。再以甘味为例,甜味主要入脾脏,对脾脏和所主的肌肉有滋养作用,所以《黄帝内经》中称之为

"甘生脾,脾生肉"。但是,如果甘味太盛了,就会引发"甘伤肉","甘走肉,过则伤肉而消瘦"的病症。

此外,在五行生克关系中,肝克脾、脾克肾、肾克心、心克肺、肺克肝,也就是木克制土、土克制水、水克制火、火克制金、金克制木。失去了这种正常的克制关系,就会造成五脏之中某一脏的太过或不及而发生疾病,而长期偏嗜五味中的任何一味,都会打破五脏之间的动态平衡,形成某一脏的太过或不及。以辛味为例,辛入心,可补益心气,而心属火,长期偏嗜辛味,不但会引起血热妄行,而出现各种出血,还会升阳助火,克伤肺金,形成胸痛、咳嗽少痰、痰中带血、口咽干燥等病症。

勿使补泻过之

世界卫生组织曾严峻地指出:"大约在 2015 年,发达国家和发展中国家的死亡原因大致相同——生活方式引起的疾病将成为世界头号杀手。"这说明建立科学的生活方式,培养良好的饮食习惯,对保障人类健康是非常重要的。中医"药食同源"的思想指出饮食和药物一样,都具有一定的偏性,临床常见因不懂得食忌盲目补泻,而诱发疾病的例子。

自从有了人类,健康长寿就成了人们孜孜不倦的追求,这也许是人的一种本能。一个人能否健康长寿,除遗传因素以外,还应遵循《黄帝内经》"法于阴阳,和于术数,起居有常,不妄作劳,故能形与神俱而尽终其天年,度百岁乃去"。单纯靠补品是不可能获得健康长寿的,因为人参、燕窝、龟鳖、猴头等营养成分并不齐全,都具有食物的偏性,如能有的放矢地用于营养不良、体弱多病、肿瘤放化疗后等病症,可能会收到一定的疗效。如果不懂食忌理论,不根据个体实际情况,不了解体内缺什么,就盲目地乱补,轻则对身体无益,重则对身体造成伤害。任何企图以补求健、以补增寿的做法都是错误的。这样乱补会引起营养失衡,导致代谢紊乱,甚至诱发高血压、高血脂、糖尿病等病症。

正当蛮补的热潮还没有退去的时候,一股盲目减肥的浪潮已经到来。随着人类进入高科技、智能化的时代,人类大幅度地降低了体力的付出,吃得越来越好,动得越来越少,也就使得肥胖的患者越来越多。以致新世纪之初,国际肥胖症大会就宣布,全世界因患肥胖症死亡的人数,已超过全球饿死的人数。由肥胖引发的疾病越来越多,各种不恰当地减肥办法,也应运而生。有人频频服用减肥茶、减肥口服液或泻下药,导致营养失衡,功能紊乱。更有甚者,采取"饥饿疗法",不吃不喝,直至出现胃肠功能紊乱、消化功能瘫痪、神经性厌食症,骨瘦如柴,甚至住进医院进行抢救,由此导致死亡也是屡见不鲜。

其实,肥胖症的形成与遗传因素、饮食习惯、消耗减少及社会心理因素有关。盲目地泻下减肥与蛮补一样对人体有害而无益。南宋著名学者郑樵提出了著名的饮食六要论,即:"食品无伤于淆杂,其要在于专简;食味无务于浓酽,其要在于醇和;食料无务于丰盈,其要在于从俭;食物无伤于奇异,其要在于守常;食制无伤于脍炙生鲜,其要在于蒸烹如

法;食物无伤于厌饫口腹,其要在于饮饱之中。"他的这些观点,即使在今天也是有很大的指导意义的。

勿使食量过之

合理膳食,适量运动,戒烟限酒,心理平衡,是人体健康的四大基石。在健康的四个条件中,合理膳食是非常重要的。医学界已将肥胖列入病理范畴,认为它属于营养失调症。不加节制地暴饮暴食是肥胖的主要原因。由于过度的饮食所导致的病症已不下上百种。《黄帝内经》认为"饮食自倍,肠胃乃伤",说的是饮食要有节制,如长期饮食无度,可以对胃肠等消化系统造成伤害。又说"因而饱食,筋脉横解,肠澼为痔,因而大饮,则气逆"。说的是过度饱食无度,可以造成人体筋脉弛缓痿软不收的病症,或引起下利脓血的痢疾与痔疮等疾病。人体的气机以下降为顺,如果长期过量的饮酒,就会造成气机上逆的病症。

美国参议院营养与健康特别委员会主席麦戈文说过:"今天的危险不是脚气病、糙皮病或者坏血病。我们面临的现实情况要比这微妙、可怕得多。"

"千百万美国人塞进肚子里的东西很可能使他们患肥胖病、高血压、心脏病、糖尿病、癌症。一句话,会慢慢地致命。"改革开放以来,我国人民的生活水平得到很大的提高,而食品、营养、滋补、节食等问题已逐步成为人们的热门话题,在如何吃好的问题上,人们又走进了三个误区。一种误区是你想吃什么,你的体内就缺什么营养物质,所以应顺其自然,随心所欲,毫无顾忌地猛吃;另一种误区是,食不厌精,餐必脍炙生鲜,不能做到五谷、五菜、五果、五畜兼收并蓄,营养均衡。违背了饮食回归自然,应食杂、食野、食绿的原则;第三种误区是,盲目追求广告宣传的误导,对广告一味盲从,广告介绍吃什么好,就来吃什么;听说吃什么不好,就绝对禁食什么,人为地造成偏食,对身体形成损害。例如:目前市场上流行一种时髦的保健饮料——葡萄柚汁,之所以流行,是因为广告上说是它能降血压、降血脂,还能减肥。但是,葡萄柚汁中所含的成分可使降压药的生物利用度提高,还会使药物的峰值血浓度明显增加。也就是说,它能使降压药在血液中的浓度提高,吸收程度增加。所以,为了避免这种相互作用,高血压患者就不能听信广告宣传饮用葡萄柚汁,改用其他饮料,以免发生危险。

饮食"勿使过之"讲的是一个方面;另一方面还要注意由于节食减肥造成的营养不良。据科学研究,细嚼慢咽,少食多餐,每餐不超七分饱,对人体是十分有益的。

◆疾病与饮食禁忌

帝曰：热病已愈，时有所遗者，何也？

岐伯曰：诸遗者，热甚而强食之，故有所遗也；若此者，皆病已衰，而热有所藏，因其谷气相薄，两热相合，故有所遗也。

帝曰：善，治遗奈何？

岐伯曰：视其虚实，调其逆从，可使必已矣。

帝曰：病热当何禁之？

岐伯曰：病热少愈，食肉则复，多食则遗，此其禁也。

——《素问·热论篇》

热病已经痊愈，常有余邪不足，是什么原因呢？凡是余邪不尽的，都是因为发热较重的时候强进食，所以有余热遗留。像这样的病，都是病势虽然已经衰退，但尚有余热蕴藏在体内，如果勉强病人进食，肯定会因饮食不化而生热，与残存的余热相薄，那么就会两热相合，又会重新发热，所以有余热不尽的情况出现。那么怎样才能治疗余热不尽呢？应该诊察病的虚实，或补或泻，予以适当的治疗，才能使疾病痊愈。那么发热的病人在护理上有什么禁忌呢？当病人病势稍衰的时候，吃了肉食，病就会再次复发；如果饮食过多，就会出现余热不尽，这都是热病应当禁忌的。

这里讨论了热病的饮食调理和食物的禁忌，指出了热病余热不能尽和食复的原因是热病初愈而勉强多食，过食肉类等助热而难于消化的食物。

在疾病发展之中或初愈之后，对食物的种类应该有所选择。进食的数量也应该有所限制，否则会使疾病很难治愈，或是愈后再复发。这里也就提到了忌口。

所谓忌口，是专指病人病中的饮食禁忌。大家知道，食物与药物一样，都具有偏颇之性，比如江米性味甘温、质地粘腻，白酒性味辛烈而热等等。因此就存在着饮食禁忌的问题，包括进食的方式方法、食物的质量数量、饮食之间的相互作用、饮食与体质或疾病的关系，以及饮食与药物的不相宜等内容。

病人病中的饮食禁忌着重研究的是饮食与疾病的关系和饮食与药物不相宜的问题。早在东汉年间，著名医学家张仲景在《金匮要略》中就指出："所食之味，有与病相宜，有与身为害，若得益则益体、害则成疾。"

国學智慧全書

养生智慧

350

感冒中的饮食禁忌

感冒之后,往往食欲减退,有发热时更为突出。现代医学认为,发热时各种消化酶被破坏或活性低,导致了病人不想吃东西。如果硬是多进食,常会出现腹胀等消化不良的表现,会加重胃肠的负担,不利于机体集中力量抗御外邪,有可能延缓感冒的痊愈,甚至加重病情。因此,感冒病人以少食为佳。

少食的程度如何控制,应以保证全身能量供应作为前提。

这就有饮食的质量问题。感冒的病人提倡多进食清淡、易消化的食物,比如米粥、面条等,避免吃煎炸、油腻食物。有的人甚至提出"禁食疗法",即感冒以后停止进食,只喝汤水,有时会收到意想不到的效果。当然这种方法不是每个人都适用,对平时体质壮实、感冒较轻的病人可以一试。请别忘了要有足够的能量贮备,否则就会事与愿违。

下面再谈一下感冒应忌哪些食物。

这一方面与服药有关,也就是药后忌口。另一方面要注意与病情的关系。

感冒初期,如果是感受的风寒之邪,正服解表散寒药时,则当禁食生冷、油腻,如果是温热之邪,初期正在清解阶段,亦当忌食生冷,一旦热邪不去,留壮热,继而口渴、烦躁、大便秘结,此时反需水果相助,可频服梨汁、橘汁、西瓜、粳米汤、绿豆汤等,切忌过食生冷、油腻之品。

具体来说,感冒期间,避免进食或忌多食鸭肉、猪肉、羊肉、狗肉、甲鱼、蚌、醋、柿子等食品。

因为感冒是外感之病,治疗应以疏散解表为主。而鸭肉性质偏凉、滋腻蜜滞,容易滑肠敛邪,猪肉肥腻,助湿生痰,动风蕴湿;羊肉甘温助热,偏于温中暖下,且有敛邪之弊;狗肉亦性温热,容易助热生火,故为热症所忌;甲鱼甘润滋腻,有敛邪之弊;蚌,又名河蚌,性质寒泄,有滋阴凉润之力,过多食用有碍表邪疏散;醋,味酸收敛,食后容易滞气留寇;柿子性质寒涩而敛滞,多食容易敛邪。

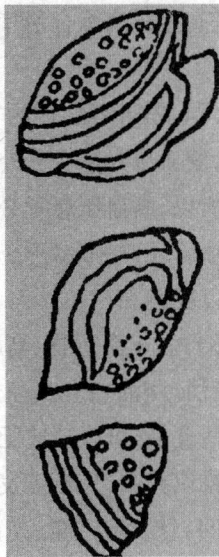

蚌图

所以，上面所说的这些食物都是在感冒的时候应该尽量少吃。误食或多食往往不利于外邪疏散，有时甚至可以加重病情，需要引起注意。

高血压饮食禁忌

原发性高血压是一种病因尚未明确，以体循环动脉血压升高为特征，可引起心脏、血管、大脑及肾脏等器官损害的全身慢性疾病。

引起高血压的病因到现在还没有一个明确的答案。一般认为与遗传、长期吃高盐食物及高脂肪食物、肥胖、心理因素、烟、酒有关。

高血压病的饮食禁忌主要有以下几点：

（1）控制食盐量：据科研证实，钠盐的摄入量与高血压病症相关。我国人们的饮食习惯是由南往北，食盐的摄入量依次加大，而我国的高血压及心脑血管疾病的发病率也是由南往北依次增加。有效地限制钠盐的摄入量，是高血压病综合治疗中的基础方法。即便是咸肉、腌制禽蛋、咸菜的摄入量也应严格控制。

柿图

（2）戒烟限酒：因为香烟中的有害物质，能使肾上腺的儿茶酚胺分泌增加，引起血管收缩，使血压升高。另外，香烟中的尼古丁还能刺激心脏，使人心跳加快。

所以，高血压患者必须戒烟。少量饮酒对人体并无害处，尤其是适量地饮一些红酒，对心血管还有一定好处。但如长期大量饮酒，就会损伤动脉壁，加重动脉硬化程度，使血压难以控制。

（3）忌三高食物：高脂肪、高蛋白质、高热量等食物简称为"三高"食物。常见的有猪肉、猪油、奶油、奶酪、油炸食品、烤鸭、巧克力、冰淇淋、各种动物内脏等。如经常大量的吃这些食品，可以造成肥胖病、血脂过高，从而引起血行不畅，加速动脉粥样硬化过程，使血压难以控制，易于突发中风。

（4）饮食应适量：高血压患者忌一次性进食量太大。"饮食自倍，肠胃乃伤"，过量进食可损伤脾胃的运化功能，导致痰浊内生，如果痰浊上蒙清窍，可以诱发中风。此外，高血压病人如吃东西过量，还可诱发心肌缺血，导致心绞痛的发生。

此外，高血压病患者可以适量饮一些清淡的绿茶，以清肝明目，有利于血压下降，不要喝浓酽的红茶。因为红茶中含茶碱量大，而茶碱可以兴奋大脑神经，引起兴奋不安、失眠不寐、心慌心悸等不适，从而导致血压升高。

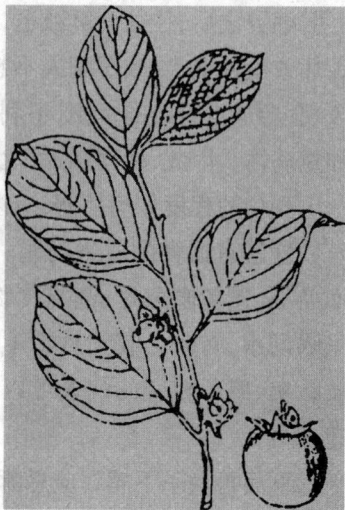

缺血性心脏病饮食禁忌

缺血性心脏病是由于冠状动脉粥样硬化而造成管腔狭窄或阻塞，引起冠状动脉血流和心肌氧需之间不平衡而导致心肌缺血或梗死的一种心脏病。

一般认为，冠心病的发生与高血压、高脂血症、糖尿病、肥胖病、吸烟酗酒、社会心理因素有关。

冠心病总的食忌原则为清淡饮食，戒烟限酒，具体地讲，应该注意以下几点：

（1）忌高脂肪、油腻、厚味食物：冠心病人的饮食应坚持"三低二高一优"的原则，即：低盐、低脂、低胆固醇，高维生素、高纤维素，优质蛋白。

高脂血症是冠心病的重要危险因素，如果不加限制地吃高脂肪食物，会引起血清脂质的升高，可以促使动脉粥样硬化的形成；此外，血脂升高，可使血液黏稠而血液流行缓慢，容易加重心肌缺血缺氧，诱发心绞痛。

动物的内脏、脑子、脊髓及蛋黄、鱼子和多种贝壳类食品都含有丰富的胆固醇，如果经常吃这些食品，会加重冠状动脉粥样硬化。

糖尿病可诱发冠心病，血糖升高与冠心病密切相关，并且可以使三酰甘油的合成增加。所以，冠心病人应忌高糖饮食。

过多地摄入食盐是高血压的主要原因之一。而高血压是冠心病的主要危险因素，所以，冠心病人应控制钠盐的摄入量。

（2）戒烟限酒：香烟中的有害物质对循环系统有直接损害作用，可使人体的外周血管收缩、血压升高、心率加快、心肌耗氧量上升、心律失常。吸烟时大量的一氧化碳进入血液，使血红蛋白与氧气的结合能力下降，从而使心肌发生缺氧，可以诱发心绞痛、心肌梗死、心律失常、猝死。

适量饮酒对人体还有一定的好处的，能扩张血管，加快血流速度，增进食欲，消除疲劳并能增强体力。但是，如长期大量饮酒，就会加速动脉硬化。所以，冠心病人应严格限酒。

（3）忌暴饮暴食及大量饮用兴奋性饮料：暴饮暴食可使消化道的血运动加强，导致心肌供血供氧量相对不足，并可使胃肠道压力上升、充血，横膈抬高。血糖、血脂增加、血液黏稠、流动缓慢，引起心肌缺血缺氧。尤其是晚餐，冠心病患者更不能大量进食，因夜间更易发生心绞痛和心肌梗死。此外，冠心病人不要吃不易吞咽的食品，如鸡蛋黄、干馒头等，以免诱发心肌梗死。

茶叶中的茶碱和咖啡中的咖啡因，会诱发心率加快、心律失常，使心肌的耗氧量明显增加，易引起病人心绞痛，尤其是茶水或咖啡过浓更易引起此类不良反应。

缺血性脑血管病饮食禁忌

缺血性脑血管病包括短暂性脑缺血发作、脑血栓形成、脑栓塞等病症。其中短暂性脑缺血发作是指局限性脑血管供血障碍所引起的局限性脑供血障碍。脑血栓形成是指颈动脉、椎基底动脉系统，由于动脉管壁病变，或和血液中的有形成分凝聚，使管腔狭窄或闭塞，导致急性脑供血不足所引起的大脑组织局部坏死。脑栓塞是指颅外各种其他部位栓子(固体、气体、液体栓子)经血液循环进入脑动脉或供应脑的颈部动脉，造成脑血流阻塞。

缺血性脑血管病的病因与脑动脉粥样硬化、高血压病、糖尿病、低血压、血液病、动脉炎以及脓栓、癌性栓子、脂肪栓子、虫卵等因素有关。

缺血性脑血管病的饮食禁忌主要有以下几点：

(1)饮食有节，定时适量：据现代科学研究表明，晚餐不要太晚，以清淡为宜。如果晚餐时间太晚，再吃一些难以消化的油腻食物，会使胆固醇在血管内壁上沉积，诱发脑血栓。同时，一般情况下，人在晚上活动量少，能量消耗也少，若晚餐吃得太多，就会使人肥胖，从而影响到血管的舒缩，导致脑血栓的形成。

人体吸收的热量应与每日活动消耗的热量成正比，凡体重超常的肥胖病患者，多因热量的摄入超出人体每日热能的消耗。有些人不吃动物脂肪，但饭量大也会发胖，这是因为肝脏可将碳水化合物转化为脂肪贮存起来。所以，应严格限制热量的摄入。

缺血性脑血管病的患者，应忌食动物内脏、蛋黄、动物脑子、鱼子、鳗鱼、鱿鱼等高胆固醇含量食物，以免加重脑血管内壁的损伤。

人体的膳食营养结构讲的是平衡，提倡兼收并蓄，以广泛吸收各种维生素和微量元素。据现代科研证实，维生素 C、维生素 B_6、维生素 B_{12} 预防和治疗脑血管病有辅助作用。多吃海带及海藻类植物，可以防止脂类物质在动脉内壁上沉积；大蒜和洋葱也有良好的降低血脂作用。所以，坚持食杂，比饮食挑剔更对脑血管有利。

过多的摄入糖分，可使血液中的三酰甘油和胆固醇明显增高，从而加重脑动脉硬化。所以，脑血管病人应严格控制高糖饮食。

辛辣食物可以增进食欲，但缺血性脑血管病患者不宜吃这类食品。因为，辛辣食品能升阳助热、耗液伤阴，不利于血压的控制及大便的排出。

(2)忌烟酒及兴奋性饮料：吸烟能刺激外周血管收缩，不利于控制血压，并且刺激动脉内壁，加重动脉硬化。所以，脑血管病人应忌烟。

酒，属于高热量的饮料。长期饮酒者可以导致血脂升高。特别是大量饮啤酒的人，血液中的酯质类物质含量更高易导致心肌脂肪增加、心脏肥大、血管硬化。所以，脑血管病人应戒酒。

过多饮用咖啡可使血脂含量升高,尤其对已有缺血性脑血管病患者更是如此。适量饮茶对人体有利,但是饮浓茶则会使神经系统兴奋。所以,脑血管病患者应限制咖啡,只能适量喝茶,茶水不要太浓,尤其是晚上更不能饮用。

出血性脑血管痛饮食禁忌

出血性脑血管病包括蛛网膜下腔出血和原发性脑出血两类。前者是指脑的表面或脑底部血管破裂,血液直接进入蛛网膜下腔的一种疾病。原发性蛛网膜下腔出血的病因多为脑动脉瘤破裂、脑血管畸形、高血压脑动脉硬化、血液病、颅内肿瘤、血管性反应等。当情绪波动或突然用力过度时易诱发本病。而后者是发生于脑实质内的非创伤性出血,其主要发病原因为高血压及脑动脉硬化。

出血性脑血管病的饮食禁忌有以下几点:

(1)禁忌高盐、高脂饮食。它不利于控制血压。

(2)控制糖的摄入量。

(3)戒除烟酒及兴奋刺激性饮料。

风湿性心脏病饮食禁忌

风湿性心脏病,是风湿热后遗留的以心瓣膜损害为主的心脏病,简称风心病。风湿性心脏病的患者大多数原来有明显风湿病史,以后逐渐出现心悸、喘咳、水肿等症状。发展为稍劳则心悸、喘咳加重,痰中带有血丝。甚则在休息时也心慌气喘,呼吸困难,不能平卧,兼见面部、四肢浮肿、口唇及指甲青紫、腹胀不欲饮食、肝脾肿大等症状。

风心病的饮食禁忌主要有以下几点:

(1)禁止食用苦寒及辛辣食物:风心病病人多属心脾阳气不足,如过食苦、寒食品,会损伤人体阳气,加重病情。此外,因辣椒、芥末等食品,能使心跳加快,增加心脏负担。且这类食品能导致大便秘结,因排便困难过于用力,可加重心脏负担,甚至发生不测。

(2)严格控制食盐摄入量:严格控制食盐的用量,对各种用盐腌制的食品量也应严格限制,以免造成体内水钠滞留,加重心脏的负担。

(3)戒除烟酒、浓茶和咖啡:因为香烟在燃烧时,可以产生大量的一氧化碳,当一氧化碳吸入人体内后,可以导致全身血管收缩,并可与血中的血红蛋白结合,使其输送氧气的功能下降,造成心肌缺血缺氧,对心脏不利。而酒、浓茶、咖啡等兴奋刺激性饮料,会使血压升高,神经系统的兴奋性增强,导致心率加快,甚至诱发心律失常,从而加重心脏负担,使心肌瓣膜功能受到损害。所以,风心病人应禁烟及兴奋刺激性饮料。

支气管哮喘饮食禁忌

支气管哮喘是一种以呼吸道炎症细胞浸润为主,引起呼吸道反应性增高及可逆性阻塞的慢性炎症疾病,在临床上一般简称为"哮喘病"。

这种病的诱因一般认为是与吸入物、感染、过敏食物及药物、气候改变、精神因素、运动、妇女的月经期和妊娠期引起的变态反应、气道炎症、气道高压反应及神经因素有关。

中医认为,支气管哮喘的病因是机体内素有伏痰,胶固于膈间肺隙,一遇外邪、饮食因素及精神因素触动,则痰气交阻于气道,气道通气受阻而出现哮喘。

支气管哮喘的饮食禁忌主要有以下几点:

(1)戒除烟酒:香烟在燃烧后产生的有害物质吸入人体后,可直接刺激气道,引起呼吸道炎症及痉挛,加重通气阻碍。酒能扩张外周血管,并能增快心跳,加大耗氧量,加重肺的供氧负担,所以,支气管哮喘的病人应坚决戒除烟酒。

(2)饮食以平性为主以避免过于辛热和寒凉:支气管扩张病人多属心脾肺阳气不足,水湿运化不利,造成痰浊内阻。所以,既不能吃辛辣食品,以防炼液为痰,使气道炎症加重,影响气道的通畅;也不能过多食用生冷寒凉性质食品,以免影响脾胃的运化功能,造成痰浊内生、阻塞气道,加重哮喘。此外,寒凉刺激是支气管哮喘发病的常见诱因之一,所以,饮食应寒温适中,不燥不凉。

(3)忌肥甘厚味及海腥发物:长期贪食肥甘厚味,会导致痰浊内生、阻塞气道,造成通气不利。而气管哮喘患者,往往是过敏体质,而鱼、虾、蟹等海产品致敏性极强,易于诱发支气管哮喘,所以应谨慎食用此类食品。

(4)慎用禽蛋类、鲜奶及乳制品:鸡蛋、鸭蛋、鹌鹑蛋、牛奶、羊奶以及乳制品,都含有大量的蛋白,但它们属于异性蛋白,有相当一部分人吃了异性蛋白后出现变态反应,从而诱发哮喘病。所以,有支气管哮喘病史的人,在选择食品时要小心谨慎,尽量不吃这类食物。

鸡蛋

饮食因素是导致支气管哮喘发作的最常见诱因之一,所以,哮喘病人应仔细摸索自己的饮食规律,在选择食品时,应远离致敏物质,以减少哮喘病的发作。

慢性支气管炎饮食禁忌

慢性支气管炎是由于感染或非感染因素引起气管、支气管黏膜及其周围组织的慢性非特异性炎症。在临床上出现有连续 2 年以上,且每年持续 3 个月以上的咳嗽、咳痰或气喘等症状。

慢性支气管炎的病因与大气污染、吸烟、感染、过敏因素、气候变化和营养不足有关。

中医认为慢性支气管炎是由于痰浊阻肺、寒饮内伏、肝火犯肺等造成肺气闭阻或肺

國學智慧全書——養生智慧

气上升、气机升降失调的病症。主要表现在肺,病的根源在脾肾,病变关系到肺、脾、肾三脏的病症。

慢性支气管炎的饮食禁忌主要有以下几点:

(1)忌烟:香烟中的有害物质可以直接刺激呼吸道,香烟不仅是吸烟者自身慢性支气管炎的重要原因,烟雾还会给周围人群呼吸道的健康也带来危害。所以,慢性支气管炎患者应彻底杜绝烟草。

(2)忌寒凉食物:慢性支气管炎患者,病程较长,大多脾、肺、肾的阳气不足,对寒凉食品反应较大。因为寒性凝滞,寒主收引,过多食用寒凉食品会使气管痉挛,不利于分泌物的排泄,从而加重咳喘,痰不易容咳出。此外,寒凉食品,会损伤脾胃阳气,脾胃受寒则运化失职,导致痰浊内生,阻塞气道,喘咳加剧。所以,慢性支气管炎患者应少吃寒凉食物。

(3)忌油炸及辛辣刺激食物:油炸等油腻食品,不容易消化,容易产生内热,煎熬津液,可助湿生痰、阻塞肺道,导致咳嗽、气喘加重。而辛辣食物如辣椒、洋葱、生蒜、胡椒粉等,吃后可助热生痰,并可刺激支气管黏膜,使局部水肿,而咳喘加重。因此,慢性支气管炎病人不能食油炸和辛辣刺激食物。

(4)忌食海腥发物:过敏反应是慢性支气管炎的发病原因之一,而鱼、虾、蟹和禽蛋类、鲜奶或奶制品又是常见的过敏源。所以,慢性支气管炎患者,对这类食物应该敬而远之。

急性肾炎的饮食禁忌

肾脏炎症通常可由感染引起,如肾盂肾炎,或者由引起肾脏损伤的免疫反应所致。异常的免疫反应可能来自两个方面:(1)抗体既能攻击肾脏本身,又是贴附肾脏细胞的一种抗原(即刺激免疫反应的一种物质)。(2)抗原和抗体能在机体某处结合,然后攻击肾脏细胞。肾炎的体征,根据免疫反应的类型、部位和强度,可发生血尿、蛋白尿和肾功能损害。虽然,损害肾脏的原因不同,但都能产生相似的损害类型、症状和结局。

(1)急性肾炎病人应避免高盐膳食、高盐膳食和高钠饮食:急性肾炎病人应根据病情、尿量、血压及水肿的情况,选择一些低盐膳食,避免吃一些含盐多的食品,如酱豆腐、咸菜、咸鸭蛋、腌肉、咸鱼、咸面包等。无盐膳食要求烹调时不能用盐和酱油,为增加食欲,可用糖、醋、芝麻酱、番茄酱来调味,同样应注意不能吃咸菜、咸鱼、酱豆腐等含盐量高的食品。低钠饮食要求每天不能吃盐和酱油,并避免食用含钠高的食品及蔬菜,如用发酵粉或碱制作的馒头、糕点、饼干、挂面、方便面及油饼、油条等。凡 100 克蔬菜中含钠量超过 100 毫克者,均应慎用。如茴香菜和芹菜这两样菜都不应吃。每天膳食含钠量最好不要超过 500 毫克。

(2)急性肾炎病人应避免含钾高的食物:当患者出现少尿、尿闭时,应限制食用含钾丰富的蔬菜和水果,饮食中不能用无盐酱油,因为无盐酱油主要成分是氯化钾,可使血钾升高,加重病情。

(3)急性肾炎患者应控制饮水量:急性肾炎患者应怎样控制水的摄入,到底是多饮水好还是少饮水好。这个问题要根据患者的具体情况来决定。一般的原则是:急性肾炎伴有明显水肿、高血压时,应限制水的摄入量。如无明显水肿、高血压,就不应过分限制水的摄入,特别是在伴有肾功能减退时,更应放宽对水的限制。因为过多限制水的摄入,会使尿量减少,因而体内新陈代谢所产生的尿素、尿酸、肌酐等废物不能随尿排出体外,这些代谢废物的积聚会使机体自身中毒。

(4)急性肾炎患者不宜吃板栗:急性肾炎属中医的风水范畴,风水应祛邪,疏风,逐水,不应温补。栗子又名板栗、栗果,主要含水分、碳水化合物、维生素C、蛋白质等营养成分。栗子性味甘、温,具有养胃脾、补肾强筋、活血止血的作用。孟诜在《食疗本草》一书中说:"栗子炒食之令气拥,患风水气不宜食。"感冒患者亦不应食用。

(5)急性肾炎患者应慎食一些鱼类:急性肾炎患者应限制蛋白质的摄入。脂肪与碳水化合物代谢后所产生的废物主要是水和二氧化碳,一般不加重肾脏负担;蛋白质在体内代谢后会产生一些含氮废物,这些废物大部分通过肾脏排出。在尿量减少时,这些废物的排泄就要受到影响。非蛋白氮如尿素、尿酸、肌酐等在体内储留过多,可以发生尿毒症。因为带鱼、鳟鱼(红眼鱼)、鲟鱼、橡皮鱼(剥皮郎)、鳜鱼、海蛤蜊等都含有大量的脂肪,所以急性肾炎患者不宜食用。

鳜鱼图

肺炎饮食禁忌

肺炎指肺实质的炎症,是多种原因引起肺组织炎性改变的一类疾病的总称。按病因分类有感染性肺炎、过敏性肺炎、放射性肺炎、化学性肺炎等。其中最常见的为感染性肺炎。传统医学认为,肺炎的发病原因为正气不足,外感六淫邪气,外邪传里,引起的肺气闭阻,邪气内蕴,气机升降失调。

肺炎的饮食方面应注意以下几点:

(1)忌辛辣油腻食物:肺炎属急性热病,消耗人体正气,影响脏腑功能,易于导致消化功能降低,食物应以高营养、清淡、易消化为宜,不要吃大鱼、大肉、过于油腻的食物,以免中焦受遏,运化不利,营养反而不足。油腻之品大多性属温热,可以生内热,湿滞为痰,不利于肺气的早日康复。

辛辣食品性质温热,易化热伤津,而肺炎又属热病,两热相加,犹如负薪救火,使病情加重。所以,肺炎患者在膳食中不应加入辣椒、胡椒、芥末、川椒等调味品。

酒也属辛热之品,会刺激咽喉及气管,引起局部充血水肿,肺炎患者不能饮酒。

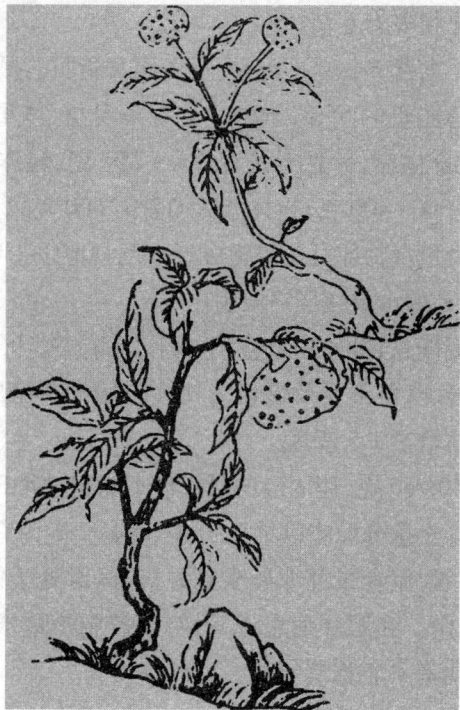

橘图

(2)水果要适量也要选择品种:肺炎患者适量的多饮水和进食水果对疾病的康复是有利的。多数水果对肺炎有益,但是最好不要吃甘温的水果,如桃、杏、李子、橘子等,以免助热生痰,即使是凉性水果,也不是多多益善。如果过量吃一些寒凉性质的水果,会损伤到脾胃的阳气,有碍运化功能,不利于疾病的康复。

糖尿病饮食禁忌

糖尿病是一种常见的代谢内分泌病,分原发性和继发性两大类。前者占绝大多数,有遗传倾向,其基本病理生理为绝对或相对胰岛素分泌不足和胰腺糖增高所引起的代谢紊乱,包括糖、蛋白质、脂肪、水及电解质等。常见的并发症及伴随症有急性感染、肺结核、动脉粥样硬化、肾和视网膜等有大小血管病变,以及神经病变。

Ⅰ型糖尿病的发病机制主要是遗传因素、自身免疫缺陷、胰岛素拮抗激素增多等;Ⅱ型糖尿病的发病机制主要是在基因缺陷的基础上,存在着胰岛素拮抗和胰岛素分泌障碍两环节。肥胖及脂代谢紊乱是Ⅱ型糖尿病重要原因之一。

根据糖尿病多饮、多食、多尿、消瘦的临床特点,属于祖国医学"消渴"或"消瘅"的范畴。认为是由于饮食不节、情志不调、房劳过度等原因,造成阴虚燥热,久至气阴两亏、阴阳两亏、血瘀津伤之症。并根据本病的多症状主次分为上、中、下三消。即烦渴多饮为上消,多食善饥为中消,小便频多为下消。

糖尿病人对食物中三大营养物质即糖类、蛋白质及脂肪的摄取,应掌握以下原则:

糖类物质摄取可占总热量的55%~60%。以中等身材,体重60kg的成年人为例(以下的比例与此相同)。主食供应,休息者每日200~250克;轻体力劳动者每日250~300克;中度体力劳动者每日300~400克;重体力劳动者需400克以上。多用糙米或玉米、小米等粗粮,充分咀嚼,吃少量食物即可获得饱腹感。副食应以带叶的绿色蔬菜为主,尽量避免富含淀粉食物,含糖高的水果应严格限制。

蛋白质的摄入量占机体总热量的15%以下为宜。每日每千克体重摄入蛋白质0.8克即可。对儿童、孕妇、乳母、营养不良及慢性消耗性疾病合并糖尿病患者,每日每千克体重的蛋白质摄入量可酌情增至1.5~2克。

脂肪应限制在每日40~60克,胆固醇的摄入量不能超过每日0.3克。

糖尿病患者每日饮食热量分配应以早1/5,午、晚各2/5为宜。饮食控制特别要注意饥饱适度,可采取少食多餐,但食量并非越少越好,若经常处于饥饿状态,加之使用降糖药物,反而使血糖不易控制。和肥胖病患者一样,应控制热量摄入,减肥,使体重下降至低于正常标准5%左右,更有利于控制病情。

糖尿病的饮食禁忌主要有以下几点:

(1)低钠高纤维素饮食:高钠饮食可增加血容量,诱发高血压,增加心脏负担,引起动脉粥样硬化,加重糖尿病并发症。所以,糖尿病人应以低钠饮食为宜,每日食盐量控制在3克以内。而可溶解的纤维素有利于改善脂肪、胆固醇和糖的代谢,并能减轻体重,可以适量多吃这类食物。

(2)限制富含淀粉食品和忌高糖食品:富含淀粉的食品(大米、白面、薯类、豆类、谷类),进入人体以后,主要分解为碳水化合物,它虽是机体热量的主要来源,但因其可直接转化为糖,因此必须限量。否则,病情就没有办法控制。

糖尿病患者最重要的就是忌食糖(白糖、红糖、葡萄糖、水果糖、麦芽糖、奶糖、巧克力、蜂蜜)、糖类制品(蜜饯、水果罐头、各种含糖饮料、含糖糕点、果酱、果脯)。因为这些食品可导致血糖水平迅速上升,直接加重病情,干扰糖尿病的治疗。所以,这些食品都不能食用。

(3)限制脂肪类和蛋白质的摄入量:糖尿病本身就是由于胰岛素分泌的绝对或相对不足引起的糖、脂肪和蛋白质代谢的紊乱。又因糖尿病很容易合并动脉粥样硬化和心脑血管疾病。所以,必须严格限制动物内脏、蛋黄、鱼子、肥肉、鱿鱼、虾、蟹黄等多脂类和高

胆固醇食品的摄入，以免加重脂质代谢紊乱，引发高脂血症。

糖尿病易于合并糖尿病性肾病，而过量的摄入蛋白质会增加肾脏的负担。所以说，糖尿病患者的蛋白质摄入应适量。美国糖尿病学会建议糖尿病患者每日蛋白质摄入量应限制在每千克体重 0.8 克以内。

（4）忌辛辣食物：糖尿病患者大部分都容易饥饿、烦渴多饮、阴虚为本、燥热为标，而辛辣食品如辣椒、生姜、芥末、胡椒等性质温热，易耗伤阴液，加重燥热，糖尿病患者应忌食这类调味品。

（5）远离烟酒：酒性辛热，可直接干扰机体的能量代谢，加重病情。在服用降糖药的同时，如果饮酒，可使血糖骤降，诱发低血糖，影响治疗。此外，乙醇可以加快降糖药的代谢，使其半衰期明显缩短，影响药物的疗效。因此，糖尿病患者不能喝酒。

吸烟对身体健康有极大的危害，烟碱可以刺激肾上腺髓质激素分泌，诱使血糖升高；吸烟可导致外周血管收缩，影响胰岛素和其他降糖药在血液中的运行和吸收。吸烟还会诱发血管痉挛，损害血管内壁，而糖尿病又容易诱发动脉粥样硬化和心脑血管疾病。两者相互影响，可以发生冠心病、心肌梗死、顽固性下肢溃疡、中风等严重并发症。因此，糖尿病患者不能吸烟。

（6）少吃酸性食品：糖尿病人的体液多呈酸性。谷类、鱼、肉等食物基本上不含有机酸或含量很低，口感上也不显酸味，但在人体内彻底分解代谢后，主要留下氯、硫、磷等酸性物质，所以营养学上称其为酸性食物。而酸性体液对糖尿病不利，因此，糖尿病患者要少吃这类食品，多吃带绿叶蔬菜，使体液呈弱碱性，吃生菜对糖尿病有较好的疗效。

◆日常生活中的饮食禁忌

平时常听人说，曾经吃过某一种食物，胃里立即感到不舒服，或者吃了某种食物，结果老毛病复发了……，类似情况很多，各类不同体质的人，都可能有它具体的饮食宜忌，对于这些问题，很难作面面俱到的解答。但是，只要在日常的生活中注意自己的饮食，对这些情况都有很好的帮助。

一般饮食禁忌

为了健康长寿精力充沛的需要，人们首先应该戒除饮食方面的不良习惯，如食物不要太咸，以免给心脏、肾脏等器官增加负担。食物也不要太烫，以免烫伤黏膜、牙龈，引起溃疡、炎症和疤痕。忌暴饮暴食，以防胆囊炎、胰腺炎、脑血管病发作。不能偏食，以防营养缺乏。忌不经细嚼下咽，以免加重胃肠负担，影响消化，导致胃炎和溃疡。忌多吃零食，以防维生素和无机盐的缺乏。

我国古代曾有食疗法，食物和药物一样也有寒热温凉之性，酸苦甘辛咸五味，五味入五脏，如酸入肝，苦入心，甘入脾，辛入肺，咸入肾。（前面章节已经提到）。因此，人们的饮食必须寒温得宜，五味调和，这样五脏才能各得其味，如果饮食失调，势必对内脏造成损害，对健康也不利。

如果是病人，饮食禁忌还应根据疾病的症候而异。例如阳虚症宜温补，忌清补滋润；阴虚症切忌温补燥热；寒症忌咸寒食物；热症忌辛辣，宜清凉。如果病属表证，症见恶寒发热，身痛无汗，饮食宜清淡，切忌油腻酸敛之品，以免影响邪气外散。五脏有病时应禁忌饮食具有相克关系的食物，以免加重脏腑的损害，如肝病禁忌辣味，心病禁忌咸味，脾胃病禁忌酸味等，这些都是中医的传统认识，可供大家参考。

在这里要提出的一点是，由于人体对食物的反应各不相同，凡事都要因人而异，人们应在饮食中细心观察，确实不适应的食物可以禁止，不必拘于传统认识和民间传说，以免因盲目忌嘴而影响健康。

饮食不能无序

古代养生家强调饮食必须定时、适量、有规律，这就是《黄帝内经》所说的"饮食有节"。这里主要谈饮食安排的规律性。一般来说，饮食的规律性是按照日常生活、工作学习的安排而定，这样使摄入的热量和各种营养素都能满足人体的消耗，这样能提高工作效率，同时也能保证进食与消化过程协调一致，使吃进的食物能充分地被消化吸收。

俗话说得好："早饭吃好，午饭吃饱，晚饭吃少。"根据一天三餐食物分配比例，早餐应占全日总热量的30%～35%，午餐应占全日总热量的40%，晚餐应占全日总热量的25%～30%。

无论是对体力劳动者还是脑力劳动者来说，吃好早餐都是十分重要的，它影响着整天的精力。由于早餐对血糖的多少具有直接影响，特别是影响大脑的能源物质，所以劳动中消耗的能量常常通过早餐得到补充，以保持旺盛的精力。因此，平时人只有保持血糖的正常水平，才会感到全身舒适、精力充沛。

那么，早餐究竟吃什么好？有人做过这样的试验：对志愿者进行吃不同早餐的分析，在饭前和饭后各测一次血糖，结果发现，早餐只吃淀粉类食物后，血糖下降很快，几乎整个上午血糖都低于正常水平；而早餐除了吃淀粉类食物以外，还加上蛋白质和脂肪性食物，血糖一直保留在正常水平（120毫克），而且身体也不会有任何不适的感觉。

在吃同样午餐以后，继续测试血糖，发现早餐中含蛋白质和脂肪较多的人，在整个下午血糖一直保持在较高水平，而早餐以淀粉类食物为主的人，午餐血糖上升短时间后即行下降。这又是什么原因呢？

原来胃肠对淀粉的消化吸收很快，过多的糖一下子进入血液，使血糖升得很高，血糖

过高就会刺激胰岛分泌大量胰岛素。胰岛素是专管调节血糖的,血糖多了,胰岛素就会促进肝脏和肌肉把血糖转化成肝糖原或肌糖原,或者转化成脂肪贮存起来,这样一来,突然升高的血糖又被胰岛素很快地处理掉了。

所以,光吃淀粉类食物,血糖只是暂时地出现较高的水平,很快就会降下去。相反,胃肠道对含有丰富蛋白质和脂肪的肉、蛋、乳、豆之类食物消化吸收时间较长,食物中糖进入血液的速度是缓慢的,数量也较均衡。可见,早餐对人的一天工作有着多么重要的影响。

从正常的饮食安排来看,每日三餐,每餐之间间隔 5~6 小时。一般混合性食物在胃中停留的时间约为 4~5 小时,而且脾胃也需要休息一定时间,才能恢复它的功能。所以,两餐之间间隔 5~6 小时,是合乎脾胃的消化、吸收功能要求的。早餐需要一定的数量和质量,决不能轻轻应付了事。因为从第一天的晚饭到第二天清晨,经过大约 12 小时的消化,基本上是处于空腹状态。如果早餐不吃、少吃或吃得不好,补充脏腑活动需要的水谷中精微就会不足,造成不到中午吃饭时间就会感到饥肠辘辘、头晕眼花、神疲乏力、注意力不能集中,以致影响工作效率。中餐是补充上午的消耗,为下午更好地进行工作继续做好供应,起着承上启下的作用。所以,中餐饱的含意就是在数量和质量上都应注意,适量多一些,好一些。

《饮膳正要》一书指出:"晚餐不可多食。"民间也有"晚饭少一口,活到九十九"的说法。现在看来,这样的安排是非常有道理的。

晚餐少的含义包括食用的数量少和脂肪少。古代医家指出:"饱食即卧乃生百病,不消和积聚。"因为晚上睡觉,活动是降低至最小值,如摄入过多营养物质,容易造成营养过剩,转化成脂肪贮存起来,时间长了就会使人发胖,增加心脏负担,容易产生心血管疾病。同时,晚餐过饱,会增加胃肠负担,出现腹胀,消化不良,以致影响睡眠。这叫作饮食过饱,造成"胃不和,则卧不安"。

要注意饮食的搭配

饮食营养中,对配搭合理是非常讲究的,这一点古今养生家的看法是一致的。由于各种食物中所含的营养素不同,单单食用任何一种都不能够满足身体的需要。但是在进行合理的调配以后,人体可以得到各种不同的营养素,满足各种生理功能的基本要求。

组成饮食的主要内容有粮谷、肉类、蔬菜、果品等几个方面。五谷是用作营养,五果是作为辅助,五畜之肉是用以补益,五菜是用以充养,气味和合而服食,可以补益精气。人们可以根据需要,兼而取之,只有主食与副食的全面搭配,才能称为合理的营养,而有益于健康。

当然,人体对营养素的需求是多方面的,单一食品无法满足,偏食更会导致人的阴阳气血失去平衡。

在饮食进行合理调配中，对五味调和又是一个重要的方面。酸、苦、甘、辛、咸五种类型的食物，不仅是人体饮食的重要调味品，可以促进食欲、帮助消化，也是人体不可缺少的营养物质。五味调和得当，可以使骨骼正直，筋脉柔和，气血流通，肌理固密，人体有抵抗力，才能抗御外部的侵犯，增进健康。

所以，现在饮食上主食方面都主张粗细粮混食、粗粮细作，副食方面主张荤素搭配、什锦菜等。

那么，饮食得到合理调配，怎样才能获取最多的营养呢？

首先是饮食时应专心一致，如果在进食时三心二意，一面看书或思考问题，一面饮食，这样既不能品尝食物中的滋味，又影响脾胃的消化吸收。《论语·乡党》中指出："食不语、寝不言。"《千金翼方》也说："食勿大言。"

其次是饮食应畅情，古人曾说过，食后不可便怒，怒后不可便食。实际上，良好的情绪有利于食物的消化、吸收，而情绪不好常常导致不食，食则不化。所以，现在很多餐厅都有悦耳的音乐伴顾客用餐，以增强食欲。这在古代医书上亦曾提到。像《寿世保元》中提出："脾好音声，闻声即动而磨食。"

饮食还应细嚼，在进食时应该细嚼缓咽，这是促进消化吸收的重要环节。像《千金要方》上讲到，"食当熟嚼"。在《养病庸言》中更详细地劝说人们"不论粥饭点心，皆宜嚼得极细咽下"。

俗话说有人吃东西"囫囵吞枣"，"狼吞虎咽"，显然反映这种人急欲进食的饥饿样子。但《医说》中则劝诫人们应该"食不欲急、急则损脾，法当良嚼令细"。只有这样，才能从饮食中取得营养。

然而，饮食时要注意的问题必须与饭后的保养联系起来，否则会导致"前功尽弃"。古人十分重视饭后的保养，主要有提倡饭后缓行、饭后摩腹、反对饱食急行。

宋代大文学家苏东坡非常喜欢散步，尤其是饭后的"散步逍遥""务令腹空"，使胃中不会因积滞而导致疾病产生。俗话说："饭后百步走，活到九十九。"当然，对于体弱多病、年老体虚的患者，更应该要积极提倡饭后缓行，稍事活动，以促进消化、吸收。在《千金翼方》中指出："食毕行走蹀躞则长生。"《摄养枕中方》中也指出："食止行数百步，大益人。"这些都说明饭后缓行对健身有重要意义。

与此相反，饱后不能即卧，否则可以使宿食在体内停滞造成脾失运化，不利消化而导致一系列疾病产生。如《寿世保元》中说："食后便卧令人患肺气、头风、中痞之疾，盖营卫不通，气血凝滞故尔。"饱后也不能急行，如果食饱"速步走马，登高涉险，恐气满而激，致伤脏腑"。

烹调要得当

古代的饮食专著,如《食本草》《饮食正要》中都很注意食物的烹调,其中介绍了具体的烹调方法,强调要使食物的色、香、味俱全,这不仅增加了食欲,而且有益于健康。

现在看来,从营养学角度理解,色有两层意思:一是指食品的本身颜色要鲜,惹人喜爱;二是指在一餐中要注意各种食品之间的颜色搭配,一顿饭的食物最好不要少于三种颜色,像米、面、豆腐的白,蔬菜的绿和肉类的红。也可以用大豆、花生米的黄来代替肉类的红,有人称其为"三色原则"。这个原则可以从一个侧面调整好饮食,使人获得较为全面的营养。

除了一般的烹调技术外,中医学还认为,在食物的制作过程中,必须要注意保护营养成分,调和五味、阴阳、寒热等。食物按照五味分为酸、苦、甘、辛、咸五种。而这五味有阴阳两种属性,古人称为"辛甘发散为阳,酸苦涌泄为阴,咸味涌泄为阴,淡味渗泄为阳"。这些不同的属性,对人体就会产生"或收或散,或缓或急,或燥或润,或软或坚"的影响。

因此,对这些五味不同的营养品,在烹调过程中必须要强调阴阳和平,这样,既不会过于阴凝腻滞,又不会过于辛热燥烈。例如在助阳的食物中,加入青笋、青菜、白菜根、鲜果汁,以及各种甘润瓜类之品,可以避免中和或者柔缓其辛燥太过之弊,而在养阴的食物中,加入肉桂、八角、花椒、干姜等辛燥的调味品,可以克制其滋腻过甚之偏。同样,食物的五味又具有寒热不同的特点。寒为阴,热为阳。

所以,酸味、苦味食品多具寒性,辛味、甘味食物多具热性,而咸味食品以寒性多见。对于体质偏寒的人,烹调食物应该多用些姜、椒、葱、蒜等调味品;体质偏热的人,则应少用辛燥之品的调味,而宜多制作寒凉清淡的食品。根据食物的五味有相互制约和生化的作用,在具体烹调过程中加以应用,而使其食品味道香美,又可缓和食物性味之偏,从而有益于营养和健康。例如,根据"甘和酸"的意思,在酸味食物中加入甜味,酸味得到减轻,从而缓和其酸性收敛的作用,像西红柿里加入白糖,就能产生这样的效果。又如根据"酸胜辛"的意思,在辛辣食物中加入酸味,辛辣味就会减轻,而且能收敛其辛燥的作用,像炒辣椒时加入少量的醋,就能起到这样的作用。

至于在日常生活中对米、面和蔬菜的烹调,现在更讲究营养价值了。

如蔬菜的烹调,蔬菜应尽量新鲜吃。保存时间长,受太阳晒,风吹,都会使营养损失。清洗蔬菜切忌泡在水里,更不要切好后放置时间过久,因为同样会使其营养素大量流失。做菜最好的方法是炒菜,急火快炒,煮菜时间一长,则易破坏维生素(当然这也要根据不同的蔬菜而有不同的烹饪方法)。煮菜时应加锅盖,防止维生素随蒸气跑掉,减少了菜的香味。炒菜或做汤,可加适量的醋或淀粉,对维生素 C 有保护作用,并可调味。

动物性食物,一般都比较难消化,烹调时就烧熟煮烂,以利消化吸收。炒肉,如肉丝、

國學智慧全書 —— 黄帝内经

肉片、猪肝等,损失维生素最少,可以先用淀粉酱油拌好下锅,这样即保护维生素、蛋白质,又鲜嫩、可口。

又如米和面的烹调,在米、面中保存大量营养素,所以注意它的烹调方法是很重要的。淘米可以损失很多营养素,尤其是 B 族维生素,因为它大部分在外层,又易溶于水,所以要避免用力搓洗,尽量减少淘洗次数。为了防止营养随水蒸气丧失,最好吃焖饭。煮粥时不要加碱,否则维生素遇碱会被破坏。

熬粥时要加盖,否则营养素随水蒸气跑掉。面食的做法不同,对营养素的破坏程度也不同。蒸和烙,如蒸馒头和烙饼,其维生素损失较少,而水煮、油炸则损失较多。

至于煮面条,维生素有一半到面汤里去了,所以吃面条应该要喝汤是很合理的。

适宜的饮食烹调是营养健身中重要的一环,上述是对一般人的饮食而言。至于像老年人,在饮食烹调中尤忌五味过甚,寒热不和,且少食黏硬生冷之品,而应做到温热、烹烂、味淡六个字。

不能以荤素论寿命

"民以食为天",这是千古不变的真理,不言而喻,没有食物充饥,人就不能维持正常的新陈代谢,就不能维持生命,就不能生长发育,更谈不上延年益寿。

食物对人类生存的重要性,可以说无人不知,无人不晓。

俗话说:"人是铁,饭是钢,一天不吃饿得慌。"摄取食物是人生的本能所在,是维持生命的基本条件。但是怎么吃,吃什么对健康长寿有益,对于这个问题,众人的说法不一,有的主张"杂食",有的主张素食。我国农村有句俗话,叫"吃荤吃荤,吃得胖胖蹬蹬;吃素吃素,吃得面黄肌瘦"。虽然荤菜营养丰富,吃了能强壮身体,但吃荤过量又容易患肥胖症和其他心血管病,但吃素又有可能造成营养不良。

当然,还是认为还是荤素搭配为好。吃素的未必长寿,吃肉的也未必短命。关键要科学地选择膳食结构。如果不讲膳食科学,盲目进食,或者食物结构不合理,不仅不能起到养生的作用,而且会对健康与寿命有直接影响。

科学家认为:膳食中的营养不良或热量过高(脂肪、糖、蛋白质等),维生素过量,都能使寿命缩短。因为过量摄入脂肪、热量,营养过剩与失衡,其结果是肥胖症多发,各种富贵病——冠心病、高血压、脂肪肝、糖尿病等发病率上升,发病年龄日趋提前。同时,国内外很多科学家也认为:食物和饮食习惯与人体许多癌症的发生及发展有着密切的关系。据有关资料表明,约有 1/3 的癌症与饮食有关。

美国《时代》周刊报道,在全美因患癌症而死亡者当中,35%因饮食发病。在德国,1/3 的癌症死亡病例是消化器官肿瘤。很显然,饮食对此起着决定性作用。

为了健康长寿,世界各国营养学家、医学家都在着力探索人们合理食物结构问题,开

国学智慧全书——养生智慧

列了一系列最佳食谱。

最近美国布鲁斯·詹纳博士指出的十大营养食物，轰动了西方。分别是鸡、比目鱼、脱脂牛奶、蘑菇、花椰菜、马铃薯、糖松糕、干面食、香蕉、柑橘。

他认为近年来，各种各样的推荐食谱很多，这些食谱有的明智达理，有的荒谬可笑，针对这种情况，他指出日常若以这十大食物为基础，那么人们在保健强身方面将有颇多受益。

他认为这是最佳食物结构。还有英国营养学家波留宁博士经过多年的研究之后，提出了12种"超级"食品，认为它们价格便宜，味道鲜美，食用方便，能供应人体所需要的营养，保证身体的健康。这些食品是：干杏、燕麦、罐装沙丁鱼、胡桃、豌豆、花茎甘蓝、胡萝卜、柑橘、全营养面粉、动物肝脏、低脂牛奶和橄榄油。波留宁博士解释说，这些食物含有各种维生素、纤维质和脂肪酸。在一般情况下，能有规律地用上述食品或其中的一些，就能保证身体所需要的全部营养，使体内各个系统达到最佳的"运转水平"。

我国古代医学家认为，选择食物的标准，应以"胃喜为准"，适合自己的口味的食物，就有养生祛病的功能，就可以择而食之。胃以喜为补，曾是清代杏林巨匠叶天士传世名言，他曾经治疗过一个病人，其形色衰夺，已成劳怯之候，先生阅前医治法，遍选补药，丝毫不见奏功，反饮食不思，病势日趋沉重。他诊得脉后对病家道："求医无益，食物自适，胃以喜为补，若不明胃喜知味，实难拟法，暂不投药。"后来病人按照他所说的，用湘莲、芡实、香糯、南枣、百合、燕窝、鸽蛋煮粥吃，病人竟一天比一天有起色，奇迹般地恢复了健康。

叶天士又云："药不在贵，对症则灵；食不在补，适口为珍。"这些警句，对老年人的养生学产生了巨大影响。饮食是供给机体营养物质的源泉，是维持生命活动和生存必不可少的条件，饮食务求适宜、适量、适口，否则就不能吸收精微，反遗后患。

黄帝内经

第四章 《黄帝内经》起居养生

★ 道法需自然，佳居重有常

人以天地之气生，四时之法成……夫人生于地，悬命于天，天地合气，命之曰人。

——《素问·宝命全形论》

起居有常，不妄作劳，故能形与神俱，而尽终其天年，度百岁乃去……逆于生乐，起居无节，故半百而衰也。

——《素问·上古天真论》

道，养生的方法和原则；法，法则。道法需自然就是说在养生的过程中一定要遵循自然界的客观规律。这是因为人是自然的生命个体中不可分割的一个部分，因此，养生就要遵循自然界的季节气候、昼夜晨昏、地理位置等变化规律。只有这样才能使生命活动与自然界的变化协调一致。正如上面所引《素问·宝命全形论》中所说的，人是天地二气相互作用的结果，这就像男女交媾则有子一样；自然界有四时阴阳的生、长、化、收、藏的规律，而人的生命也有生、长、壮、老、已的变化过程。因此，人的生命与自然界的变化息息相通，这也是我们所说的"天人相应"的养生大道。

而《素问·上古天真论》中所引的这段话则在告诉我们，假如一个人能对自己的日常生活安排得科学合理，能够养成合乎人体生理的作息规律和习惯，则可以达到祛病强身、颐养天年的目的。反之，则如若贪图一时之享乐，任凭自己的嗜好放纵自我生活的节度，违背了自然规律，则会导致精神萎靡，加速生命衰老的进程。

◆ 道法自然之坐北朝南

"悬命于天，天地合气"。可见，养生还需与自然环境相呼应。平常人们爱说病由心

生,心又受什么影响呢? 显然,影响心的是精神层面的环境和物质上的自然环境。前者包括有一个人的理想、认识水平、修养、情志等,而后者则主要是风霜雨雪、雷鸣电闪等气候和一切非气候等地理的因素。前者在情志养生有了相关的一些介绍,这里主要对后者做一个相关的说明。显然,即使在可以施行人工降雨的今天,对于气候等地理因素的改变也是微乎其微的;而且时间上也不可能天天这样去做,个人就更加难以做出更为现实的改变。这里的外部自然环境定位在我们居住的层面,说到底就是房子。

说到房子,有一个令很多人困惑的问题就来了,即房子坐北朝南是道法自然的养生之道还是邪乎玄妙的"风水"之说呢?

首先坐北朝南首先是与我国的地理位置有关。中国处于地球北半球、欧亚大陆东部,大部分陆地位于北归线(北纬)以北,一年四季的阳光对于南方来讲成接纳之势,朝南的房屋便于采取阳光。这一点,古人似乎也有所查知。考古发现,早在原始社会先祖们就按照坐北朝南的方向修建村落房屋。不仅是为了采光,坐北朝南还为了避北风。中国的地势决定了其气为季节型。冬天有西伯利亚的寒流,夏天有太平洋的凉风,而坐北朝南能较好地回避。当然,要明确的是,房子一般都会根据现实环境下山势、水态、气候等环境有所不同,这里是从更为普遍意义上来作的一个养生方略上的提炼。

其次,坐北朝南还有传统文化的原因,那就是不能开北门。因为坐北朝南,北门应属于我们通常意义上的后门,北门主收藏。如果将坐北朝南的房屋看成一个容器的话,向后立起来北在底部,其寓意就是家财万贯不能漏气。身体的肾精就是健康的本钱,要能够固守住一样。但或许有人就要问了,为什么北京城还要开两道北门,即安定门和德胜门呢? 尽管如此,这里有两个原因,一是这两道北门在旧时不轻易开启,即只有在出征打仗的时候开启,军队从安定门出去,意味师出有名,发的正义之师保的是国与家的安定。而在打仗归来的时候从德胜门回来,此一进一出,不仅是希望军队凯旋,还有一个最为本真的含义,就是希望军队有进发还有回还。再者,这两道门几乎没有同时开启过,这或许也蕴含有进与出、阴与阳的一种平衡。

其三,需要说明的是,朝阳的房间并不是对所有的人都有利,而背阴的房间也不是任何人住都不利于健康。这不但跟房屋的具体的位置有关,还跟居住的人有很大的关系。比如,骨质疏松症和胃肠疾病患者住朝阳的房间有利于康复,高血压病患者住背阴的房间则有利于康复;而神经衰弱患者住东、西房间则一般会有较为理想的康复环境。

◆佳居有常之"境"遵原则

佳居,就是适合养生的好的居住环境,境,则指房子,就是狭义上的家。那么,什么是家呢? 可谓是众说纷纭。家,"宀"下一"豕","宀"代表屋子,"豕"是猪,现在通常认为

"家"是会意字,猪在这里是作为财富的象征。也就是说,有屋顶能遮风避雨,又有一定的财富内藏的地方就是"家"。

这里,风雨是以气候代表了自然万象,就像人们经常在问要不要某种东西的时候,会随意回答"来两个",此时的"两个"并不是特指,而是说明一个道理,而"猪"象征财富。所以,我们可以看出,人们在关注人居住的"家"时,还是对外在的天和内在的藏做了一个双向的分析。内与外靠什么区别呢?靠房子。这一点在《周易·易系辞传》中也有类似的体现,其曰:"仰以观于天文,俯观以察于地理,"看什么呢?向上看日月星辰运行的规律,自然包括看阳光照射的方向等养生所必需,向下看山川水地的走势,确定风向等居住要素。此二者结合就像是横纵坐标一样,从而确定人体赖以生存的环境。与之对应,适合住居的环境选择,我们也从内外的角度,将其分为大、小两方面的原则来统摄。

从大原则上看,适合居住的环境一个重要的因素就是具有一种生发之气,而阳照则万物生,风进则气散,所以,有了"峦头、理气"之说。所谓的"峦头"就是看山水的形势来判断生气,大致来说,山环水抱、山明水秀的地方,大多是生气"聚而不散,行而有止"的好风水之地;而所谓的"理气"则是根据房屋坐向及五行八卦相生相克的原理来推算生气所在,借以到达趋吉避凶。正是从这样的考虑出发,古人们在长期的生活实践过程中,将那些丰富的实践经验予以总结,并提炼出一些适合于养生的道法。比如因地就势,即根据环境的客观性,采取顺应自然的住居建设和生活方式的适应,最终使人与建筑适宜于自然,回归自然,达至天人合一;依傍山水,水为大地之血脉,山为大地之骨架,人居山水方能得其滋养。其他如形势为本、水质为养、方向为应、居中为统等都是一些重要的经验。

大原则更多的是居室之外在环境,而小的原则则侧重于居室之内对于"正气"的生发和敛聚。下面主要从家居的养生中择其重点做一个简要的原则性说明。

原则一:卧室——聚气敛神

卧室,是一天至少睡八小时觉的地方,不用扳着手指算,人生一辈子三分之一的时间就在这里度过。自然,对于养生而言,睡好了觉你就在人生约35%的时间里做好了养生的工作。那些所谓的运动、所谓的各种方式的锻炼加起来才能有多少时间。所以,卧室的重要性不言而喻。聚气敛神大多会在卧室进行。那么,是不是卧室的面积大气就足呢?事实上,卧室一般以不拘谨为宜,即衣物、床、梳妆台等的放置能各得其所就好。除了温馨、静谧、祥和等家的感觉上的考虑外,一般还需要注意:床位尽可能南北朝向,以顺应地磁引力,但要同时考虑不可有横梁压床,以免造成一种"拦腰截断"压抑感,否则形成心理阴影自然会有损于人的身心健康。再者,床头不能靠门,妆台镜不能照着枕头位,否则睡眠容易受扰,往往还会发散"生气"。

原则二:书房——养藏镇心

看书,往往能使一个人心神安定、深思致远。所以,书房不仅要重视收藏什么样的

"镇邪"之书,还在于如何摆放。一般来说,书房的摆放注意这样几点就可以了:

注意一:书桌面向　为了防止门外煞气直冲使精神不能集中,最好将书桌对着门的方向;同时又不直接和门相对冲即可。

注意二:人坐面向　书桌为用,因此,人宜坐吉位,而书柜为藏,宜震杀凶气。所以,这样看来的话,要让自己坐着看书的时候有一种"靠山"的感觉,故此,后边最好是墙或房后有连绵的建筑等。这里需要提醒那些喜欢景观的朋友,透明的玻璃帷幕最好别作为你的"后盾",多会"散气"之效。

原则三:装饰——培补正气

即使是老百姓过日子,对房子作简单的装饰是必要的,而钱花得少也未必不能培补正气。而花得多,如果不当甚至会让人心生闷气。这里作几点建议:

建议一:宠物化生气

很多人喜欢在家里养宠物,这其实没什么好指责的,当然,安全和卫生是一个基本的前提。比如,很多人喜欢在家中养金鱼,事实上,这不仅是附庸风雅之举,对于养生有一定的功效。

金鱼的颜色和游动,不仅让人在视觉观察中可以让内心得到安定;同时,无意识在物我的两厢比较中还能滋生一种生气与活力。所以,建议不要让鱼缸正对灶台,因为灶台位属火,与水相克。再者不要在鱼缸的上面放置什么东西,尤其是一些显得笨重或者体积庞大的物品,否则就是人若其鱼,有一种压抑而难见天日,难以出头的心理感应。

建议二:挂钟定神气

钟,是时间的运行,也象征着生命的运行。因为人的生命在寿夭,而寿夭是以时间的多少来累积计算的;所以,挂钟一定不要在人们视线常常触及的地方,可以在我们视线较为集中的左边或者右边,可以在头稍微向左转或者右转的时候能看见。当然,以习惯在右边的较为普遍。这样,不会让自己每时每刻都在感受生命流逝,有一种人体之血一点一点流失的感觉,少却了一种紧张,多了一种轻松;少了一种心浮气躁,多了一种内心的神闲气定。此外,挂钟不仅是计时的器具,在传统文化中还有避邪气、招财宝、主运势的说法。

建议三:补陷生精气

由于房屋位置和结构的原因,难免有些不尽人意的地方。这时候,往往可以通过装饰来进行弥补。比如,大厅较暗的,可通过加壁挂或图画来弥补缺陷,如牡丹花或向阳花,可采收富贵与阳刚之气。这里尤其要提醒的一点是,很多人喜欢挂山水画,有一种纳祖国河山于一室的大气在里面;不仅如此,还可以采纳天地自然之灵气以滋养身心。但需要注意的是,一般而言,山主人丁水管财,水向内流乃进财宝,水流出为失财。因此,挂山水画也要观其水势向屋内流,这或许就是人们常说的"肥水不流外人田"的本意。

古云:"宅以形势为身体,以泉水为血脉,以土地为皮肉,以草木为毛发,以舍屋为衣服,以门户为冠带。若是如斯,是事俨雅,乃为上吉。"可见,要住得舒心、顺心,不仅在于位置和格局,还在于人这个小宇宙与房屋这个小环境是否能融洽相处。

★循五行之生克,因地养生

一州之气,生化寿夭不同,其故何也? 岐伯曰:高下之理,地势使然也。崇高则阴气治之,污下则阳气治之,阳胜者先天,阴胜者后天。此地理之常,生化之道也。帝曰:其有寿夭乎? 岐伯曰:高者其气寿,下者其气夭。地之小大异也,小者小异,大者大异。故治病者,必明天道地理、阴阳更胜、气之先后、人之寿夭、生化之期,乃可以知人之形气矣。

——《素问·五常政大论》

同在一州,为什么寿命长短不同呢? 岐伯说,因为地势高低不同造成的。地势高的地方,属于阴气,地势低的地方属于阳气。阳气盛的地方气温高,万物的生长就比较早;阴气盛的地方比较寒冷,万物生长就相对较晚一些。这就是地理环境不一样对于万物生化影响的一个基本道理。黄帝又问,那么有没有寿与夭的区别呢? 岐伯说,地势高的地方为阴气所控制,所以人一般寿命长;而地势低的地方,一般阳气多泄,其人一般寿命就短。而地势高下还有一个程度上的渐进差别,相差小的其寿夭差别也就小;反之,其寿夭差别也就比较大。所以,治病也必须懂得天道和地理、阴阳的相胜、气候的先后、人的寿夭、生化的时间,然后就能理解和掌握人体内之气和外之形的病变。

这里,明确提出了寿夭和环境的关系,是一种牵强的搭配吗? 显然不是。首先地形的不同,土质和水质就会有差别。土地是人类食物直接和间接滋生的,所以食物的营养也就会有所区别。这就好像人们常说的"母壮儿健"是一个道理。其次,一个地方的地势和地理环境不一样,气候条件也就不相同,南方多潮湿温热,北方多干燥寒冷,而寒冷的地方代谢就比较慢,而温热的地方代谢就比较快,这类似于温室效应一般,所以,人的寿命就会有差别。说到底,就是人们常说的"一方水土养一方人"的意思。

◆适者生存之循生克之理

适者生存,这不仅是职场的法则,也是养生之道。而五行可谓是世间万物的一个代表,而其中的关系更是万物关系的一个浓缩。提到关系,这里就需先弄清楚生与克。何

为生,何为克呢? 何为相生,又何为相克呢? 生克相互对应,所以,这里先说说相生,明白了相生也就自然会领悟到相克。所谓生的关系,一般理解为"我生者"是我的"子","生我者"是我的"母"。正是从这样的理解出发,相生即相互之间有一种"我生者"和"生我者"的双重身份,两者之间是一种互为存在依托对象的关系。举例来说吧,水生木,是说草木的生长,都必须靠水的滋润,没有水,就不会有草木的生长;木生火,是说草木可以燃烧变成火;火生土,是说火热的阳光能够温暖土壤,使土壤充满生机;土生金,是说大地矿脉里含有金矿,经过冶炼就能产生金属;金生水,是说金属的工具可以凿井挖渠,开掘水源,所以叫金生水。从这里可以看出,代表每一类物象的每一"行"都是别的某一"行"的子,同时又是其他某一类"行"之母,并因此而繁衍生息,这就是相生的关系。

与之相对应,相克就是一种相互制约的关系。其含义我们不妨还是以木、水、火、土、金的顺序来做一个具体的说明。即木克土,是说草木的生长,可以对土壤进行一定意义上的分割和结构、成分等的改变而言的;水克火,就是指可以用水来熄灭大火;火克金,烈火可以把矿石里的金属冶炼出来;土克水,就是土壤的堤坝可以制约水的流向,所谓"水来土挡"就是这个道理;金克木,主要是从金属工具对于树木的砍伐、收割农作物,可以造舟车、木器家具的原始意义上来讲的。

◆ 表里相应,五行与五脏生克与共

所谓的表即外在,所谓的里即五脏。表里相应就是说外在的五行和内在的五脏在生克上处于一种相应的关系。或许有人要问了,五行都是自然的万物,在那里做一个轨道式的圆形运动,相互影响,跟人没什么关系呀? 表面上看是这样,但其实五行的相互生克并没有脱离人的力量,这是因为水、火、木、土都是以自然物质的形式出现不假,但金呢? 金是一种自然物的提炼,是一种劳动的结果,所以说,没有人类活动的参与,五行不能成立,也不能"行"起来。

那么,跟人到底又有什么样的关系呢? 宇宙万物由金、木、水、火、土衍生构成,所以五行的相生相克不就是万物之间的运化关系吗? 怎么跟人扯上了关系呢? 在古人看来,天地万物是一个大宇宙,人则是一个小宇宙。由此,五行的生克就可以推知人五脏之生克。从大的方面看,五行平衡化生,则大宇宙风调雨顺,万物化生。反之,如果五行失衡则会出现如洪灾、火灾、地震等天灾。从小宇宙来看,人体如果五脏应五行而相对平衡时,身体就会很健康,体内肾滋养肝,肝滋养心,心滋养脾,脾滋养肺,肺滋养肾;肾越好,肝越好,各脏器之间就会产生一种良性互动。反之,五脏应五行处于失衡状态的话,则脏器相对紊乱。打个比方说,假如一个人脾胃不好就会克肾,肾会克心,心克肺,肺克肝,肝克脾。总体说来,就是"顺之生,逆则克"。

相生与脏腑关系

水应肾,木应肝,因水生木,则肾循环系统好,可促进肝循环系统正常运行。

木应肝,火应心,因木生火,则肝循环系统好,可以促进心循环系统正常运行。

火应心,土应脾,因火生土,就像是太阳对大地的照射一样,所以,如果心循环系统好,则可促进脾循环系统正常运行。

土应脾,金应肺,因土生金,则脾循环系统好,可以促进肺循环系统正常运行。

金应肺,水应肾,因金生水,则肺循环系统好,可促进肾循环系统正常运行。

相克与脏腑关系

水应肾,火应心,因水克火,则肾循环系统不好,心循环系统逐渐进入异常状态。

火应心,金应肺,因火克金,则心循环系统不好,肺循环系统就会逐渐进入异常状态,例如:心肺衰竭等等。

金应肺,木应肝,因金克木,则如果肺循环系统不好,肝循环系统就会逐渐进入异常状态,例如肺阴虚引起的肝阳亢进等。但如果没有"金"克木,木则乱而失序,乃生为灭,自生自灭。

木应肝,土应脾,因木克土,则如果肝循环系统不好,脾循环系统就会逐渐进入异常状态,例如肝胃不和等。但是土如果没有"木"的制约,又会沙化。

土应脾,水应肾,因土克水,则如果脾循环系统不好,肾循环系统就会逐渐进入异常状态,例如脾虚引起的肾病等。但是如果土克不了水,水又会泛滥成灾。

对于相克需要说明的是,相克不要被误认为就是不好的关系。且不说事物的相克使得内脏得以运化循行,即使从小的方面讲,相克才使得机体能在一个平衡的水平运化;否则,盛衰没有平衡自然生病。假如水不克火火会失控,火不化水,水必成患。

◆培补环境,长寿养生因地制宜

养生,大自然要适应,就好比我们不能叫成都气候具有北方的个性,也不能让首都具有昆明四季如春的和煦。对于那些小环境则可以改造,让其对我们的养生有所帮助。

长寿,除了与遗传、个人修养有关外,还与长寿者生活起居所处的自然环境有关,这已经毋庸置疑。现代科学检测发现,森林中、流水旁空气中的氧离子要比其他地方多得多。这种氧离子有人称之为空气维生素,有健脑益智和防治疾病的作用。例如,在广西有一个全国闻名的长寿之乡巴马,那里山清水秀,郁郁葱葱,万物受其滋养,一派生发景象。据统计,全县 4 万人口,90 岁以上就有 220 多人,百岁老人也有 20 多人。

现在，一些地方山林养生、日光养生的意识渐渐加强，这是和谐社会的一个体现，也是养生的一种智慧。据考查，在唐代，孙思邈就著有《道林养性》《退居养性》，阐述了山林养生的好处。明代高濂所著的《遵生八笺》不仅十分重视山林养生，还总结了"时值春阳，柔风和景，芳树鸣禽，邀朋郊外，踏青载酒，湖头泛舟，问柳寻花，听鸟鸣于茂林"的山林养生之法。《黄帝内经》中的《素问·五常政大论》则是间接地告诉我们山林养生要注意环境的选择，地势的高低就是一种参考。一个地方的特点往往既是这个地方的优势也往往同时是这个地方养生的劣势，在一个地方是如此，在一个区域也是如此。因此，结合《黄帝内经》的养生要旨，更多的是需要一种结合，如一般而言，南方需避免低洼潮湿之地，免受湿热和虫毒，故而宜选高洁之地，取清和之气；北方应避免干燥、寒峻之地，宜选低平之地，取温和之气。

城市是否就无所适从，只好听天由命了呢？庭院可以培植满园春色，如果没有这样条件的，也可以在大厅等处养些金鱼与一些既有生发之气的绿色植物，同时还可以观赏好的景致。当然，如果有条件的，还可以根据季节和水土的特点种植一些花草在院中。比如，吊兰是人们公认的室内空气净化器，一盆吊兰一天就可将室内的一氧化碳、二氧化碳及甲醛等有害气体"吞食"得精光；仙人掌肉质茎上的气孔白天关闭，夜间打开，吸收二氧化碳，制造氧气，使室内空气中的负氧离子浓度增加；还可通过人们的视觉、嗅觉降低血压、稳定情绪。当然，很多还有南北地域的关系，比如，种柳树就更适合南方。一棵五年以上的柳树，每天可吸收的地下水近一吨，不仅可以降低屋院的温度，还可以减少潮湿，从而避免关节炎和风湿病等发生。

★切勿妄劳作，劳逸要结合

故饮食饱甚，汗出于胃；惊而夺精，汗出于心；持重远行，汗出于肾；疾走恐惧，汗出于肝；摇体劳苦，汗出于脾。故春秋冬夏四时阴阳生病，起于过用，此为常也。

——《素问·经脉别论》

五劳所伤：久视伤血，久卧伤气，久坐伤肉，久立伤骨，久行伤筋，是谓五劳所伤。

——《素问·宣明五气》

在吃得过饱的时候，食气就会蒸发而汗出于胃，惊则神气消散而汗出于心，背着较重的东西远行的时候就会肾气受到耗损而汗出于肾。因为跑得太快伤筋，恐惧失魂，所以，伤及肝气而汗出于肝，劳力过度的时候就会因为脾气受伤而汗出于脾。春夏秋冬四季里阴阳变化有常,之所以人们还容易生病,多缘于身体劳用过度,这就是养生一个很通常的道理。

人不是机器,不要总是超负荷劳作,人有时候会犯傻但身体的脏器不会,超过了它们能承受的范围,就会给你发出一些信号。比如,有五种过度的疲劳就会耗损五脏之精气,看得久了,精气耗损会伤及血,卧睡久了就会伤及阳气,坐得久了血脉不畅就会伤及皮肉,站得久了就会伤及肾、腰、膝等骨,如果走得久了则会伤及筋脉。

◆体力劳动 ≠ 体育锻炼

勤劳从来就被看作是优秀的品质,时至今日也依然如此,但勤劳得适度。有两方面是值得思考的,一是打时间账,一是超负荷,两方面实际上又可以归结为一点,就是透支健康。从《黄帝内经·素问》中可以看出,它强调劳作要适度,既不过劳也不过逸,这与我们今天所说的"一张一弛,文武之道"是一个概念。说到底,就是要劳逸结合。

本节所引的《素问·经脉别论》中的"过用"和《素问·宣明五气》中的"久"实际上与《黄帝内经》中"过度、不节、妄为、偏嗜、放纵、强力、长期不止"等同义,从这里我们也可以看出,《黄帝内经》将平衡、和合等观念灌注于始终,向人们传递的一个养生信息就是我们经常在说的"过犹不及"。

人为什么会得病呢? 从中医上看大约有三种说法:一是说欲望太强,造成机体正气耗损;二是说天地自然无常;三是自身情志所伤。外因自然是很重要的方面,但从机体内部来看,则缘于人体内部的脏腑平衡和内心的宁静被打破,机体本来固有的生理机能不得不超常发挥或过度消耗,这样就使得原本平衡的阴阳环境失调了。究其原因,多为身体的"过用"或者"久"用下精气耗损所致。

需要特别强调的一点是,体力劳动者也需要锻炼,甚至说更需要锻炼,这是很多人忽视和所不理解的。因为在他们看来,那些干活也是锻炼。比如,餐厅服务员会说,对客人的迎来送往,端茶送菜,脚基本上都没有停息过,难道那不是锻炼吗? 所以,类似有这样观点的人群多半不会去锻炼,因为他们认为反正每天都要干体力活,就不需要再专门进行体育锻炼了,浪费那些时间不如逛街呢。这里可以肯定地说这是错误的认识,因为体力劳动是不能代替体育锻炼的。

体力劳动中,流水作业要求劳动者较长时间地"立、视、行"等,或者是某种固定的姿势,或身体的某一部分做连续的局部运动,就像上面提到的餐厅的服务员,他们多是脚在运动,最多还有手上有一些局部的动作。因此,那些参与工作的肌肉、骨骼在活动,得到了一定程度的锻炼,且不说那些没有参与工作的肌肉、骨骼就难于得到锻炼,即使参与锻炼的也是在机械运动。这就使得那些经常要使用的局部肌肉、骨骼,由于常处于紧张状

态,容易产生疲劳,还可能出现劳损;另一方面,机械运动的肌肉还可能因为"过用"而扭曲。再以电焊工为例,他们的劳动多是低头弯腰,一手持滤光罩,一手紧握焊柄,全部注意力都集中在焊头上。由于腰、背部经常保持弯曲的紧张状态,这些工人的腰、颈椎及局部肌肉容易产生疲劳,而且还会使椎间盘变形,时间一长,难免产生劳损。相应地,其脚就会处于一种僵直的状态,此外,在体力劳动的过程中,经常使用的那些肌肉、骨骼往往会显得健壮、发达,而那些用不到的肌肉、骨骼,则会显得相对萎缩、无力。长时间的局部劳动还会使身体不匀称。自然,外部身体的不平衡,内部的阴阳盛衰也会受到相应的影响。

体育锻炼则可以弥补和纠正体力劳动的这些弊端。多数体育运动都会有伸、屈、转、展、跑、跳等动作,能动用包括上下肢、躯干、头颈部等身体的大部分骨骼及肌肉参与,而且不会因为工作的原因而过用,身体各个部分参与到什么程度,在体育锻炼中更为科学和合理,而且活动形式多种多样。此外,体育锻炼往往群体性很强,多人参与,有协作,有竞争,有说有笑,气氛活跃,是宣泄情绪、调整心态极好的机会。因此,体育锻炼可使人的身心双受益。这就是,同样是身体活动,为什么体力劳动是"劳动"而不能成为"锻炼"的原因。

◆睡得长≠睡得好

过劳不好,过逸也对身体的健康不利,就像《黄帝内经》提到的"久卧,久坐"也会伤及"气、肉"。一句话,凡事不要求过,过与不过怎么看,其标准就是合理。这也是儒家倡导"中庸"能成为正统的一个原因,因为它指导性强,不仅对于思想,对于养生等都很有广泛而积极的指导作用。就拿睡觉来说吧,不睡显然不行,睡不好也不行,睡得时间长了,甚至养成了赖床的习惯,对于健康的危害则不亚于一种慢性疾病的滋生。最常见的就是肥胖,因为不爱动,则会储备很多的脂肪。另外,只顾赖床的人,因组织错过了活动的良机而使健康受损,从中医学来看,体育锻炼与人体的五脏、气血等有着密切的关系。心主血脉,运动可增强心脏的功能,改善血液循环;肺主气且外合皮毛,运动可增强肺的功能,提高抗邪的力量;脾主运化,通过运动可以增强脾胃功能,增进食欲,有利于对食物的消化和吸收;肝主血和筋,通过运动可以使肝血旺,筋骨健壮;肾主骨,可以帮助人们强身健筋。而睡眠中,活动的时机错过了,不仅脏腑得不到锻炼,而且动与静的不平衡造成了气机的升降紊乱,所以,自认为睡得很充足了,结果起床后反而感到腿软、腰骶不适、肢体无力。不明白其中道理的人,还以为是没睡好,为第二天的懒觉又做好了打算。国外运动学医师做过对比,迟起床的青少年,其肌张力往往低于一般人,换言之,赖床者的肌肉爆发力不足,动作反应迟缓。

再者,对呼吸的"毒害"也是睡眠脱不了干系的事情。研究显示,卧室的空气在早晨犹如能摸鱼时候的"浑水"一样,最混浊,即便虚掩窗户,亦有 23% 的空气未能流通、交换。这些不洁成分虽小,但对于身体的伤害远远大于"蚁穴"之害。这也是那些经常闭窗贪睡的人经常会有感冒、咳嗽、咽喉痛及头昏脑涨等症的原因。

★房事讲求术,损益需有数

醉以入房,以欲竭其精,以耗散其真,不知持满,不时御神,务快其心,逆于生乐,起居无节,故半百而衰也。

——《素问·上古天真论》

醉以入房,汗出当风伤脾;用力过度,若入房汗出浴,则伤肾。

——《灵枢·百病始生》

如果一个人喝醉了酒还续行房事,因为欲望的驱使耗损尽了肾精,而且损伤了人体的真元之气,不懂得保持精元充足,不善于调养精神、把握自己的精神活动,而因为贪图一时的快乐而违背了养生的乐趣,那么,在房事上的没有节度,会让一个人未老先衰。《灵枢·百病始生》也说,一个人因为酒后同房,多会汗出当风伤及到脾,如果太过放纵出汗淋浴则会伤及肾。

事实上,《灵枢·百病始生》中对于醉后续行房事这件事上,岐伯在回答黄帝"其生于阴者,奈何?"的问题时,将其看成了生病的三大原因之一,即"忧思伤心;重寒伤肺;愤怒伤肝;醉以入房……此内外三部之所生病者也"。可见,性生活过度会对身体健康造成很大的危害,会伤及肾、肝、脾、阴精,还会伤及元气。要使身体得到颐养,不仅要慎起居,还有节房劳。

◆房事之术,学会选择懂得放弃

谈性色变的年代早已经如昨日东流水渐行渐远,但作为起居的一个重要的方面,房事一方面让生活增添了许多的色彩,也正因为如此,另一方面,这些"美丽色彩"的诱惑让一些人在愉悦的体验中付出了健康和生命的代价。不能让生命白白流逝呀,该怎么办呢?七损八益就是一个不得不提的养生方略,这里所说的选择与放弃说的也就是这个意思。选择"八益",放弃"七损"。下面就对七损八益做一个具体的介绍。

中医认为，人体健康调摄一个重要的方面就是要"法于阴阳，和于术数"，按照《易》数与观察到的人体阶段发育特征相对号。故此，《素问·上古天真论》认为，男子八岁肾气始盛，至四八而极，此为男子的四益；女子七岁肾气始盛，至四七而极，此为女子四益，合为八益。男子肾气五八始衰，至八八而竭，此为男子的四损；女子五七始衰，至七七而竭，这是女子的三损，合为七损。这就是《素问·阴阳应象大论》的"七损八益"。为什么是七和八呢？数字上我们已经明白其中男女结合的加法运算。此外，七为少阳之数，而八为少阴之数。女子得"七"。使得女本阴体而得阳数者。此为阴中有阳；男子得"八"，使得男本阳体而得阴数者，此为阳中有阴。那么，七损八益到底各有何所指呢？直到长沙马王堆古墓出土的珍贵医学帛书竹简《天下至道谈》中才有了"七损""八益"房中养生术的具体内容。

所谓"七损八益"，是指性生活中有损人体健康长寿的七种表现和有益于人体保持精气等身心康寿的八种做法。七损，即"一曰闭，二曰泄，三曰竭，四曰勿，五曰烦，六曰绝，七曰费"。拿今天的话来说，房事七损即为："闭"是指在性交的时候阴茎疼痛，精道不畅，没有精子可射，此为一损；"泄"是指男女在性交时虚汗淋漓，精气外泄，此为二损；"竭"是指房事没有节制，放纵肆行而气血耗竭，此为三损；"勿"是指虽然有强烈的性欲冲动，却因阳痿不举而不能交合，此为四损；"烦"是指交合时呼吸梗阻，神昏意乱，此为五损；"绝"是指双方在性欲的有无或者在性欲的节律上步调不一致，从而使一方无性欲或者还没有进入状态的时候而强行交合，这时双方特别是对女方的身心健康非常不利，甚至还会伤及胎孕，从而影响到下一代，所以，将这种几乎陷入绝境之损定为"绝"，此为六损；"费"是指当交合时过于急速，性之欲来去匆匆，因为其间还滥施泄泻耗费了精气，故而称为"费"，其为七损。

那么，何为八益呢？

魔高一尺，道高一丈。针对房事交合中对人体有害的七种性交时候的表现，古人又提出了房室生活中对人体有益的八种做法，即"八益"，是指："一曰治气，二曰致沫，三曰知时，四曰蓄气，五曰和沫，六曰窃气，七曰待赢，八曰定倾。"一益，调治精气。即在性交之前先要练气导引，使周身气血通达。二益，致其津液。即不时吞服舌下津液，可致其阴液。三益，交接时机。即在房事交合的时候要掌握好时机。四益，蓄养精气。即做到强忍精液而不外泄。五益，调和阴液。即上吞唾液，下含阴液，双方在交合中的协调。六益，聚积精气。即交合时要有所节制，以积蓄精气。七益，保持盈满。即交合之时不可精疲力竭，要留有一定的余地，保持精气充盈，做到不伤元气。八益，防止阳痿。即两性在交往的时候，不要贪恋享乐，以防止倾倒。

这里，对于房室养生中于身心有害的七种做法和八种有益的导引的方略都做了具体的说明，可见，"七损八益"是在综合性心理保健、性生理保健、性行为规范、气功导引等多

黄帝内经

方面知识的基础上总结出来的房室养生方法。因此,在性生活过程中我们也要善于利用"七损八益"的方法来调摄性生活。对于七损无论是贪恋享乐还是无知而犯都会于健康有损,于生活则往往事与愿违,适得其反需要放弃;而对于八益,则往往能在我们有节制地享受美好性生活的同时,获得养生之道,可谓是"双赢"。

◆房事养生,术数尽在"欲"

房事,起之"欲"生,退之"欲"灭,可谓是尽在一个"欲"字。既然已经知道了七损八益对于我们身心健康的重要性,那么,我们该如何来很好地运用,最终还得回到这个"欲"字上。

欲,节而不禁

《礼记·礼运》曰:"饮食男女,人之大欲存焉。"古人将房事和食欲相提并论,说明了它是人类的一种本能,性之欲犹如水之势一样,更多的时候需要顺乎自然地加以疏导。因此,这里的所谓的节欲并非是一种对欲望的"平息、镇压"之义,而是指通过合理地控制性欲以求达到保存肾精、延年益寿的作用。这一点从本节所引《素问·上古天真论》的一段文字我们也可以看出房事不节或者在房事过程中情绪表现过度兴奋与精神过度紧张,都可能使生命提早枯竭。那么,节欲具体都包括什么内容呢? 大体主要有以下两个方面:

其一,欲不可强

所谓的强,是违背一方意愿而强制进行性活动,这里,也包括一方还没有进入交合状态时候就进行性行为。房事本为夫妻之间生活的一个重要的内容,同时,也是和谐家庭的润滑剂。因此,在施行房事的时候要适度、和美,而不能仅仅凭一己意。俗话说一个巴掌拍不响,夫妻关系更是如此,应该本着疼爱有加的态度去尊重对方、爱护对方,使房事成为夫妻间的一种快乐和享受。反之,则会形成一种心理阴影,造成一种精神的紧张,所以,这里节欲的一个重要的内容,就是指在对方身体不适、心情不快而不愿意的情况下强行,于此,更应该节欲以待。

此外,欲不可强也指不应不计身体成本,进行一种超身体负荷的交合,甚至在透支体力的同时借助药物刺激性功能,时间一长,则容易导致肾气衰颓、阳痿不举,或阴虚阳亢、肾水枯竭的结果。

其二,欲不可纵

所谓的欲不可纵包括两方面的含义,一是指房事不要过于频繁,更不可昼夜兼行;二是指不要采取一种爆发式的,养精蓄锐很长时间后在一次或者两次中完成日常所需性活

动,即久而不性,性则持久。前者更多的是体现在一些新婚前后的男女身上,因为精力充沛而无度;后者则主要在中年人身上有明显的表现,是一种带有补偿性的性心理下的房事行为。二者都不可取,而应该有常。孔子《论语·季氏》云:"君子有三戒,少之时,血气未定,戒之在色……"也示意青年人不要贪图色欲。

这是因为,肾精源于先天,可赖于后天水谷之精的滋养补充,但这样的再生不是无限制的。随着身体机能的下降,气机运动的盛衰或者不平衡,或者只会维持在一个相对较低水平上的平衡,也就是说,肾精的输出与消耗不可能是无限的,如果超过了补充再生的速度,势必会导致肾精的亏损,甚至逐渐衰亡,造成早衰、早老、易病、早夭等后果。因此,必须适当节制房事,使其不伤损本元。

那么,如何才能做到性之有常呢? 这里有一个大略的标准可以参考。以每 10 年为一个阶段,20 岁以上者一周左右一次,30 岁以上者约两周一次,40 岁以上者则至少半月一次,50 岁以上者一月一次或两月 3 次左右,60 岁以上者最好断欲。当然,房事养生的掌握不可整齐划一,而且关于房事养生本身也有一些不同的标准。如《千金要方·卷二十七·房中补益》云:"人年二十者,四日一泄;年三十者,八日一泄;年四十者,十六日一泄;年五十者二十一日一泄;年六十者,闭精勿泄。若体力犹壮者,一月一泄。"孙氏的主张较为保守,而且仅以年岁为根据,可信的成分少。《医心方·施泻》写道:"年二十常二日一施,三十三日一施,四十四日一泄,五十五日一泄,年过六十以去,勿复施泄。"而《医心方·卷二十八·房内》引《养生要集》云:"春三日一施精,夏及秋天一月再施精,冬令闭精勿施。夫天道冬藏其阳,人能法之,故能长生,冬一施当春百。"意思是说,春天三天泄精一次,夏季与秋季一月泄两次精,冬季就要固守精关,不要施泄了。自然界的规律是冬季使阳气深藏,人能够效法它,就能长寿,冬天泄一次精等于春季泄一百次。所以,不一而论,从通常情况来看,结合自身体质强与弱、阳气盛与衰以及季节气候等的差异前提下,以基本满足对性生活的要求而不是总处在压抑、期待之中,行房时为性之所致而不是疲于例行公事。新婚之际,房事稍勤,不但可以理解,即使从养生来看,也属于正常现象,但要适当加以控制,不令精气耗竭。60 岁以上的老年人只要有要求、有能力,不必强行断绝性生活,注意行房事次数不宜多,行房时间不宜太长即可。

对于纵欲,最后要说一点的是,很多人对于纵欲有自己的"理由",认为在生产后代的问题上,纵欲可以看作是自身在"忘我工作",认为这样全身心投入交合的后代会很优秀,其实,这是一种误解。《广嗣纪要》指出:"配匹之际,承宗祀也;……今人不知宗祀为重,交接以时,情欲之感形于戏谑,燕婉之私,朝暮阳台,故半百早衰,生子多夭且不肖也。"放情纵欲使人体质虚损,未老先衰,在这种情况下生育的子女多半寿命短促,智力低劣。可见,其结果往往和我们想得不一样,不但不能更好地实现优生,反而成为贻害后代的行为。

欲，忌而不绝

尽管《孟子·告子》有"色食者，性也"之说，但对于性之欲，人们依然应有所忌，这不是说教，是有历史教训的。历代帝王文人风流艳事不乏其例。宋徽宗之暗通妓女李师师，是历史上著名的帝王艳事之一；宋理宗也在1253年元夕"呼妓入禁中。有唐安安者，歌色绝伦，帝爱幸之"上有所好，下必甚焉。臣僚仿效者无疑，才子佳人的故事也多有登场。唐代韩愈虽属"道统"自命之人，家有绛桃、柳枝，皆善歌舞。况且36岁时已经"两视茫茫，白发苍苍，而牙齿动摇"的衰病夫子，淫风之剧之害，由此可见一斑。

从欲不可纵，大体能看出欲需有所忌。从《黄帝内经》开始，房劳损伤被认为是疾病发生的主要原因，基于此，结合现代房事生活的现状，有这样值得借鉴和规避的"忌律"：首先是大病初愈，因为这时候体力亏损、精气不足，勉强为之，则可能出现疾病反复或发生意外。其次是酒足饭饱，俗话说，温饱思淫欲，这其实是不合乎养生之道的。尤其是在酒足饭饱的时候，因为酒后乱性，往往都难于自持，常致房事过度，伤肾耗精；而饭饱之后，中气被阻，气机不畅，加之行房劳累及压迫，可能壅塞气机而发生意外。其三是特殊时期，比如女性的经期和孕期，前者可能伤损女子冲任而致病；后者则因为孕期之初，胎气未定，容易造成流产；而且还容易挤压胎儿，亦应避免。需要强调的是产后恶露未净，绝对不可同房，以免造成胞宫、冲任伤损，出现流血不止等症。视其恢复的情况，一般在一月以后方可，三月过后一般无碍。

总之，说了房事比较大的几个方面的宜忌，但人们也大可不必莫名地紧张，更无须因此而绝欲而断性。否则，也是大伤。正如《玉房秘诀》中指出"男女相成，犹天地相生，天地得交合之道，故无终竟之限，人失交接之道，故有夭折之渐，能避渐伤之事而得阴阳之道也"。可见，男子精盛则思室，女子血盛而欲动，婚配行房乃机体成熟之需，就好比是天地相合一样，禁欲则是一种违背了阴阳之道的做法。资料证明，中年以后丧偶者，常出现早衰、速亡的现象，这与精神及生理上的双重失衡密切相关。所以，欲，需节，但亦不可绝。

國學智慧全書
——
养生智慧

第五章 《黄帝内经》运动养生

★中医养生之五禽戏

中国自古就有一句俗语"药补不如食补,食补不如动补"。意思是说,活动是保持健康最有效的方法。五禽戏是一种取法自然的古老运动,即通过模仿动物的肢体动作与神态,收获到强身健体、治病防病的目的。

坚持练习五禽戏,能够让人动作灵敏、协调平衡,改善关节功能及身体素质,不仅有利于高血压病、冠心病、高脂血症等的防治,而且对癌症患者的康复也有很好的辅助作用。将五禽戏整理总结成一种疗法的是我国古代著名医家华佗。据《三国志·华佗传》记载:"吾有一术,名五禽之戏,一曰虎,二曰鹿,三曰熊,四曰猿,五曰鸟。亦以除疾,兼利蹄足,以当导引。体有不快,起作一禽之戏,怡而汗出,因以着粉,身体轻便而欲食。"

五禽戏,顾名思义,即是指模仿五种禽兽(虎、鹿、熊、猿、鸟)的动作,组编而成的一套锻炼身体的功法。它要求意守、调息和动形谐调配合。意守可以使精神宁静,神静则可以培育真气;调息可以行气,通调经脉;动形可以强筋骨,利关节。因为是模仿五种禽兽的动作,所以,意守的部位不同、动作不同,所起到的作用自然也就不同。

1.虎戏。即仿照虎的形态,取其神气、善用爪力和摇首摆尾、鼓荡周身的动作。虎戏的重点在于意守命门,命门就是元阳所居的地方,精血之海、元气之根、水火之宅,意守此处,可以益肾强腰、壮骨生髓,收到通督脉、去风邪的效果。

2.鹿戏。即仿照鹿的形态,取其长寿而性灵的特点,善运尾闾,尾闾是任、督二脉通会之处,鹿戏意守尾闾,可以引气周营于身,收到通经络、行血脉、舒展筋骨等效果。

3.熊戏。即仿照熊的形态,熊体笨力大,外静而内动。要求意守中宫(脐内),以调和气血。练熊戏时,重点在于,外,静如山水;内,波涛汹涌,这样可以使头脑虚静、意气相合、真气贯通,并且还有健脾益胃的功能。

4.猿戏。即仿照猿的形态,猿机警灵活,好动无定。练动作要求意守脐中,以求形动而神静。这与熊戏,恰恰相反,要求外练肢体的灵活性,内练抑制思想活动,达到思想清晰、身轻体健的目的。

5.鸟戏。即仿照鸟的形态,动作轻翔舒展。练此戏要意守气海,气海乃任脉之要穴,为生气之海,具有调达气血、疏通经络、活动筋骨关节的功能。

动作不同,侧重点也不同,但"五禽戏"又是一个整体,一套有系统的功法,如果经常练习而不间断,则具有养精神、调气血、益脏腑、通经络、活筋骨、利关节的作用;神静而气足,气足而生精,精足而化气动形,达到三元(精、气、神)合一。如练熊戏时要在沉稳之中寓有轻灵,将其剽悍之性表现出来;练虎戏时要表现出威武勇猛的神态,柔中有刚,刚中有柔;练猿戏时要仿效猿敏捷灵活之性;练鹿戏时要体现其静谧恬然之态;练鸟戏时要表现其展翅凌云之势,方可融形神为一体。坚持练习,可以收到强肾壮腰、疏肝健脾、补益心肺、祛病延年的目的。正如神医华佗所言:"亦以除疾,兼利蹄足。"

★中医养生之太极拳

太极拳是中华医学的组成部分之一,同时也是一种重要的健身和防治疾病的手段,通过练习太极拳可以达到祛病、养生、延年的目的,太极拳以放松、调整周身气血为主,属于气功之行功。它既练内(心)又练外(体),精气神兼修。《内经·素问》中就提出:"其病多痿厥寒热,其治宜导引",所以说,太极拳是最适合养病之人的运动,坚持练习不仅可以调整气血的运行,还可以快速恢复机体的正常循环。

练习太极拳,最重要的一点,就是应该做到"放松""气道通畅"。因为肺为气之本,肺气调则周身气行,所以练功必须令其气顺,不可叫气道结滞。所以说练拳时不可闭气、使力,而应以放松、沉气为主,最好在练拳时配合呼吸开合。也正是因为这些要求,使得练太极拳的人,在练拳过程中注意放松并调整呼吸,每次练拳之后,都会觉得心情舒畅、精神饱满,身体微微出汗,增加体内的新陈代谢,从而起到了祛病强身的健身功效。具体说来,太极拳对人体各器官的影响有以下方面。

对神经系统的影响

长期练习太极拳的人,都有这样一种感觉:练习套路后,周身感觉舒适、精神焕发;且能感到身体活泼,肢体反应灵敏。现代医学认为:情绪的提高在生理上是有重要意义的。"情绪"提高,可以使各种生理机制活跃起来,对患有某些慢性病的人来说,情绪的提高更为重要,有益于病人脱离病态心理,从而起到治病、防病、强身、防身的目的。简单地说,通过太极拳锻炼,可以消除大脑神经的紧张疲劳、清醒头脑、活跃情绪、恢复神经系统的动态平衡,对中枢神经系统有非常好的作用。

太极拳最好的地方,就是它能很好地运用阴阳原理,每个动作都包含阴阳之变化。虚与实、动与静、表与里、开与合、进与退、收与放、左与右、刚与柔、正与隅,相辅相成。又增强了整体观念,要求身心合一,松静无为,内外上下一致,以意领气,气随意行,意到气到。因此,坚持练习太极拳,可以起到疏通经络、调整人体阴阳、延年益寿的作用。

尤其对于上了年纪的人来说,参加太极拳活动,身临优美的环境,呼吸新鲜的空气,伴之行云流水般的动作,恍若步入仙境。此时此刻,极有利于消除人的烦闷、焦虑、孤独和忧郁,减除老年抑郁症。太极拳对治疗心理障碍病症,可谓是一剂千金难买的良药。

对心血管循环系统的影响

当人体开始练习太极拳的套路时,随着机体的运动,加强了血液及淋巴的循环,减少了体内的瘀血现象。练习的重点在于气沉丹田,由于呼吸的加深,会更有利于促进冠脉循环,加强心肌的营养。另外,由于练拳后血中载脂蛋白数量不断增加,这样对预防动脉硬化也是颇有好处的。再加上合理的饮食结构,高血脂、高血压、冠心病等循环系统疾病就会大大减少。据研究调查,常打太极拳者平均血压 131/80.5 毫米汞柱,普通不运动的老人为 154.5/82.7 毫米汞柱,两者收缩压相差 23 毫米汞柱;太极拳组的动脉硬化指标为 39.5%,而平常不做运动的老人则是 46.4%。

对呼吸系统的影响

现代医学研究证明,肺活量的大小与呼吸力量的大小及生命长短成正比,呼吸波的长短粗细是体质强弱的重要标志。太极拳中"深、长、细、缓、匀、柔"的腹式呼吸,保持了"腹实胸宽"的状态,增强了呼吸功能,能在保持一定呼吸频率、不过分刺激呼吸系统的情况下,又能吸进大量的新鲜空气,这种呼吸方式使呼气、吸气都比较充分,加大肺内气体交换程度的同时,还能够有效地促进机体的新陈代谢。

对消化系统,内分泌系统响影响

太极拳动作缓慢、轻柔,不易肌肉酸痛、大汗淋漓,长期有节律的腹式呼吸使横膈肌活动加大,膈肌上下活动,腹肌的收缩和舒张,对肝脏、胃肠均起到了自我按摩的作用,促进肠胃器官蠕动加快,促进食欲、加强消化功能,使肝、肾随之发生明显运动,促进了肝内血液循环,提高了胃肠的运动能力,促进蠕动、消化和吸收的能力,增强了消化系统的功能,改善了体内物质代谢。因此,致使胸腔、腹腔的器官血液旺盛,吸收功能加强。所以说,坚持练习,对肠胃消化不良等症状,能起到很好的改善作用。

★中医养生之八段锦

八段锦属于气功的一种。简单地说，就是古人创编的八节不同动作组成的一套医疗、康复体操，又因体势动作古朴高雅，所以得名"八段锦"。

八段锦的全部体势分为坐势和站势两种。前者练法恬静，运动量小，适于起床前或睡觉前穿内衣锻炼；后者运动量大，适于各种年龄、各种身体状况的人练习。具体做法如下。

◆坐式动作

1.宁神静坐：首先盘膝而坐，正头竖颈，两目平视，松肩虚腋，腰脊正直，两手轻握，置于小腹前的大腿根部。此动作最好坚持3~5分钟。

2.手抱昆仑：上下牙齿相互轻叩20~30下，口水增多时即咽下，谓之"吞津"。随后将两手交叉，自身体前方缓缓上起，经头顶上方将两手掌心紧贴在枕骨处。手抱枕骨向前用力，同时枕骨向后用力，使后头部肌肉产生一张一弛的运动。重复此动作十数次，呼吸。

3.指敲玉枕：做完上述动作后，以两手掩住双耳，两手的示指相对，贴于两侧的玉枕穴上，随即将食指搭于中指的指背上，然后将食指滑下，以食指的弹力缓缓地叩击玉枕穴，使两耳有咚咚之声。重复此动作十数次即可。

4.微摆天柱：略略低下头部，使头部肌肉保持相对紧张，将头部左右频频转动，缓慢摆撼天柱穴。重复此动作20~30次即可。

5.手摩精门：练此动作前先深呼吸数次，闭息片刻，随后将两手搓热，以双手掌推摩两侧肾俞穴。重复此动作20~30次即可。

6.左右辘轳：上述动作完成之后，紧接着将两手自腰部顺势移向前方，两脚平伸，手指分开，稍做屈曲，双手自胁部向上划弧如车轮形，像摇辘轳那样自后向前做数次运动。然后，再按相反的方向做此动作数次。

7.托按攀足：掌心朝上，交叉双手十指，双手作上托劲，稍停片刻，翻转掌心朝前，双手作向前按推劲；稍做停顿，即松开交叉的双手，顺势攀足的动作，用双手攀两足的涌泉穴，两膝关节不要弯曲。重复此动作十数次即可。

8.任督运转：端坐于地，鼓漱吞津，意守丹田，以意引导内气自中丹田沿任脉下行至会阴穴接督脉沿脊柱上行，至督脉终结处再循任脉下行。

◆ 站式动作

1.双手托天理三焦:保持站立姿势,两足分开,与肩同宽,含胸收腹,腰脊放松;正头平视、口齿轻闭、宁神调息、气沉丹田,双手自体侧缓缓举至头顶,转掌心向上,用力向上托举,足跟亦随双手的托举而起落;托举数次后,双手转掌心朝下,沿体前缓缓按至小腹;最后还原成站立姿势。

2.左右开弓似射雕:练此动作前,放松心情,保持站立姿势;左脚向左侧横跨一小步,并且身体下蹲成骑马步,双手虚握于两髋之外侧,随后自胸前向上划弧提于与乳平高处。右手保持与右乳平高,并保证与乳有约两拳的距离,意如拉紧弓弦,开弓如满月;左手捏剑诀,向左侧伸出,顺势转头向左,视线通过左手食指凝视远方,意如弓箭在手,等机而射。此动作保持一分钟后,随即将身体上起,顺势将两手向下划弧收回胸前,并同时收回左腿,还原成自然站立。然后,按相反方向重复此动作,如此左右调换 10~15 次即可。

3.调理脾胃须单举:首先,呈站立姿势,左手缓缓自体侧上举至头,翻转掌心向上,并向左外方用力举托,同时右手下按附应;举按数次后,左手沿体前缓缓下落,还原至体侧;之后,换左手重复此动作数次。

4.五劳七伤往后瞧:首先,呈站立姿势,双脚分开与肩同宽,双手自然下垂,宁神调息,气沉丹田。头部微微向左转动,两眼目视左后方,稍停顿后,缓缓转正,再缓缓转向右侧,目视右后方稍停顿,转正。重复此动作 10~15 次即可。

5.摇头摆尾去心火:两腿横开、双膝下蹲,呈"马步"姿势。上身稍稍向前顺,两目向前平视,双手反按在膝盖上,双肘外撑。以腰作为中轴,头脊摆正,将躯干划弧摇转至左前方,左臂弯曲,右臂绷直,肘臂外撑,头与左膝呈一垂线,臀部向右下方撑劲,目视右足尖;稍停顿后,随即向相反方向,划弧摇至右前方。重复此动作 10~15 次即可。

6.两手攀足固肾腰:呈站立之姿,两脚分开与肩同宽。双臂先向两侧伸平再缓缓抬起至头顶上方转掌心朝上,向上作托举状。此动作保持一分钟,两腿绷直,以腰为中轴,身体前探,双手顺势攀足,稍做停顿,将身体缓缓直起,双手右势起于头顶之上,两臂伸直,掌心向前,再自身体两侧慢慢下落至体侧即可。

7.攒拳怒目增力气:两腿横开、双膝下蹲,呈"马步"姿势。双手握拳,拳眼向下。左拳向前方击出,顺势头稍向左转,两眼通过左拳凝视远方,右拳同时后拉,与左拳出击形成一种"争力"。随后,收回左拳,击出右拳,要领同前。重复此动作 10~15 次即可。

8.背后七颠把病消:放松全身,呈站立之姿;两手臂自然下垂,手指并拢,掌指向前。随后双手平掌下按,顺势将两脚跟向上提起,稍做停顿,将两脚跟下落着地。重复此动作 10~15 次即可。

★中医养生之易筋经

中国传统气功最有名的功法之一乃易筋经,在武侠小说中常常被提起。"易"即变通、改换、脱换之意;"筋"意指筋骨、筋膜;"经"则带有指南、法典之意。顾名思义,"易筋经"就是活动肌肉、筋骨,使全身经络、气血通畅。

易筋经是一种内外兼修、身心同养的功法,具有御邪疗疾、延年益寿、开发潜能的功效。从中医理论的角度来看,易筋经以中医经络走向和气血运行来指导气息的升降,在身体曲折旋转和手足推挽开合过程中,人体气血流通、关窍通利,从而达到祛病强身的目的。从现代医学观点来看,修习易筋经,会使人体血液循环加强,从而使人体五脏六腑得以调和、生命力旺盛,进而推迟机体的衰老速度。

养生易筋经共有十二式:捣杵舂粮、扁担挑粮、扬风净粮、换肩扛粮、推袋垛粮、牵牛拉粮、背牵运粮、盘箩卸粮、围穴囤粮、扑地护粮、屈体拾粮、弓身收粮。具体做法如下。

1.捣杵舂粮:将双臂提至胸前,掌心相对,距离 2~3 寸,指尖向上,屈腕合掌,手型如拱,然后呼吸 15~20 次;这里应注意的是:每吸气时,用暗劲使掌根内挤,指向外翘;每呼气时,双臂要尽量放松,手掌呈拱形。

2.扁担挑粮:站立,双脚分开如肩宽,两手由胸前徐徐外展至侧平举姿势,以此姿势呼吸 15~20 次。这里应注意的是:每吸气时,胸部扩张、臂向后挺;每呼气时,指尖内翘、掌心外撑。

3.扬风净粮:两脚分开与肩同宽,两手托天,臂肘挺直,全身伸展,以此姿势呼吸 15~20 次。这里应注意的是:吸气时,用鼻或口鼻徐徐吸入,两掌用暗劲竭力上托;呼气时,气由口或口鼻缓缓呼出,两掌向前下翻,臂肌慢慢放松;再吸气时,掌再用暗劲向上托,重复进行 15~20 次。

4.换肩扛粮:高举右手,掌心向下,头往右斜,眼凝视右手心,左臂屈肘于背后,以此姿势呼吸 15~20 次。这里应注意的是:每吸气时,头往上顶,双肩后挺;呼气时,身体放松;之后换手练习。

5.推袋垛粮:保持正常站立之姿,两臂向前伸,两掌直立,掌心向前,凝视前方;以此姿势呼吸 15~20 次。这里应注意的是:每吸气时,两掌用力推,指向后扳;呼气时,放松全身。

6.牵牛拉粮:双脚并立,右脚前跨一步,屈膝成右弓蹬步,右手握拳前举,高出肩,左手握拳,斜垂于身后;以此姿势呼吸 10~15 次。这里应注意的是:每吸气时,两拳握紧内收,右拳贴近右肩,左拳斜垂背后;然后身体向右转,成左弓步,换方向练习。

7.背牵运粮:首先,左手从腋下向后伸,手背紧贴胸椎,手臂在此时呈"V"字形,指尖尽量向上,右手由右肩后伸,如拉车牵绳一样,去拉左手手指;足趾抓地,身体前倾,以此姿势呼吸 5~10 次。这里应注意的是:每当吸气时拉紧,呼气时放松;接下来换方向,重复此动作 5~10 次即可。

8.盘箩卸粮:首先,左脚向左侧迈一大步,然后屈膝下蹲成马步,上体挺直,两手如捧重物,以此姿势稍停片刻,两手翻掌向下,如搬放重物,然后两腿慢慢伸直,左脚再收回并拢;这里应注意的是:做此动作时一定要配合呼吸,捧物时尽量吸气,放物时尽量呼气。

9.围穴囤粮:首先,左手握拳于胸间,然后,右手向左前方伸出,五指捏成钩手,上体左转,然后身体前弯,同时右手在腰带下向右划平圆,似做围穴囤粮的动作,连做 5~10 次。这里应注意的是:平划近胸部时,上体应尽量伸直,同时吸气;划到前方时,上体要尽量前弯,同时呼气。

10.扑地护粮:首先,左脚前跨一大步,屈膝成左弓步,上体前倾,两手按地,头稍抬起,眼看前下方,呼吸 15~20 次。这里应注意的是:每吸气时,两臂伸直、上体抬高;呼气时,两肘弯、胸部下落;一吸一呼,两臂一伸一屈,上体一起一伏,如此重复 15~20 次即可。

11.屈体拾粮:两脚向两侧分开如肩宽,两手用力抱着头的后部,指敲小脑后部,然后配合呼吸做屈体动作。这里应注意的是:吸气时身体挺起;呼气时俯身弯腰,头探于膝间作打躬状,如此反复进行 15~20 次即可。

12.弓身收粮:首先,两腿稍稍分开,上体稍向前屈,双臂伸直,用力向下推去,手心向上,手背触地面,昂头注目,意在捧起落在地上的粮食。下弯时脚跟抬起,起立时脚跟又着地,如此重复 15~20 次即可。

★运动养生的原则

体育锻炼,是人们按照机体的生长发育规律和身体的活动规律,通过身体锻炼、技术、训练、竞技比赛等方式达到增强体质,提高运动技术水平,丰富文化生活为目的的社会活动。长期坚持正确的体育锻炼,能够提升免疫能力,保证身体的健康。

然而,运动养生的结果是建立在正确的运动方法之上的。只有遵循正确的运动原则,才可以达到理想的效果;否则,将适得其反。医学界四大名著之一的《黄帝内经》,就向人们罗列出了以下几项运动原则。

放松身体

传统的运动养生学,最重视的就是意守、调息、动形的统一。什么是"意守",是指意念汇成一注,也就是把全部精力都专注于某一件事物上,如在运动养生时将思想集中于调节呼吸和身体运动上来;什么是"调息",就是指调节呼吸,也指根据运动的节律快慢来调节呼吸的频率;什么是"动形",是指形体的运动,也就是指采用某种形式的身体运动进行锻炼,如人体的运动主要依靠四肢及肩、脊、腰、髋的骨骼及相关肌肉的活动来进行的,形体运动就是有意识地锻炼这些骨骼、关节和肌肉,以保持其灵活、健壮的良好状态。

太极拳、八段锦、五禽戏等传统运动形式,都要求在运动前首先要保持全身放松,平心静气,排除周围环境的干扰,将全部思想集中于形体。然后调节呼吸,使呼吸平静自然,均匀和缓,用腹式呼吸调节呼吸的平缓和深度。待意守、调息的准备工作做好后,再进行运动是最安全的。

动静结合

动静结合,是一切运动的原则。不可因为强调动而忘了静,顾此失彼,要动静兼修、动静适宜。做运动时,要顺乎自然,慢慢进行自然调息、调心,神态从容,摒弃杂念,神形兼顾,内外俱练,动于外而静于内,动主练体而静主养神。这样,在长期的锻炼过程中就会内练精神、外练形体,使内外和谐,体现出由动入静、静中有动、以静制动、动静结合的运动原则。

持之以恒

俗话说:"人贵有志,学贵有恒。"要想取得成效,没有恒心是不行的。古人云:"冰冻三尺,非一日之寒",说的就是这个道理。锻炼身体也一样,要经常而不间断,三天打鱼两天晒网是不会达到锻炼目的的。运动养生不单指对身体的锻炼,更重要的是对意志和毅力的锻炼。如果因为工作忙,难以按原计划时间坚持,每天挤出一点时间(如10分钟、20分钟),进行短时间的锻炼也可以。如果因病或因其他原因不能到野外或操场锻炼,在院内、室内、楼道内做做广播操、太极拳、跳绳等也可以。总之,不能三天打鱼两天晒网,或者今天运动量过大、明天干脆不练,这些做法都是错误的。

运动适度

做任何事情都应该讲究一个"度",体育锻炼也存在一个合理安排运动量的问题。在长期的体育锻炼中,锻炼效果的好坏,与运动量的大小有密切的关系。如果运动量过小,不用动员内脏器官的潜力就可以轻而易举地担负下来,这样就达不到提高内脏器官功能的目的,因而锻炼的效果甚微;相反,如果运动量过大,在安排时又缺乏必要的节奏,长此下去就会超过人体生理负荷的极限,不仅达不到增强体质的锻炼目的,还会对锻炼者的健康产生不利的影响,并对学习和工作造成影响。然而,如何安排运动量才是比较合适

的呢？

专家认为，如果运动后自我感觉良好，精力充沛、有劲、睡得熟、吃得香，就是有益于身心的运动。另外，锻炼后肌肉有轻度酸痛，并有疲劳感，但经过一夜的休息次日晨即可恢复正常，则说明运动量安排合适。反之，如果在锻炼后感到精神萎靡不振、全身无力，胸骨柄及肝区有疼痛感，头昏脑涨，运动后感到特别疲倦，睡不好，吃不香，易出汗，不想练习，则说明应该适当调整你的运动量。

循序渐进

运动是为了健康才进行的，所以，也应该是轻松愉快的、容易做到的、充满乐趣和丰富多彩的。只有这样，你才会有可能继续坚持下去。也就是"运动应当在顺乎自然和圆形平面的方式下进行"。在健身方面，将自己置于疲劳和痛苦之中都是不必要的，要轻轻松松地渐次增加活动量，不能一口吃个胖子。

正确的锻炼方法是运动强度要由小到大，动作由简单到复杂。例如跑步，刚开始练跑时要跑得慢些、距离短些，经过一段时间锻炼，再逐渐增加速度和距离。总之，运动一定要遵循循序渐进的原则。

★运动时间，因时制宜

运动的时间选择也很重要，并且一定要因人而异，有些人锻炼身体很有毅力，不论什么天气，从不间断。其实，有毅力是好事，但天天进行大量运动也未必正确。

按照科学的角度来说，深夜的1时到4时，是人体大部分器官放慢或停止工作的时候，是机体可以充分休整的时间，肌肉完全放松，血压、脑部供血量、脉搏会慢慢减少；清晨5时到7时，肌体开始渐渐苏醒，这时候很快起床后人的精神饱满，尤其是7时的时候，肾上腺皮质激素分泌进入高潮，免疫功能加强，很适合运动；上午8时到12时，是神经最兴奋的时候，记忆力、心脏、热情全部处于最佳状态，所以这段时间适合工作、学习或出游，不要做运动；下午1时到4时，尤其是春天和夏天，人容易疲劳、犯困，这时候最好休息，不要在午饭后做大运动量运动；傍晚5时到8时，体力和耐力是一天中的最高峰，是运动的最佳时间，会达到非常好的效果，而且对睡眠相当有利；晚上10时左右，体温开始下降，睡意会慢慢向你袭来，身体的功能趋于低潮，不适合再做剧烈运动。具体来说，应遵循以下原则，来制定适合自己的运动时间。

清晨运动要当心

清晨,是人体肝脏含糖量最低的时间段,而此时锻炼主要依靠脂肪分解运动的能源——糖,如果脂肪作为能源物质源进入血流,就会导致血液游离脂肪酸浓度增高,易出现低血糖及心脑血管疾病,所以,一定要特别注意。

另外,虽然说清晨的空气好,但此时空气中的二氧化碳较其他时间多,氧却比其他时间少得很多,加上早晨气温较白天其他时间寒冷,尤其早春、深秋和冬季。因此,晨练易使患有心脏脑血管疾病的人在突然受到寒冷空气刺激后,机体外周血管收缩,诱发心脑血管意外。据有关统计显示:清晨不仅是心脑血管疾病发作的高峰期,也是猝死情况发生最多的时刻,所以,人们要尽量避免在早晨运动。

忌大雾天气锻炼

在大雾天气里,污染物会和空气中的水汽相结合,这使得污染物大部分聚集在人们经常活动的高度,变得不易扩散与沉降。更严重的是,一些有害物质与水汽结合,将会变得毒性更大,如二氧化硫变成硫酸或亚硫化物,氯气水解为氯化氢或次氯酸,氟化物水解为氟化氢。因此,雾天的污染更严重。

另外,雾是由无数微小的水珠组合而成的,这些水珠中含有大量的尘埃、病原微生物等有害物质。如果在大雾天进行锻炼,由于呼吸量增加,势必会吸进更多的有毒物质,影响氧的供给,这会引起胸闷、呼吸困难等症状,严重者会引起鼻炎、肺炎、气管炎、结膜炎以及其他病症。另外,晨练者在运动时,由于肌肉和骨骼的活动加剧,体内必然产热量增加,为了维持机体热平衡,需要借助排汗来散发体热。但是又由于雾天,气压高,空气湿度大,汗液不易蒸发,不利于皮肤的散热,有碍肺的气体交换,致使锻炼者感到胸闷、憋气、疲倦、周身不适、闷热感等供氧不足之症状,极易诱发伤风、感冒疾病和增加心脑血管疾病发作危险。总而言之,雾天锻炼身体,对身体造成的损伤远比锻炼的好处大。因此,最好不要选择在雾天做室外运动。

除此之外,还应该根据季节的转变来更改运动时间。如:夏天的早晨,是一天中最凉爽的时候,运动时间可长一些,傍晚天气太热,运动时间可短一些;冬季则相反,早上可适当缩短运动时间,不足的在傍晚补齐。此外,炎热的夏季可适当多安排一些室内活动,如游泳、瑜伽等。

★ 运动项目，因人制宜

也许你会奇怪，为什么有些人运动后，反而觉得疲惫不堪，有些人长年运动却总是感冒不断……人们希望通过运动得到健康，结果却会适得其反呢？

养生专家告诉我们，运动方法要因人而异。运动也有较科学的方法可依，有计划、有目的地进行，这样才能避免不科学运动带来的伤害性及无效率。有些人运动后感觉不到运动为其带来的快感，其中一个原因就是因为运动量过大造成的。运动量过大不但加重心脏负担而且易导致心脏疾病，还会使体内产生较多的氧自由基，该物质将直接侵害细胞功能，造成组织细胞衰老，减低身体免疫力。而有些人则认为，运动不练个大汗淋漓或浑身肌肉酸痛，就达不到运动效果，这实在是个误区。出汗的最大功能是平衡身体体温，天热时即使不运动也会出汗。如果肌肉酸痛则是因为肌肉缺乏柔软度，运动前未做好热身，运动过分疲劳等造成的，所以，不要因为出汗多、肌肉有酸痛感就觉得自己达到了运动目的。

不同年龄，要选择不同的运动项目

对于上年纪的老年人来说，由于肌肉力量减退、神经系统反应较慢、协调能力差，宜选择动作缓慢柔和、肌肉协调放松且能够活动全身的运动，如走路去买菜、遛弯、打太极拳、舞太极剑、做老年保健操等。每天最好累计一小时或累计 8000 步以上。另外，一次运动的持续时间不能太长，爬山、持续登楼梯这种承重性运动最好少做。如果是腿脚不方便的老年患者，应以上肢伸展运动和柔韧运动为主，散步就是一个很不错的选择。

而对于年轻力壮、身体健康的人来说，可选择运动量大的锻炼项目，如长跑、打篮球、踢足球等。

不同性别，要选择不同的运动项目

由于男人和女人身体状况的差别，运动项目也切忌雷同。男性力量比较强，可进行举重、哑铃、篮球、足球等；而女性身体柔韧性好，可选择体操、健身操、单车、游泳、跳舞等运动。

不同体质，要选择不同的运动项目

医学研究证实，那些身体瘦弱、体力不佳、肌肉力量不强、脂肪少的人，往往内脏器官也不太强健。因此，这些人在运动的时候，应该先慢慢增强体力，可进行散步、快步走、慢

國學智慧全書

黄帝内经

跑等运动,逐渐强化肌肉力量、持久力及身体柔韧度,慢慢地进行力量锻炼。

还有一些表面看起来瘦弱,但却有很多脂肪的人。这种人的肌肉力量和内脏器官功能也不好,这类人运动的时候,最好选择那些能够促进其脂肪燃烧的运动,如步行、爬楼梯、跳绳、游泳等。

而对于那些肥胖、骨骼支撑能力弱、日常生活中爬几级楼梯就会"气喘如牛"的人来说,应该多做有氧运动(如游泳),这样可以消耗脂肪;还可常做静态的伸展运动,以强化肌肉、骨骼。值得注意的是,由于肥胖者都有高血压倾向,所以,在运动前先量量血压,并注意动作的正确性,千万不要做过度激烈的运动。身体状况不好时应停止运动,不能过于勉强自己。

此外,对于那些患有高血压的老年人来说,应避免爆发用力的运动,如用力猛提重物和进行头低于心脏的运动和活动。日常生活中,需要老年人注意的一个问题是:需俯身捡拾东西时,切不可弯腰去捡,正确的方法应该是先蹲下来然后再去捡。

由于工作性质的不同,所选择的运动项目亦应有差别,如售货员、理发员、厨师要长时间站立,易发生下肢静脉曲张,在运动时不要多跑多跳,应仰卧抬腿;经常伏案工作者,要选择一些扩胸、伸腰、仰头的运动项目,又由于用眼较多,还应开展望远活动……总而言之,体育项目的选择,既要符合自己的兴趣爱好,又要适合身体条件,以达健身养生的目的。

第二篇 《本草纲目》养生智慧

导读

《本草纲目》，明代著名医学家李时珍所著。李时珍，字东璧，明代蕲州（今湖北省蕲春县）人。李时珍在数十年行医以及阅读古典医籍的过程中，发现本草书中存在着不少错误，他决心重新编纂一部本草书籍。自三十五岁时，李时珍便为之苦读博览，参考了大量医学专著；为了弄清许多药物的形状、性味、功效等，他"访采四方"，足迹遍及大江南北。经过二十七年艰苦卓绝的努力和辛勤劳动，终于完成了这部闻名中外的药物学巨著《本草纲目》。

《本草纲目》是一部集 16 世纪以前中国本草学大成的著作，不仅为我国药物学的发展做出了重大贡献，而且对世界医药学、植物学、动物学、矿物学、化学的发展也产生了深远的影响。

英国著名生物学家达尔文也曾受益于《本草纲目》，称它为"中国古代百科全书"。1956 年著名科学家郭沫若为本书题词纪念，曰"医中之圣，集中国药学之大成，本草纲目乃 1892 种药物说明，广罗博采，曾费三十年之殚精。造福生民，使多少人延年活命！伟哉夫子，将随民族生命永生。"

第一章　食物本草巩固身体的先天之本

★大补元气的尊贵"霸主"：人参

中医学中有这样的说法："气聚则生，气壮则康，气衰则弱，气散则亡。"这里的"气"是指人体的元气，元气充足人体免疫力就强，从而能战胜疾病，如果人体元气不足或虚弱，就不能产生足够的抗体或免疫力去战胜疾病，因此可能造成死亡。"元气"亦称"原气"，指人体组织、器官生理功能的基本物质与活动能力，现代医学称其为人体新陈代谢。

现在很多人由于生活和工作的压力大，经常处于过度疲劳的状态，所以常使元气大伤，表现为全身乏力、食欲不振、泄泻、气喘、多痰、失眠等，所以，补元气就显得尤为重要，拥有"长生不老的神草"之称的人参就是一种很好的补品。

人参是中草药之王，是最传统的补品之一。《本草纲目》中记载："人参，味甘微苦而性温，入脾、肺经。具补益强壮、补气固脱、补肺健脾之功效。"现代科学研究则表明，人参中最宝贵的独特成分就是人参皂苷或称皂角苷，这种物质在其他植物中是没有的。皂角苷能通过新生 DNA 和 RNA 来抑制机体衰老，并能刺激血纤维蛋白溶酶活动，产生抗炎和抗疲劳性，同时在美肤方面也功效显著。

值得注意的是，人参虽是一种滋补强壮药，但不可人人服人参、药药入人参，唯有虚损时才宜进补，而且人参的类似品种非常多，应用时要注意分辨。如：党参为桔梗科植物，所含成分及性味与人参相似，但功能弱于人参；西洋参偏苦、寒，重在养阴生津；太子参也称孩儿参，性味甘平微苦，也有补气生津的功效，但功效较弱。

虽然人参对人体有诸多好处，但最好的不一定是最适合的，这里要提醒有九种人不适合服用人参：

1.健康之人

身体健康的人应该通过合理饮食和适度的体育锻炼强身健体，若盲目服用人参非但无益健康，而且会招致疾病。尤其是婴幼儿、少年儿童、血气方刚的青壮年，服用人参一定要谨慎。

2.舌质紫暗之人

中医学认为,舌质紫暗为气血淤滞之象,如服用人参反而会使气血凝滞加重病情,出现"疼痛、烦躁不安、手足心发热"等症状。

3.红光满面之人

临床发现,红光满面之人情绪往往兴奋,血压常常偏高,再服用人参可能会导致血压上升、头昏脑涨、失眠多梦等病症。

4.舌苔黄厚之人

正常人的舌苔薄白又显湿润,黄则表示消化不良、有炎症,此时服用人参会引起食欲不振、腹部胀满、便秘等。

5.大腹便便之人

此类人服用人参后,常常食欲亢进,出现体重猛增、身重困顿、反应迟钝、头重脚轻等不良感觉。

6.发热之人

发热应先查明病因,不可因病体虚而盲目进补,感冒、炎症等发热病人服用人参后犹如雪上加霜,会使病情加重。

7.胸闷腹胀之人

此类病人服用人参后,常常出现胸闷如堵、腹胀如鼓等症。

8.疮疡肿毒之人

身患疔疮疥痈和咽喉肿痛者不宜服用人参。

9.体内有热毒者

此类人服用人参后会导致疮毒大发、经久不愈等严重后果。

贴心药膳:

高丽参糯米饼

功效:补元气。

准备材料:糯米粉、红枣、栗子、松子、高丽参。

做法:

(1)取糯米粉一杯,加入热水搅拌,可以增加糯米的黏度,捏成团备用。

(2)将红枣切成丁备用。然后将栗子剥壳,压成碎末备用。再将松子压成粉、高丽参切成颗粒备用。这几种原料中,红枣是补血的;栗子是粗粮,可通便,对皮肤有好处;松子可以预防贫血、预防老化。

(3)将锅加热倒入少许油,将糯米团擀成饼状,放入油锅煎,然后放入红枣末、栗子末、红参末,对折后粘上。煎熟后出锅,放在盘子里,撒上松子即可。

★ 强壮机体、生精补髓当属鹿茸

鹿茸在日常生活中并不多见，它是"关东三宝"之一，非常珍贵，是大补之药。

据《本草纲目》记载："鹿茸味甘，性温，主病下恶血，寒热惊悸，益气强志，生齿不老。"它主要用于治疗虚劳羸瘦、神经疲倦、眩晕、耳聋、目暗、腰膝酸痛、阳痿滑精、子宫虚冷、崩溃带下，还能壮元阳、补气血、益精髓、强筋骨等。

经国内外很多学者研究证明，鹿茸中含有多种生物活性物质，能促进机体的生长发育和新陈代谢，增强机体免疫力，对神经系统、心血管系统有良好的调节作用，有助于恢复和保持机体健康。目前鹿茸主要被用于全身衰弱、年老或病后体弱及病后恢复期的治疗和滋补。

那么鹿茸怎么吃呢？最常见的就是煲汤了，取鹿茸片5~10克，与鸡（鸭、鹅、鸽、猪、牛、羊）肉、大枣、枸杞、莲子、百合等随意搭配，放入电饭煲或砂锅内炖3~5小时，之后食用。另外，还可以用鹿茸来泡茶、熬粥、泡酒，坚持食用后会有很好的效果。

但是要注意的是，也有不适合服用鹿茸的人群：

1.外感风寒及外感风热等外感疾病者均不宜服用鹿茸。

2.肾有虚火者不宜服用。

3.内有实火者不宜服用。

4.高血压、肝病患者慎服。

在这里要提醒的是：服用鹿茸时最好不要喝茶、吃萝卜，也不要服用含有谷芽、麦芽和山楂等的中药，这些食物都会不同程度地削弱鹿茸的药力。

贴心药膳：

三鲜鹿茸羹

功效：壮元阳，补气血，益精髓。

准备材料：蒸熟鹿茸100克，冬笋50克，水发海参100克，熟鸡肉50克，鸡汤300克，盐、淀粉、味精、香油各适量。

做法：

（1）海参、鸡肉、冬笋切成大小适中的片，经开水焯后，沥干。鹿茸切丁，放入碗内加少量盐、味精、煨好。

（2）砂锅中加入鸡汤、海参、鸡肉、冬笋及适量盐、味精大火煮沸后，撇云浮沫，用淀粉勾芡，滴入香油，最后将鹿茸丁撒在上面即可。

★阴阳兼治的"五行之精"：五味子

阴阳学说被广泛应用于中医学，中医学上认为"阴"代表储存的能源，具体到形上包括血、津液、骨、肉、性别中的雌性等，而"阳"则代表能源的消耗，是可以通过人体表面看到的生命活力，无形的气、卫、火、性别中的雄性等都属于阳，而"阳"的这种生命活力靠的是内在因素的推动，即"阴"的存储。人体只有阴阳平衡才能身体健康。

调和阴阳的食物最好是五味子。《本草纲目》中记载："五味子今有南北之分，南产者红，北产者黑，入滋补药，必用北者为良。"就是说五味子有南北之分，但南五味子的滋补作用较差，所以冬季进补时应选用北五味子。

五味子性温，味酸咸，归肺、心、肾经，具有敛肺止咳、补肾宁心、益气生津之功，主治肺虚咳嗽、自汗盗汗、遗精遗尿、九泻九痢等症。现代医学认为，五味子是一种较为理想的神经系统兴奋剂。经常服用适当剂量对中枢神经系统各部位有反射性反应，均有兴奋、强壮的作用，能调节胃分泌和促进作用，并对肝脏有一定的保护作用。

其实早在古代，五味子的功效就已经得到充分发掘，《神农本草》中将五味子列为上品，古代医学家、药王孙思邈说"常服五味子以补五脏气"，女皇武则天更是服用五味子来延年益寿。

现代药理学研究还证实五味子对中枢神经系统具有明显的镇静作用；五味子可增强人体中枢神经系统的兴奋与抑制的协调，改善智力水平，提高学习记忆效率；五味子还有扩血管、保肝、抗氧化、抗溃疡的作用；另外，它还能清除自由基、抑制过氧化脂质形成，增强免疫力，延缓衰老。

贴心药膳：

五味子鸡蛋汤

功效：补齐养阴。

准备材料：五味子20克，鸡蛋1个。

做法：五味子洗净，浸泡，用清水700毫升和鸡蛋一起煎煮，蛋熟后捞起放在冷水中浸泡片刻，去壳后再放回煎煮，约煮1小时煲至汤汁剩250毫升（约1碗量），加入少许白糖便可。

★ 益气补脾，山药当仁不让

我们知道脾为后天之本，是人体存活下去的根本，只有脾好了，人的身体才能正常地运转。那么补脾效果最好的食物是什么呢？山药是最好的选择。

山药又称薯蓣、薯药、长薯，为薯蓣科多年生缠绕草本植物的块茎。山药中以淮（怀）山药最好，是一种具有高营养价值的健康食品，外国人称其为"中国人参"。山药口味甘甜，性质滋润平和，归脾、肺、肾经。中医认为它能补益脾胃、生津益肺、补肾固精。对于平素脾胃虚弱、肺脾不足或脾肾两虚的体质虚弱，以及病后脾虚泄泻、虚劳咳嗽、遗精、带下、小便频数等非常适宜。

《本草纲目》中对山药的记载是："益肾气，健脾胃，止泻痢，化痰涎，润皮毛。"因为山药的作用温和，不寒不热，所以对于补养脾胃非常有好处，适合胃功能不强、脾虚食少、消化不良、腹泻的人食用。患有糖尿病、高血脂的老年人也可以适当多吃些山药。

贴心药膳：

山药枸杞粥

功效：美容养颜，补血益气。

准备材料：白米 100 克，山药 300 克，枸杞 10 克。

做法：将白米和枸杞洗净沥干，山药洗净去皮并切成小块。将 500 克的水倒入锅内煮开，然后放入白米、山药以及枸杞续煮至滚时稍搅拌，再改中小火熬煮 30 分钟即可。此粥营养丰富，体弱、容易疲劳的女士多食用，可助常保好气色，病痛不侵。

★ 补肝益肾、滋阴养血的何首乌

关于何首乌的来历有一个传说，在唐代文学家李翱的《何首乌传》中有相关的记载。何首乌是顺州南河县人，祖父名叫能嗣，父亲名叫延秀。能嗣原名叫田儿，自小身体虚弱，长大后没有性欲，遂到山中从师学道。一天酒醉后卧在野外石块上酣睡，一觉醒来，天色已晚，忽见二株藤枝叶纷披，渐渐枝叶互相交缠，过了一段时间才分开，片刻后又交缠在一起，使他十分惊奇。

翌日，能嗣顺藤挖根，将块根请人辨认，谁也说不清这是什么药材，有位老者说，可能是一种仙药。他就试着连服了 7 天，便开始有了性欲。连服三四个月后，体质逐渐强壮；

何首乌图

服用1年后，宿疾痊愈，容颜焕发，毛发乌黑有光泽。之后的十年中连生了几个儿女，便把田儿改为能嗣。他又把此药给儿子延秀吃，延秀又把药传授给儿子首乌服，祖孙三代都活到了130多岁。延秀的邻居李安期，与延秀是好朋友，他吃了此药后也很长寿，并把它公开了，很多人吃了此药均有效，便把这种能够延年益寿、乌须黑发的药叫作何首乌。

这个故事显然有传奇色彩，但何首乌补肾固精的功效却是不容置疑的。《本草纲目》中记载何首乌的功效是："养血益肝，固精益肾，健筋骨，为滋补良药，不寒不燥，功在地黄、天门冬诸药之上。"另外，何首乌还有美容和乌发的功效。《本草纲目》中记载："何首乌可止心痛，益血气，黑髭发，悦颜色。"何首乌具有良好的益精血、补肝肾作用，经常服用可使人气血充足，面色红润，容光焕发，面色无华或面色萎黄的血虚病人，常服制首乌（深加工过的何首乌），可使面容青春久驻。

现代药理研究证实，何首乌还具有延缓衰老、调节血脂、抗动脉粥样硬化、提高机体免疫力等作用。在调节血脂方面，何首乌能降低对人体有害的低密度脂蛋白，升高对人体有益的高密度脂蛋白胆固醇，减少肠道对胆固醇的吸收，减轻动脉粥样硬化。此外，何首乌还能扩张冠状动脉血流量和改善心肌缺血。

何首乌分为几种制法，因制法不同，功效也有所不用。生首乌以黑豆煮汁拌蒸，晒干后变为黑色，即为制首乌，有补血和补肾益精的功效，适用于未老先衰、须发早白、贫血虚弱、头晕眼花、腰酸遗精的病人。晒干的叫生首乌，功效和制首乌大相径庭，不用于补虚，而是用于润肠通便及消痈肿等，适用于老年人或体质虚弱者的便秘及疮疖等。新鲜的叫

鲜首乌,与生首乌相似,但润肠、消肿效果更佳。

贴心药膳:

何首乌山鸡

功效:补肝肾,乌须发,悦颜色,延寿命。

准备材料:山鸡 2 只,制首乌 10 克,青椒 100 克,冬笋 15 克,鸡蛋 1 个,酱油、料酒、味精、精盐、豆粉、菜油各适量。

做法:

(1)制首乌洗净,放入铝锅煮 2 次,收药液 20 毫升。

(2)山鸡去净毛,剖腹去内脏,洗净去骨,切成丁;冬笋、青椒切成丁;鸡蛋去黄留清,蛋清加入豆粉,调成蛋清豆粉,用一半加少许精盐将山鸡丁浆好,另一半同料酒、酱油、味精、首乌汁兑成汁液待用。

(3)净锅置火上,注入菜油,烧至六成热时下鸡丁过油滑熟,随即捞入勺内待用。锅留底油,加入鸡丁、冬笋、青椒翻炒,倒入汁液勾芡,起锅装盘即成。

★枸杞——补肾益肝的"东方神草"

枸杞又名地骨子、杞子、甘杞子,其浆果呈鲜红色,形似纺锤,更似红玛瑙坠,它还是一种名贵的中药,营养成分十分丰富,并有很高的药用价值。

关于枸杞,有个非常有趣的故事。

相传,盛唐时期,丝绸之路上的一队西域商人,傍晚在客栈住宿,见有女子斥责鞭打一老者。商人上前责问:"你何故这般打骂老人?"那女子道:"我责罚自己曾孙,与你何干?"闻者皆大吃一惊,一问才知此女竟已三百多岁,老汉受责打是因为不愿意服用草药,弄得未老先衰、两眼昏花。商人惊奇不已,于是恭敬地鞠躬请教。女子说这种草药就是枸杞,后来,枸杞传入中东和西方,被誉为"东方神草"。

枸杞有润肺清肝、滋肾、益气、生精、助阳、祛风、明目、强筋骨的功效,中医学认为枸杞味甘,性平,滋补肝肾、益精明目,可用于头昏、目眩、耳鸣、视力减退、虚劳咳嗽、腰脊酸痛、遗精、糖尿病等症。

《本草纲目》记载枸杞的功能为"滋肝补肾,益精明目"。主治虚劳肾亏、腰膝酸痛、眩晕耳鸣、内热消渴、血虚萎黄、目昏不明。正如《本草汇言》记载:"枸杞能使气可充,血可补,阳可生,阴可长,风湿祛,有十全之妙用焉。"

现代药理对枸杞做了更深入的研究,认为其有提高机体免疫力的功效;能抗突变,延

缓衰老；抗肿瘤、降低血脂，降低胆固醇；抗疲劳、明目；保护肝脏。

　　枸杞性平，适合各类人群服用。但是，任何滋补品都不要过量食用，枸杞也不例外。一般来说，健康的成年人每天吃 20 克左右的枸杞比较合适，如果想起到治疗的效果，每天用量应保持在 30 克左右。另外，外感实热、脾虚泄泻者应忌食。

　　贴心药膳：

　　枸杞肉丝

　　功效：滋阴补血，滋肝补肾。

　　准备材料：枸杞 100 克，瘦猪肉 500 克，熟春笋 100 克，调料适量。

　　做法：猪肉切丝，加干淀粉拌和，春笋切丝，同入油锅中略炒，放入料酒、白糖、酱油、盐、味精，煮熟入味，再放入枸杞，稍煮，淋上麻油即可。

　　菊花杞子茶

　　功效：明目、养肝、益血、抗衰老、固精气。

菊花图

　　准备材料：红茶包一个，杞子一小撮，菊花 3~5 朵。

　　做法：将以上材料放入已经预热的杯中，加入沸水泡 10 分钟即可饮用。基本上，茶包浸泡可随个人喜好而提早取出，甚至不加茶包也可。

★黑芝麻——补肝肾之佳谷

黑芝麻又称胡麻、油麻、巨胜、脂麻等,其味甘,性平,入肝、肾、大肠经,具有补肝肾、益精血、润肠燥的功效。古人称黑芝麻为仙药,久服人不老。《本草纲目》称"服(黑芝麻)至百日,能除一切痼疾。一年身面光泽不饥,二年白发返黑,三年齿落更生",介绍了黑芝麻的神奇功效。当代医药学研究表明,黑芝麻有益肝、补肾、养血、润燥、乌发、美容的功效,是极佳的保健美容食品。

现代药理研究表明,黑芝麻中含有大量的脂肪和蛋白质,还有糖类、维生素 A、维生素 E、卵磷脂、钙、铁、铬等营养成分。黑芝麻中含有的多种人体必需的氨基酸,在维生素 E、维生素 B_1 的作用参与下,能加速人体的代谢功能;黑芝麻中的铁和维生素 E 是预防贫血、活化脑细胞、消除血管胆固醇的重要成分;黑芝麻中含有的脂肪大多为不饱和脂肪酸,有延年益寿的作用;黑芝麻中所含有的卵磷脂是胆汁中的成分之一,可分解、降低胆固醇,防止胆结石的形成。凡肝肾不足、虚风眩晕、耳鸣、头痛、大便秘结、病后虚弱、须发早白、血虚风痹麻木、妇人乳少等症,常吃黑芝麻就会有所改善。

黑芝麻在美容方面的功效非常显著:黑芝麻中的维生素 E 可维护皮肤的柔嫩与光泽;黑芝麻能滑肠治疗便秘,有滋润皮肤的作用;黑芝麻中含有防止人体发胖的物质蛋黄素、胆碱、肌糖,吃多了也不会发胖,有利于减肥;黑芝麻中的亚麻仁油酸,可去除附在血管壁上的胆固醇,完美腿形;常吃黑芝麻还有乌发的作用,但不宜大量摄取,春夏二季每天半小匙,秋冬二季每天一大匙即可,否则过犹不及,还可能导致脱发。

贴心药膳:

黑芝麻黄面

功效:美容,乌发。

准备材料:白面 500 克,黑芝麻 100 克。

做法:将黑芝麻炒熟,白面炒至焦黄,每日晨起用滚开水冲调 30 克食用。亦可加盐或糖少许。

黑芝麻苓菊瘦肉汤

功效:补养肝肾,滋润乌发。

准备材料:黑芝麻、茯苓各 60 克,鲜菊花 10 朵,猪瘦肉 250 克,食盐、味精各适量。

做法:

（1）黑芝麻洗净，用清水略浸，捣烂；茯苓洗净；鲜菊花洗净，摘花瓣用；猪瘦肉洗净，切片，用调料腌 10 分钟。

（2）把黑芝麻、茯苓放入锅内，加清水适量，小火煮沸 15 分钟，放入猪瘦肉、菊花瓣，炖至猪瘦肉熟烂，加入食盐、味精调味即可。每日 1~2 次佐餐食用，每次 150~200 毫升。

★南瓜能补中益气、益心敛肺

常吃南瓜，可使大便通畅、肌肤丰美，尤其对女性，有美容的作用。清代名臣张之洞曾建议慈禧太后多食南瓜，慈禧太后尝试后，的确能起到很好的作用，使慈禧太后年老时依然容颜红润，富有光泽。

南瓜能美容，还能补中益气、益心敛肺。《本草纲目》说它能"补中益气"。《医林纪要》记载它能"益心敛肺"。中医学认为南瓜性温，味甘，入脾、胃经。具有补中益气、消炎止痛、化痰止咳、解毒杀虫的功效。

现代营养学研究也认为，南瓜的营养成分较全，营养价值也较高。不仅含有丰富的糖类和淀粉，更含有丰富的营养素，如胡萝卜素、维生素 B_1、维生素 B_2、维生素 C、矿物质、人体必需的 8 种氨基酸和组氨酸、可溶性纤维、叶黄素和铁、锌等微量元素。这些物质不仅对维护机体的生理功能有重要作用，其中含量较高的铁、钴，更有较强的补血作用，可用于气虚乏力、肋间神经痛、疟疾、痢疾、支气管哮喘、糖尿病等症，还可驱蛔虫、治烫伤和解毒。

另外，嫩南瓜维生素含量丰富，老南瓜糖类及微量元素含量较高；南瓜嫩茎叶和花含丰富的维生素和纤维素，用来做菜别有风味；其种子——南瓜子还能食用或榨油；南瓜还含有大量的亚麻仁油酸、软脂酸、硬脂酸等甘油酸，均为优质油脂，可以预防血管硬化。因此，南瓜的各个部分不仅能食用，而且都有一定的药用价值。

国内外专家在研究中也发现南瓜不仅营养丰富，长期食用还有保健和防病、治病的功效。据资料显示，南瓜自身含有的特殊营养成分可增强机体免疫力、防止血管动脉硬化，具有防癌、美容和减肥作用，在国际上已被视为特效保健蔬菜，可有效防治高血压、糖尿病及肝脏病变。不过，其驱虫作用主要在南瓜子，治疗糖尿病作用主要在嫩南瓜、嫩茎叶与花。防治高血压、冠心病、中风可炒南瓜子吃，每日用量以 20~30 克为宜。但是要注意，南瓜不宜与含维生素 C 的蔬菜、水果同食，也不可与羊肉同食，否则会引起黄疸和脚气病。

本草纲目

贴心药膳:

双红南瓜补血汤

功效:益气、滋阴、养血、散寒。

准备材料:南瓜 500 克,红枣 10 克,红糖适量。

做法:

(1)南瓜削去表皮挖瓤,洗净,切滚刀块;红枣洗净,去核。

(2)将红枣、南瓜、红糖一起放入煲中,加水用小火熬至南瓜熟烂即可。

★ 多食卷心菜,补肾壮骨通经络

卷心菜,又名包心菜、甘蓝、蓝菜等,《本草纲目》中记载:"卷心菜,补骨髓,利五脏六腑,利关节,通经络,中结气,明耳目,健人,少睡,益心力,壮筋骨。"中医认为,卷心菜性平,味甘,可入脾经、胃经,有健脾养胃、行气止痛之功,适用于治疗脾胃不和、脘腹胀满或拘急疼痛等症。

现代营养分析表明,卷心菜是一种天然的防癌食品,它所含的维生素 C 比西红柿多 3倍,所含的维生素 U 在绿色蔬菜中居首位,还含有维生素 E、胡萝卜素、纤维素以及微量元素钼。由于维生素 U 能缓解胆绞痛、促进溃疡愈合,可治疗由胃及十二指肠溃疡或胆囊炎所引起的上腹部疼痛等病症。而且卷心菜含蛋白质、脂肪、淀粉都很少,属低热量食物,又含有丰富的果胶和纤维素,食后有饱腹感,非常适合减肥人士食用。

卷心菜中的微量元素钼和多酚类物质,能抑制体内致癌物的形成。而维生素 C、胡萝卜素及吲哚类物质具有很强的抗氧化能力,能清除体内产生的过氧化物,保护正常细胞不被致癌物侵袭。从卷心菜中提取到的萝卜硫素,是能活化人体组织的一种活化酶,能够抑制癌细胞的生长繁殖,对治疗乳腺癌和胃癌特别有效。

卷心菜还含有抗溃疡因子,能促进上皮黏膜组织的新陈代谢,加速创面愈合,对胃和十二指肠溃疡有较好的辅助治疗作用;含有植物杀毒素,有抗微生物功能,可预防、治疗咽喉疼痛及尿路感染。

但是,卷心菜含少量的致甲状腺肿物质,会干扰甲状腺对碘的利用,缺碘人群食用可能会导致甲状腺变大,应少食或不食。

贴心药膳：

羊肉卷心菜汤

功效：温中暖胃，适合脾肾阳虚所致的脘腹冷痛且胀满不适、纳差食少等症。

准备材料：羊肉、卷心菜、调味品各适量。

做法：

（1）羊肉洗净后切成小块，放入锅中。

（2）用清水将羊肉煮熟，然后放入洗净且切碎的卷心菜稍煮，加入调料即可。

（3）每日一次，可佐餐食用。

★当归——补血活血的"有情之药"

唐诗有云："胡麻好种无人种，正是归时又不归。"传说三国时期蜀国大将姜维的母亲因思念儿子，便给姜维寄去当归，以示盼子速归的急切心情。民间有一则谜语："五月底，六月初，佳人买纸糊窗户，丈夫出门三年整，寄来书信一字无。"谜底是四种中药：半夏、防风、当归、白芷。其中"丈夫出门三年整"一句，谜底就是当归，丈夫出门已三年，应当赶快归来。当归寄托了思念和盼归的情思，所以说它是"有情之药"。

关于当归的名称由来，李时珍在《本草纲目》中写道："古人娶妻为嗣续也，当归调血，为女人要药，有思夫之意，故有'当归'之名。"

当归的功效：

（1）当归甘温质润，为补血要药，可治疗血虚引起的头昏、眼花、心慌、疲倦、面少血色、脉细无力等。

（2）当归能活血，最宜用于妇女月经不调。由当归与熟地黄、白芍、川芎配伍而成的四物汤，就是妇科调经的基本方。经行腹痛，可加香附、延胡索；经闭不通，可加桃仁、红花。

（3）当归也宜用于疼痛病症。因为当归有温通经脉、活血止痛的功效。无论虚寒腹痛，或风湿关节疼痛，或跌打损伤淤血阻滞疼痛，都可使用当归。

（4）当归也常用于痈疽疮疡。因为当归能活血化淤，起到消肿止痛之效、排脓生肌之效。治疗疮疡的名方仙方活命饮，就以当归与赤芍、金银花、炮山甲等同用。

（5）当归还宜用于血虚肠燥引起的大便秘结，因为当归有养血润肠的功效。

但是，我们都知道"是药三分毒"的道理，所以即使功效再多、性能再温润的药也同样有人不适合。所以，在服用当归前，大家应先咨询医生，特别是老人和孕妇要慎服。

贴心药膳：

当归荸荠薏米粥

功效：清热解毒、活血止痛、健脾利湿，适于咽喉肿痛、痰热咳嗽、心烦口渴等症。

准备材料：当归、荸荠、薏米、蜂蜜各适量。

做法：当归切片，入锅煮半小时，去渣后加入荸荠和薏米煮成粥，出锅后加蜂蜜食用。

当归米粥

功效：补血调经、活血止痛、润肠通便。

准备材料：当归 15 克，粳米 50 克，红枣 5 枚，水适量，砂糖适量。

做法：取当归用温水浸泡片刻，加水 200 毫升，先煎浓汁约 100 毫升，去渣取汁，入粳米、红枣、砂糖，再加水 300 毫升左右，煮至米开汤稠为度。每日早晚餐空腹温热顿服，10 天为一疗程。

★菠菜、小米最能滋阴补血

有些人为了滋阴补血，为了养护容颜，为了巩固后天之本，不惜花大量的钱去买高档的滋补产品，认为这才是最可靠、最有效的方法。其实未必，有些生活中最简单、最廉价的食物也许就是最需要也是最有效的选择。例如菠菜和小米，有人可能认为它们对身体健康的作用不值一提，但这种想法就大错特错了。

菠菜和小米最能滋阴补血。《本草纲目》中记载："菠菜通血脉，开胸膈，下气调中，止渴润燥。"所以，菠菜可养血滋阴，对春季里常因肝阴不足引

菠菜

起的高血压、头痛目眩、糖尿病和贫血等都有较好的治疗作用。关于小米的功效，中医认为小米味甘咸，有清热解渴、健胃除湿、和胃安眠等功效。《本草纲目》中则记载："小米治反胃热痢，煮粥食，益丹田、补虚损、开肠胃。"现代医学研究证实，小米具有防止反胃、呕吐和滋阴养血的功效。生活中，经常用小米粥为产妇调养身体。

小米其实也最能催奶的食物，不要觉得生完孩子就要吃多么昂贵的食物才能催奶，吃点小米粥是最好的。

要注意的是，菠菜含草酸较多，有碍机体对钙的吸收。故吃菠菜时宜先用沸水烫软，

捞出再炒。由于婴幼儿及肺结核缺钙、软骨病、肾结石、腹泻等患者,则应少吃或暂戒食菠菜。

贴心药膳:

小米龙眼粥

功效:滋阴、补血、养心、安神益智。

准备材料:小米 80 克,龙眼肉 30 克,红糖少许。

做法:将小米和龙眼肉一起放入锅中煮,待粥熟后放入红糖即可。

龙眼图

第二章 春夏秋冬不一样的养生食谱

★春天吃韭菜，助阳气生发

韭菜的味道以春天时最佳，自古以来，赞扬春韭者不计其数。"夜雨剪春韭，新炊间黄粱。"这是唐朝大诗人杜甫的名句。《山家清供》中记载，六朝的周颙，清贫寡欲，终年常蔬食。文惠太子问他蔬食何味最胜？他答曰："春初早韭，秋末晚菘。"《本草纲目》中记载"正月葱，二月韭"。就是说，农历二月生长的韭菜最有利于人体健康。

韭菜又名起阳菜、壮阳菜，是我国的传统蔬菜，它颜色碧绿、味道浓郁，自古就享有"春菜第一美食"的美称。春天气候渐暖，人体内的阳气开始生发，需要保护阳气，而韭菜性温，可祛阴散寒，是养阳的佳品，所以春天一定要多吃韭菜。

此外，春天人体肝气易偏旺，从而影响到脾胃消化吸收功能，此时多吃韭菜可增强人体的脾胃之气，对肝功能也有益处。

《食用本草》中记载"韭菜性温，味辛、微甘；补肾益胃、散瘀行滞、止汗固涩。"现代医学证明，韭菜有扩张血管，降低血脂，预防心肌梗塞的作用。韭菜中含有硫化物和挥发性油，有增进食欲和消毒灭菌的功效；韭菜中含膳食纤维较多，有预防便秘和肠癌的作用；韭菜中含 α—胡萝卜素、β—胡萝卜素可预防上皮细胞癌变；韭菜中含维生素 C 和维生素 E 均能抗氧化，帮助清除氧自由基，既可提高人体的免疫功能，又可增强性功能，并有抗衰老的作用。

韭菜性温，一般人都可食用，比较适合阳痿、早泄、遗精、遗尿、高血脂者食用。女性痛经、不孕及产后乳汁不通者也比较适合食用。但是，凡阴虚火旺、疮疡、目疾等患者及孕妇忌食。另外，夏季不宜过多食用韭菜，因为这个时期韭菜已老化，纤维多而粗糙，不易被吸收，多食易引起腹胀、腹泻。韭菜也不可与白酒、蜂蜜、牛肉、菠菜同食。

贴心药膳:

虾仁韭菜

功效:补肾阳、固肾气、通乳汁。

准备材料:虾仁 30 克,韭菜 250 克,鸡蛋 1 个,食盐、酱油、淀粉、植物油、麻油各适量。

做法:

(1)先将虾仁洗净水发涨,约 20 分钟后捞出淋干水分待用。

(2)韭菜择洗干净,切 3 厘米长段;鸡蛋打破盛入碗内,搅拌均匀加入淀粉、麻油调成蛋糊,把虾仁倒入搅拌均匀。

(3)锅烧热后倒入植物油,待油热后下虾仁翻炒,蛋糊凝住虾仁后放入韭菜同炒,待韭菜炒熟,放食盐、淋麻油,搅拌均匀起锅即可。

★春天吃荠菜与春捂秋冻的不解之缘

荠菜是报春的时鲜野菜,古诗云:"城中桃李愁风雨,春到溪头荠菜花。"李时珍说:"冬至后生苗,二、三月起茎五六寸,开细白花,整整如一。"荠菜清香可口,可炒食、凉拌、做菜馅、菜羹,食用方法多样,风味特殊。目前市场上有两种荠菜,一种菜叶矮小,有奇香,止血效果好;另一种为人工种植的,菜叶宽大,不太香,营养及食疗效果较差。

在我国,吃荠菜的历史可谓是源远流长,《诗经》里有"甘之如荠"之句,可见大约在春秋战国时期,古人就知道荠菜味道之美了。到了唐朝,人们用荠菜做春饼,有在立春这天吃荠菜春饼的风俗。许多文人名士也对荠菜情有独钟,杜甫因为家贫,就常靠"墙阴老春荠"来糊口。范仲淹也曾在《荠赋》中写道:"陶家瓮内,腌成碧绿青黄,措入口中,嚼生宫商角徵。"苏东坡喜欢用荠菜、萝卜、米做羹,命名为"东坡羹"。

为什么说春天要多吃荠菜呢? 这与民谚"春捂秋冻"有关系。冬天结束,春季到来,天气转暖,但是春寒料峭,"春捂"就是告诉人们不要急于脱下厚重的冬衣,以免受风着凉。按照中医的观点,春季阳气生发,阳气是人的生命之本,"捂"就是要阳气不外露。春天多吃荠菜也是一样的道理,荠菜性平温补,能养阳气,又是在春季生长,春天吃荠菜符合中医顺时养生的基本原则。

荠菜的药用价值很高,《本草纲目》记载其"性平,味甘、淡;健脾利水、止血、解毒、降压、明目。"荠菜全株入药,具有明目、清凉、解热、利尿、治痢等药效。其花与籽可以止血,治疗血尿、肾炎、高血压、咯血、痢疾、麻疹、头昏目痛等症。荠菜在临床上常被用来治疗多种出血性疾病,如血尿、女性功能性子宫出血、高血压患者眼底出血、牙龈出血等,其良好的止血作用主要是其含有荠菜酸所致。

荠菜性平,一般人都可食用,比较适合冠心病、肥胖症、糖尿病、肠癌等患者食用。但荠菜有宽畅通便的作用,便溏泄泻者慎食。另因荠菜有止血作用,不宜与抗凝血药物一起食用。荠菜中含有草酸,所以吃的时候用热水焯一下对身体比较有益。

贴心药膳:

荠菜粥

功效:对血尿症有食疗作用。

准备材料:粳米 150 克,鲜荠菜 250 克(或干荠菜 90 克)。

做法:

(1)粳米淘洗净,荠菜洗净切碎。

(2)锅内加水烧沸后同入锅煮成粥。

荠菜饺子

功效:柔肝养肺。

准备材料:面粉适量,荠菜 500 克,猪肉馅 400 克,绍酒 1 大匙,葱末、姜末、盐、香油各适量。

做法:

(1)荠菜择除老叶及根,洗净后放入加有少许盐的开水内汆烫,捞出后马上用冷水浸泡。

(2)猪肉馅剁细,拌入所有调味料后,放入加了油的热锅中煸炒至八分熟。

(3)将沥干水分的荠菜切碎,放入晾凉的肉馅中拌匀,加入香油。

(4)饺子皮做好后包入适量的馅料并捏好形状。

(5)水开后下饺子,煮至浮起时,反复点水两次即可捞出食用。

★夏天一碗绿豆汤,解毒去暑赛仙方

在酷热难耐的夏天,人们都喜欢喝绿豆汤从而达到清热解暑的目的。民间广为流传"夏天一碗绿豆汤,解毒去暑赛仙方"这谚语。其实,早在古代,人们就懂得用绿豆汤清热解毒。

夏季,人体内的阳气最旺,但是这个时候由于天气炎热,人们往往会吃很多寒凉的东西,损伤阳气,而绿豆虽性寒,可清热解暑,它同时有养肠胃、补益元气的功效,是夏天滋

补的良品。

关于绿豆的功效,唐朝孟洗有云:"补益元气,和调五味,安精神,行十二经脉,去浮风,益气力,润皮肉,可长食之。"清朝王士雄在《随息居饮食谱》称其"甘凉,煮食清胆养胃,解暑止渴,润皮肤,消浮肿,利小便,止泻痢,醒酒弭疫……"。中医认为,绿豆性味甘寒,入心、胃经,具有清热补毒、消暑利尿之功效。《本草纲目》记载:绿豆消肿下气,治寒热,止泻痢,利小便,除胀满,厚实肠胃,补益元气,调和五脏,安精神,去浮风,润皮肤,解金石、砒霜、草木等毒。

研究认为绿豆的功效主要有以下几种:

(1)绿豆中所含的蛋白质、磷脂均有兴奋神经、增进食欲的功能,为机体许多重要脏器增加所必需的营养。

(2)绿豆中的多糖成分能增强血清脂蛋白酶的活性,使脂蛋白中甘油三酯水解达到降血脂的疗效,从而可以防治冠心病、心绞痛。

(3)绿豆中含有一种球蛋白和多糖,能促进动物体内胆固醇在肝脏中分解成胆酸,加速胆汁中胆盐分泌并降低小肠对胆固醇的吸收。

(4)绿豆对葡萄球菌以及某些病毒有抑制作用,能清热解毒。

(5)绿豆含有丰富的胰蛋白酶抑制剂,可以减少蛋白分解,从而保护肾脏。

虽然绿豆有诸多好处,但是这里还要提醒你,体质虚弱的人,不要多喝绿豆汤。从中医的角度看,寒症的人也不要多喝。另外,由于绿豆具有解毒的功效,所以正在吃中药的人也不宜食用。

贴心药膳:

绿豆薏米粥

功效:清热补肺、消暑利水、美白润肤。

准备材料:绿豆 20 克,薏仁 20 克,冰糖适量。

做法:

(1)薏仁及绿豆洗净后,用清水浸泡隔夜。

(2)薏仁加 3 杯水放入锅内,用大火煮沸后,改用小火煮半小时,再放入绿豆煮至熟烂。

(3)加入冰糖调味即可。

绿豆排骨汤

功效:补血、养心、安神。

准备材料:排骨 350 克,红枣 50 克,绿豆 50 克,姜 10 克,清水 1200 克,盐、鸡精、糖各适量。

做法：

（1）将排骨斩件氽水，红枣洗净，姜切片，绿豆洗净待用。

（2）洗净锅上火，放入清水、排骨、姜片、绿豆、红枣，大火烧开转中火煲45分钟调味即成。

★夏季消暑佳蔬当属"君子菜"苦瓜

盛夏时节，烈日炎炎，用苦瓜做菜佐食，能消暑涤热，让人胃口大开，备受人们欢迎。苦瓜因外皮有瘤状突出，又有"葡萄酒"之称。因苦瓜从不把苦味渗入别的配料，所以又有"君子菜"的美名。

苦瓜营养十分丰富，所含蛋白质、脂肪、碳水化合物等在瓜类蔬菜中较高，特别是维生素 C 含量，每 100 克高达 84 毫克，约为冬瓜的 5 倍，黄瓜的 14 倍，南瓜的 21 倍，居瓜类之冠。苦瓜中还含有粗纤维、胡萝卜素、苦瓜苷、磷、铁和多种矿物质、氨基酸等。苦瓜中含有抗疟疾的喹宁，喹宁能抑制过度兴奋的体温中枢，因此，苦瓜有清热解毒的功效。苦瓜还含有较多的脂蛋白，可促使人体免疫系统抵抗癌细胞，经常食用，可以增强人体免疫功能。

历代医学都认为苦瓜有清暑涤热，明目解毒的作用。如李时珍说："苦瓜气味苦、寒、无毒，具有除邪热，解劳乏，清心明目，益气壮阳的功效。"《随息居饮食谱》载："苦瓜青则苦寒、涤热、明目、清心。可酱可腌，鲜时烧肉先瀹去苦味，虽盛夏肉汁能凝，中寒者勿食。熟则色赤，味甘性平，养血滋甘，润脾补肾。"中医认为，苦瓜味苦，性寒冷，能清热泻火。苦瓜还具有降血糖的作用，这是因为苦瓜中含有类似胰岛素的物质，是糖尿病症患者的理想食品。

夏季吃苦瓜可以清热解暑，同时又可补益元气，还有补肾壮阳的功效。

苦瓜可烹调成多种风味菜肴，可以切丝、切片、切块，作佐料或单独入肴，一经炒、炖、蒸、煮，就成了风味各异的佳肴。苦瓜制蜜饯，甜脆可口，有生津醒脑作用，苦瓜泡制的凉茶，饮后可消暑怡神。

但是，尽管夏天天气炎热，人们也不可吃太多苦味食物，并且最好搭配辛味的食物，如辣椒、胡椒、葱、蒜等，这样可避免苦味入心，有助于补益肺气。另外，脾胃虚寒及腹痛，腹泻者忌食。

贴心药膳：

苦瓜粥

功效：清热祛暑、降糖降脂。

准备材料：苦瓜 100 克，玉米 50 克，冰糖适量。

做法：

（1）先把玉米淘净，再将苦瓜洗净，剖开去籽和瓤，切成片。

（2）将玉米和苦瓜一起放入锅中加适量水煮粥，粥快好时，放入冰糖搅拌均匀即可。

★夏日吃西瓜，药物不用抓

西瓜又叫水瓜、寒瓜、夏瓜，堪称"瓜中之王"，因是汉代时从西域引入我国，故称"西瓜"。西瓜味道甘甜、多汁、清爽解渴，是一种富有营养、食用安全的食品。西瓜生食能解渴生津，解暑热烦躁。我国民间谚语云：夏日吃西瓜，药物不用抓。说明暑夏最适宜吃西瓜，不但可解暑热、发汗多，还可以补充水分。

西瓜还有"天生白虎汤"之称，这个称号是怎么来的呢？白虎汤是医圣张仲景创制的主治分阳明热盛的名方。该病以壮热面赤、烦渴引饮、汗出恶热、脉象洪大为特征，西瓜能治如此复杂之疾病，可见其功效不凡。

关于西瓜的功效，《本草纲目》中记载其"性寒，味甘；清热解暑、除烦止渴、利小便"。西瓜含有的瓜氨酸，具有很强的利尿作用，是治疗肾脏病的灵丹妙药，对因心脏病、高血压以及妊娠造成的浮肿也很有效果。西瓜可清热解暑，除烦止渴。西瓜中含有大量的水分，在急性热病发烧、口渴汗多、烦躁时，吃上一块又甜又沙、水分充足的西瓜，症状会马上改善。吃西瓜后尿量会明显增加，由此可以减少胆色素的含量，并可使大便通畅，对治疗黄疸有一定作用。

新鲜的西瓜汁和鲜嫩的瓜皮还可增加皮肤弹性，减少皱纹，增添光泽。因此，西瓜不但有很好的食用价值，还有很经济实用的美容价值。

西瓜除了果肉，其皮和种子中也含有营养成分。比如，治疗肾脏病可以用皮来煮水饮用，而膀胱炎和高血压患者则可以煎煮种子饮用。

但是，西瓜性寒，脾胃虚寒及便溏腹泻者忌食；含糖分也较高，糖尿病患者当少食。另外，夏季西瓜放入冰箱中冷藏的时间不宜超过三个小时。感冒初期也不要吃西瓜。

贴心药膳：

西瓜酪

功效：解暑除烦、止渴利尿。

准备材料：西瓜1个（约重2500克），罐头橘子100克，罐头菠萝100克，罐头荔枝100克，白糖350克，桂花2.5克。

做法：

（1）整个西瓜洗净，在西瓜一端的1/4处打一圈人字花刀，将顶端取下，挖出瓜瓤。

（2）将西瓜瓤去子，切成大小适中的块状，另把菠萝、荔枝也切成大小相同的块。

（3）铝锅上火，放清水1250毫升，加入白糖煮开，撇去浮沫，下入桂花，等水开后把水过箩晾凉，放入冰箱。将西瓜、菠萝、荔枝和橘子装入西瓜容器内，浇上冰凉的白糖水即成。

西瓜粳米红枣粥

功效：对心胸烦热、口舌生疮、湿热黄疸有一定的辅助疗效。

准备材料：西瓜皮50克，淡竹叶15克，粳米100克，红枣20克，白糖25克。

做法：

（1）将淡竹叶洗净，放入锅中，加水适量煎煮20分钟，将竹叶去之。

（2）把淘洗干净的粳米及切成碎块的西瓜皮及红枣同置入锅中，煮成稀粥后加入白糖即可食用。

★秋天养身体，一定要吃梨

梨，又称块果、果宗、玉乳、蜜文，性甘寒、微酸，无毒。有润肺、清心、止热咳、消痰等功效。因其肉脆多汁，甘甜清香，风味独特，营养丰富，故有"百果之宗"之美誉。

秋季在传统中医以气候分类的观念中，归属燥气。故入秋后，人们经常会感觉皮肤燥痒，口鼻、咽喉等呼吸道干燥，干咳无痰，甚至出现大便干结、小便短赤等现象，这些皆因燥性易耗伤人体中肺与胃中的津液，以致产生各种秋燥的症候群。梨富含蛋白质、脂肪、糖类（葡萄糖、果糖、蔗糖）、膳食纤维、灰分、钙、磷、铁、钾、胡萝卜素、维生素A、维生素B_1、维生素B_2、维生素C、苹果酸、柠檬酸等营养成分。《本草纲目》称梨具有"润肺凉心，消痰降火，解疮毒、酒毒"的功效，药用可治风热、润肺、凉心、消痰、降火、解毒。中医认为梨性寒凉，含水量多，且含糖分高，食后满口清凉，既有营养，又解热症，可止咳生津、

清心润喉、降火解暑,实为秋季养生之清凉果品。梨又可润肺、止咳、化痰,对患感冒、咳嗽、急慢性气管炎患者有效。

梨的果实、果皮以及根、皮、枝、叶均可入药。现代医学研究证明,梨性味甘凉,确有润肺清燥、止咳化痰、养血生肌的作用。因此对急性气管炎和因上呼吸道感染出现的咽喉干、痒、痛、音哑、痰稠、便秘、尿赤均有良好疗效。患者吃梨,可以生津解渴、润肺去燥、清热降火、止咳化痰,作为辅助治疗,对恢复健康大有裨益。但因梨性质寒凉,不宜一次食用过多,否则反伤脾胃,特别是脾胃虚寒的人,更应慎食。

梨还有降低血压、养阴清热、镇静的作用。因梨中含有较多的配糖体和鞣酸成分以及多种维生素,高血压、心肺病、肝炎、肝硬化病人出现头昏目眩、心悸耳鸣时,吃梨大有好处。肝炎病人吃梨能起到保肝、助消化、增食欲的作用。

贴心药膳:

梨子甘蓝果菜汁

功效:帮助消化,利尿提神。

准备材料:梨 1 个,甘蓝菜 200 克,柠檬汁、蜂蜜各适量。

做法:

(1)先削掉梨皮,挖去核子,然后将梨切成几片。

(2)甘蓝菜去杂洗净切成小片。

(3)把梨、甘蓝菜同时放入果汁机中榨汁,取出汁液,加入柠檬汁、蜂蜜调匀即可。

梨子川贝

功效:化痰止咳,对呼吸道感染有很好的防治作用。

准备材料:梨子 1 个,川贝粉 8 克,冰糖适量。

做法:梨子去皮,用刀从上端削盖状,再去掉核子,将梨子中间掏空。然后加入川贝粉、冰糖,将梨盖嵌上,放入碗中,加入适量的水,把碗放入锅中隔水煨煮即可。

★秋令时节,新采嫩藕胜太医

秋令时节,正是鲜藕应市之时。鲜藕中除了含有大量的碳水化合物外,蛋白质和各种维生素及矿物质含量也很丰富。其味道微甜而脆,十分爽口,是老幼妇孺、体弱多病者的上好食品和滋补佳珍。

莲藕中含有丰富的维生素,尤其是维生素 K、维生素 C,铁和钾的含量较高。常被加

工成藕粉、蜜饯、糖片等补品。莲藕的花、叶、柄、莲蓬的莲房、荷花的莲须都有很好的保健作用,可做药材。

中医认为,生藕性寒,甘凉入胃,可消瘀凉血、清烦热、止呕渴。适用于烦渴、酒醉、咳血、吐血等症,是除秋燥的佳品。女性产后忌食生冷,唯独不忌藕,就是因为藕有很好的消瘀作用,故民间有"新采嫩藕胜太医"之说。熟藕,其性也由凉变温,有养胃滋阴,健脾益气的功效,是一种很好的食补佳品。用藕加工制成的藕粉,既富有营养,又易于消化,有养血止血,调中开胃之功效。

具体说来,莲藕的功效有以下几种:

(1)莲藕可养血生津、散瘀止血、清热除湿、健脾开胃。

(2)莲藕含丰富的单宁酸,具有收缩血管和降低血压的功效。

(3)莲藕所含丰富的膳食纤维对治疗便秘、促进有害物质排出十分有益。

(4)生食鲜藕或挤汁饮用,对咳血、尿血等症有辅助治疗作用。

(5)莲藕中含有维生素 B_{12},对防治贫血病颇有效。

藕节也是一味著名的止血良药,其味甘、涩,性平,含丰富的鞣质、天门冬素,专治各种出血,如吐血、咳血、尿血、便血、子宫出血等症。但凡脾胃虚寒、便溏腹泻及妇女寒性痛经者均忌食生藕,胃、十二指肠溃疡患者也应少食。

天门冬图

另外,由于藕性偏凉,所以产妇不宜过早食用,一般在产后 1~2 周后再吃藕可以逐淤。在烹制莲藕时要忌用铁器,以免导致食物发黑。

贴心药膳:

鲜藕茶

功效:清热去火、养胃益血。

准备材料:鲜莲藕 250 克,红糖 20 克。

做法:把洗净的莲藕切成薄片,放入锅中,加水适量,以中火煨煮半小时左右,再加入红糖拌匀即可。

藕粉粥

功效:安神补脑、健脾止血。

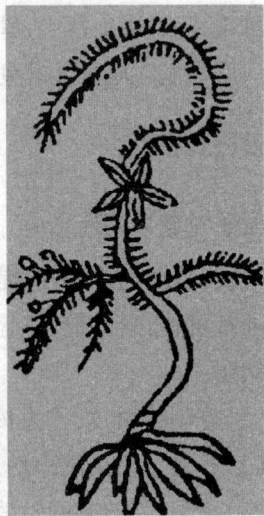

准备材料:藕粉 100 克,粳米 100 克,红糖适量。

做法:将粳米淘洗干净,放入锅中加水煨煮,待稀稠粥将成时,放适量红糖和已经用冷开水拌匀的藕粉,最后搅拌成稠粥即可。

★"菜中之王"大白菜让你健康快乐过寒冬

大白菜又称结球白菜、黄芽菜,古称菘菜,是冬季最主要的蔬菜种类,有"菜中之王"的美称。由于大白菜营养丰富,味道清鲜适口,做法多种,又耐储藏,所以是人们常年食用的蔬菜。

但是,冬天是人们最适宜吃大白菜的时候,这是为什么呢? 因为冬季天气寒冷,人们都会穿得很厚,很多时间待在温暖的室内,人体的阳气处于潜藏的状态,需要食用一些滋阴潜阳理气之类的食物,于是大白菜就成了这个季节的宠儿。

大白菜的营养价值很高,含蛋白质、脂肪、膳食纤维、水分、钾、钠、钙、镁、铁、锰、锌、铜、磷、硒、胡萝卜素、尼克酸、维生素 B_1、维生素 B_2、维生素 C 还有微量元素钼等多种营养成分。

因为大白菜营养丰富,所以对人体有很好的保健作用。《本草纲目》中记载大白菜"甘渴无毒,利肠胃"。祖国医学认为,大白菜味甘,性平,有养胃利水、解热除烦之功效,可用于治感冒、发烧口渴、支气管炎、咳嗽、食积、便秘、小便不利、冻疮、溃疡出血、酒毒、热疮。由于其含热量低,还是肥胖病及糖尿病患者很好的辅助食品。大白菜中含有的微量元素钼,能阻断亚硝胺等致癌物质在人体内的生成,是很好的防癌佳品。

大白菜还是美容佳蔬,它含有丰富的纤维素,不仅可以促进肠蠕动,帮助消化,防止大便干燥,还可用来防治结肠癌。特别值得推崇的是,大白菜中维生素 E 的含量比较丰富,可防治黄褐斑、老年斑,是一种经济健康的美容美颜蔬菜。维生素 E 是脂质抗氧化剂,能够抑制过氧化脂质的形成。皮肤出现色素沉着、老年斑就是由于过氧化脂质增多造成的。所以,常吃大白菜,能防止过氧化脂质引起的皮肤色素沉着,抗皮肤衰老,减缓老年斑的出现。

需要注意的是,白菜在凉拌和炖菜时最好与萝卜分开来,不要混杂在一起,那样可能会产生一些相互破坏营养成分的不利影响。

北方地区的居民还经常把大白菜腌制成酸菜,但是,专家提醒,经常吃酸菜对健康不利,特别是大白菜在腌制 9 天时,是亚硝酸盐含量最高的时候,因此腌制白菜至少要 15 天以后再食用,以免造成亚硝酸盐中毒。

有的人在食用大白菜喜欢炖着吃,而实际上各种蔬菜都是急火快炒较有营养,炖的

过程中各种营养素尤其是维生素 C 的含量会损失较多。

另外,有慢性胃炎和溃疡病的人,要少吃大白菜。

贴心药膳:

栗子炖白菜

功效:健脾补肾、补阴润燥。

准备材料:生栗子 200 克,白菜 200 克,鸭汤、盐、味精各适量。

做法:栗子去壳,切成两半,用鸭汤煨至熟透,白菜切条放入,加入盐、味精少许,白菜熟后勾芡即可。

海米白菜汤

功效:排毒养颜、预防感冒。

准备材料:白菜心 250 克,海米 30 克,高汤 500 克,火腿 6 克,水发冬菇 2 个,精盐、味精、鸡油各适量。

做法:

(1)将白菜心切成长条,用沸水稍烫,捞出控净水,海米用温水泡片刻,火腿切成长条片,把冬菇择洗净,挤干水后,切两半。

(2)将高汤、火腿、冬菇、海米、白菜条、精盐放入锅中烧开,撇去浮沫,待白菜熟透时加味精,淋上鸡油即成。

★鲫鱼——"冬月肉厚子多,其味尤美"

鲫鱼又名鲋鱼,另称喜头,为鲤科动物,产于全国各地。《吕氏春秋》中记载:"鱼火之美者,有洞庭之鲋。"鲫鱼自古为人崇尚。鲫鱼肉嫩味鲜,尤其适于做汤,具有较强的滋补作用。冬季是吃鲫鱼的最佳季节,自然是看好其温补之功。明代著名的医学家李时珍赞美冬鲫曰:"冬月肉厚子多,其味尤美。"民谚也有"冬鲫夏鲤"之说。

鲫鱼所含的蛋白质质优、齐全、易于消化吸收,是肝肾疾病、心脑血管疾病患者的良好蛋白质来源,常食可增强抗病能力。

《本草纲目》中记载:"鲫鱼性温,味甘;健脾利湿、和中开胃、活血通络、温中下气。"对脾胃虚弱、水肿、溃疡、气管炎、哮喘、糖尿病患者有很好的滋补食疗作用。产后妇女炖食鲫鱼汤,可补虚通乳。先天不足,后天失调,以及手术后、病后体虚形弱者,经常吃一些鲫鱼都很有益。肝炎、肾炎、高血压、心脏病、慢性支气管炎等疾病的患者也可以经常食用,

以补营养,增强抗病能力。另外,鲫鱼子能补肝养目,鲫鱼脑有健脑益智的作用。

吃鲫鱼时,清蒸或煮汤营养效果最佳,若经煎炸则上述的功效会大打折扣。鱼子中胆固醇含量较高,故中老年人和高血脂、高胆固醇者应忌食。

贴心药膳:

蛋奶鲫鱼汤

功效:健脾利湿,美容除皱。

准备材料:鲫鱼1条,胡椒粒5颗,蛋奶(或牛奶)20克,姜、葱、盐、鸡精各适量。

做法:

(1)将鲫鱼剖腹后,清洗干净待用。

(2)把鲫鱼放置三成热的油中过油,以去除鲫鱼的腥味。

(3)加入适量水和调料,用小火清炖40分钟。

(4)起锅时加入少许蛋奶,能使汤变得白皙浓稠,口感更佳。

第三章　得病找本草,修复后天之本

★防治糖尿病,南瓜最管用

20 世纪 80 年代,日本的一些学者对糖尿病进行流行病学研究时,发现日本北海道地区一个叫夕张村的小村庄里没有糖尿病患者。这引起了学者们极大的兴趣,他们在调查中发现,夕张村的村民特别喜欢吃南瓜,经研究认为南瓜有防治糖尿病的作用。

《本草纲目》中有"南瓜性温,味甘;补中益气、解毒杀虫、降糖止泻"的记载。现代医学认为,南瓜含有丰富的钴,钴能活跃人体的新陈代谢,促进造血功能,并参与人体内维生素 B_{12} 的合成,是人体胰岛细胞所必需的微量元素,对防治糖尿病、降低血糖有特殊的疗效。

南瓜能消除致癌物质亚硝胺的突变作用,有防癌功效,并能帮助肝、肾功能的恢复,增强肝、肾细胞的再生能力。南瓜中含有丰富的锌,参与人体内核酸、蛋白质的合成,是肾上腺皮质激素的固有成分,是人体生长发育必需的重要物质。

南瓜一般人都可食用,比较适宜于原发性高血压、冠心病、高脂血症、肥胖病、便秘及癌症等患者以及中老年人食用。糖尿病患者如果食用南瓜时,就一定要减少其他主食的分量。黄疸病、脚气病及气滞湿阻等患者忌食南瓜。

贴心药膳:

南瓜盅蒸肉

准备材料:南瓜一个,冬菇 300 克,洋葱 200 克,猪肉馅 200 克,料酒、盐、鸡精、酱油、胡椒粉、白糖、葱、姜、蒜、豆豉、淀粉各适量。
做法:
(1)将南瓜洗净从顶部切开,取出瓜瓤待用。
(2)将洋葱洗净切成丁,葱、姜、蒜洗净切成末。

（3）将猪肉馅加入料酒、盐、酱油、胡椒粉、白糖、葱、姜、蒜、洋葱、豆豉、鸡精、少许淀粉拌匀，放入南瓜盅里，用瓜顶盖住，上笼蒸 30 分钟即可。

★胃及十二指肠溃疡患者应每日服用蜂蜜

在唐代，曾广泛流传着这样一个故事：唐玄宗李隆基的女儿永乐公主面容清瘦，年老色衰，后因战乱避居陕西，常以当地所产的桐花蜜泡茶饮用。三年后，她竟出落得美艳无比，前后简直判若两人。《本草纲目》中有"蜂蜜能清热也，补中也，解毒也，止痛也"的记载。常饮蜂蜜能使女性肤如凝脂。

现代医学研究发现，蜂蜜味甘，有缓急症、止痛的作用。另外，蜂蜜性平、味甘，有补益脾胃之气的功效，能帮助溃疡愈合，减少溃疡复发。蜂蜜还有促进食物的消化和同化作用，从而减轻胃肠负担。

胃溃疡急性发作时，胃黏膜的保护作用下降，当甜食放入胃内时，会变酸进而增加胃的酸度，这就是胃溃疡病人不宜吃甜食的原因。不过，蜂蜜对胃酸的分泌有双向调节作用。服用蜂蜜后，胃酸不会马上增加，而是有一个滞后期。因此，胃溃疡患者可以在饭前 1 小时食用蜂蜜，量也不宜太多，1 小时后再进餐，食物就可以中和过多的胃酸了。

另外，从中医角度看，溃疡有气滞、湿热、血淤、痰湿、气虚、阴虚等多种类型。蜂蜜并不适合所有的溃疡病患者。如痰湿和湿热型溃疡或患腹泻、上腹部饱胀感的人就不适合吃蜂蜜。

如果有口腔溃疡也可以服用蜂蜜，用勺子舀一点纯净蜂蜜，直接涂抹在患处，几分钟后用白开水漱口咽下，一天两三次，效果会很好。蜂蜜与茶叶冲泡含漱效果也佳。一般 3 日内疼痛消失，溃疡面缩小，3~5 天即可愈合。

贴心药膳：

马铃薯蜂蜜膏

功效：适用于胃和十二指肠溃疡等症。

准备材料：鲜马铃薯 1000 克，蜂蜜适量。

做法：将鲜马铃薯洗净，捣碎后用洁净纱布包好挤汁；放入锅内先以大火煮沸，再以小火煎熬；当浓缩至黏稠状时，加入一倍量的蜂蜜一同搅拌，再煎成膏状，冷却后可服用。空腹时服用，每日 2 次，每次 1 汤匙，20 天为一个疗程。

★无花果、蜂蜜轻松治便秘

便秘已经成为越来越多人的"小毛病"，虽然小，却让人烦恼。它不仅使体内毒素不能排出，而且使得肤色灰暗，出现色斑、痘痘等，是健康、美丽的隐形杀手。

便秘可以发生在人生的任何一个年龄段，它与饮食不均衡、运动不足、压力过大、生活不规律等有着密不可分的关系。

人体的肠壁并不是光滑的，而是有褶皱。我们每天所吃食物的残渣就会一点一点地积存在这些褶皱里，如果食物残渣在大肠中移动过慢，使便体变得又干又硬，增加了排便的困难，就形成了便秘。

无花果

一旦便秘，粪便堆积在肠道中，会产生相当多的毒素，这些毒素通过血液循环到达人体的各个部位，导致面色晦暗无光、皮肤粗糙、毛孔粗大、痤疮、腹胀腹痛、口臭、痛经、月经不调、肥胖、心情烦躁等症状，更严重的还会引起结肠癌。

无花果、蜂蜜都可以促进排便。《本草纲目》中记载："无花果开胃、止泻痢，治五痔、咽喉痛。""蜂蜜清热、补中、解毒、润燥、止痛。"

便秘确实给人们带来了很大的痛苦，但是只要我们改变不良的生活习惯，就可以避免。例如，不要久坐，不要吃过咸的食物，经常运动，多喝水，多吃蔬菜和水果等。

贴心药膳：

养生方：将100克粳米洗净加水煮至黏稠时，加入50克去皮的无花果，再稍煮，最后加入适量冰糖即可食用。连续服用20天，可以达到健脾益气、润肺解毒的功效。

★葡萄——破解神经衰弱的密码

由于生活节奏的加快、竞争压力的增加，导致很多人患上神经衰弱症。看看你有没有下面这些症状：

（1）易疲乏，工作、学习时间稍久，就感到头昏脑涨，注意力不能集中。

（2）睡眠障碍，入睡困难、早醒或醒后不易再入睡，多噩梦。

(3)经常心动过速、出汗、厌食、便秘、腹泻、月经失调、早泄。

如果你有上述症状的话,你很可能已被神经衰弱的"幽灵"缠上了。这是一种情绪性疾病,严重的神经衰弱会给正常生活带来很多不便,需要寻求专业医疗帮助。不过这里推荐一种对神经衰弱有很好疗效的食物——葡萄。

葡萄,原产于西亚,据说是汉朝张骞出使西域时带入我国的,它颗颗晶莹、玲珑可爱,令人垂涎欲滴。

中医认为,葡萄性平、味甘,能滋肝肾、生津液、强筋骨,有补益气血、通利小便的作用,可用于脾虚气弱、气短乏力、水肿、小便不利等病症的辅助治疗。

葡萄对于神经衰弱的治疗效果来源于其果实所富含的成分。葡萄富含葡萄糖、有机酸、氨基酸、维生素,这些物质都可以补益和兴奋大脑神经,所以常吃葡萄对治疗神经衰弱和消除过度疲劳效果不错。

另外,法国科学家还发现,葡萄能很好地抑制血栓形成,并且能降低人体血清胆固醇水平,降低血小板的凝聚力,对预防心脑血管病有一定作用。

葡萄是味美又保健的佳品,但吃葡萄也要有"规矩":

(1)吃葡萄后不能立刻喝水,否则很容易发生腹泻。

(2)葡萄不宜与水产品同时食用,因为葡萄中的鞣酸可以与水产品中的钙质形成难以吸收的物质,影响消化。

(3)吃葡萄应尽量连皮一起吃,因为葡萄的很多营养成分都存在于皮中。

贴心药膳:

葡萄枸杞汤

功效:预防神经衰弱。

准备材料:葡萄干50克,枸杞子30克。

做法:将葡萄和枸杞洗净后,加水800毫升,先用大火煮沸,再以小火煮30分钟,饮汤食葡萄干及枸杞子。

★痔疮作祟,柿子帮你解除"难言之隐"

柿子因其甜腻可口、营养丰富而深得人们的喜爱。在日本,柿子被看作是仅次于柑橘和葡萄的第三种最重要的水果。

中医认为,柿子性寒,味甘、涩,具有补虚健胃、润肺化痰、生津止渴、清热解酒的功效。而且,柿子全身都是宝。柿饼、柿霜、柿叶都可入药,所以柿子是名副其实的"天然药

柿饼味甘,性平。具有润肺化痰、补脾润肠、止血等功效,适用于燥痰咳嗽、脾虚食减、腹泻、便血、痔疮出血等症。

柿霜味甘,性凉。具有清热、润燥、止咳等功效,适用于口舌生疮、咽干喉痛、咯血等症。

柿蒂味甘,性平。具有降气止呃功效,适用于呃逆不止等症。

柿叶能利尿,还可解酒。嫩柿叶以开水泡,代茶饮,能软化血管、降低血压、防止动脉硬化,并有清热健胃、助消化的作用,对高血压、冠心病有一定的疗效。

内、外痔疮患者,经常食用柿子,可以减轻痔疮疼痛、出血等症。

不过,食用柿子也有禁忌。

(1)不可空腹食用柿子。因为柿子中含有单宁,单宁主收敛,遇酸则凝集成块,并与蛋白质结合而产生沉淀。空腹食用鲜柿子,胃酸与柿子内的单宁相结合最易形成"柿石",会导致腹胀、腹痛。

(2)柿子也不可与螃蟹同食。因为蟹肉富含蛋白质,遇柿子中的单宁则凝结成块而不易消化,多食必然引起胃肠疾病。

★肺病食茼蒿,润肺消痰避浊秽

湖北有一道"杜甫菜",用茼蒿、菠菜、腊肉、糯米粉等制成。为什么要叫作杜甫菜呢?这其中还有这样一个传说。

杜甫一生颠沛流离,疾病相袭,他在四川夔州时,肺病严重,生活无着。年迈的杜甫抱病离开夔州,到湖北公安,当地人做了一种菜给心力交瘁的杜甫食用。杜甫食后赞不绝口,肺病也减轻了很多。后人便称此菜为"杜甫菜",以此纪念这位伟大的诗人。

杜甫菜能有这种食疗效果,是因为它其中含有茼蒿。中医认为,茼蒿性温,味甘、涩,入肝、肾经,能够平补肝肾,宽中理气。主治痰多咳嗽、心悸、失眠多梦、心烦不安、腹泻、脘胀、夜尿频繁、腹痛寒疝等病症。

现代医学也证明了茼蒿的各种医疗作用。

1.促进消化

茼蒿中含有有特殊香味的挥发油,有助于宽中理气、消食开胃、增加食欲,并且其所含粗纤维有助肠道蠕动,促进排便,达到通腑利肠的目的。

2.润肺化痰

茼蒿内含丰富的维生素、胡萝卜素及多种氨基酸,可以养心安神、润肺补肝、稳定情

绪,防止记忆力减退;气味芬芳,可以消痰开郁,避秽化浊。

3.降血压

茼蒿中含有一种挥发性的精油以及胆碱等物质,具有降血压、补脑的作用。

需要注意的是,茼蒿辛香滑利,胃虚泄泻者不宜多食。

贴心药膳:

茼蒿蛋白饮

功效:对咳嗽咯痰、睡眠不安者,有辅助治疗作用。

准备材料:鲜茼蒿 250 克,鸡蛋 3 个。

做法:

(1)将鲜茼蒿洗净备用,鸡蛋取蛋清备用。

(2)茼蒿加适量水煮,快熟时,加入鸡蛋清煮片刻,调入油、盐即可。

茼蒿炒猪心

功效:开胃健脾,降压补脑。适用于心悸、烦躁不安、头昏失眠、神经衰弱等病症。

准备材料;茼蒿 350 克,猪心 250 克,葱花、盐、糖、料酒各适量。

做法:

(1)将茼蒿去梗洗净切段,猪心洗净切片备用。

(2)锅中放油烧热,放葱花煸香,投入猪心片煸炒至水干,加入盐、料酒、白糖,煸炒至熟。加入茼蒿继续煸炒至猪心片熟,茼蒿入味,加入味精即可。

★"菇中之王"香菇可防治小儿佝偻

香菇味美,是老少皆爱的食品。正是由于它的味道鲜美,营养丰富,所以香菇更有"菇中之王"的美誉。

香菇的栽培至今已有八百多年的历史。宋朝浙江庆元县龙岩村的农民吴三公发明了砍花栽培法,后传到全国。庆元县直到现在还被称为"香菇之乡"。

传说,明代金陵大旱,明太祖朱元璋下谕吃素求雨。雨没有求到,整日的素食让朱元璋觉得茶饭无味。此时,宰相刘伯温从家乡浙江龙泉带回了土产香菇,命御厨浸发后烧好呈给皇帝品尝。朱元璋大加赞赏,从此常食香菇,香菇也因此被列为宫廷美食。

香菇不仅味美,功效也不一般。《本草纲目》中记载香菇"益气、不饥、治风破血",所

以食用香菇可防治脑溢血、动脉硬化、心脏病、肥胖症、糖尿病等病症。香菇性平、味甘，有益气补虚、利肝益胃、健体益智、降脂防癌的功效。香菇含有丰富的蛋白质、碳水化合物、脂肪、钙、铁、磷和多种维生素以及30多种酶和十几种氨基酸，对人体健康非常有益。

香菇还有一大功效不可不提：那就是防治小儿佝偻。因为香菇中的麦角甾醇，在日光照射下，可以很快地转变为维生素D，维生素D可以防治佝偻。所以处在成长发育期的孩子，多吃香菇可以保持好的体形。另外，贫血、免疫力低下及年老体弱者食用香菇也很适宜。

干香菇通常比新鲜的香菇疗效更好，所以做食疗时应该选择干香菇。如果食用新鲜香菇，先将它晾晒一下，效果就会更好。

贴心药膳：

刀豆炒香菇

功效：温中补肾，补气益胃。适用于脾肾阳虚型肺源性心脏病。

准备材料：鲜刀豆250克，水发香菇50克。

做法：

（1）将刀豆洗净，切段；用温水浸泡香菇，切成丝。

（2）将处理好的刀豆和香菇倒入烧热的油锅内，翻炒至熟，加适量清水、盐、味精即可。

香菇粥

功效：可以缓解夜尿频繁等症。

准备材料：干香菇、红枣、冰糖各40克，鸡蛋两个。

做法：

（1）将香菇发好后，切丁；红枣洗净，去核备用。

（2）碗中倒入适量清水，加入准备好的香菇、红枣、冰糖，然后加入鸡蛋，搅拌均匀后煮熟即可。

★莴笋可谓治疗便秘的灵丹妙药

莴笋营养丰富，是蔬中美食，古人称之为"千金菜"。有语曰："莴国使者来汉，隋人求得菜种，酬之甚厚，故名千金菜，今莴笋也。"

莴笋的药用价值很高。中医认为,莴笋能够利五脏、通血脉。《本草纲目》中记载,李时珍曾用莴笋加酒,煎水服用来治疗产后乳汁不通。现代医学表明,莴笋中含有的大量纤维素,能够促进人体的肠壁蠕动,可以治疗便秘。另外,莴笋中还含有铁、钙等元素,儿童经常吃莴笋,对换牙、长牙是很有好处的。但在吃莴笋的时候,千万不要扔掉莴笋叶,因为莴笋叶子里的维生素含量要比莴笋茎高出 5~6 倍,而其中维生素 C 的含量更是高出15 倍之多。

具体说来,莴笋的功效有以下几方面:

1.开通疏利、消积下气

莴笋味道清新且略带苦味,可刺激消化酶分泌,增进食欲。其乳状浆液,可增强胃液、消化腺的分泌和胆汁的分泌,从而增强各消化器官的功能,对消化功能减弱和便秘的病人尤其有利。

2.利尿通乳

莴笋有利于体内的水电解质平衡,促进排尿和乳汁的分泌。对高血压、水肿、心脏病患者有一定的食疗作用。

3.强壮机体、防癌抗癌

莴笋含有多种维生素和矿物质,具有调节神经系统功能的作用,其所含有机化合物中富含人体可吸收的铁元素,对缺铁性贫血病人十分有利。莴笋的热水提取物对某些癌细胞有很强的抑制作用,故又可用来防癌抗癌。

4.宽肠通便

莴笋含有大量植物纤维素,能促进肠壁蠕动,通利消化道,帮助大便排泄,可用于治疗各种便秘。

需要注意的是:有眼疾特别是夜盲症的人应少食莴笋;莴笋性寒,产后妇女应慎食。另外,莴笋与蜂蜜不宜同食,否则会导致胃寒,引起消化不良、腹泻。

贴心药膳:

蜇皮莴笋

功效:开胃消食。

准备材料:蜇皮 150 克,莴笋 1 根,鸡蛋 1 个,盐、酱油、糖、醋、麻油少许。

做法:

(1)蜇皮洗净切薄片泡水,最好换数次水,另外用 70℃的温水快速汆烫过,再泡冷开水。

(2)莴笋切片加盐,腌 10 分钟后,用冷开水冲去苦水。

(3)蛋打匀后做成蛋饼切成块。

(4)将所有材料混合放入大碗内,再加上调味料拌匀即可盛出。

★ 枇杷——生津、润肺、止咳的良药

枇杷,又称腊兄、金丸等,因外形似琵琶而得名。枇杷清香鲜甜,略带酸味,产自我国淮河以南地区,以安徽"三潭"的最为著名。在徽州,民间有"天上王母蟠桃,地上三潭枇杷"之说,枇杷与樱桃、梅子并称为"三友"。

祖国医学认为,枇杷性甘、酸、凉,具有润肺、化痰、止咳等功效。《本草纲目》中记载:枇杷"止渴下气,利肺气,止吐逆,主上焦热,润五脏"。"枇杷叶,治肺胃之病,大都取其下气之功耳,气下则火降,而逆者不逆,呕者不呕,渴者不渴,咳者不咳矣"。

此外,枇杷中所含的有机酸,能刺激消化腺分泌,对增进食欲、帮助消化吸收、止渴解暑有很好的疗效;枇杷中含有苦杏仁苷,能够润肺止咳、祛痰,治疗各种咳嗽;枇杷果实及叶有抑制流感病毒作用,常吃可以预防感冒;枇杷叶可晾干制成茶叶,有泄热下气、和胃降逆的功效,为止呕的良品,可治疗各种呕吐呃逆。

需要注意的是:脾虚泄泻者忌食;枇杷含糖量高,糖尿病患者也要忌食。另外,枇杷仁有毒,不可食用。

贴心药膳:

枇杷冻

功效:可增进食欲,帮助消化,还能提高视力,保持皮肤健康,促进胎儿发育。

准备材料:枇杷 500 克,琼脂 10 克,白糖 150 克。

做法:

(1)将琼脂用水泡软;将枇杷洗净,去皮,一剖为二,去核。

(2)锅置火上,放入适量清水、糖和琼脂,熬成汁;将枇杷放入碗中,倒入琼脂汁,晾凉,放入冰箱内冷冻即成。

秋梨枇杷膏

功效:生津润肺、止咳化痰。

准备材料:雪梨 6 个,枇杷叶 5 片,蜜糖 5 汤匙,南杏 10 粒,蜜枣 2 颗,砂纸 1 张。

做法：

（1）先将 5 个雪梨切去 1/5 做盖，再把梨肉和梨心挖去。

（2）把枇杷叶、南杏和蜜枣洗净，放进梨内。

（3）余下的 1 个梨削皮、去心、切小块，将所有梨肉和蜜糖拌匀，分放入每个雪梨内，盖上雪梨盖，放在炖盅里，封上砂纸，以小火炖 2 小时，即成。